wort

Enter>>

stark

werkst

wortstark 8 M

Hauptschule Bayern

Themen und Werkstätten für den Deutschunterricht

Schroedel

wortstark 8M
Hauptschule Bayern

Themen und Werkstätten für den Deutschunterricht

Erarbeitet von Georg Boslak, Reinhard Brauer, August Busse, Irmgard Ehls, Ingrid Hintz, Heiderose Lange, Gerd Ludwig, Christina Meinik, Eleonore Preuß, Andrea Rudel und Fritz Wiesmann

Bearbeitet von Nils Böttcher, Andrea Heupel, Jutta Penka, Christiane Riehn, Susanne Rinno, Judith Rützel, Melanie Schmidt und Marie-Luise Ziegler

Online-Werkservice

Ergänzungsmaterialien zu den wortstark-Schülerbänden erscheinen regelmäßig im Internet unter: www.schroedel.de/wortstark

Nach gültiger Rechtschreibung 2006

ISBN 978-3-507-**48095**-7

Druck A [1] / Jahr 2006

Alle Drucke der Serie A sind im Unterricht parallel verwendbar.

Redaktion: Jorinde Assemann-Fangmeier
Herstellung: Christian Behrens
Illustrationen: Manfred Bofinger, Sabine Lochmann, Katja Schmiedeskamp und Jaroslaw Schwarzstein
Umschlaggestaltung und Lay-out: Janssen Kahlert Design & Kommunikation, Hannover
Satz: Jesse Konzept & Text GmbH, Hannover
Druck: Firmengruppe APPL, aprinta druck, Wemding
Bindung: westermann druck GmbH, Braunschweig

Selbstständig lernen

freies Schreiben, Sachtexte und Schaubilder auswerten, klanggestaltendes Lesen, Lesefähigkeit verbessern

In sein – Out sein – Ich sein

schulische und außerschulische Gesprächssituationen annehmen, Diskussionstechniken verfeinern, sich und andere informieren, Meinungen und Anliegen darlegen

„Anders sind wir, anders die Andern“

Miteinander sprechen und Alltagssituationen bewältigen, bei Konfliktsituationen die eigene Meinung einbringen, die Meinung anderer berücksichtigen, Ich-Botschaften, literarische Texte , auch aus anderen Sprachen und Kulturen, kennen lernen, Mundartgedichte

Wald ist Leben

genau lesen, Informationen aus Sachtexten entnehmen, Informationsbeschaffung, Argumente und Gegenargumente austauschen, eine Podiumsdiskussion führen, eine Fantasiereise erleben

Traumberufe - Berufsträume

Wünsche, Gedanken und Gefühle aufgreifen, Argumente austauschen, über eine Arbeitsplatzerkundung berichten, eine Betriebserkundung protokollieren, interessengeleitete adressatenbezogene Briefe schreiben

Eine Zeitung wird „gemacht“

Merkmale journalistischer Textformen (Nachricht, Kommentar, Reportage, Interview, Leserbrief) erkennen, eine regionale Tageszeitung kennen lernen, einen Zeitungsredakteur interviewen, die Absicht journalistischer Textsorten kritisch untersuchen, ein Medienprojekt durchführen

MAGAZIN: Von Leid und Verfolgung im Nationalsozialismus

Jugendbücher lesen und vorstellen, handlungs- und produktionsorientiert arbeiten, sich über neu erschienene Jugendbücher und ihre Autoren informieren, Hörkassetten und Filme zum Thema kennen lernen

WERKSTATT GEDICHTE

Gedichte erleben, kreativ umsetzen und klanggestaltend vortragen, freies Schreiben, Cluster, Gedichte verfremden, Gedichte analysieren

WERKSTATT Geschichten

Balladen und Kurzgeschichten erschließen und in medialen Umsetzungen erleben, klanggestaltendes Lesen, Handlungen, Handlungsmotive und Charaktereigenschaften erkennen und belegen, textsortentypische sprachliche Mittel untersuchen, Texte verändern

WERKSTATT THEATER

Stegreifspiele, Pantomime, Selbsterfahrungs- und Interaktionsspiele, mit verbaler und nonverbaler Sprache und Bewegung experimentieren, dramatische Texte kennen lernen und spielen

WERKSTATT Schreiben

perspektivisches Erzählen, Vorgänge beschreiben, Sachverhalte wiedergeben, von Geschehnissen berichten, Praktikumsdokumentation, Meinungen und Anliegen darlegen, Schreibkonferenz

WERKSTATT Rechtschreiben

WERKSTATT Sprache

METHODEN LERNEN

diagonales und exzerpierendes Lesen, Fünf-Schritt-Lesemethode, einen Vortrag vorbereiten, Mindmap, Karteikarten, Plakat, Informationen vortragen

Anhang

Übersicht der Lerninhalte

Kapitel	Sprechen	Schreiben mit Rechtschreiben
Selbstständig lernen	neue Formen des Erzählens kennen lernen (perspektivisches, experimentelles Erzählen) 17 Sachtexte, Schaubilder auswerten 21–23, 27, 28 Informationen entnehmen und kritisch überprüfen (Aktualität, Herkunft) 23	Schreiben an Orten, zu Gegenständen Schreiben nach Bildvorlagen Texte verändern (innerer Monolog) Textentwürfe überarbeiten eigene Texte mit Computer gestalten Fachbegriffe und Fremdwörter sammeln
In sein – Out sein – Ich sein	Techniken für die Teilnahme an einer Diskussion verfeinern 29–41 Formen der Informationsbeschaffung kennen und vielfältig nützen 29–35 schulische und außerschulische Gesprächssituationen annehmen 36, 37, 40, 41	Formen des freien Schreibens sich mit Problemen auseinandersetzen schwierige Wörter zum Üben sammeln (Fach- und Fremdwörter, Zusammensetzungen mit Bindestrich, Wörter mit s/ss/ß, Präfixe)
„Anders sind wir, anders die Andern“	perspektivisches, experimentelles Erzählen, Absicht und tatsächliche Wirkung 49, 50, 60 bei Konfliktsituationen eigene Meinung einbringen, andere Meinung berücksichtigen, Ich-Botschaften einsetzen 50	Gedanken, Gefühle aufgreifen und gestalten Geschichten fortsetzen Vorgänge beschreiben, von Geschehnissen berichten Argumentationsblöcke gestalten schwierige Wörter zum Üben sammeln
Wald ist Leben	sich und andere informieren 62 Informationsbeschaffung (Nachschlagewerke, Internet, Sachtexte) 64–66 Argumente, Gegenargumente austauschen, angemessen reagieren, Standpunkt überdenken 70, 71	Sachverhalte wiedergeben eigene Argumente sachlich formulieren über Ergebnisse von Unterrichtsstunden informieren Fantasiereise, nach Bildvorlagen schreiben
Traumberufe – Berufsträume	Argumente austauschen, höflich sein 74–76, 82 Nachschlagewerke, Internetdatenbank 82 über Eindrücke, Erfahrungen bei Arbeitsplatzerkundung, Betriebspraktikum umfassend berichten 83–86 Informationen entnehmen, kritisch überprüfen und verwenden 83–86	Wünsche, Gedanken, Gefühle aufgreifen und gestalten Vorgänge, Sachverhalte, Geschehnisse Betriebserkundungen protokollieren (Fachausdrücke) Praktikumsdokumentation erstellen (Tagesberichte) interessengeleitete adressatenbezogene Briefe schwierige Wörter zum Üben sammeln (gleich klingende Wörter unterscheiden)
Eine Zeitung wird „gemacht“	Schaubilder auswerten 100 Informationen entnehmen, kritisch überprüfen und verwenden 100	schwierige Wörter zum Üben sammeln (s/ss/ß)
Magazin: Von Leid und Verfolgung im Nationalsozialismus		Kernaussagen schriftlich zusammenfassen, Informationen ordnen und erläutern, Aussagen formulieren und belegen Jugendbuchauszug in Stufengedicht oder Rondell umschreiben Verben mit Präfixen verwenden
Werkstatt Gedichte	Argumente und Gegenargumente austauschen, angemessen reagieren, den eigenen Standpunkt überdenken 136, 139	sich mit Gedichten befassen ein Cluster erstellen freies Schreiben Texte verfremden
Werkstatt Geschichten	Techniken für die Teilnahme an einer Diskussion verfeinern 144–146, 150, 151, 155–158 kreativ mit Sprache umgehen 144–146, 159–163 sich und andere informieren 157, 158	Texte verändern, verfremden Geschichten fortsetzen sich mit literarischen Texten befassen inneren Monolog entwerfen Fremdwörter ihrer Bedeutung zuordnen
Werkstatt Theater	Stegreifspiel, Pantomime, Selbsterfahrungs- und Interaktionsspiele 168–171, 174–182 mit verbaler/nonverbaler Sprache/Bewegung experimentieren, mediale Aufzeichnungen 168–182	Geschichten beginnen und fortsetzen eine Übersicht mit Fachbegriffen und Fremdwörtern erstellen
Werkstatt Schreiben	perspektivisches Erzählen, Absicht und tatsächliche Wirkung vergleichen 185, 186 Argumente, Gegenargumente, angemessen reagieren, eigenen Standpunkt überdenken, Zwischenergebnisse zusammenfassen, Entscheidungen herbeiführen 185, 186	Schreiben nach Gemälde, Entwürfe überarbeiten Vorgänge beschreiben, Sachverhalte wiedergeben Unterrichtsstunden, Betriebspraktika protokollieren Tages-, Wochenberichte (Kommentar, Darstellung, Bewertung) sich mit Problemen auseinandersetzen (Leserbrief, lineare Stellungnahme) sich mit literarischen Texten befassen Abkürzungen verwenden
Methoden lernen	Material zum Vortrag vorbereiten 267, 274 sprachliche Mittel nützen, Anschauungsmaterial planen und gestalten (Informationsblatt, Mindmap) 267–273, 275 Informationen vortragen, Gliederung, Stimmführung, Sprechpausen, Blickkontakt, Körpersprache 274, 276	Fremdwörter und Fachbegriffe ins Begriffsheft aufnehmen

Der vollständige Lernstoff von Rechtschreiben und Sprache wird in den Kapiteln „Werkstatt Rechtschreiben“ und „Werkstatt Sprache“ behandelt.

	Sprache untersuchen		Lesen mit Mediengebrauch	
14, 15, 17 14, 17 17 18 19, 20 27	innerer Monolog	17	auf die Arbeitsphase zurückschauen Lesetraining: klanggestaltendes Lesen individuellen Leseplan entwickeln (Fernsehprogramme vorausschauend nützen) schwierige Textstellen klären	18, 26 24, 25 26 27, 28
30, 32, 33, 38, 44 39–41 31, 35, 36, 42	Trendsprachen Werbeslogans Indefinitpronomen Imperativ	30 32 38 43	literarische Texte kennen lernen und kreativ umsetzen Handlungen, Charaktereigenschaften erkennen und wiedergeben	36, 37, 39, 42, 44 36, 37, 39, 42–44
48, 60 48, 60 48 60 46, 53, 56, 58	indirekte Rede sprachliche Bilder	48 55	literarische Texte, auch aus anderen Sprachen und Kulturen, kennen lernen und kreativ umsetzen Handlungen, Handlungsmotive, Charaktereigenschaften erkennen, belegen, wiedergeben	46–48, 51–59 48, 51, 55, 57, 60
66 70, 71 71 72	Redensarten, Sprichwörter die Bedeutung von Wörtern (Fremdwörtern und Fachbegriffen) sichern	62 62, 66, 69	sprachliche Mittel von Gedichten untersuchen Informationen aus Sachtexten entnehmen und darstellen genau lesen, Lesehilfen kennen und nützen Sachtexte lesen, verstehen und beurteilen Bild- und Textmeditation	63 64–69 66–69 70, 71 72
74–79 83–86 83–86 83–86 87–90 81	Verben im Konjunktiv II	77	literarische Texte kreativ umsetzen Computer als Kommunikationsmittel nützen wesentliche Aussagen eines Textes herausarbeiten (Plakat) auf die Arbeitsphase zurückschauen	77 80 80, 81, 83–86 80, 81
113	Fachbegriffe adverbiale Bestimmungen	97 110	regionale Tageszeitung kennen lernen Merkmale journalistischer Textformen Redaktion besuchen (Berufsfeld „Journalist“) Absicht journalistischer Texte kritisch untersuchen Print-, Onlineausgaben; Medienprojekt	93–96, 101, 102 93–96, 101, 102 98, 99 101–103 104–114
 116–119, 124–129 119 126	Verben im Konjunktiv II sprachliche Besonderheit von Texten beachten indirekte Rede innerer Monolog	119 119 129 129	Jugendbücher, Hörspiele kennen lernen und vorstellen Handlungen erkennen, belegen, wiedergeben handlungs- und produktionsorientiert arbeiten Ergebnisse mit passenden Medien präsentieren sich über neu erschienene Jugendbücher und ihre Autoren informieren	115–129 116–119, 124–129 116–126 120–126 120, 126
131–141 132 132–136, 139 133, 135, 136	Attributsätze sprachliche Mittel	136 141	Gedichte in medialen Umsetzungen erleben Informationen über den Autor einholen textsortentypische sprachliche Mittel untersuchen (eigene Verfremdung) unterschiedliche Gestaltungsformen des Vortragens Einblick in die deutschsprachige Literatur gewinnen	131–135, 140 134 135–141 137 137
146, 151, 154, 156, 159, 163 155, 156 159–163, 165, 166 159 163	direkte Rede indirekte Rede Verben im Konjunktiv II Satzverkürzung Fremdwörter	146, 159 154 156 159 163	genau lesen, flüssig vorlesen, Klanggestaltung, musikalische Untermalung, Lesehilfen Handlungen, Handlungsmotive erkennen textsortentypische sprachliche Mittel untersuchen mediale Umsetzung von Texten	144–166 144–163 147–151, 157, 159 147–149
173,177-182 182	sprachlich schwierige Textstellen wiedergeben Fachbegriffe, Fremdwörter	179 182	unterschiedliche Gestaltungsformen des Vortragens Charaktereigenschaften erkennen mediale Umsetzungen deutschsprachige und ausländische dramatische Texte	172, 174–182 172–182 174–182 177–182
183–189, 194–201 187–193 187–193 190–193 194–197 198–201 191	Redensarten, Sprichwörter Fachbegriffe, Zeitangaben Sätze abwechslungsreich einleiten Attributsätze, Konjunktionen Präsens, Perfekt adverbiale Bestimmungen Infinitiv-, Partizipgruppen	183, 184 187, 191 187, 193 189, 206 201 206 206	Textabsicht, sprachliche Besonderheit erkennen, belegen, beurteilen (Interview, Leserbrief) Computer als Kommunikationsmittel nützen journalistische Textsorten kennen und ihre Absicht kritisch untersuchen Aussagen von journalistischen Sachtexten herausarbeiten und darstellen	191, 194–197 192 194–197 194–197
 266	Satzzeichen die Bedeutung von Wörtern (Fremdwörtern und Fachbegriffen) klären	263 266	Lesehilfen kennen und nützen (diagonales Lesen) exzerpierendes Lesen, Fünf-Schritt-Lesemethode schwierige Stellen in journalistischen Sachtexten klären wesentliche Aussagen herausarbeiten (Plakat), auf die Arbeitsphase zurückschauen	261–266 264–266 264–266 264–271, 275

Wenn ihr schon mit „wortstark” gearbeitet habt, wisst ihr, dass es aus verschiedenen Teilen besteht:

- Das erste Kapitel **Selbstständig lernen** enthält viele Tipps für das freie Arbeiten. Ihr könnt hier auch überprüfen, wie gut ihr schon im Lesen von Texten/Diagrammen seid und wo ihr noch besser werden könnt.

- Dann folgen fünf Kapitel, in denen es um interessante **Themen** geht: Trends, Fremdes und Vertrautes, Umwelt, Traumberufe, Zeitung. Hier findet ihr viele Texte, Bilder und Anregungen zum Lesen, Sprechen, Schreiben und Spielen. Manchmal arbeitet ihr in den Werkstatt-Kapiteln weiter, wenn ihr etwas genauer erarbeiten wollt.

- Das **Magazin** bietet euch nachdenkliche Texte zum Thema „Nationalsozialismus“ an, zum Lesen, Handeln und Weiterlesen.

- In den **Werkstätten** wird euch sprachliches „Handwerkszeug“ vermittelt, das ihr immer wieder verwenden könnt. Zum Beispiel lernt ihr etwas über
  - ganz unterschiedliche Gedichte (**Werkstatt Gedichte**),
  - Balladen und Kurzgeschichten (**Werkstatt Geschichten**),
  - das Spielen zu Texten (**Werkstatt Theater**),
  - perspektivisches Erzählen und sachliches Berichten (**Werkstatt Schreiben**),
  - richtiges Schreiben (**Werkstatt Rechtschreiben**),
  - Wortarten und Satzbau (**Werkstatt Sprache**),
  - Sachtexte und wie man sie erarbeiten kann (**Methoden lernen**).

- „wortstark“ bietet euch auch **Hilfen** an:

TIPP!
Auf diesem Zettel findet ihr Tipps und Anregungen, wie ihr weiterarbeiten könnt.

MERKE
In diesem Rahmen findet ihr Merkwissen.

Hier stehen Gliederungshilfen oder kurz das Wichtigste zusammengefasst.

Sammelt diese und ähnliche schwierige oder wichtige Wörter; in der Werkstatt Rechtschreiben könnt ihr mit ihnen üben.

- Auch mit dem **Anhang** des Buches könnt ihr arbeiten:
  - Ihr sucht Erklärungen zu den Wörtern mit Sternchen (*)? Schlagt auf S. 277 nach!
  - Ihr wollt wissen, auf welchen Seiten etwas zum Adjektiv oder zu einem anderen Begriff steht? – **Kurz und knapp – Fachbegriffe** und das **Sachregister** helfen weiter.
  - Gedichte, Erzähl- oder Sachtexte sind überall im Buch verstreut – wenn ihr sie finden wollt, dann schlagt im **Textsortenverzeichnis** nach.

Selbstständig lernen

Info ... Schreib- und Lesewerkstatt ... Info

Elfer
leer
das Papier
schreiben soll ich
mir fällt nichts ein
Stress
Kathrin

In dieser Woche können ihre Texte am Computer schreiben:
Sonja, Sina, Fabian

Fernseh-Tipp der Woche:
von Julia

Liebe 8M!
Noch einmal zur Erinnerung:
→ Freie Schreibzeit für jeden dienstags, 3. Stunde
→ Schreibideen findet ihr
- im Buch „wortstark",
- in den Schreibkarteien und Ordnern hinten im Klassenraum.
→ Jeder gibt zwei Texte pro Monat ab.
Busse

Wer sammelt und schreibt mit mir „Schulgeschichten" für unsere Klassenzeitung?
Daniel

Lust zu schreiben, Lust zu lesen? Jedoch nicht gewusst, was und wie? Die Pinnwand, von der ihr einen Ausschnitt seht, hat sich eine 8M Klasse eingerichtet; daran hängen die Schülerinnen und Schüler und ihre Lehrerin ihre Schreibvorschläge, fertige Texte, Überarbeitungsanregungen, Absprachen und Tipps aus. Auf den folgenden Seiten findet ihr viele verschiedene Ideen, die euch zum Schreiben „verführen" wollen. Auch zum Überarbeiten, Gestalten, Sammeln und Lesen von Texten findet ihr Anregungen.

Was ihr schreibt, wie ihr schreibt, warum ihr schreibt – das hängt vom Thema ab, das ihr wählt, und von der Situation, in der ihr schreibt. Das Schreiben ist allerdings auch Übungssache. Deshalb ist es gut, wenn ihr euch bestimmte Zeiten zum Schreiben reserviert.

Ins Schreiben kommen

Um ins Schreiben zu kommen, gibt es verschiedene Wege:

- Sich überlegen, worüber man schreiben will (z. B. Themen aus dem eigenen Leben; Geschichten und Gedichte, um Erlebnisse zu verarbeiten; Themen, die einem Spaß machen).
- Eine Mindmap erarbeiten, um Gedanken zu einem Thema zu sammeln.
- Zeitungsmeldungen suchen, die die Fantasie zu einer Geschichte anregen.
- Sich Notizen zu einem Thema machen, die man später ausformuliert.
- Sich Vorlagen oder Muster suchen, die man „nachahmen“ kann (S. 16).
- Musik als Anregung zum Schreiben nutzen.
- Sich durch eine Fantasiereise inspirieren lassen.
- Sich durch Bilder anregen lassen, in eine andere „Welt“ abzutauchen.
- Sich durch einen Gegenstand (z. B. Stein) anregen lassen, einen Text zu schreiben.

TIPP!
Wie du deine Mindmap erstellen kannst, erfährst du im Kapitel Methoden auf Seite 268.

Alles nur Theater

Menschen spielen gerne in
Theaterstücken
Mal spielen sie die Beliebten,
Mal die Verrückten

Menschen verstecken sich gerne hinter
Masken,
Da spielen sie die Unbesiegbaren,
die Gehassten.

Menschen ziehen sich gerne
Kostüme an,
Verkleiden sich als Frau,
als Mann.

Hinter die Kulissen schauen,
Ihnen die Maske abstreifen,
Ihnen die Kostüme vom Leibe reißen,
Gelingt nur bei größtem Vertrauen.

Rebecca

Hier sind einige Schreibideen oder Überschriften. Ihr könnt ein Cluster dazu entwerfen, um ins Schreiben zu kommen. Ihr könnt aber auch einfach drauflosschreiben oder einen anderen Weg wählen.

Schreibideen

- Angst – Wut – Freude – Ärger
- Glück – Pech – Alleinsein
- Liebe - Tod – Freiheit
- Familie – Freunde
- Reise – Ferien – Freizeit – Sport
- Farben: Rot – Blau – Weiß

- Eine Reise in ein fernes Land
- So stelle ich mir eine gute Familie vor
- Manchmal kämpfe ich wie gegen einen Schatten
- Nix wie weg
- Jedenfalls habe ich es versucht
- Alles nur geträumt
- Meine Idealschule
- Wenn ich nur noch einen Tag zu leben hätte …
- Liebeserklärung
- Mein schlimmster Albtraum
- Mein schönster Traum
- Was ich mir für mein Leben wünsche
- Wie ich mir meinen Beruf vorstelle

Liebe …

Kennst du das Gefühl,
Einen Regenbogen zu sehen?
Oder das Gefühl,
Im ersten Schnee zu stehen?
Man fühlt sich dann glücklich und frei,
So, als ob nichts Böses im Leben sei.

Kennst du das Gefühl,
Wenn alles zum Heulen ist?
Oder alles, was du machst nur Mist?
Man fühlt sich so endlos allein,
Möchte im Dunkeln für sich sein.

Verstehst du, was ich versuch,
Hier zu beschreiben?
Für mich ist es nicht einfach,
In deiner Nähe zu bleiben.
Verstehst du, was ich versuch,
Dir zu sagen?

Ich liebe dich –
kann es aber nicht mehr ertragen.

Rebecca

Schreiborte

Neue Ideen zum Schreiben erhaltet ihr auch, wenn ihr den Ort des Schreibens wechselt. Vielleicht sind einige Vorschläge in deiner Klasse umsetzbar:

- Texte über Natur im Schulgarten, auf einer Wanderung schreiben
- Texte in der Bibliothek verfassen
- Texte mit Perspektivenwechsel schreiben: Auf dem Boden sitzen, auf dem Tisch sitzen …

Schreiben nach Mustern

Mit Hilfe der folgenden Muster könnt ihr eigene Texte schreiben und eure Schreibideen in eine geeignete Form bringen. Ihr könnt auch zu den Themen in „wortstark" kleine Texte schreiben, z.B. über eine Betriebsbesichtigung, ein Erlebnis mit Wasser, einen modischen Trend …

Rondelle

Gedichte aus acht Zeilen; in der zweiten, vierten und siebten Zeile wiederholt sich immer derselbe Satz:

Party

Viele Freunde kommen
Endlich eine Party
Wir werden Spaß haben
Endlich eine Party
Ich habe Lust und freue mich
Ob Kerstin auch kommt?
Endlich eine Party
Hoffentlich machen meine Eltern keinen Ärger

Konstellation

Die Gestaltungsmöglichkeiten ergeben sich durch einige wenige Wörter. Diese stehen nebeneinander oder untereinander und beziehen sich inhaltlich aufeinander.

pünktlich
pünktlich
pünktlich
pünktlich
pünktlich
pünktlich
pünktlich
pünktlich
pünktlich
pünktlich
pünktlich
zu spät.

Stufen-Gedicht

Du fängst in der ersten Zeile mit einem Wort an (Überschrift), in jeder Zeile wird ein weiteres Wort hinzugefügt. In der letzten Zeile steht wieder ein Wort: (Tipp: Zuerst einen langen Satz ausdenken!)

Freunde
Freunde finden
Freunde finden ist
Freunde finden ist nicht
Freunde finden ist nicht so
einfach

Sieben

Ein Text besteht aus sieben Zeilen, beginnend mit einem Wort in der ersten Zeile, dann in den Zeilen zwei bis vier jeweils ein Wort mehr und in den nächsten Zeilen wieder ein Wort weniger, sodass in der siebten Zeile nur ein Wort steht:

Trends
IN sein
oder OUT sein
Das ist die Frage.
Was will ich?
Ich bin
ICH.

Sich in andere hineinversetzen

Auf den Fotos sind unterschiedliche Situationen und Menschen dargestellt. Wähle eine Person aus, schlüpfe in sie hinein und versuche ihre Gedanken, Gefühle und Wahrnehmungen wiederzugeben.

Innerer Monolog
- genaue Wiedergabe unausgesprochener Gedanken
- Gedankenkette: Ein Gedanke löst einen anderen aus
- Ich-Form
- oft nur Teilsätze

Folgende Anregungen können dir dabei helfen:
- In welcher Situation befindet sich die Person?
- Was sieht sie?
- Was denkt sie?
- Welche Gefühle hat die Person?
- Wie geht es weiter?

Schule im Nationalsozialismus (1942)

Situation auf dem Pausenhof

Texte verbessern

Vielleicht findest du deine Texte nicht immer gut genug. Du weißt aber nicht genau, wie du sie verbessern kannst.
Je genauer du überprüfst, wann dein Text gelungen ist, umso leichter fällt dir das Überarbeiten. Du kannst einen Text alleine oder in einer Schreibkonferenz korrigieren. Je nach Textsorte (hier zum Beispiel eine Erzählung) überprüfst du ihn im Hinblick auf die geforderten Merkmale.
Diana hat einen Text zum Thema „Mein schlimmster Albtraum" geschrieben.

In meinen schlimmsten Albträumen werde ich verfolgt. Dann stieg ich in ein Auto und fuhr einen Fluß entlang. Der Weg wurde immer schmaler, bis ich von der Straße in den Fluß fuhr. Wasser drang ins Auto, ~~und~~ ich versuchte die Tür aufzubiegen, aber es war zu schwer. Ich geriet in Panik, es wurde ~~der~~ dunkel und ich schluckte immer mehr Wasser.

Jetzt will sie überprüfen, ob ihr der Text gelungen ist. Dazu hat sie sich folgende „Textlupe" erstellt.

TIPP!
Mit der „Textlupe" kannst du deinen Text – wie mit einer Lupe – auf geforderte Merkmale hin untersuchen. Weitere Informationen, wie du die Methode „Textlupe" anwenden kannst, findest du in der Werkstatt Schreiben auf Seite 204.

Das muss ich bei einer Erzählung beachten.	Was muss ich an meinem Text verbessern?
Inhalt (spannend, regt zum Lesen an)	
Form (leserlich geschrieben, sauber gestaltet, Absätze sind vorhanden)	Text mit Computer schreiben, Wörter nicht durchstreichen
Aufbau (Überschrift, Einleitung, Hauptteil, Schluss)	eine Überschrift finden, klarere Gliederung
Wortwahl (treffende Adjektive und Verben)	Adjektive finden, die Gefühle beschreiben
Rechtschreibung beachtet?	ss-Regeln beachten

1 Verfasse den Text „Mein schlimmster Albtraum" mit den oben formulierten Kriterien neu.

2 Wähle aus den Schreibideen auf Seite 15 ein Thema aus und verfasse dazu einen eigenen Text.

Fertige Texte sammeln und gestalten

Überlegt euch, ob und wie ihr eure Texte sammeln wollt:
Ihr könnt sie für euch selbst oder auch mit anderen aus eurer Klasse sammeln, z. B. in Themen-Heften, selbst gemachten „Büchern" oder Ordnern.

Schülerinnen und Schüler der Klasse 8M haben kurze Texte zu den Themen „Mein schönster Traum …" und „Wenn ich nur noch einen Tag zu leben hätte …" geschrieben. Mit dem Computer wurden die Texte gestaltet und anschließend als „Buch" zusammengestellt. Das geht ganz leicht:

- DIN-A4-Papier der Länge nach in zwei Hälften teilen,
- rechts und links die Texte aufschreiben oder drucken,
- in der Mitte falzen, die Seiten ineinanderlegen,
- ein Deckblatt/Außenblatt gestalten, die Seiten hineinlegen,
- oben links lochen und einen Faden durchziehen.

Ideen für Textsammlungen:

Montagsgeschichten
Jahreszeitenbuch
(Zahn-)Arztgeschichten
Stargeschichten
Freizeitideen
Pop und Trends
Computer-Texte
Fernsehgeschichten
Sportnachrichten
Geschichten über
andere Länder
Klassenfahrten
Wir über uns
Betriebserkundungen

Wichtig ist, dass ihr die Sammlungen so gestaltet, dass sie schon auf den ersten Blick zum Lesen einladen:

- ansprechendes Titelblatt oder Umschlag
- Inhaltsverzeichnis
- Illustrationen, Zeichnungen, Bilder, Fotos …
- passend gestaltete Überschriften
- mit gut leserlicher Handschrift schreiben oder geeignete Schrifttypen aussuchen (Computer nutzen)
- Rand zum Heften lassen
- keine Rechtschreibfehler
- bei gehefteten Sammlungen:
  Heftklammern mit farbigem Klebeband überkleben
- bei gelochten Sammlungen:
  durch die Löcher eine farbige Kordel ziehen

Verschenk-Texte Aus euren eigenen Texten könnt ihr auch persönliche Geschenke für andere machen, z. B. zum Geburtstag oder zu Weihnachten:

Streichholzschachtel
Texte auf ganz kleine Papierstücke schreiben und damit Streichholzschachteln oder Dosen bekleben.

Tipp: Durch Überkleben mit einer selbstklebenden Folie werden die kleinen Geschenke noch haltbarer.

Kalender
Zwölf Texte,
die gut gelungen sind,
als Kalenderblätter
zusammenstellen
und gestalten.

In Zeitungen und Zeitschriften findet man manchmal Texte, die durch Diagramme noch einmal anschaulich ergänzt werden. Man muss also beides lesen, um das Ganze zu verstehen:

Was Jugendliche am liebsten lesen:

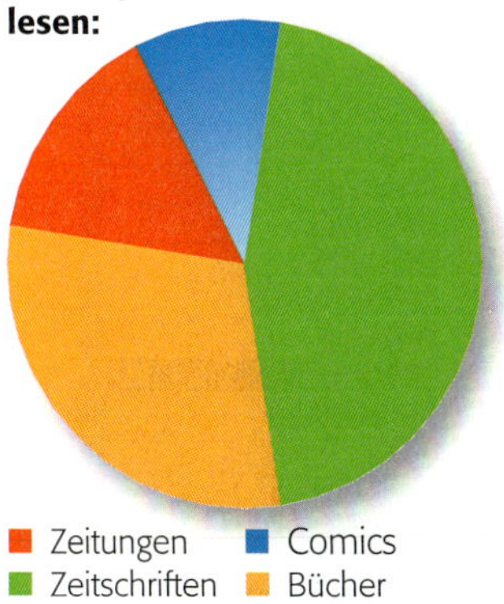

1 Schau dir zunächst einmal das Diagramm an und ergänze die folgenden Aussagen schriftlich:

a Knapp die Hälfte der befragten Jugendlichen gibt an, dass sie am liebsten ______ lesen.
b Ein gutes Viertel der Jugendlichen ______ .
c Das andere Viertel sind Leser von ______ und ______ .

2 Beantworte mit Hilfe des Textes und des Diagramms die folgenden Fragen:

a Lesen die „Zeitungsleser" unter den Jugendlichen wirklich die ganze Zeitung? Oder lesen sie nur bestimmte Teile?
b Zeitschriften werden besonders häufig gelesen. Welche Zeitschriften werden von den befragten Jugendlichen genannt?
c Nur wenige Jugendliche lesen Bücher. Welche Bücher werden genannt?

Was Jugendliche lesen

„Also ich lese eigentlich nur, wenn ich etwas für die Schule lesen muss", sagt Janosch auf die Frage der Interviewerin. Und das trifft, wie eine Untersuchung ergeben hat, auf fast die Hälfte der 15-jährigen Mädchen und Jungen zu. In der Schule wird also gelesen, zu Hause aber eher selten. Natürlich gibt es sie: die Vielleser und Leseratten. Aber fast ebenso viele sind ausgesprochene Lesemuffel. Davon finden sich unter den Jungen mehr als unter den Mädchen.

Wenn man etwas genauer unter die Lupe nimmt, was denn eigentlich gelesen wird, wenn überhaupt, dann zeigt sich, dass das gute alte Buch nur einen geringen Platz einnimmt: „Ich lese manchmal eine Computerzeitschrift oder die Fanzeitschrift von meinem Verein." – „Ich lese am liebsten Comics." – „Ich lese montags immer den Sportteil in unserer Zeitung, das andere interessiert mich kaum." – „Ich kaufe mir immer *Das Pferd,* das ist so eine Pferdezeitschrift." – „Wenn meine Mutter das *ADAC-Blatt* kriegt, dann lese ich da manchmal drin rum." – „Manchmal lese ich eine Tiergeschichte aus *GEO,* das interessiert mich schon mal." Das sind typische Aussagen von Mädchen und Jungen, die nur selten lesen. Natürlich gibt es auch die anderen, die immer wieder gern zu Büchern greifen: „Sachbücher über Tiere lese ich am liebsten." – „Fantasy, das mag ich besonders." – „Ich hole mir jede Woche ein Buch aus der Bücherei. Ich könnte ohne Bücher gar nicht leben!" – „In der Schule haben wir meistens nicht so viel Zeit, im Lesebuch zu lesen. Aber ich habe fast alle Geschichten schon gelesen." Auch das gibt es also. Und manche Jugendliche lesen sogar manchmal Gedichte; doch das sind seltene Ausnahmen. Insgesamt sind die Leseinteressen so verteilt, wie es das Diagramm zeigt.

Was wird in eurer Klasse am liebsten gelesen? Ihr könnt dazu ein eigenes Diagramm anfertigen. Überlegt gemeinsam, wie ihr das am besten macht. Vielleicht könnt ihr dazu auch den Computer verwenden …

Diagramme sind grafische Darstellungen von Zahlenwerten in anschaulicher Form. Man kann in solchen Schaubildern die angegebenen Zahlen leichter überblicken als in einem Text mit vielen Worten. Die meisten Diagramme enthalten Prozentwerte. Es gibt Diagramme in Balkenform und in Kreisform.

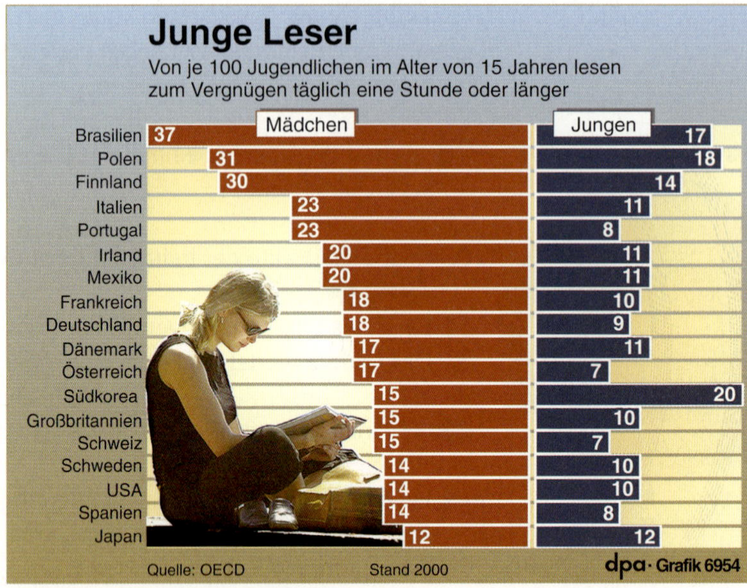

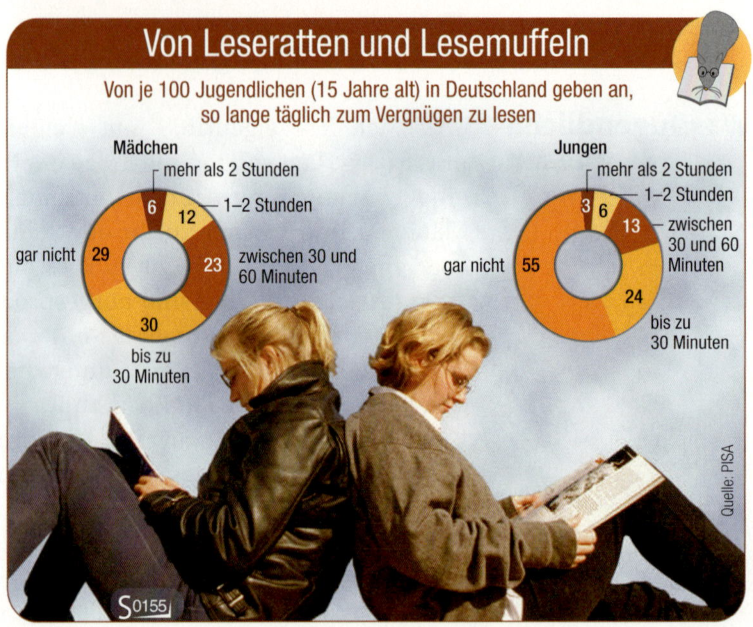

Hier sind zwei Diagramme zum Leseverhalten von Jungen und Mädchen abgedruckt. Notiere Stichpunkte zu den Fragen.

1 Welche Informationen erhältst du?

2 Welche Auffälligkeiten erkennst du?

3 Finde Fragen zu den Diagrammen und stelle sie deiner Klasse vor.

Zum Knobeln

- Es gibt in Deutschland eine große Anzahl von 15-jährigen Jugendlichen, die überhaupt nicht zum Vergnügen lesen. Wie groß ist diese Zahl?

- Was ist aus dem unteren Diagramm herauszulesen?
  a) 55 % der Jungen in Deutschland lesen überhaupt nicht.
  b) 29 % der Mädchen können nicht lesen.
  c) Rund 42 % der Jungen und Mädchen in Deutschland lesen nicht zum Vergnügen.

Zum Vertiefen

- Verfasse einen kurzen zusammenfassenden Text über die Auskünfte, die das obere Diagramm gibt.

- Wie würde ein Kreisdiagramm in eurer Klasse/Schule aussehen? Macht eine entsprechende Umfrage, errechnet die Prozentwerte und stellt die Ergebnisse dar.

Zum Weiterdenken

- Wie erklärst du dir, dass es in Deutschland so viele Jungendliche gibt, die nicht gerne lesen? Diskutiert darüber.

- Statistiken und Diagramme sollen Objektivität bieten. Manchmal kommt es jedoch zu Ungenauigkeiten und Fehlinterpretationen.
  – Überlege, warum dies so sein kann.
  – Welche Gefahren können dadurch entstehen?

Ideen zur Weiterarbeit

TIPP!
Weitere Informationen und Schreibideen zum Thema „Wald" findest du im Kapitel Wald ist Leben ab Seite 63.

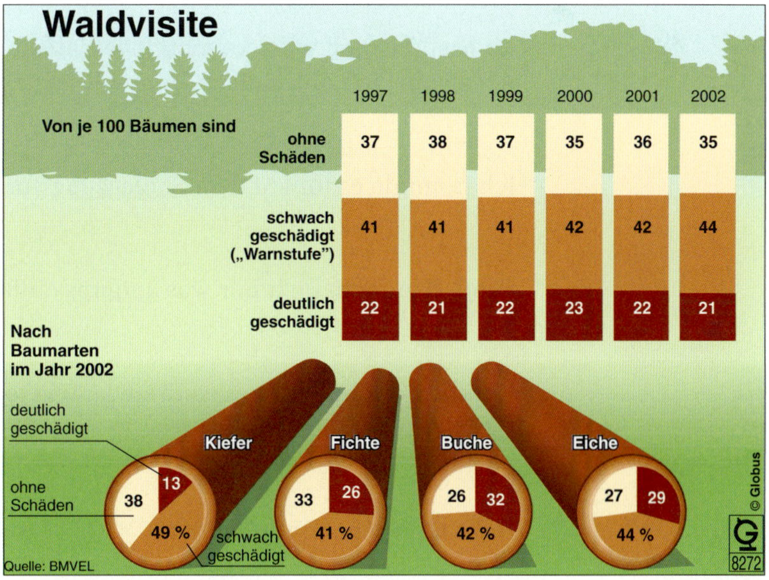

- Notiere drei knifflige Fragen zum Diagramm auf ein Papier. Schreibe die entsprechenden Antworten auf ein anderes. Tausche die Fragen mit dem Partner. Jeder beantwortet sie für sich. Vergleicht anschließend die Antworten. Hast du die Antworten gewusst?

Dieses Gespräch müsst ihr mit verteilten Rollen lesen. Die eine Rolle steht auf dieser Seite, die andere auf der rechten Seite.
Die Rolle auf dieser Seite kann ein Junge oder ein Mädchen lesen; die Rolle auf der Rückseite müsste ein Junge lesen. Deckt die andere Seite jeweils ab.
Die einzelnen Sprecher wissen deshalb nie, was der andere sagen wird.
Also: Gut zuhören – und warten, bis der andere fertig ist!
Die Wörter, die man in den Sätzen betont, sind unterstrichen.

Das Geburtstags-geschenk

Hi, Boris!
...

Schon mal was von Nachdenken gehört?
...

Meine Schwester hat Geburtstag. Und ich denke darüber nach, was ich ihr schenken könnte.
...

Morgen. Sag bloß, du weißt das nicht! Sie ist doch deine Freundin!
...

Jetzt weißt du es wenigstens! Und was würdest du ihr schenken?
...

Da hast du auch wieder recht. Jedenfalls fällt mir überhaupt nichts ein. Ich glaube, ich übe einfach Happy Birthday und spiel es ihr vor.
...

Ich trommle es ihr auf dem Schlagzeug vor.
...

Echt? Dann muss ich mir was anderes einfallen lassen. Aber was?
...

Wirklich originell! Dann weiß sie ja, wie teuer ihr Geschenk ist.
Das war wohl nichts!
...

Na, komm schon raus damit!
...

Sag mal, spinnst du? Ich kann doch keinen Kuchen backen!
...

Um Himmels willen! So viel Geld will ich nicht ausgeben!

Dieses Gespräch müsst ihr mit verteilten Rollen lesen. Die eine Rolle steht auf dieser Seite, die andere auf der linken Seite.
Die Rolle auf dieser Seite müsste ein Junge lesen; die Rolle auf der Rückseite kann ein Junge oder ein Mädchen lesen. Deckt die andere Seite jeweils ab.
Die einzelnen Sprecher wissen deshalb nie, was der andere sagen wird.
Also: Gut zuhören – und warten, bis der andere fertig ist!
Die Wörter, die man in den Sätzen betont, sind unterstrichen.

Das Geburtstagsgeschenk

...

Hi! Was machst du denn für ein Gesicht?
...

Siehst du immer so aus, wenn du nachdenkst? – Na meinetwegen! Und worüber denkst du nach?
...

Ach ja. Und wann hat deine Schwester Geburtstag?
...

Ja schon. Aber ich weiß doch nicht, wann sie Geburtstag hat!
...

Jedenfalls etwas, was sie von dir ganz bestimmt nicht haben will.
...

Da wird sie sich aber freuen! Besonders, weil du überhaupt nicht singen kannst.
...

Bist du wahnsinnig? Mach das bloß nicht! Mir hat sie nämlich mal gesagt, dass du sie mit deinem Schlagzeug immer nur nervst.
...

Mal ihr doch einfach ein Bild und schenke ihr einen Gutschein! Dann kann sie sich selber was aussuchen.
...

Ich glaube, ich hätte da noch eine Idee.
...

Schenk ihr doch einfach dasselbe, was sie dir zu deinem Geburtstag geschenkt hat. Das freut einen immer!
...

Dann musst du sie eben fragen, was sie sich wünscht.
...

Ein Wochenprogramm lesen

Das Fernsehverhalten vieler Jugendlicher wird oft kritisiert: Zu viel Fernsehen, die falschen Sendungen, zu häufiges Zappen usw. Das vorausschauende Lesen einer Fernsehzeitschrift kann für Jugendliche eine Hilfe sein, sich kritisch mit dem Programmangebot auseinanderzusetzen. Schüler der Klasse 8M versuchen wöchentlich, einen sinnvollen Fernsehtipp für die ganze Klasse zu erstellen. Julia hat dies für die Woche vom 05. bis 12. März getan.

1 Nimm die Fernsehzeitung und lies das Wochenprogramm aufmerksam.

2 Markiere mit dem Textmarker wichtige Sendungen. Dies können Sendungen sein, die direkt zum Unterricht passen oder dir einfach interessant erscheinen.

3 Erstelle nun wie Julia einen Fernsehtipp.

4 Hänge diesen Fernsehtipp eine Woche vorher im Klassenzimmer an die Informationswand.

Fernsehtipp für die Klasse 8M von Julia: 5. bis 12. März 20...

Tage / Fach	D	GSE	PCB	
Sa		WDR 8.30 PlanetWissen	KIKA 18.00 Einstein	ARD 20.00 Tagesschau
So	BR3 11.45 Lesezeichen	SWR 16.00 Vasco da Gama	3Sat 20.15 Grizzly	
Mo			Pro7 19.25 Galileo	
Di	Sat 18.15 Rosen pur			ZDF 19.00

So könnt ihr mit dem Fernsehtipp arbeiten:

- Einigt euch auf eine Sendung, die ihr alle sehen wollt. Diskutiert anschließend über den Inhalt der Sendung. Warum hat sie dir gefallen, warum nicht?
- Legt im Vorfeld fest, wer welche Sendung ansieht. Verfasst zu jeder Sendung eine kurze Inhaltsangabe. Stellt diese in der Klasse vor.
- Bewertet den Wochentipp: Welche Sendungen waren besonders gut ausgewählt?

Ich schaue sehr viel fern und zappe dabei. Die Fernsehzeitung interessierte mich bisher wenig. Für den Tipp musste ich das Programm genau lesen. Das war nicht einfach. Mein Fernsehverhalten hat sich aber dadurch schon verändert.

Bei der Nachbesprechung des Wochentipps schildern die Schüler ihre Eindrücke. Julia fand das Erstellen ihres Tipps nicht einfach.

- Überlege, warum Julia zu dieser Aussage kommt.
- Stelle Vermutungen an: Warum könnte sich Julias Fernsehverhalten geändert haben?
- Wie ist dein Fernsehverhalten? Bewerte es kritisch.

Passivrauchen – gefährlicher als man denkt

Über die Gefahren des Passivrauchens gibt es keinen wissenschaftlich begründeten Zweifel mehr. Der Raucher atmet etwa ein Viertel des gesamten Rauches einer Zigarette, den so genannten Hauptstromrauch, selbst ein und wieder aus. Drei Viertel des Rauches, der Nebenstromrauch, gelangt direkt in die Raumluft. Der Nebenstromrauch enthält genauso viele Schadstoffe wie der Hauptstromrauch. Viele Gifte, z. B. Nitrosamine, Stickoxide und Formaldehyd, entstehen durch das langsame Verglimmen infolge der niedrigeren Temperatur sogar in höherer Dosierung als der Hauptstromrauch. Die an die Raumluft abgegebenen Gifte werden über die Atemluft von allen im Raum anwesenden Personen passiv aufgenommen.

TIPP!
Suche im Text Fachbegriffe und Fremdwörter. Nimm sie in dein Begriffsheft auf. Wie du mit dem Begriffsheft arbeitest, erfährst du im Kapitel Rechtschreiben auf Seite 217.

Im Urin sowie in den Haaren von Passivrauchern können, wie bei den Rauchern, Giftstoffe oder deren Abbauprodukte nachgewiesen werden. Nikotinanalysen in Haarproben eignen sich besonders gut als Langzeitnachweise, da das Haar über Monate das Nikotin aus der Umgebungsluft sammelt. Auch das Haarewaschen reduziert nur anfänglich die anhaftende Nikotinmenge und ab der 3. bis 4. Haarwäsche hat sich die Nikotinmenge hierdurch nicht mehr verändert. […]
Der Aufenthalt von Kindern in Räumen, in denen geraucht wird, führt zu einem erhöhten Nikotingehalt im Haar der Kinder. Die Gefährdung steigt mit zunehmender Aufenthaltsdauer, steigender Zahl der Raucher und abnehmender Lüftung der Räume, in denen geraucht wird, z. B. Autoinnenräumen, Wohnräumen, Arbeitsräumen, Kneipen, Discos etc. […]

Passivrauchen stellt für Nichtraucher häufig nicht lediglich eine Belästigung dar, sondern kann vor allem für anfällige Personen ein ernst zu nehmendes Gesundheitsrisiko bedeuten. Kurzfristige Exposition kann zu Reizwirkungen auf Augen-, Nasen- und Rachenschleimhäute, Schwindel und Kopfschmerzen führen. […]
Passivraucher erleiden also die gleichen akuten und chronischen Gesundheitsschäden wie Raucher, wenn auch seltener und in etwas geringerem Ausmaß. Das Lungenkrebsrisiko passiv rauchender Menschen ist beispielsweise um etwa 30 % erhöht im Vergleich zu Menschen ohne Rauchexposition. […] Außerdem besteht ein erhöhtes Herzinfarkt- und Schlaganfallrisiko. Dazu kommen noch Geruchsbelastungen, Augenbrennen, Stimmbandreizungen, Halsschmerzen, Übelkeit, Kopfschmerzen etc. […]

Immer mehr Menschen bestehen auf rauchfreie Räume, damit sie die gesundheitsgefährdenden Stoffe nicht einatmen müssen. In der öffentlichen Diskussion werden in diesem Zusammenhang immer wieder ähnliche Fragen gestellt: Haben Raucher das Recht, andere Menschen zu belästigen oder zu gefährden? Müssen Verbote ausgesprochen werden?

Lesetechnik

1 Lies den Text aufmerksam durch. Gehe dabei folgendermaßen vor (Folientechnik):

? Dieses Wort, diesen Textausschnitt habe ich nicht verstanden.
! Diese Aussage finde ich interessant.
↕ Das ist für mich ein Widerspruch.

Tauscht euch anschließend in der Klasse aus.

Den Text verstehen

2 Worum geht es im Text? Eine der folgenden Aussagen dazu ist richtig:

a Es geht um die Gesundheitsgefährdung beim aktiven Rauchen.
b Es geht um die Auswirkungen des Passivrauchens.
c Es geht um das Werbeverbot für Zigaretten.
d Es geht um die Umsetzung rauchfreier Zonen.

3 Was will der Text bewirken? Zwei Antworten sind richtig:

a Der Text will auffordern, Personen vermehrt vor Rauchern zu schützen.
b Der Text informiert über die Unbedenklichkeit des Passivrauchens.
c Der Text will verdeutlichen, dass Passivrauchen nicht ungefährlich ist.
d Der Text fordert auf, Raucherecken einzurichten.

4 Zu den folgenden Ausdrücken sind jeweils drei Erklärungen gegeben. Welche davon sind richtig? Es ist immer nur eine!

Nebenstromrauch

a Rauch einer Zigarette, der direkt in die Raumluft gelangt.
b Rauch einer Zigarette, den ein Raucher einatmet.
c Rauch einer Zigarette, den ein Raucher ausatmet.

Passivraucher

a Personen, die von anderen eine Zigarette wollen.
b Personen, die durch die Raumluft Zigarettenrauch einatmen.
c Personen, die sich beim Rauchen entspannt zurücklehnen.

Öffentliche Diskussion

a Eine Gesprächsrunde muss bei offener Tür stattfinden.
b Unterschiedlichste Personen setzen sich mit einem bestimmten Thema auch in den Medien auseinander.
c Die Gesprächsrunde muss in einem öffentlichen Gebäude stattfinden.

Ideen zur Weiterarbeit

- Am Ende des Textes werden verschiedene Fragen gestellt. Diskutiert sie in eurer Klasse. Denkt an die Gesprächsregeln.
- Verfasse einen Bericht für eure Klassenzeitung, in dem du über die Gefährlichkeit des Passivrauchens informierst (siehe dazu S. 107 bis 114).

In sein – Out sein – Ich sein

krass
Performance
peacig
chillen
Grunge
Baggy-Pants

Dance-Charts
Party-Locations
Downloads
Surfpunk
Techno-Szene
Computerfreak
Chatroom

richtig hip
Sporty Style
Piercings
Hip-Hop-Grooves
trendy
Gangstarap
Tattoos
Halfpipe

Was voll im Trend ist, ist IN.
Was nicht mehr im Trend liegt, ist OUT.
Wer bestimmt, was IN oder OUT ist?
Bin ich OUT, wenn ich einem Trend nicht folge?
Wie kann ich ICH SELBST sein?

Das folgende Kapitel gibt euch Anregungen, diesen Fragen nachzugehen. Es soll euch auch helfen, Standpunkte einzunehmen und begründet vorzutragen und die Standpunkte anderer zu verstehen.

Jugendliche in den 50er-Jahren

1 Auf der vorhergehenden Seite findet ihr „Trend-Wörter". Schaut sie euch an und sprecht darüber,
- welche Wörter ihr kennt,
- woher ihr sie kennt,
- was sie bedeuten können,
- ob ihr noch andere kennt.

Überlegt euch, warum es immer wieder neue „Trend-Wörter" gibt.

2 Mit dem Begriff „Trend" ist häufig gemeint, dass etwas IN ist. Was nicht mehr im Trend liegt, ist OUT. Trends gibt es in den verschiedensten Bereichen: Aussehen/Mode, Sportarten, Musik/Musikrichtungen, Fernsehen/Zeitschriften, Jugendsprache/Trendwörter, Freizeitbeschäftigungen …
- Fertigt eine Hitliste an: Was ist in eurer Klasse/in eurer Freundesclique IN bzw. OUT?
- Diskutiert über unterschiedliche Meinungen. Gibt es Unterschiede zwischen Jungen und Mädchen?
- Hängt eure Ergebnisse im Klassenzimmer auf und überprüft eure Eintragungen nach einiger Zeit.

Aussehen/Mode

IN	OUT
Cargohosen	Tennissocken

Sportarten

IN	OUT
Inlineskating	

Musik/Musikrichtungen

IN	OUT
Girl-Groups	

Fernsehen/Zeitschriften

IN	OUT
	Videokassetten

Jugendsprache/Trendwörter

IN	OUT

Freizeitbeschäftigung

IN	OUT
Playstation spielen	

TIPP!
In der Werkstatt Sprache findet ihr weitere Informationen zur Trendsprache (Seite 245).

3 Wie bekommt ihr Trends mit? Wer kann „Trendsetter"* sein? Hattet ihr auch schon einmal eine Trend-Idee?
Vielleicht findet ihr im folgenden Text einige Antworten.

Wie Trends entstehen

Die meisten erfahren in der Schule von neuen Trends. Irgendwer fängt mit irgendwas an und andere machen's nach. Das passiert besonders in Gruppen und Cliquen, dass man's da als Zeichen der Zusammengehörigkeit macht, sei's ein bestimmtes Sweatshirt, sei's eine Sicherheitsnadel, die irgendwo angesteckt wird.

Neben der Schule und der Clique kommt man auf neue Trend-Ideen besonders auch bei einem Stadtbummel. Da sieht man irgendwelche originellen Dinge oder Leute, die einem gefallen und die man nachmacht. Einige werden sicher auch selber Trendsetter, wenn z. B. jemand auf die Idee kommt, seine Schulsachen weder in die Schultasche noch in eine Plastiktüte noch in einen Rucksack oder Koffer zu stecken, sondern in irgendein anderes Behältnis. Wer irgendwas Verrücktes macht, findet meistens auch Nachahmer.

Die wichtigsten Trendsetter sind die vielen Stars und Musikgruppen. Sie verpassen sich irgendein hervorstechendes Outfit, das manchmal sogar auffälliger ist als ihre Musik. Und die Fans machen's nach und bei denen ist es dann oft noch auffälliger, dass in der wilden Hülle nur noch wenig von ihnen selber steckt.

Die wichtigsten und schnellsten Vermittler von Trends sind das Fernsehen und das Radio, aber auch Zeitschriften und Magazine.

Trend-Infos aus dem Web

Das Web liegt bei Jugendlichen, wenn sie sich über aktuelle Trends informieren wollen, mit 78,7 Prozent bereits an zweiter Stelle. Nur das Free-TV ist in dieser Hinsicht noch beliebter (81,2 Prozent). Dies geht aus einer aktuellen Studie hervor.

Bei der Internet-Nutzung nimmt das Empfangen und Verschicken von E-Mails mit 88,6 Prozent die Spitzenposition ein. 83,6 Prozent wollen „einfach nur surfen", 81,4 Prozent nützen das Web zur Infosuche für Schule, Beruf oder Studium. Musik laden 64,7 Prozent der Jugendlichen regelmäßig aus dem Web herunter. Gleichzeitig handelt es sich hier um die Nutzungsmöglichkeit, von der die meisten Befragten einen Bedeutungszuwachs erwarten (85,1 Prozent).

Cliquen
Sweatshirt
Trendsetter
Stars
...

→ Fach- und Fremdwörter Seite 215

4 Sprecht über die Ergebnisse der Studie.

5 Stellt in einer Tabelle oder in einem Säulendiagramm dar, wo Jugendliche sich über aktuelle Trends informieren, wozu Jugendliche das Internet nutzen und welchen Nutzungsmöglichkeiten eine Bedeutungssteigerung zugesprochen wird.

Neue Trends dienen auch dem Geschäft. Kleidung, CDs, Inlineskater, Fan-Artikel, Zeitschriften ... sollen gekauft werden. Werbe-Experten denken sich Strategien aus, damit die neuen Trends sich durchsetzen und möglichst viel gekauft wird. Werbesprüche oder Werbeslogans können dabei helfen:

EIN EIGENER STIL KOSTET NICHT VIEL.

VOLL IM TREND

STARKE TRENDS FÜR DIE NEW POWER GENERATION

On the top, in the top – tipptopp

Ehrlich unentbehrlich

Wer was drauf hat, ist jetzt dran

Je schriller, desto besser

HEISSER START IN DIE NEUE SAISON

Für einen tollen Trip sorgen diese top-aktuellen Outfits

Anziehen und wohl fühlen

HAUPTSACHE COOL

Pack die Freiheit ein

Das coole Fashion-Vergnügen

Das Mega-Event

Der Frische-Kick

Das hypt total!

TIPP!
Wenn ihr mehr über Werbeslogans erfahren wollt, dann schlagt doch die Werkstatt Sprache auf Seite 246 auf.

1 Wofür könnten diese Slogans und Werbesprüche werben?

2 Solche und ähnliche Sprüche preisen nicht nur Produkte an. Sie nennen auch Gründe, warum man sich bestimmten Trends anschließen soll.
- Sammelt aus Zeitschriften weitere Werbesprüche.
- Erörtert, welche Gründe genannt werden bzw. in den Werbesprüchen enthalten sind. Was meint ihr dazu?

Jugendliche in den 60er-Jahren

3 Ihr könnt euch auch eigene Werbesprüche ausdenken und für oder gegen eine Trend-Idee werben, z. B. für Girl-Krawatten, Kummerkiller, Kult-Games fürs Handy ...
Gestaltet eine Collage oder Plakate mit euren Ideen.
Ihr könnt die Slogans und Bilder auch so zusammenstellen, dass witzige Kombinationen entstehen.

Wendeweste stylische Jacke im knalligen Farbenmix schwarze Hemdjacke mit Zipper Blusenjacke in Struktur-Karo bi-elastischer Rippenrolli Outdoor-Jacket Ringeltop Kapuzenweste Bindebluse Hüfthose aerodynamisches Radler-Shirt mit luftgekühlten Stretch-Einsätzen aus Netzstoff Glitzermini mit abschließbaren Seitentaschen und Leichtmetallreißverschlüssen ampelrote Hose mit reichlich variablem Stauraum kurvenstabile Stretch-Weste Minikleid mit reflektierendem Sicherheitsstreifen Luxus-Windbreaker mit versenkbarem Faltdach stretchiger Rippenrock knallfroschgrüne Satinhose Luxus-Schlabberhose mit Gummizug Neckholder-Top mit freiem Rücken Blumen und Karos im Mustermix papageibunte Hawaiihemden Plateauschuhe bleistift-schmale Hosen nadelgestreifter Blazer klassisches Sweatshirt

1 Es ist nicht immer sofort zu verstehen, was gemeint ist. Sucht für eure Tischnachbarn jeweils einen Begriff aus der Liste heraus, den sie erklären sollen. Manche Begriffe lassen sich auch gut zeichnen. Benutzt als Hilfe ein Wörterbuch.

2 Alle diese Wörter stammen aus Mode-Anzeigen oder aus Zeitschriften, die über Mode-Trends informieren. Was soll damit wohl erreicht werden?

3 Eine besondere Wirkung wird oft dadurch erreicht, dass die Bezeichnungen für die Kleidungsstücke

- aus zwei Nomen zusammengesetzt sind (z. B.: Hemd + Jacke = Hemdjacke),
- mit bestimmten Ergänzungen beschrieben werden (z. B.: mit *abschließbaren* Seitentaschen),
- mit Adjektiven anschaulich gemacht werden (z. B.: knallfroschgrün),
- durch Begriffe ergänzt oder ersetzt werden, die eigentlich nicht zum Wortfeld „Mode" gehören (z. B.: aerodynamisch, Stauraum),
- …

Aerodynamische Bindebluse mit ampelrotem Stauraum

Untersucht die oben genannten Wörter. Wie werden sie gebildet? Sucht neue Möglichkeiten, Mode-Trendwörter zu bilden.

4 Findet für eure Trends in der Klasse Werbewörter. Kombiniert Wörter neu. Ihr könnt eure Neuschöpfungen auch zeichnen.

5 Schreibe eine Werbeanzeige für dein persönlich wichtiges Modeaccessoire (modisches Zubehör wie Schmuck, Gürtel, Taschen). Verwende Werbewörter.

Klamotten – und was auf die hohe Kante

Köln. Noch nie hatte eine junge Generation so viel Geld in der Tasche wie die Teenager heute. Alle zusammen verfügen über eine jährliche Kaufkraft von rund 7,5 Milliarden Euro.

■ Doch die Jugendlichen verprassen das Geld nicht blind. Im Gegenteil: Beim Kauf erwarten sie Qualität und achten auf den Preis. Auch an die Zukunft denken viele Jugendliche und legen regelmäßig etwas zur Seite. Zu diesen Schlüssen kommt das Institut der deutschen Wirtschaft (IW) nach Auswertung der aktuellen Studie „Bravo Faktor Jugend“ des Münchener Instituts für Jugendforschung.

Erwachsene verweisen in zähen Taschengeld-Verhandlungen mit ihren hartnäckigen Sprösslingen gern auf ihre „entbehrungsreiche“ Jugend. Doch die Zeiten, in denen der Nachwuchs Pfennig-Beträge in die Hand bekam, sind lange vorbei: Mittlerweile bekommen die 13- bis 17-Jährigen durchschnittlich 40 Euro Taschengeld im Monat. Insgesamt steckten Deutschlands Eltern ihren Kindern 2002 schätzungsweise 2,3 Milliarden Euro zu. Fast genauso viel bringen den 4,7 Millionen Jugendlichen die „Scheine“ zum Geburtstag, zu Weihnachten oder beim Besuch der Großeltern ein.

Doch vielen ist das nicht genug. Knapp jeder Dritte verdient sich mit Jobs noch etwas dazu. Im Schnitt bekommen die 13- bis 17-Jährigen gut 90 Euro pro Monat fürs Rasenmähen, Zeitungaustragen und Regale-Einräumen. Eine feste Anstellung – etwa als Lehrling – haben dagegen nur sechs Prozent. Diese Jungarbeitnehmer können im Vergleich mit ihren Altersgenossen gut leben. Im Schnitt verdienen sie gut 360 Euro netto im Monat.

Jugendliche in den 70er-Jahren

Unterm Strich verdienen Deutschlands Jugendliche nach aktuellen Berechnungen pro Jahr und Kopf rund 1440 Euro. Obwohl in der Bundesrepublik noch nie eine junge Generation finanziell so üppig ausgestattet war, leben nur wenige in den Tag hinein: Zwei von drei Jugendlichen haben Geld gespart. Durchschnittlich hortet ein Jugendlicher 1500 Euro auf dem Sparbuch oder dem Giro-Konto – zusammen haben alle 5,5 Milliarden Euro auf der hohen Kante.

Doch nicht jeder hat den verantwortlichen Umgang mit dem eigenen Geld gelernt: Immerhin jeder Zehnte macht Schulden. Im Schnitt waren das zum Zeitpunkt der Befragung jedoch nur 70 Euro pro Mädchen oder Junge. Bevorzugt pumpen die jungen Schuldner Eltern und Freunde an. Lediglich jeder vierte Jugendliche, der in den Miesen steckt, hat sich das Geld von der Bank geliehen. Außer für das Begleichen astronomischer Telefonrechnungen leihen sich die Jugendlichen vor allem Geld für neue Klamotten und Partys.

Kaum verwunderlich ist es, dass die drei wichtigsten Verschuldungsgründe gleichzeitig auch die ersten drei Plätze auf dem Einkaufszettel der ganzen Generation einnehmen. Allein in den Modegeschäften schieben die 12- bis 18-Jährigen monatlich insgesamt 211 Millionen Euro über die Ladentheken. Gut 70 Millionen Euro gehen fürs Telefonieren und Verschicken von Kurzmitteilungen via Handy (SMS) drauf.

Diese gigantischen Summen bringt die Jugend jedoch nicht allein über das reguläre Taschengeld auf. Vielmehr bitten die Jugendlichen bei bestimmten Anschaffungen ihre Eltern zusätzlich um Geld. Neue Kleidung beispielsweise sponsern bei 80 Prozent der 12- bis 18-Jährigen Mama und Papa. Vom eigenen Budget* leisten sich die jungen Kunden vor allem Fastfood, Zeitschriften und Musik-CDs. Ganz gleich, wer zahlt und was gekauft wird: Das Bild vom konsumbesessenen Teenager, der nur auf sein Image bedacht ist, trifft nicht zu. Gute Produkteigenschaften und ein vernünftiges Preis-Leistungs-Verhältnis sind für neun von zehn Jugendlichen wichtig oder sehr wichtig. Aktuelle Trends und den Geschmack der Freunde halten 79 beziehungsweise 68 Prozent der Befragten für bedeutend.

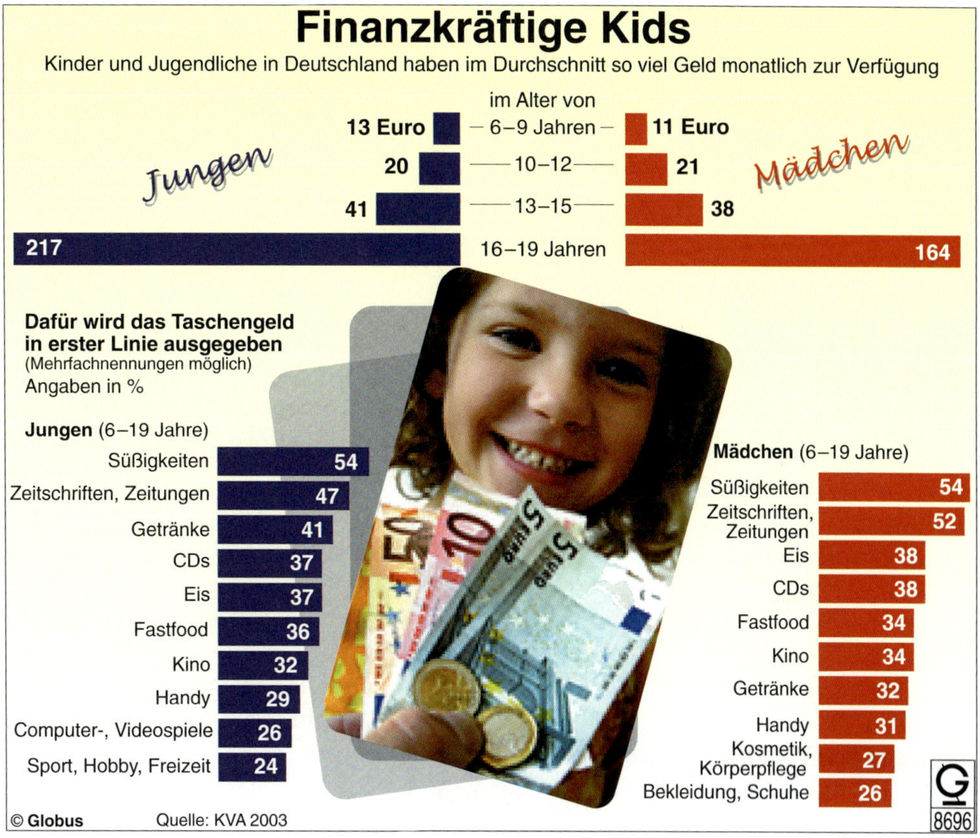

1 Entnehmt dem Text Informationen darüber, wie viel Geld die Jugendlichen zur Verfügung haben, woher dieses Geld kommt und wofür sie es vorrangig ausgeben. Beachtet dazu auch die Grafik.

2 Vergleicht den Inhalt des Zeitungsartikels mit euren eigenen Erfahrungen und Erkenntnissen. Gibt es Gemeinsamkeiten oder Unterschiede?

3 In dem Zeitungsartikel werden auch einzelne Probleme von Jugendlichen mit dem Thema „Geld" angesprochen. Benennt sie und setzt euch damit in einer Diskussion auseinander.

4 Fragt eure Eltern oder Großeltern, wie es in ihrer Jugendzeit mit Taschengeld und modischen Trends war.

5 Verarbeitet die Informationen, die in der Grafik veranschaulicht sind, in einem kurzen Text. So könnt ihr beginnen:

Globus hat in einer Umfrage herausgefunden, wofür 16- bis 19-jährige Jugendliche in Deutschland Geld ausgeben. An erster Stelle …

Taschengeld-Verhandlungen
Pfennig-Beträge
Giro-Konto
…

→ Zusammensetzungen mit Bindestrich Seite 226

Das war das Schlimmste

Mirjam Pressler

Seit zweieinhalb Jahren ärgere ich mich über Rike. Am Anfang hat sie mir gut gefallen, ich mag das, wenn jemand hübsch aussieht. Aber dann hatten wir einmal Streit, wegen einer ganz blöden Sache eigentlich.

Wir saßen in der Zeichenstunde nebeneinander, sie hatte eine sehr schöne, weiße Latzhose an. Ich war ein bisschen neidisch, denn ich wusste, dass Mama mir nie so eine Hose kaufen würde. So viel gab Mama für eine Hose nicht aus.

Nun, irgendwie, ich weiß auch nicht mehr genau, wie, kam ich an das Wasserglas, in dem wir unsere Pinsel sauber machten. Es fiel um und die ganze dreckige Brühe floss über Rikes neue Hose. Die war dann nicht mehr weiß und schön.

Sie regte sich schrecklich darüber auf und als ich ganz ruhig sagte, sie solle sich doch nicht so anstellen, das könne man bestimmt wieder auswaschen, schrie sie mich an: „Du bist ja nur neidisch, weil ich immer so schöne Sachen zum Anziehen habe und du selbst immer so hässlich bist. Das hast du bestimmt mit Absicht gemacht."

Jugendliche in den 80er-Jahren

Es war fürchterlich. Ich fing vor lauter Schreck an zu heulen. Das ist mir danach nie wieder passiert, dass ich vor anderen geweint habe. Herr Rost, unser Zeichenlehrer, wurde richtig böse und verlangte von Rike, dass sie sich bei mir entschuldigte. Das tat sie dann auch. Aber ich konnte danach nicht mehr so tun, als wäre nichts gewesen. Ich werde auch nie vergessen, wie mich alle angestarrt haben. Das kann ich nun mal nicht ausstehen.

„Du bist neidisch, weil du selbst immer so hässlich bist", hatte sie gesagt. Das war das Schlimmste. Ich hatte vorher nie darüber nachgedacht, aber jetzt wusste ich es. Und weil Rike es laut gesagt hatte, wussten es auch die anderen. Und noch etwas: Vorher hatte ich auch nie gemerkt, dass die meisten Mädchen aus der Klasse viel besser angezogen waren als ich. Natürlich nicht alle, aber die, die wirklich beliebt waren, hatten tolle Sachen und immer wieder neue.

In den Wochen danach bildeten sechs Mädchen aus der Klasse die Clique. Rike war natürlich dabei. Die von der Clique geben den Ton an bei uns in der Klasse. Jedenfalls sind sie sehr laut. Und immer nach der neuesten Mode angezogen. Ich habe sogar mal eine Statistik gemacht. Ich habe jeden Tag aufgeschrieben, was sie anhatten, welche Hosen, Blusen, Pullis und so weiter. Drei Monate lang habe ich geschrieben und gezählt, dann konnte ich mir leicht ausrechnen, dass sie alle offensichtlich drei bis vier neue Sachen im Monat bekamen. Selbst wenn

weiß, bisschen,
Hose, hässlich,
Klasse
...

→ Wörter mit s/ss/ß
Seite 220 bis 222

Mirjam Pressler (geb. 1940 in Darmstadt) studierte an der Akademie der Bildenden Künste in Frankfurt/M. und arbeitete dann in verschiedenen Berufen. Ende der 70er-Jahre begann sie Kinder- und Jugendbücher zu schreiben, für die sie u.a. den Deutschen Literaturpreis erhielt. Dank ihrer Übersetzungen aus dem Niederländischen und Hebräischen konnten hervorragende Jugendbücher aus diesen Ländern auch in Deutschland erscheinen.

ich gewollt hätte, hätte ich nie dazugehören können, das war mir klar. Aber ich will ja gar nicht!

Ich laufe eben immer in alten Jeans rum und in einfachen T-Shirts, und die kauft Mama im Kaufhaus, weil es da billiger ist. Dafür sitzen sie dann auch nicht richtig und die T-Shirts werden schon nach der ersten Wäsche breit und kurz. Ich finde mich auch sonst nicht besonders hübsch, aber ich finde mich lange nicht so blöd wie die von der Clique, von denen gefallen mir nur Chris und Nina.

Ich habe mich dann mit Alex angefreundet. Sie ist nicht so auffällig wie die anderen, sehr zurückhaltend und ruhig, aber wirklich lieb und nett. Sie gehört auch nicht zur Clique.

1 In diesem Text spricht Karin (so heißt das Mädchen) Probleme an, die im Zusammenhang mit modischen Trends entstehen können. Um welche Probleme handelt es sich und wie geht Karin damit um?

2 Manchmal ist es schwer, einem Trend nicht zu folgen. Ist Karin IN oder OUT? Wovon hängt das ab?

3 Stell dir vor, du bist Rike. Schreibe die Geschichte aus ihrer Sicht in der Ich-Form auf. Du kannst dir auch vorstellen, dass du ein Junge aus der Klasse bist.

TIPP!
Geschichten aus einer anderen Perspektive schreiben? Tipps findet ihr in der Werkstatt Schreiben ab *Seite 185.*

er ist „in“ *Josef Reding*

er ist „in“
wo „in“?
in unseren kreisen,
in unserer runde,
in unserer clique,
in unserem verein,
in unserem haufen,
in unserer gesellschaft.
lohnt es sich,
hier immer „in“ zu sein?
ist es eine schande,
auch „out“ zu sein,
ein außenstehender,
ein ausgestoßener,
ein outsider?
und wer entscheidet,
ob jemand „in“ oder „out“ ist?
du, ich, wir?
schreib die namen derer auf,
die heute „in“ sind,
dann schreib die namen derer auf,
die heute „out“ sind.
und dann schreib deinen
namen dazu.

Jugendliche in den 90er-Jahren – und heute …?

1 Der Text enthält mehrere Fragen zum Thema „IN und OUT“. Versucht darauf eine Antwort zu geben.

2 Der Text endet mit einer Aufforderung zum Schreiben. Wenn ihr die Aufgabe bearbeitet habt: An welche Stelle habt ihr euren Namen geschrieben? Begründet eure Entscheidung.

3 Schreibt selbst kleine Texte zum Thema „IN und OUT“. Sucht euch aus den Schreibideen auf Seite 16 Vorlagen für eure Texte aus. Verwendet in euren Texten wie Josef Reding das Stilmittel der Anonymität* mit Hilfe von Indefinitpronomen.

TIPP!
Niemanden, jemanden, alle, keiner sind Indefinitpronomen. Mehr über diese Wortart kannst du im Kapitel Werkstatt Sprache auf Seite 236 nachlesen.

1 Lies den folgenden Text aufmerksam durch. Wie stellst du dir das Mädchen vor, von dem hier die Rede ist?

Spiegelfrätzchen

Godehard Schramm

Zum Abwischen des Spiegels hat sie nie Zeit. Schminke sieht sie nur im eigenen Gesicht. Wann die neuen Zeitschriften im Laden sind, das weiß sie. Wann die dicken, glänzenden ausländischen erscheinen, auch; dann fährt sie zum Bahnhof. Die allerneueste Mode – da will sie drin sein. Grad wuchern die Schlumperhosen. Manchmal, wenn alles Geld vertan ist, näht sie vor dem Spiegel nach. Im Zimmer wachsen Lippenstifte, Zeitschriften, Parfums, Nagellack, Modeschmuck und Poster. Sie versucht sich – nicht nur vor dem Spiegel – in den neuesten Kleidern genauso zu bewegen, wie in den neuesten Sendungen und Filmen. Man muss es ja nur genauso machen, um genauso zu sein wie ... In ihrem Kopf scheint ein Knopf zu sein, der durch den Anblick von dem Neuesten sofort betätigt wird. Dann spitzt sie den Mund wie ... Wackelt mit dem Hintern wie ... Lässt sich anmachen wie ... Fährt hinten auf dem neuesten Mofa mit wie ... Trinkt Cola wie ... Säuft mit allen Ohren den Discosound wie ... Macht das Maul nicht auf wie ... Empfindet die Seife X als das Meer selbst wie ... und der Spiegel sagt, du bist wie ...

TIPP!
Weitere Informationen zum Schreiben eines Leserbriefs findest du im Kapitel Eine Zeitung wird gemacht auf Seite 96.

Kaum geht man heute vor die Tür, schon sieht man sie: Jugendliche. Meist sind sie in Grüppchen versammelt und so einheitlich gekleidet wie eine Fußballmannschaft. Aber warum bloß? Gibt es in der Stadt nur ein Bekleidungsgeschäft oder wird gar nichts anderes mehr hergestellt?

Woher haben die das eigentlich? Um das zu beantworten, braucht man nur einmal den Fernseher anzuschalten und sich einen dieser Musiksender anzusehen. Die sehen da ganz genauso aus, ihre Helden, mit dieser lauten „Affenmusik" rund um die Uhr. Kein Wunder, dass unsere Kinder den Bezug zur Realität verlieren. Alle sind ganz toll und reich, die Haare sitzen in jeder Situation perfekt und natürlich sind sie auch alle immer sauber und teuer angezogen. Markenklamotten, versteht sich, die sollen die Konsumenten nämlich fleißig kaufen. Was sie ja auch tun. Und kommt mal einer der Stars mit nicht so ordentlichen Sachen, hat man einen neuen Trend, den morgen jeder nachmachen will.

2 Im zweiten Teil des Textes findest du viele Stellen, an denen etwas ausgelassen worden ist. Was muss man sich an diesen Stellen dazudenken?

3 Der Spiegel spielt im Leben des Mädchens eine große Rolle. Beschreibe, was sie im Spiegel sieht. Fällt dir dabei etwas auf?

4 Der Text hat eine merkwürdige Überschrift. Kannst du sie erklären?

5 Aus wessen Sicht könnte der Leserbrief auf dem Zettel geschrieben sein?

6 Stimmt ihr dem Inhalt des Leserbriefs zu? Schreibt eure Stellungnahme dazu auf. Wenn ihr eine andere Meinung habt, könnt ihr einen „Gegenbrief" schreiben. Wie man eine Stellungnahme formuliert, erfährst du in der Werkstatt Schreiben ab Seite 194.

Tipps zur selbstbewussten Ablehnung:
- Sage klar NEIN.
- Gib Gründe für ein Nein an.
- Appelliere an die Vernunft des Gegenübers.
- Suche Gleichgesinnte.
- Verwende Ich-Botschaften.

Und: Mit Humor geht alles leichter.

1 Diskutiert die verschiedenen Meinungen. Überlegt, welche Argumente dafür sprechen, einem Trend zu folgen, und welche dagegen sprechen.

2 Es ist nicht immer leicht, einen Trend abzulehnen. Findet Möglichkeiten einer selbstbewussten Ablehnung. Ihr könnt eure Ergebnisse auch in einem Rollenspiel darstellen.

3 Du-Botschaften – wie *Du ziehst dich so komisch an* – sind in Konflikten immer herausfordernd und provokativ. Ich-Botschaften signalisieren Achtung und Respekt, obwohl du deinen Ärger ausdrückst. Versuche, auf die oben genannten Sprechblasen mit Ich-Botschaften zu reagieren.
Hier sind einige Vorschläge:
- Ich ärgere mich darüber, dass ...
- Es macht mich wütend/ traurig/glücklich, dass ...
- Ich empfinde es als ungerecht, dass ...

4 Welcher Meinung von den Zetteln könnt ihr euch anschließen? Welcher Meinung widersprecht ihr?

Ich bin dafür, dass jeder das machen oder anziehen soll, was er will. Dabei können die modischen Trends ja viele Tipps und Anregungen geben, denn die sind so vielseitig, dass fast für jeden etwas dabei ist.

Björn, 15 Jahre

Ich finde Mode und Trends eigentlich schrecklich. Meiner Meinung nach geht dabei total die eigene Persönlichkeit unter. Ich sehe überhaupt nicht ein, warum ich plötzlich Orange oder Grün tragen soll, nur weil das gerade Mode ist. Vielleicht gefällt mir ja Schwarz viel besser. Oder warum soll ich mir Inlineskater kaufen, nur weil alle welche haben? Oder muss ich eine bestimmte Musik hören, nur weil die anderen dabei ausflippen?

Katja, 14 Jahre

Mir gefällt es sehr, mich modisch zu kleiden. Bei uns in der Schule wird sehr darauf geachtet, welche Marken man trägt. Wenn man dazugehören will, muss man sich da schon nach richten.
Das wird natürlich teuer, wenn sich die Trends ständig ändern.

Simone, 14 Jahre

5 Was ist eure Meinung über Trends? Schreibt sie auf. Ihr könnt Argumente aus den Sprechblasen und von den Zetteln verwenden. Lest euch eure Texte anschließend vor und sprecht darüber. Ihr könnt auch einen Leserbrief an eine Jugendzeitschrift oder eure Schülerzeitung schreiben.

Diskutieren, Argumentieren, Stellungnehmen

- Denke über die folgenden Behauptungen und Fragen nach und überlege dir, welchen Standpunkt du vertreten willst:
  - *Folge dem Trend – sonst bist du out!* Was meinst du dazu?
  - Markenklamotten oder No-Name-Kleidung?
  - *Dabei sein ist alles!* Stimmt das wirklich?
  - Braucht man als Fan auch Fankleidung und Fanartikel?
  - *Ist mir doch egal, was die anderen von mir denken.* Kommt man damit weiter?

- Formuliere deine Stellungnahme:
  - Sage, worum es in der Behauptung oder Frage geht.
  - Formuliere dann deine Meinung.
  - Finde möglichst viele Argumente, die deinen Standpunkt begründen. Du kannst auch versuchen, deine Argumente näher zu erklären, indem du sie mit Beispielen erläuterst.
  - Besonders überzeugend wirkt es, wenn du auch einige Argumente der Gegenmeinung nennst und sie annimmst oder widerlegst.

Meiner Meinung nach …

Ich meine, finde, denke, bin der Überzeugung, vertrete die Ansicht …

Für mich ist wichtig, …

Ich bin dafür, dass …

Mir gefällt (nicht) …

Kahlschnitt *Kirsten Boie*

Kirsten Boie (geb. 1950 in Hamburg) studierte Deutsch und Englisch, promovierte in Literaturwissenschaft und arbeitete zunächst als Lehrerin. 1985 erschien ihr erstes Buch „Paule ist ein Glücksgriff". Seither hat die Mutter zweier Kinder mehr als zwanzig Bücher veröffentlicht.

Ömchen stellte die Kanne auf den Tisch und setzte sich zu mir. „Mit den Umgangsformen bin ich ja schon bei deiner Mutter gescheitert", sagte sie und sah auf meinen Kopf, als nähme sie die neue Frisur jetzt überhaupt zum ersten Mal wahr. „Und bei dir habe ich auch nur deshalb noch Hoffnung, weil du gerade mitten in der Pubertät steckst, und da sagen ja die Psychologen, dass das rebellische Wesen dazugehört. Zwei Jahre gebe ich dir noch. Diese Haare!" Und sie schüttelte mehr verständnislos als wirklich angewidert den Kopf.

„Ist doch geil", sagte ich, weil mir sonst dazu nicht viel einfiel. Mit der neuen Frisur hatte ich wirklich einen guten Griff getan, auch wenn Irene[1] überhaupt nicht reagiert hatte. Und dass Irene reagieren sollte, war ja eigentlich der Grund für den Kahlschnitt gewesen.

In der Klasse hatten sie sich regelrecht in zwei Gruppen aufgespalten, die darüber stritten, ob ich nun mutig oder einfach nur blöde war. Die Theorie, ich wäre so hübscher, vertrat allerdings niemand ernsthaft.

Auch die Lehrer hatten mir einige Aufmerksamkeit geschenkt und bei Rübelsberger in Biologie hatte ich sogar nach vorne kommen müssen, weil er sich, sagte er, so eine einmalige Gelegenheit, die menschliche Schädelform am lebenden Beispiel zu demonstrieren, nicht entgehen lassen wolle.

Ich hatte ihn dreist gefunden, aber ich hatte nicht protestiert, weil das so hätte aussehen können, als wäre mir meine Glatze peinlich. Und das war sie ja nun ganz und gar nicht. Ich hatte sie mir ganz bewusst rasieren lassen, obwohl ich erst im dritten Friseursalon eine Friseuse gefunden hatte, die dazu bereit gewesen war. Die beiden vorigen hatten erklärt, dazu bräuchte ich als Minderjährige die Einwilligung meiner Eltern, was bestimmt der größte Unfug des Jahrhunderts ist. Ich glaube nicht, dass sich die Gesetzgeber in Stadt und Land jemals mit der Frage beschäftigt haben, wer über die Haarlänge von Minderjährigen entscheidet. Die Friseusen waren einfach zu feige.

Die dritte dagegen war von meiner Idee total begeistert gewesen und hatte dann auch noch den Einfall mit der lila Ponysträhne beigesteuert. Dafür war ich ihr jetzt regelrecht dankbar. Ganz kahl hätte ich mir vielleicht doch nicht so gut gefallen, aber dieser lila Pony, der zur linken Seite hin in einer langen Strähne vor dem Ohr auslief, machte die Frisur sogar noch ein bisschen verwegener.

Ömchen guckte immer noch auf meinen Kopf.

„Zum Wesen einer Dame gehört es seit eh und je, dass sie sich nicht auffällig benimmt", sagte Ömchen. „Na."

Ich schlürfte vorsichtig meinen Kaffee. „Zwei Jahre gibst du mir ja noch", sagte ich. „Bis dahin sind sie nachgewachsen."

„Und was sagt meine Tochter dazu?"

Ich zuckte die Achseln. Das war eben das Ärgerliche an der Sache, dass Irene gar nichts dazu gesagt hatte. Einen Blick hatte sie geworfen,

1 So sagt das Mädchen zu seiner Mutter.

einfallen
entgehen
aussehen
...

→ Präfixe Seite 225

einen ziemlich spöttischen, und dann hatte sie Rudolf, der gerade in der Küche das Gemüse schnitt, zu uns gerufen.

„Guck dir deine Tochter an“, hatte sie gesagt. Das war es gewesen und das wurmte mich immer noch.

Ich meine, ein bisschen mehr Reaktion kann man als Tochter wohl erwarten, wenn man sich fast eine Vollglatze scheren lässt. Wenigstens ein bisschen! Aber Irene erzählt ja immer diese Geschichte, wie sie sich als junges Mädchen die Haare wachsen lassen wollte und wie Ömchen jedes Mal mit einer Schere die ungepflegten Zotteln auf Ohrläppchenlänge zurückgeschnitten hatte, dass die dreizehnjährige Irene aussah wie ein Arsch mit Ohren.

„Und da hab ich mir geschworen“, schloss Irene ihre Geschichte jedes Mal, „mich später in die Frisuren meiner Kinder nie, nie, niemals einzumischen. Niemals! Und daran halte ich mich.“

Und sie hatte sich tatsächlich daran gehalten. Nicht einmal über meine Glatze hatte sie sich aufgeregt, und das war doch wirklich das Äußerste, was man ihr bieten konnte. Ich seufzte.

1 In der Klasse wird darüber gestritten, ob Anna mutig oder blöd ist, weil sie sich den Kopf hat scheren lassen. Wie ist eure Meinung dazu? Findet ihr, dass Anna selbstbewusst ist?

2 Anna nennt einen Grund für den Kahlschnitt. Was meint ihr dazu?

3 Sie ärgert sich über die Reaktion ihrer Mutter Irene. Warum wohl? Und warum seufzt sie am Schluss?

4 Habt ihr auch schon mal versucht, eure Eltern durch ein besonders modisches Trend-Verhalten oder durch ein bewusstes Anderssein zu provozieren? Erzählt davon. Wie haben eure Eltern reagiert?

5 Versucht, euch auch in die Mutter (Irene) hineinzuversetzen. Was könnte sie ihrer Freundin von der Aktion ihrer Tochter berichten?

Stell dir vor, Anna hat …

TIPP!

Zieh dich ordentlich an!
Kämm deine Haare!
Lass das bauchfreie Top zu Hause!
Du hast sicherlich schon einen dieser Imperative (Befehlssätze) von deinen Eltern bezüglich deines Aussehens gehört. Welche fallen dir noch ein? Weitere Hinweise dazu findest du in der Werkstatt Sprache auf Seite 237.

Ernst Jandl (geb. 1925 in Wien, gest. 2000 in Wien) studierte nach amerikanischer Kriegsgefangenschaft in seinem Geburtsort Deutsch und Englisch. Bis 1979 unterrichtete er am Gymnasium, veröffentlichte jedoch schon 1952 seine ersten Werke. Für seine Gedichte in Form von witzigen Sprachexperimenten und seine Hörspiele erhielt der engagierte Autor viele bedeutende Preise und Auszeichnungen.

my own song *Ernst Jandl*
(mein eigenes lied)

ich will nicht sein
so wie ihr mich wollt
ich will nicht ihr sein
so wie ihr mich wollt
ich will nicht sein wie ihr
so wie ihr mich wollt
ich will nicht sein wie ihr seid
so wie ihr mich wollt
ich will nicht sein wie ihr sein wollt
so wie ihr mich wollt

nicht wie ihr mich wollt
wie ich sein will will ich sein
nicht wie ihr mich wollt
wie ich bin will ich sein
nicht wie ihr mich wollt
wie *ich* will ich sein
nicht wie ihr mich wollt
ich will *ich* sein
nicht wie ihr mich wollt will ich sein
ich will ich *sein*

1 Notiere auf einer Kopie des Gedichtes oder auf Folie, was dir beim Lesen des Textes einfällt. Schreibe deine Gedanken in die Denkblasen.

2 Tauscht eure Gedanken zu dem Gedicht aus. Ihr könnt die Kopien mit euren Bemerkungen aushängen oder die Folien auf den Tageslichtprojektor legen.

3 Dieses Gedicht wird erst richtig lebendig, wenn man es vorliest. Das kann man auf ganz verschiedene Weise tun:
- ganz schnell lesen oder gelangweilt vortragen,
- mit einem Sprecher oder mit mehreren Sprechern,
- zeilenweise abwechselnd,
- gleichgültiger oder immer wütender werdend,
- den Vortrag mit Gesten verstärkend (z. B. auf den Tisch schlagen),
- in unterschiedlichen Betonungen ausprobieren.

4 In diesem Gedicht werden wichtige Zeilen mehrmals wiederholt. Schreibe ein ähnliches Gedicht. Es kann z. B. auch ein Rondell sein. Mögliche Wiederholungen könnten sein: *So bin ich! – In sein – Out sein – Ich bin nicht so wie du!*

TIPP!
Hast du vergessen, wie man ein Rondell schreibt? Schlag nach auf Seite 16 im Kapitel Selbstständig lernen.

„Anders sind wir, anders die Andern“

Für uns
sind die Andern anders.

Für die Andern
sind wir anders.

Anders sind wir,
anders die Andern,
wir alle andern.

James Krüss

In diesem Kapitel geht es um das Anders-Sein, z. B. weil man aus einem anderen Land kommt, sich anders verhält oder andere Meinungen hat.
Viele haben Vorurteile gegenüber dem Fremden oder Anderen, dabei sind wir doch alle manchmal fremd, z. B. wenn wir im Urlaub sind. Darüber könnt ihr in diesem Kapitel nachdenken – und auch darüber, wie man auf andere zugehen kann. Beginnen könnt ihr so: Bildet Gruppen. Jede Gruppe schreibt das Gedicht von James Krüss auf ein großes Blatt Papier und notiert seine Gedanken zum Text hinzu. Lasst euch von den Notizen der anderen zu neuen Anmerkungen und Gedanken anregen.

Spagetti für zwei

Federica de Cesco

Frederica de Cesco
(geb. 1938 bei Venedig) verbrachte ihre Kindheit zum Teil in Ostafrika. Über Deutschland gelangte sie schließlich nach Belgien, wo sie Kunstgeschichte und Psychologie studierte.
Ein großer Erfolg wurde ihr erstes Jugendbuch „Der rote Seidenschal". Sie schrieb es im Alter von 16 Jahren.
Heute lebt Cesco mit ihrem Mann, einem japanischen Fotografen, in der Schweiz.

Heinz war bald vierzehn und fühlte sich sehr cool. In der Klasse und auf dem Fußballplatz hatte er das Sagen. Aber richtig schön würde das Leben erst werden, wenn er im nächsten Jahr seinen Töff* bekam und den Mädchen zeigen konnte, was für ein Kerl er war. Er mochte Monika, die Blonde mit den langen Haaren aus der Parallelklasse, und ärgerte sich über seine entzündeten Pickel, die er mit schmutzigen Nägeln ausdrückte. Im Unterricht machte er gerne auf Verweigerung. Die Lehrer sollten bloß nicht auf den Gedanken kommen, dass er sich anstrengte.

Mittags konnte er nicht nach Hause, weil der eine Bus zu früh, der andere zu spät abfuhr. So aß er im Selbstbedienungsrestaurant, gleich gegenüber der Schule. Aber an manchen Tagen sparte er lieber das Geld und verschlang einen Hamburger an der Stehbar. Samstags leistete er sich dann eine neue Kassette, was die Mutter natürlich nicht wissen durfte. Doch manchmal – so wie heute – hing ihm der Big Mac zum Hals heraus. Er hatte Lust auf ein richtiges Essen. Einen Kaugummi im Mund, stapfte er mit seinen Cowboy-Stiefeln die Treppe zum Restaurant hinauf. Die Reißverschlüsse seiner Lederjacke klimperten bei jedem Schritt. Im Restaurant trafen sich Arbeiter aus der nahen Möbelfabrik, Schüler und Hausfrauen mit Einkaufstaschen und kleinen Kindern, die Unmengen Cola tranken, Pommes frites verzehrten und fettige Fingerabdrücke auf den Tischen hinterließen.

Viel Geld wollte Heinz nicht ausgeben; er sparte es lieber für die nächste Kassette. „Italienische Gemüsesuppe" stand im Menü. Warum nicht? Immer noch seinen Kaugummi mahlend, nahm Heinz ein Tablett und stellte sich an. Ein schwitzendes Fräulein schöpfte die Suppe aus einem dampfenden Topf. Heinz nickte zufrieden. Der Teller war ganz ordentlich voll. Eine Schnitte Brot dazu und er würde bestimmt satt. Er setzte sich an einen freien Tisch, nahm den Kaugummi aus dem Mund und klebte ihn unter den Stuhl. Da merkte er, dass er den Löffel vergessen hatte. Heinz stand auf und holte sich einen. Als er zu seinem Tisch zurückstapfte, traute er seinen Augen nicht: Ein Schwarzer saß an seinem Platz und aß seelenruhig seine Gemüsesuppe! Heinz stand mit seinem Löffel fassungslos da, bis ihn die Wut packte. Zum Teufel mit diesen Asylbewerbern! Der kam irgendwo aus Uagadugu, wollte sich in der Schweiz breitmachen und jetzt fiel ihm nichts Besseres ein, als ausgerechnet seine Gemüsesuppe zu verzehren! Schon möglich, dass so was den afrikanischen Sitten entsprach, aber hierzulande war das eine bodenlose Unverschämtheit! Heinz öffnete den Mund, um dem Menschen lautstark seine Meinung zu sagen, als ihm auffiel, dass die Leute ihn komisch ansahen. Heinz wurde rot. Er wollte nicht als Rassist* gelten. Aber was nun?

Plötzlich fasste er einen Entschluss. Er räusperte sich vernehmlich, zog einen Stuhl zurück und setzte sich dem Schwarzen gegenüber.

Suppe
voll
satt
...

→ Verdopplung der Konsonanten? Seite 213

Dieser hob den Kopf, blickte ihn kurz an und schlürfte ungestört die Suppe weiter. Heinz presste die Zähne zusammen, dass seine Kinnbacken schmerzten. Dann packte er energisch den Löffel, beugte sich über den Tisch und tauchte ihn in die Suppe. Der Schwarze hob abermals den Kopf. Sekundenlang starrten sie sich an. Heinz bemühte sich, die Augen nicht zu senken. Er führte mit leicht zitternder Hand den Löffel zum Mund und tauchte ihn zum zweiten Mal in die Suppe. Seinen vollen Löffel in der Hand, fuhr der Schwarze fort, ihn stumm zu betrachten. Dann senkte er die Augen auf seinen Teller und aß weiter. Eine Weile verging. Beide teilten sich die Suppe, ohne dass ein Wort fiel. Heinz versuchte nachzudenken. „Vielleicht hat der Mensch kein Geld, muss schon tagelang hungern. Dann sah er die Suppe da stehen und bediente sich einfach. Schon möglich, wer weiß? Vielleicht würde ich mit leerem Magen ähnlich reagieren? Und Deutsch kann er anscheinend auch nicht, sonst würde er da nicht sitzen wie ein Klotz. Ist doch peinlich. Ich an seiner Stelle würde mich schämen. Ob Schwarze wohl rot werden können?“ Das leichte Klirren des Löffels, den der Afrikaner in den leeren Teller legte, ließ Heinz die Augen heben. Der Schwarze hatte sich zurückgelehnt und sah ihn an. Heinz konnte seinen Blick nicht deuten. In seiner Verwirrung lehnte er sich ebenfalls zurück. Schweißtropfen perlten auf seiner Oberlippe, sein Pulli juckte und die Lederjacke war verdammt heiß! Er versuchte den Schwarzen abzuschätzen. „Junger Kerl. Etwas älter als ich. Vielleicht sechzehn oder sogar schon achtzehn. Normal angezogen: Jeans, Pulli, Windjacke. Sieht eigentlich nicht wie ein Obdachloser aus. Immerhin, der hat meine halbe Suppe aufgegessen und sagt nicht einmal danke! Verdammt, ich habe noch Hunger!“

Der Schwarze stand auf. Heinz blieb der Mund offen. „Haut der tatsächlich ab? Jetzt ist aber das Maß voll! So eine Frechheit! Der soll mir wenigstens die halbe Gemüsesuppe bezahlen!“ Er wollte aufspringen und Krach schlagen. Da sah er, wie sich der Schwarze mit einem Tablett in der Hand wieder anstellte. Heinz fiel unsanft auf seinen Stuhl zurück und saß da wie ein Ölgötze. „Also doch: Der Mensch hat Geld! Aber bildet der sich vielleicht ein, dass ich ihm den zweiten Gang bezahle?“

Heinz griff hastig nach seiner Schulmappe. „Bloß weg von hier, bevor er mich zur Kasse bittet! Aber nein, sicherlich nicht. Oder doch?“

Heinz ließ die Mappe los und kratzte nervös an einem Pickel. Irgendwie wollte er wissen, wie es weiterging.

Der Schwarze hatte einen Tagesteller bestellt. Jetzt stand er vor der Kasse und – wahrhaftig – er bezahlte! Heinz schniefte. „Verrückt!“, dachte er. „Total gesponnen!“ Da kam der Schwarze zurück. Er trug das Tablett, auf dem ein großer Teller Spagetti stand, mit Tomatensoße, vier Fleischbällchen und zwei Gabeln. Immer noch stumm, setzte er sich Heinz gegenüber, schob den Teller in die Mitte des Tisches, nahm eine Gabel und begann zu essen, wobei er Heinz ausdruckslos in die Augen schaute. Heinz' Wimpern flatterten. Heiliger Strohsack! Dieser Typ forderte ihn tatsächlich auf, die Spagetti mit ihm zu teilen! Heinz brach der Schweiß aus. Was nun? Sollte er essen? Nicht essen? Seine Gedanken überstürzten sich. Wenn der Mensch doch wenigstens reden würde! „Na gut. Er aß die Hälfte meiner Suppe, jetzt esse ich die Hälfte seiner Spagetti, dann sind wir quitt!" Wütend und beschämt griff Heinz nach der Gabel, rollte die Spagetti auf und steckte sie in den Mund. Schweigen. Beide verschlangen die Spagetti. „Eigentlich nett von ihm, dass er mir eine Gabel brachte", dachte Heinz. „Da komme ich noch zu einem guten Spagettiessen, das ich mir heute nicht geleistet hätte. Aber was soll ich jetzt sagen? Danke? Saublöd! Einen Vorwurf machen kann ich ihm auch nicht mehr. Vielleicht hat er gar nicht gemerkt, dass er meine Suppe aß. Oder vielleicht ist es üblich in Afrika, sich das Essen zu teilen? Schmecken gut, die Spagetti. Das Fleisch auch. Wenn ich nur nicht so schwitzen würde!"

Die Portion war sehr reichlich. Bald hatte Heinz keinen Hunger mehr. Dem Schwarzen ging es ebenso. Er legte die Gabel aufs Tablett und putzte sich mit der Papierserviette den Mund ab. Heinz räusperte sich und scharrte mit den Füßen. Der Schwarze lehnte sich zurück, schob die Daumen in die Jeanstasche und sah ihn an. Undurchdringlich. Heinz kratzte sich unter dem Rollkragen, bis ihm die Haut schmerzte. „Heiliger Bimbam! Wenn ich nur wüsste, was er denkt!" [...]

TIPP!
In der Werkstatt Theater findet ihr eine Spielanregung zu dieser Geschichte (Seite 172).

1 Heinz ist ein cooler Typ. Lies noch einmal die ersten beiden Absätze der Geschichte (Z. 1–22) und beschreibe stichwortartig sein Aussehen und sein Verhalten.

2 An diesem Tag gerät Heinz im Restaurant ziemlich aus der Fassung. Schildere, was dort passiert.

3 Heinz wird immer nervöser. Markiere im Text (mit Folie und Folienstift)
- die äußeren Anzeichen seiner Nervosität: *er sitzt fassungslos da, er wird rot ...*
- die Gedanken, die ihm über sein Gegenüber durch den Kopf schießen.

4 Die Geschichte ist an dieser Stelle noch nicht zu Ende.
- Schreibe einen Schluss.
- Lest euch eure Texte vor und vergleicht sie dann erst mit dem Originalschluss von Federica de Cesco (S. 60).

TIPP!
In deinem Brief wirst du auch die indirekte Rede verwenden. Schlage dazu im Kapitel Werkstatt Sprache auf Seite 238 und 239 nach.

5 Stell dir vor, du selbst hättest den Vorfall in diesem Restaurant beobachtet. Schildere das Geschehen deiner Freundin oder deinem Freund in einem Brief:

Hallo Katrin! Gestern Mittag habe ich etwas Irres erlebt! ...

Schülerinnen und Schüler haben Erfahrungen im täglichen Umgang miteinander aufgeschrieben, um sich anschließend damit auseinanderzusetzen:

Ich komme aus Afghanistan. In der Schule fühlte ich mich zuerst ziemlich einsam und stand in den Pausen immer allein herum. Warum konnte ich keinen Kontakt zu den anderen bekommen?
Ich glaube, die Deutschen können es nicht vertragen, wenn man sich anders kleidet als sie. Wenn ich mit meinem Kopftuch in die Schule komme, werde ich immer angestarrt. Einmal wurde ich auch schon von einem Jungen beleidigt.

Fatma

Ich habe keine Lust, immer so zu sein, wie die anderen. Ich ziehe mich an, wie es mir gefällt, ich höre die Musik, die ich gut finde, und auf ein Handy kann ich auch ganz gut verzichten. Die meisten in meiner Klasse haben damit ein Problem. Erst haben sie sich lustig gemacht. Seit sie gemerkt haben, dass mir das egal ist, lassen sie mich in Ruhe. Aber viele Freunde habe ich so natürlich nicht gefunden.

Karsten

Ich bin Schüler einer 8. Klasse und komme aus Kasachstan. Es ist sehr schwer für mich in Deutschland. Ich bekomme kaum Kontakt zu Deutschen. Deshalb bin ich meist mit meinen russischen Freunden zusammen. In der Schule habe ich Angst, dass ich eine falsche Antwort gebe. Die anderen lachen dann immer.

Rudolf

Alle gucken immer auf meine Schuhe! Sie sagen zwar nichts, wenn ich dabei bin, aber ich spüre, wie sie hinter meinem Rücken tuscheln und sich lustig machen. Aber was soll ich machen, ich muss die Schuhe doch tragen, weil ich eine leichte Gehbehinderung habe. Ich würde auch lieber coole Sportschuhe tragen, aber das geht nun mal nicht. Manchmal fühle ich mich so mies, dass mir bei dem Gedanken an die Schule ganz schlecht wird.

Annika

Immer reden die Neuen Russisch. Ich glaube, die ziehen immer über uns und unsere Mädchen her. Wenn wir sie ansprechen, grinsen sie bloß. Die wollen gar keinen Kontakt mit uns.
Von wegen: neue Freunde finden, Klassengemeinschaft bilden. Zum letzten Klassentreff sind sie auch nicht gekommen. Die bilden sich ganz schön was ein!

Sven

1 Lies zunächst leise alle Schüleräußerungen durch:
- Markiere auf Folie Textstellen, mit denen du nicht einverstanden bist oder zu denen du noch etwas sagen willst.
- Versetze dich in die Lage der Jugendlichen und ermittle aus jeder Schülerbotschaft das Problem. Notiere es ganz kurz.
- Formuliere zu jeder Äußerung eine Ich-Botschaft. Für Fatma könnte sie lauten: *Ich fühle mich sehr einsam und traurig, weil ich aufgrund meiner Kleidung ausgegrenzt werde. Ich will, dass ich so akzeptiert werde, wie ich bin. Ich will, dass meine Mitschüler mich fragen, warum ich ein Kopftuch trage.*

2 Worte und Verhalten können zu missverständlichen Reaktionen führen. Finde in den Erfahrungsberichten der Jugendlichen Textstellen, in denen das Verhalten der „Umgebung" vielleicht nicht böswillig, sondern nur unbedacht zu Stande gekommen ist oder sogar ganz anders gemeint ist, als es bei dem Betroffenen ankommt.

3 Schreibt eure eigenen Probleme im täglichen Umgang mit anderen Jugendlichen auf.

4 Hängt eure Texte an einer großen Pinnwand aus und sprecht über eure Erfahrungen.
Stellt Nachfragen und macht kritische Anmerkungen:
- Seht ihr das auch so? Oder habt ihr andere Erfahrungen gemacht?
- Welche Lösungsmöglichkeiten gibt es für diese Probleme?

5 Betrachte die Karikatur. Was drückt sie aus? Welche Vorurteile sind hier versteckt?

Eine Karikatur
- zeichnet eine Meinungsäußerung,
- veranschaulicht ein Thema,
- ist witzig,
- wird inhaltlich überspitzt formuliert.

6 Wähle eine Schüleräußerung von Seite 49 aus und zeichne dazu selbst eine Karikatur.

Heimat haben

Auf den vorangegangenen Seiten habt ihr vielleicht gelesen, wie sich Kinder und Jugendliche fühlen, die heimatlos oder auf der Suche nach einer neuen Heimat sind. „Heimat haben" bedeutet für uns alle etwas Wunderbares. „Heimat haben" bedeutet aber auch für jeden von uns etwas Anderes.

1 Was bedeutet für dich „Heimat"?

2 Lies den Text von Arnold Scherner leise. Welche Aussagen beschreiben dein Gefühl von Heimat besser, welche weniger gut?

Heimat *Arnold Scherner*

Heimat, das sind die Menschen, die man kennt,
die man Verwandte, Nachbarn und Freunde nennt.

Heimat, das ist die Sprache, die man spricht, die man hört,
liest und versteht wie ein Gedicht.

Heimat, das sind der Hof, das Haus und die Räume, das sind das Feld,
die Wiese, der Garten, die Bäume.

Heimat, das sind die Wälder, die Berge und die Quellen,
das sind die Bäche, die Ufer und der Flüsse Wellen.

Heimat, das ist der Ort, seine Straßen und Brücken,
das sind die Blumen, die wir am Wegrand pflücken.

Heimat, das ist die Luft die wir atmen, das ist die Sonne,
das Licht der Sterne,

das ist unsere Erde, die Nähe und die Ferne.

Heimat, das ist was wir lieben, ist all das Vertraute,
was unser Vorfahr hier einst erbaute.

Heimat, das ist die Vergangenheit von der unsere Väter berichten,
in vielen alten und fernen Geschichten,

Heimat, das ist die Gegenwart mit Freude und Sorgen,
das ist unserer Kinder leuchtendes morgen.

Heimat, das ist wo wir wirken, schaffen und streben,
das ist wo wir lieben, leiden und leben.

Heimat, viele Wege führen von dir hinaus,
aber alle führen einmal zurück nach Haus.

Der Begriff „Heimat" lässt sich nur schwer fassen. Je nach Lebenssituation oder auch Lebenserfahrungen wird ein anderer Schwerpunkt gewählt, um Heimat zu erklären.

Für viele Menschen hat die Sprache mit Heimat zu tun. Gerade bei uns in Bayern wird das Gefühl von Heimat oft mit Dialekt gleichgesetzt. Der Autor Josef Fendl beschreibt auf seine Weise Gefühle zum Thema „Heimat".

1 Lies das Gedicht „Dahojm" erst leise durch. Trage es dann deinem Partner vor.

Josef Fendl (geb. 1929 in Schwarzach) lebt heute in Neutraubling (südliche Oberpfalz). In seinen Gedichten und Texten setzt er sich immer wieder mit dem Thema „Heimat" auseinander.

Dahojm *Josef Fendl*

Oj vier Wocha
fohr i dort hi,
wou i dahojm bi.

Wenn aa d Eltern nimmer lebn
und s Haus laarsteht
und da Stoj –

oba i möcht wieda hörn,
wej d Leit redn,
– dass i s no ko,
wenn i s brauch

2 Wie wird „Heimat" im Gedicht beschrieben? Notiere Stichpunkte.

3 Welche Rolle spielt der Dialekt beim Thema „Heimat"? Überlege mit deinem Nachbarn.

Nicht jeder Mensch kann für sich eindeutig den Begriff „Heimat" klären. Nevfel Cumart drückt das so aus:

Nevfel Cumart (geb. 1964) ist ein deutscher Autor türkischer Abstammung, der seit 1993 in der Nähe von Bamberg lebt. Cumarts Werke zeichnen sich durch das Zusammenspiel von türkischer Tradition und deutschsprachiger Moderne aus.

zwei welten *Nevfel Cumart*

zwischen
zwei
welten
inmitten
unendlicher
einsamkeit
möchte
ich eine brücke sein

doch kann ich
kaum fuß fassen
an dem einen ufer
vom anderen
löse ich mich
immer mehr

die brücke bricht
droht mich
zu zerreißen
in der mitte.

4 Der Autor fühlt sich zwischen „zwei welten".
- Beschreibe seine Gefühle.
- Zwischen welchen „Welten" könnte er stehen? Finde Beispiele.
- Kennst du Menschen, die sich in solch einer Situation befinden? Berichte.

5 Erstellt eine Klassenausstellung zum Thema „Heimat". Hier sind einige Vorschläge für die Umsetzung:
- Collagen erstellen
- Gedichte oder Texte selbst verfassen (ihr könnt auch in eurer Heimatsprache schreiben)
- Bilder malen
- Texte von Heimatdichtern eurer Umgebung ausstellen

Das Boot ist voll! *Carolin Philipps*

Teil 1

In sechs Wochen sollte die neue Regierung gewählt werden. Also hatte Frau Pust, die Klassenlehrerin der 8a, beschlossen, dass man nicht früh genug damit anfangen konnte, Jugendliche auf das politische Leben vorzubereiten.

„Ich möchte, dass ihr zu denen gehört, die eine Ahnung davon haben, worum es geht. Ihr sollt Bescheid wissen, was die Parteien wollen und wem ihr später einmal eure Stimme gebt. Und darum werden wir uns in den nächsten Wochen im Geschichtsunterricht mit den Programmen der Parteien auseinandersetzen."

Die Antwort war ein einziges Stöhnen. Die Klasse schloss aus den Worten ihrer Lehrerin scharfsinnig, dass sehr viel zusätzliche Arbeit auf sie zukommen würde.

„Aber wir können doch frühestens in fünf Jahren wählen. Wir haben doch noch soooo viel Zeit", machte Björn einen zaghaften Versuch, Frau Pust von ihrer Idee abzubringen.

Vergeblich!

„Diese Zeit werden wir auch brauchen. Man wird nicht von heute auf morgen zu einem verantwortungsbewussten Staatsbürger. Und das wollt ihr doch sicher alle."

Das wollten sie zwar keineswegs, zumal den meisten gar nicht klar war, was das eigentlich bedeutete. Aber alle verstanden, dass es sinnlos war, gegen Frau Pusts Plan zu protestieren.

Sie nahm keine Rücksicht auf das Gemurmel in der Klasse, sondern stellte Gruppen zusammen und verteilte die Themen. Am Nachmittag sollten die Schülerinnen und Schüler durch die Straßen ziehen und Werbesprüche der verschiedenen Parteien sammeln, wobei sich jede Gruppe auf jeweils eine Partei konzentrieren sollte.

„O Scheiße! Und das bei dem tollen Wetter!", schimpfte Nele, Thaos beste Freundin, als sie gemeinsam nach Hause gingen. „Ich wollte heute zum Schwimmen. Stattdessen muss ich durch die Stadt laufen und Wahlparolen sammeln. Ich könnte die Pust erwürgen!"

„Damit sind wir schnell durch", meinte Patty. „Zum Glück haben wir die Arbeiterpartei erwischt. Die Sprüche kann ich euch jetzt schon sagen: Arbeit für alle! Mehr Lohn! Mehr Urlaub! Mein Vater wählt die schon seit Jahren ... Da ist schon das erste Plakat!"

Sie zeigte auf einen lächelnden Mann, der von einem roten Plakat auf sie herabschaute. Daneben standen die Worte: „Geben Sie mir Ihr Vertrauen! Ich werde Ihnen mehr Arbeitsplätze geben!"

„Los, wir fangen schon mal an. Die ganze Stadt ist voll von den Dingern. Bis wir zu Hause sind, haben wir die Hälfte geschafft." Nele holte ihren Block aus der Tasche und schrieb den Slogan* hinein.

Sie teilten sich auf, Thao ging auf die rechte Straßenseite, Patty und Nele blieben auf der linken. Die Arbeiterpartei war fleißig gewesen, an jedem dritten Baum fanden sie ein rotes Plakat, an den Bäumen

auseinandersetzen
herabschaute
...

→ Getrennt oder zusammen? Seite 224

Braune Partei
Die Nationalsozialisten wählten bewusst als Kennzeichen die Farbe Braun. Damit sollte die Verbundenheit der Partei mit Scholle und Boden ausgedrückt werden. Deswegen wird heute die Farbe in der Politik mit Nationalsozialismus in Verbindung gebracht.

dazwischen hingen die schwarzen, gelben und grünen der anderen Parteien.

Auch Thao hatte schon sechs Werbesprüche aufgeschrieben, als sie plötzlich wie angewurzelt stehen blieb.

„Das Boot ist voll!"

Da war es wieder, das Plakat, dem sie seit Tagen aus dem Weg ging. Das braune Plakat hing auf einer riesigen Stellwand direkt an einer Kreuzung. Ein Ruderboot aus Holz, wie sie im Sommer überall auf den Seen rund um die Stadt zu sehen waren, schwamm auf dem Wasser. Die Wellen schlugen gegen die Bootswand. Das Boot schwankte, die Menschen im Boot sahen verängstigt aus. Darunter der Spruch: Das Boot ist voll!

Thao war noch nie mit einem der Boote auf dem See gefahren. Ihr Vater hatte nicht das Geld für solche Ausflüge mit der ganzen Familie. Und selbst wenn – freiwillig würde niemand von ihnen ein Boot besteigen.

Vor einem Jahr hatte Thaos Klasse einen Bootsausflug gemacht. Sie wäre gar nicht mitgekommen, wenn sie das gewusst hätte. Aber die Lehrerin hatte die Bootsfahrt als Überraschung geplant und die Kinder vorher nicht informiert. Eine Bootsfahrt im Sommer auf dem See, das war für alle Schüler immer ein Vergnügen. Wie konnte sie auch ahnen, dass Thao das ganz anders sah!

Sie war mit den anderen aus dem Bus gestiegen und hinter ihnen hergegangen. Das Schiff war schneeweiß, es schaukelte auf den Wellen, die Sonne schien. Es war alles ganz anders als in jener Nacht in Vietnam.

Als die Ersten schon oben auf dem Deck standen und ihr fröhlich zuwinkten, stand sie immer noch am Ufer, ohne sich zu bewegen.

„Thao! Los, einsteigen! Das Boot legt gleich ab!“, rief die Lehrerin ihr zu. Da hatte Thao sich umgedreht und war davongelaufen. Sie hörte die Lehrerin rufen, ihre Freunde schreien. Sie lief und lief, bis sie keine Stimmen mehr hinter sich hörte.

Auf einer Bank am See hatte sie dann gesessen, das Boot beobachtet, wie es ablegte, über den See glitt. Thao schaute zu, und je weiter sich das Boot entfernte, umso mehr nahmen ihre Bauchkrämpfe ab.

Ein Boot von Weitem auf dem Wasser schwimmen zu sehen, das konnte sie inzwischen wieder, ohne Bauchschmerzen zu bekommen. Auch schwimmen hatte sie in der Schule gelernt. Aber niemals wieder würde sie in ein Boot steigen.

„Thao! Aufwachen!“ Nele und Patty standen neben ihr und schüttelten sie.

„Das hier ist kein Plakat der Arbeiterpartei. Na los, wir wollen weiter. Noch zwei neue Sprüche und wir sind fertig. Schwimmbad, wir kommen!“

Thao ließ sich von ihren beiden Freundinnen mitziehen. Sie ging auch mit ins Schwimmbad, schwamm, tauchte, lachte mit ihnen, aber ihre Gedanken waren beim Boot.

Am nächsten Morgen machte sie einen Umweg, damit sie nicht an dem Plakat vorbeimusste. Sie wollte es vergessen. Aber sobald sie die Augen zumachte, sah sie jede Einzelheit deutlich vor sich. Die Menschen im Boot hielten ihre Hände abwehrend von sich gestreckt: Das Boot ist voll!

Mehr stand dort nicht. Aber das war auch nicht nötig. Jeder, der das Plakat sah, wusste, was es sagen wollte: In unserem Land ist kein Platz mehr frei, wir haben kein Geld für Fremde. Wir haben genug eigene Sorgen! Was können wir dafür, dass es euch nicht gutgeht. Versucht es woanders. Vielleicht habt ihr dort mehr Glück.

Sechs Wochen lang würde es dort hängen und sie an etwas erinnern, das sie lieber vergessen wollte. Seit sie das Plakat gesehen hatte, kamen die Träume zurück, die Träume von jener Nacht, die ihr Leben verändert hatte.

In sechs Wochen würde sie wieder den normalen Weg gehen können. Dann war die Entscheidung gefallen.

TIPP!

Informationen zu sprachlichen Bildern findest du im Kapitel Werkstatt Sprache auf Seite 246.

1 „Das Boot ist voll!“ Erkläre das sprachliche Bild.

2 Thao reagiert sehr heftig auf dieses Plakat. Schreibe entsprechende Textstellen heraus:
Zeile 47: … *als sie plötzlich wie angewurzelt stehen blieb.*
Zeile …: …

3 Finde auch Hinweise im Text, *warum* Thao so schockiert reagiert. Was könnte in ihrer Vergangenheit passiert sein? Notiere Stichpunkte.

Teil 2 Frau Pust war sehr zufrieden mit ihren Schülern. Trotz des guten Wetters hatten alle fleißig Werbesprüche gesammelt. Sie besprachen sie ausführlich, luden sogar Vertreter der schwarzen, roten, grünen und gelben Parteien in den Unterricht ein, damit die den Schülern erklären konnten, was sie für Pläne hatten, ob sie neben Arbeitsplätzen nicht auch eine neue Skateboardanlage für nötig hielten und was sie sonst für die Jugendlichen tun wollten.

Es wurde eine sehr ausführliche Untersuchung. Allerdings fehlte in der Sammlung das Plakat, das Thao so viel Angst machte. Die Partei, von der das Plakat stammte, hatte Frau Pust nur am Rande erwähnt.

„Es ist nur eine Minderheit, die solche Parolen verbreitet", erklärte sie mit einem vorsichtigen Blick auf Thao. „Natürlich wollen die Menschen, dass ihnen ihre Arbeitsplätze nicht von den Ausländern weggenommen werden. Aber diese Menschen leben doch nun mal bei uns. Wir können sie doch nicht hinauswerfen."

„Aber mein Vater sagt, dass es einfach zu viele sind. Das Boot ist voll, sagt er. Und wenn wir alle aufnehmen, die noch davorstehen, versinken wir alle."

Thao zuckte zusammen. Frau Pust warf Jens einen bösen Blick zu. „Na, das ist ja wohl etwas übertrieben. Wir sind im Vergleich zu anderen ein reiches Land. Wir können sicher nicht alle aufnehmen, die zu uns wollen, aber noch ist Platz. Und darum wird diese Partei auch nicht viele Stimmen bekommen."

„Das können Sie gar nicht wissen", meldete sich Jens wieder zu Wort. „Mein Vater wählt sie auf jeden Fall. Und seine Freunde und Arbeitskollegen auch."

Es klingelte, worüber nicht nur Frau Pust, sondern auch Thao sehr froh war. Egal, was Frau Pust auch sagte, Thao wusste, dass Jens recht hatte. Sie hatte die Blicke nicht vergessen, die ihnen manchmal folgten, wenn sie mit ihrem Vater und ihren Geschwistern durch die Stadt ging. Sie hatte auch die Worte nicht vergessen, die ihnen nachgerufen wurden.

„Jetzt essen die von unserem Geld Eis. Unsereins schuftet, damit sich die was leisten können. Wahrscheinlich sprechen sie noch nicht mal unsere Sprache."

Thao hätte sich umdrehen und ihnen in schönstem Deutsch versichern können, dass ihr Vater eine Stelle hatte und dass jedes Geldstück, das er ausgab, im Schichtdienst schwer erarbeitet war, aber ihr Vater hielt sie jedes Mal zurück.

„Du veränderst nichts, wenn du mit ihnen redest. Sie werden nur wütend und dann werfen sie nicht nur mit Worten nach uns. Es ist zu gefährlich."

„Aber es stimmt doch nicht, was sie sagen", protestierte Thao.

„Nein, aber daran musst du dich gewöhnen. Für diese Menschen sind alle Ausländer Schmarotzer*, die auf Kosten anderer leben. Wer weiß, ob wir zu Hause in Vietnam mit den Ausländern anders umgehen würden."

Na, das ist ja ...
... wollen die Menschen, dass ihnen ...
...

→ das oder dass? Seite 219

Mit dem Vater würde Thao jedenfalls nicht über das Plakat reden. Seine Meinung kannte sie. „Wir müssen ganz einfach abwarten und hoffen, dass die Mehrheit der Menschen hier anders denkt.“

Drei Tage vor der Wahl war die Klasse besser informiert als viele Bürger, die ihre Stimme abgeben durften, und alle bedauerten, dass sie ihr Wissen nicht in Kreuzform auf einem Wahlzettel anbringen konnten.

Daher veranstaltete Frau Pust zum Abschluss eine Wahl mit richtigen Wahlzetteln. Wenn die Schüler hätten wählen dürfen, dann hätte die Arbeiterpartei knapp vor der schwarzen gewonnen. Die weiteren Stimmen waren gleichmäßig auf die anderen Parteien verteilt. Die braune hatte nur eine Stimme bekommen, die von Jens.

„Das Ergebnis zeigt, wie gut wir uns informiert haben. Jetzt kann man nur hoffen, dass die Bürger, die richtig wählen dürfen, das auch gemacht haben“, meinte Frau Pust.

„Genau!“, sagte Jens. „Und dann sieht das Ergebnis ganz anders aus! Wollen wir wetten?“

4 Thaos Familie wurde schon öfter mit dummen Sprüchen konfrontiert.
- Wie hätte Thao am liebsten darauf reagiert?
- Warum hält ihr Vater sie zurück?

Diskutiert in der Klasse über Thaos Einstellung und die ihres Vaters.

5 Jens hat als Einziger während einer Probeabstimmung in der Klasse die braune Partei gewählt. Er ist der Meinung, dass „das Boot voll ist“. Die Lehrerin, Frau Pust, ist ganz anderer Ansicht. Markiere im Text (Folientechnik) die Argumente, mit denen sie Jens überzeugen will.

Teil 3

Am Wahlabend saß Thao allein vor dem Fernseher. Ihr Vater und ihre Geschwister waren von ihrem Besuch bei Bekannten noch nicht zurückgekommen. Sie wartete auf die ersten Hochrechnungen.

Wie viele Menschen hatten an diesem Tag ein Kreuz hinter der Partei mit dem Boot gemacht?

Das Boot ist voll!

Während sie wartete, sah sie ein anderes Boot vor sich, das Boot, in das sie in jener Nacht hatte hineinsteigen müssen:

Es war eng im Boot, die wenigen Sitzplätze waren schon lange besetzt. Mütter hatten ihre Kinder auf den Schoß genommen, die größeren hockten auf dem Boden. Außer einem kleinen Sack mit dem Nötigsten hatte niemand Gepäck dabei.

Es war eng auf dem Boot und noch immer stiegen Menschen ein. Andere standen am Ufer und schauten verzweifelt zu, wie sich das Boot füllte. Ihre Chance, mitgenommen zu werden, sank.

Es war dunkel am Fluss. Der Mond schien auf die Gestalten am Ufer und im Boot. Der Besitzer drängte zur Eile. Thao kletterte ins Boot, stolperte über die Menschen, die auf dem Boden saßen, fiel hin, schlug

mit dem Kopf gegen einen Pfosten. Menschen schimpften. „Kannst du nicht aufpassen?“ Thaos Schwestern kamen hinter ihr her, der Vater mit dem kleinen Bruder auf dem Arm.

„Das Boot ist voll!“ Entsetzte Rufe am Ufer und im Boot. Mit Stöcken verhinderten der Besitzer und sein Helfer, dass weitere Menschen ins Boot stiegen. Sie legten ab. Das Letzte, was Thao von ihrer Mutter sah, war, dass sie am Ufer auf die Knie fiel und das Gesicht in den Händen versteckte.

Alle auf dem Boot hatten viel Geld bezahlt, um die Heimat Vietnam zu verlassen. Einige erhofften sich Arbeit und Geld in einem der reichen westlichen Länder, andere wollten frei leben, ohne Angst davor haben zu müssen, ihre Meinung zu sagen.

Auch Thaos Vater hatte für die ganze Familie bezahlt, für sich und seine Frau, seine drei Töchter und den kleinen Sohn. Dafür hatte er seinen ganzen Besitz, sein Land und sein Haus verkauft, einschließlich des Wasserbüffels. Alle hatten geweint, als der Bauer aus dem Nachbarort ihn abholte, denn er gehörte zur Familie.

Auch die Mutter hatte einen Platz sicher gehabt. Aber der Besitzer hatte mehr Plätze verkauft, als da waren. 40 statt 20. Im Boot saßen, lagen und standen 30 Personen, die Kleinsten nicht mitgerechnet. Die anderen mussten am Ufer zurückbleiben. Thao wollte zurück ans Ufer, zur Mutter, aber die anderen hinderten sie daran.

So lag sie auf dem Boden und weinte. Der Vater saß wie erstarrt da und streichelte seinem Sohn über den Rücken. „Nicht weinen! Ma kommt mit dem nächsten Boot“, murmelte er.

Es war totenstill im Boot. Die kleinen Kinder schliefen in den Armen der Erwachsenen, die großen auf dem Boden. Auch viele Frauen und Männer waren durch das gleichmäßige Tuckern des Motors eingenickt. Reden war verboten.

Die Patrouillenboote* der Regierung waren auch in dieser Nacht wieder unterwegs, um Boote mit flüchtenden Menschen ausfindig zu machen und nach Vietnam zurückzubringen. Eine Entdeckung würde für fast alle Gefängnis bedeuten.

Manchmal konnte man in der Ferne den Lichtkegel eines Scheinwerfers erkennen, der einen großen, hellen Bogen auf dem Meer beschrieb.

Dann kauerten sich die Menschen noch enger aneinander, als könnten sie dadurch ihre Entdeckung verhindern.

Die Nacht verging und mit ihr die Angst vor den Patrouillenbooten. Mit dem Tag kam die Sonne. Von Stunde zu Stunde brannte sie stärker vom Himmel. Es gab keinen Schatten, keinen Schutz vor den brennenden Strahlen, nur Durst, flimmerndes Wasser und weinende Kinder.

Nach einigen Tagen wurde das Wasser knapp. Genau wie der Reis war es für 20 Personen berechnet. Jetzt hatten 30 Durst. Und die Fahrt würde noch Tage dauern.

Die meisten im Boot saßen apathisch* da. Angst, Hunger, Durst. Sogar die Kinder waren still.

Patrouillenboote
apathisch
...

→ Worttrennung bei Fremdwörtern Seite 216

Es gab noch mehr Boote auf dem Meer, alle mit Kurs Malaysia. Fast hatten sie es geschafft. Dann kamen die Polizeiboote der Malayen. Sie schleppten die Flüchtlinge aufs Meer zurück. Man wollte keine neuen Flüchtlinge. Es waren schon zu viele da.

Ein anderes Boot mit Flüchtlingen kenterte. Die Menschen schrien und versuchten, in das Boot zu klettern, in dem Thao saß. Es schwankte bedenklich, als sich acht Menschen an den Rand klammerten.

„Das Boot ist voll!“, schrie der Kapitän. Er und sein Helfer schlugen mit Stöcken auf die Hände ein. Eine Hand nach der anderen löste sich.

„Macht die Augen zu!“, befahl der Vater. Er wollte nicht, dass sie die Menschen im Wasser sahen. Aber Thao konnte ihre Augen nicht abwenden. Eine Frau reichte mit letzter Kraft ihr Baby hoch. Thao nahm es ihr ab.

„Wirf es zurück! Es ist kein Platz mehr!“

„Es braucht keinen Platz, ich behalte es auf dem Arm.“

„Wir haben kein Wasser.“

„Es kriegt mein Wasser!!“

So war Thanh zu ihnen gekommen. Der Vater hatte ihn wie seinen Sohn aufgenommen. Von Thaos Mutter gab es keine Nachrichten. Sie war nicht mit dem nächsten Boot gekommen. Verwandte berichteten später, dass alle, die am Ufer gestanden hatten, verhaftet worden waren, kurz nachdem das Boot abgelegt hatte.

Das war nun sechs Jahre her. Sie hatten schließlich doch den Weg ins Lager auf einer der Inseln im Pazifik gefunden und von dort in dieses Land. Der Vater hatte Arbeit, die Kinder Schulunterricht, es ging ihnen gut.

Und nun? Das Boot ist voll! Wenn die Mutter es aber doch noch schaffte? Thao hatte die Hoffnung nie ganz aufgegeben.

Sie zuckte zusammen, als die ersten Wahlergebnisse angekündigt wurden. Wer würde recht behalten: Frau Pust oder Jens?

b Thaos Angst vor dem Wahlplakat kann man jetzt viel besser erklären. Auch ihr Verhalten während des Schulausflugs erscheint plötzlich verständlich. Begründe, warum das so ist.

Schreibideen

- Während der Flucht aus Vietnam verbringt Thao mehrere Tage auf dem engen Boot. Versetze dich in ihre Lage und schreibe auf, was ihr durch den Kopf gegangen sein könnte (Ich-Form). Dazu musst du Teil 3 des Textes noch einmal genau lesen. So kannst du beginnen:
  Nie hätte ich gedacht, dass unsere Reise so schlimm werden würde …
- Stell dir vor, du bist eine Klassenkameradin von Thao. Schreibe deine Gedanken zu den Geschehnissen der letzten Wochen auf. Beginne mit:
  Liebe Thao …
- „Das Boot ist voll!" – Nele, Thaos beste Freundin, ist empört über Jens' Einstellung. Sie erklärt ihm in einem Brief, warum sie ganz anderer Meinung ist. Schreibe diesen Brief an Neles Stelle.

Ideen zur Weiterarbeit

- Erstelle eine Collage zur Geschichte.
- Male ein Bild zu einer Szene deiner Wahl.

Lesetipps:
- Du bist nicht wie wir. Geschichten vom Anderssein. Wien: Ueberreuter-Verlag 2001.
- Kirsten Boie: Lisas Geschichte, Jasims Geschichte. Hamburg: Friedrich-Oetinger-Verlag 1989.
- Rafik Schami: Eine Hand voller Sterne. Weinheim und Basel: Beltz-Verlag 1992.
- Tahar Ben Jelloun: Papa, was ist ein Fremder? Berlin: Rowohlt-Verlag1999.
- Nasrin Siege: Juma. Weinheim und Basel: Beltz-Verlag 1998.

Der Schluss der Geschichte „Spagetti für zwei" (S. 46–48)

Verwirrt, schwitzend und erbost ließ er seine Blicke umherwandern. Plötzlich spürte er ein Kribbeln im Nacken. Ein Schauer jagte ihm über die Wirbelsäule von den Ohren bis ans Gesäß. Auf dem Nebentisch, an den sich bisher niemand gesetzt hatte, stand – einsam auf dem Tablett – ein Teller kalter Gemüsesuppe.

Heinz erlebte den peinlichsten Augenblick seines Lebens. Am liebsten hätte er sich in ein Mauseloch verkrochen. Es vergingen zehn volle Sekunden, bis er es endlich wagte, dem Schwarzen ins Gesicht zu sehen. Der saß da, völlig entspannt und cooler, als Heinz es je sein würde, und wippte leicht mit dem Stuhl hin und her.

„Äh …", stammelte Heinz, feuerrot im Gesicht. „Entschuldigen Sie bitte. Ich …"

Er sah die Pupillen des Schwarzen aufblitzen, sah den Schalk in seinen Augen schimmern. Auf einmal warf er den Kopf zurück, brach in dröhnendes Gelächter aus. Zuerst brachte Heinz nur ein verschämtes Glucksen zu Stande, bis endlich der Bann gebrochen war und er aus vollem Halse in das Gelächter des Afrikaners einstimmte. Eine Weile saßen sie da, von Lachen geschüttelt. Dann stand der Schwarze auf, schlug Heinz auf die Schulter.

„Ich heiße Marcel", sagte er in bestem Deutsch. „Ich esse jeden Tag hier. Sehe ich dich morgen wieder? Um die gleiche Zeit?"

Heinz' Augen tränten, sein Zwerchfell* glühte und er schnappte nach Luft. „In Ordnung!", keuchte er. „Aber dann spendiere ich die Spagetti!"

Wald ist Leben

Über den Wald nachdenken, sich über die Geschichte des Waldes informieren, Experten* befragen, sich mit dem Waldsterben auseinandersetzen – dazu will euch dieses Kapitel anregen.
Außerdem könnt ihr euch Gedanken über die Erholungsfunktion des Waldes machen und eine Podiumsdiskussion führen.

Der Wald ist ein besonders Wesen,
von unbeschränkter Güte und Zuneigung,
das keine Forderungen stellt
und großzügig die Erzeugnisse
seines Lebenswerks weitergibt;
allen Geschöpfen bietet er Schutz
und spendet Schatten selbst dem Holzfäller,
der ihn zerstört.

Siddharta Gautama Buddha

Wenn du ein Jahr planst,
dann säe Korn.
Wenn du ein Jahrhundert planst,
dann pflanze Bäume.

Chinesisches Sprichwort

„Erst, wenn der letzte Baum gerodet,
der letzte Fluss vergiftet, der letzte Fisch
gefangen, werdet ihr feststellen, dass man
Geld nicht essen kann."

Cree-Indianer

Erst schaffen sie den Waldweg,
dann schaffen sie den Wald weg.

… den Wald vor lauter Bäumen nicht sehen.

Ich denk, ich steh im Wald.

Nicht für einen Wald voll Affen.

Wie man in den Wald hineinschreit,
so schallt es heraus.

TIPP!
Auf Seite 248 kannst du dich über Redensarten und Sprichwörter informieren.

1 Lies die Aussagen. Sprich mit deinem Partner darüber.

2 Finde heraus, was die Redewendungen und das Sprichwort bedeuten. Schreibe dazu einen kurzen Text.

3 Erkläre den Unterschied zwischen einem Wald, einem Forst und einem Hain.

4 Schreibt an Organisationen wie Greenpeace oder Robin Wood. Ihr erhaltet viele Anregungen, die helfen, den Wald zu schützen.

Waldlied
Ludwig Uhland (1787–1862)

Im Walde geh ich wohlgemut,
Mir graut vor Räubern nicht;
Ein liebend Herz ist all mein Gut,
Das sucht kein Bösewicht.

Was rauscht, was raschelt durch den Busch?
Ein Mörder, der mir droht?
Mein Liebchen kommt gesprungen, husch!
Und herzt mich fast zu Tod.

Mittag
Theodor Fontane (1819–1898)

Am Waldessaume träumt die Föhre,
am Himmel weiße Wölkchen nur;
es ist so still, dass ich sie höre,
die tiefe Stille der Natur.

Rings Sonnenschein auf Wies' und Wegen,
die Wipfel stumm, kein Lüftchen wach,
Und doch, es klingt, als ström ein Regen
leis tönend auf das Blätterdach.

Auf der Lichtung
Christian Wagner (1835–1918)

Sommermittag auf dem Hochwald brütet,
Aber auf der Lichtung treu behütet
Vom Geflechte dunkler Brombeerranken,
Wachen auf des Waldes Lichtgedanken.

Falter sind es, die so farbenprächtig,
Auf der Lichtung, sonnig halb und nächtig,
Diese Brombeerblüten still umbeben,
Purpurdisteln geistergleich umschweben.

Sagt mir an ihr stillen Geisterfalter
Auf der Lichtung: Wie viel Zeitenalter
Ihr im Banne laget bei den Toten,
Eh ihr wurdet solche Wunderboten?

1 Suche dir ein Waldgedicht aus und schreibe es ab. Verwende eine Schrift, die zum Inhalt des Textes passt. Illustriere ihn dann.

2 Wähle ein Gedicht aus und stelle Fragen an das Gedicht.
- Wie ist der Text angeordnet?
- Wie wird der Wald in dem Gedicht beschrieben?
- Wie würdest du das Gedicht sprechen?
- Welche sprachlichen Mittel fallen dir besonders auf?

Informiere die Klasse über deine Ergebnisse und trage ihr das Gedicht vor.

3 Schreibe selbst Waldgedichte.

TIPP!
Im Kapitel Selbstständig lernen auf Seite 16 findest du dazu Anregungen.

Die Geschichte des Waldes

Den Wald in Europa gibt es schon sehr lange, rund 300 Millionen Jahre. Allerdings sah dieser Wald anders aus als heute. Es war ein Urwald mit mächtigen Bärlappbäumen, Baumfarnen und Riesenschachtelhalmen. Vor etwa 65 Millionen Jahren war das Klima immer noch so angenehm, dass subtropische* Bäume gediehen. Daneben gab es aber bereits Buchen, Eichen und Ahornbäume.

Vor etwa 25 Millionen Jahren begann sich das Klima zu verändern. Eiszeiten folgten und das Land wurde von Eis und Gletschern überzogen. Manche Teile Europas waren von einer 3000 m dicken Eisschicht bedeckt. Als sich etwa vor 10000 Jahren das Klima wieder erwärmte, schmolzen die Eismassen und Wälder eroberten die Landschaft. Anfangs wuchsen nur Kiefern und Birken. Als es wärmer wurde, kamen Eiche, Buche, Tanne und Hasel dazu. In höheren Lagen wuchsen widerstandsfähigere Nadelbäume. Ganz Europa war von Wäldern bedeckt, dazwischen Sümpfe, Seen und Flüsse. Die Wälder waren undurchdringlich durch das Gestrüpp, die Sträucher und die umgestürzten Bäume.

Es lebten auch Tiere im Wald wie Elche, Hirsche und Wildschweine, die allerdings für die Menschen schwer zu jagen waren. Der Wald diente in dieser Zeit eher zum Sammeln von Beeren und Früchten. Als die Menschen in der Jungsteinzeit sesshaft wurden, rodeten sie den Urwald, um Weideland für ihre Tiere und Ackerboden für ihr Getreide zu haben. Darüber hinaus trieb man die Schweine und Ziegen in den Wald. Die einen fraßen die Eicheln, die anderen die jungen Triebe. Es dauerte nicht lange, da entdeckte der Mensch den Wald als Rohstoffquelle zum Bauen und Heizen, für den Schiffsbau sowie als Lieferant für Grubenholz und zur Herstellung von Holzkohle.

Noch die Römer beschrieben Germanien* als unwegsames, von dichten undurchdringlichen Wäldern überzogenes Land. Doch die Besatzung brachte den Germanen die Weinrebe, ertragreicheres Getreide und bessere landwirtschaftliche Geräte. Dazu kam der Handel. Das alles wirkte sich natürlich auch auf den Wald aus. Als die Römer um 500 aus Germanien vertrieben waren, hatte sich der Wald stark gelichtet. Der König, der Adel und die Kirche bemächtigten sich des Waldes und ließen ihn durch leibeigene Bauern bewirtschaften, d. h. roden. Bis zum 13. Jahrhundert waren etwa 100000 Quadratkilometer Wald verschwunden. Kriege wie der 30-jährige Krieg taten ein übriges, um den Wald zu ruinieren.

Erst im 19. Jahrhundert besann man sich wieder auf die Bedeutung des Waldes, forstete auf und pflegte den Wald. Allerdings sollte der Wald auch wirtschaftlichen Erfolg bringen. Fichtenmonokulturen, als Holzfabriken und Streichholzwald bezeichnet, sollten das schnelle Geld bringen.

Vor ungefähr 30 Jahren gab es ein böses Erwachen. Die Wälder waren krank. In den Alpentälern hatten die Menschen Angst, dass der Bannwald die Lawinen nicht mehr aufhalten könnte. Im Flachland fürchtete man um das saubere Trinkwasser.

sesshaft
fraßen
böse
...

→ s, ss oder ß
Seite 220 bis 222

Heute forschen die Wissenschaftler nach den Ursachen. Denn ohne den Wald können wir nicht überleben.
Ein Beispiel:
Eine ausgewachsene Buche liefert an einem warmen Sommertag ungefähr 7 000 Liter Sauerstoff. Dies ist der Tagesbedarf an Sauerstoff von 50 Erwachsenen.

1 Erstelle eine Zeitleiste zur Geschichte des Waldes. Trage die wichtigsten Fakten ein.

2 Suche weitere Informationen, z.B. aus dem Internet, aus Lexika und Sachbüchern, und ergänze die Zeitleiste.

3 Informiere dich über Waldbäume und erstelle Steckbriefe. Gliedere so:
- Bild oder Fotografie des Baumes
- Merkmale (Name, Aussehen des Stammes, der Blätter, der Blüten und der Früchte, Blütezeit, Größe)
- Vorkommen
- Bemerkenswertes

4 Im Waldgesetz für Bayern werden die unterschiedlichen Ansprüche an den Wald geregelt.

Der Artikel 1 lautet:

Der Wald ist von besonderer Bedeutung für den Naturhaushalt und ist wesentlicher Teil der natürlichen Lebensgrundlage. Er hat landeskulturelle, wirtschaftliche, soziale und gesundheitliche Aufgaben zu erfüllen. Deshalb soll dieses Gesetz insbesondere dazu dienen:
- die Waldfläche zu erhalten und erforderlichenfalls zu vermehren,
- einen standortgemäßen Zustand des Waldes zu bewahren oder wiederherzustellen,
- die Schutzfähigkeit des Waldes zu sichern und zu stärken,
- die Erzeugung von Holz und anderen Naturgütern durch eine nachhaltige Bewirtschaftung des Waldes zu sichern und zu erhöhen,
- die Erholung der Bevölkerung im Wald zu ermöglichen und die Erholungsmöglichkeiten zu verbessern,
- die Waldbesitzer in der Verfolgung dieser Ziele zu unterstützen und zu fördern,
- einen Ausgleich zwischen den Belangen der Allgemeinheit und der Waldbesitzer herbeizuführen.

Beschreibe mit eigenen Worten, was dieser Artikel ausdrückt.

5 Warum ist dieses Gesetz wichtig?

TIPP!
Weitere Informationen zum Thema „Wald" findest du im Internet unter der Adresse www.forst.bayern.de

Jahrringe – Lesen im Archiv der Bäume

Jahr für Jahr legt die Wachstumsschicht des lebenden Baumes einen neuen Ring um das alte Holz des Stammes an. Anzahl und Ausprägung der Jahrringe berichten über das Alter und die Milieubedingungen der zurückliegenden Jahrzehnte und Jahrhunderte. Auf diese Weise schreibt das Holz seine eigene Geschichte und wird zum sichtbaren Zeugen der Vergangenheit.

Die Zahl der Jahrringe verrät das Alter eines Baumes, die Jahrringbreite enthält ganz wesentliche Informationen. Sie hängt vom Klima ab und wechselt von Jahr zu Jahr.

Für den ersten deutschen tausendjährigen Jahrringkalender, der in den 40er-Jahren des 20. Jahrhunderts aufgestellt wurde, bildeten die 1000-jährigen Eichen des Spessarts die wichtigste Grundlage. Holzbalken aus Fachwerkbauten und mittelalterlichen Kirchen, Holzreste aus ur- und frühgeschichtlichen Anlagen und v.a. fossile Hölzer wie Mooreichen erweiterten diesen Kalender ständig. 1984 stellte das Institut für Forstnutzung einen Jahrringkalender vor, der bis in das Jahr 4008 vor Christus reicht.

Jeder Baum erzählt seine Geschichte. Sein Archiv blättert in den Jahrringen. Jeder seiner Jahrringe drückt die Summe aller Umwelteinflüsse aus, die sein Wachsen prägten. Sein Leben lang „berichtet“ er über Hitze, Regen, Schnee, Kälte, Trockenheit, wie lange er wachsen durfte, wie gut er mit Nährelementen, Wasser und auskömmlicher Temperatur versorgt wurde.

Einerseits bedingt die Lebensdauer eines Baumes den Umfang dieses Archivs, andererseits bedarf es der uneingeschränkten Lesbarkeit der „Buchstaben“, d.h. Pilze oder Insekten dürfen die Holzsubstanz nicht bis zur Unleserlichkeit abgebaut haben.

Die Jahrringe von Bäumen bergen einen riesigen Schatz an verlässlichen Umweltinformationen. Das in den Jahrringen gespeicherte Gedächtnis versagt bei ihnen nie. Lesen wir also im Archiv der Bäume.

1 Kläre folgende Begriffe:
- Archiv der Bäume
- Milieubedingungen
- fossile Hölzer

2 Was kann der Fachmann aus den Jahrringen herauslesen?

3 Wodurch kann die Lesbarkeit erschwert oder verhindert werden?

4 Sammelt Fragen zum Thema „Wald“. Befragt einen Förster. Schreibt das Ergebnis in Form einer Reportage für die Schülerzeitung auf.

1 Hast du schon vom Waldsterben gehört? Schreibe auf, was du darüber weißt oder dir darunter vorstellst.
Der folgende Text aus der Broschüre des Bayerischen Staatsministeriums für Landwirtschaft und Forsten informiert dich über die von den Menschen verursachten Schäden.

Schädliche Einflüsse

Saurer Regen

Durch Verbrennungsvorgänge gelangen Schwefeldioxid und Stickstoffoxide in die Luft und werden in der Atmosphäre zu Schwefelsäure, Salpetersäure und Ammoniumsulfat bzw. Nitrit umgewandelt. Nur in sehr hoher Konzentration können diese direkt schädigend auf Pflanzen wirken. Im Boden führt der Eintrag der Säure, auch bei geringen Konzentrationen über lange Zeit, zu einer schleichenden Versauerung und damit zu einem Verlust wertvoller Puffer- und Nährstoffe wie Magnesium und Kalium. Wälder sammeln aufgrund ihrer großen Blatt- und Nadeloberfläche viel größere Säuremengen als das Freiland. Besonders Nadelbäume kämmen Partikel und Tröpfchen intensiv aus.
Die Säureeinträge sind in den letzten Jahren spürbar zurückgegangen. Dies ist in erster Linie auf die gesunkenen Schwefeleinträge zurückzuführen.

Schwefel

Aus Verbrennungsprozessen (Verkehr, Industrie, Heizung) gelangten in der Vergangenheit vor allem Schwefelverbindungen in die Atmosphäre. Seit über zehn Jahren wird jedoch eine anhaltende Abnahme der Schwefelbelastung in den Wäldern beobachtet. Eine erfolgreiche Luftreinhaltepolitik hat u. a. dazu geführt, dass Abgase aus Großkraftwerken entschwefelt und schwefelarme Treibstoffe eingeführt wurden. Besonders deutlich war der Effekt in Nordostbayern zu beobachten. Dennoch ist zu bedenken, dass Waldböden Schwefel über viele Jahre speichern können. Daher wird die Bodenversauerung durch Schwefel auch bei der Senkung der Neueinträge noch anhalten.

Stickstoff

Ebenfalls aus Verbrennungsprozessen (Verkehr, Industrie, Heizung) wird Stickstoff als Stickoxide freigesetzt.
Aus landwirtschaftlichen Aktivitäten (Tierhaltung, Gülle- und Festmistausbringung) stammen beträchtliche Mengen Ammoniak. Stickstoffoxide und Ammoniak bilden in der Atmosphäre Ammoniumnitrat, welches mit der Luftströmung weit verfrachtet werden kann.
Unmittelbare Schäden durch Ammoniak treten in Wäldern nahe an Emissionsquellen, z. B. an Waldrändern, auf.
Von Seiten der Landwirtschaft wurden und werden, unterstützt durch staatliche Maßnahmen, erhebliche Anstrengungen unternommen, um das Ausmaß von Ammoniakemissionen zu verringern.
Messungen zeigen, dass an der Hälfte der Waldklimastationen die Stickstoffeinträge derzeit so hoch sind, dass sie auf Dauer zu Veränderungen im Waldboden führen. An diesen Waldklimastationen müssen die Einträge um bis zu 60 % reduziert werden, um langfristig die Gesundheit der Wälder zu garantieren.

Ozon

Ozon entsteht in der Troposphäre fotochemisch aus Stickstoffoxid und leicht flüchtigen organischen Verbindungen. Im Gegensatz zur Stratosphäre der Erde, wo das Ozon als Schutzschicht gegen UV-Strahlung eine wichtige Funktion hat, führt das Ozon in bodennahen Schichten zu Schäden an den Zellwänden von Lebewesen, bei Pflanzen und Tieren genauso wie beim Menschen. Ozon wird von Bäumen über die Poren in den Blättern (Spaltöffnungen) aufgenommen. Wegen der starken Reaktionsfähigkeit wird Ozon nicht über die regulären Nährstoffkanäle in der Pflanze verteilt, sondern reagiert direkt mit Bestandteilen der umliegenden Zellmembranen. Die Folgen sind äußerlich sichtbare, punktförmige Ausbleichungen an Blättern, punktförmige Zerstörungen des Gewebes und letztlich das Absterben des Blattes. Atmung und Fotosynthese laufen bei der Pflanze an Membranen ab, sodass ozonbedingte Membranschäden Atmungs- und Fotosyntheseabläufe beeinträchtigen. Frühzeitiger Laubverlust bei Laubbäumen sowie Nadelvergilbung und -abfall bei Nadelbäumen können die Folge zu hoher Ozonbelastung sein. Wenn sie über mehrere Jahre auftritt, mindert sie die Lebenskraft des Baumes und erhöht seine Anfälligkeit für Krankheiten und Parasiten. Die Bedeutung von Ozon für die neuartigen Waldschäden ist nicht unumstritten. Nach wie vor wird Ozon als eine wesentliche Ursache für die heutigen Waldschäden diskutiert. Forschungsergebnisse lassen in naher Zukunft Antwort auf diese Frage erwarten.

Treibhauseffekt und Klimaänderung

Klimarelevante Gase sind keine Luftschadstoffe im klassischen Sinn. Die so genannten „Treibhausgase" besitzen die Eigenschaft, die kurzwellige Strahlung der Sonne passieren zu lassen, die langwellige Wärmestrahlung jedoch, die von der Erde abgestrahlt wird, zu absorbieren und nicht ins All entweichen zu lassen. Kohlendioxid (CO_2) und andere Gase bilden also ein natürliches Schutzschild. Ohne diesen natürlichen Treibhauseffekt wäre die Durchschnittstemperatur auf der Erde (+15°) um 33° Celsius kälter und ein Leben nicht möglich.

Seit Beginn der Industrialisierung werden verschiedene Treibhausgase in großen Mengen vom Menschen freigesetzt und reichern sich in der Atmosphäre an. Die bedeutendste Rolle spielt dabei das CO_2. Die Erhöhung des Anteils der Treibhausgase in der Atmosphäre führt zu einer Erwärmung der Erdatmosphäre.

Außergewöhnlich hohe Temperaturen bereits im Frühsommer, plötzlich einsetzende heftige Gewitter und Niederschläge (vgl. Hochwasser 2002) mit einer ungewöhnlichen Häufung an Hagelereignissen deuten darauf hin, dass sich unser Klima verändert. Auch die Häufung überdurchschnittlich heißer Sommer in den vergangenen Jahren (vgl. „Dürrejahr" 2003) ist ein Indiz für die Hypothese, zu der unter den Klimaforschern inzwischen weitgehend Einigkeit besteht. Die für Bayern gravierendsten Auswirkungen werden durch Veränderungen bei den Niederschlagsmengen sowie durch extreme Hitzeperioden erwartet.

Klimaänderungen betreffen auch Waldökosysteme und Forstwirtschaft. Das Klima ist neben dem Boden der wichtigste Standortfaktor unserer Wälder. Sonnenstrahlung, Wärme und Wasserverfügbarkeit bestimmen das Wachstum. Extreme Klimaereignisse wie Stürme, Nassschneefälle oder Trockenperioden beeinflussen die Stabilität der Waldbestände sowie ihre Widerstandskraft gegenüber Schadorganismen. Mittelfristig verändert der Klimawandel die natürlichen Verbreitungsgebiete der Baumarten sowie die Konkurrenzverhältnisse zwischen den Baumarten.

2 Bearbeite den Text so:
- Lies den Text durch und schreibe alle dir unbekannten Wörter mit Zeilenangaben heraus. Versuche sie aus dem Textzusammenhang oder durch Nachschlagen zu klären.
- Lies den Text noch einmal langsam und aufmerksam durch und unterstreiche (Folie) Textstellen, die besonders wichtig sind.
- Überlege dir neue aussagekräftige Überschriften für die einzelnen Abschnitte.

3 Im Text kommen viele Fachbegriffe vor. Stellt sie in Gruppenarbeit zusammen und schreibt kurze Erklärungen in euer Begriffsheft.

4 Überlegt in der Gruppe Quizfragen, die sich mit Hilfe des Textes beantworten lassen. Tauscht die Fragen untereinander aus.

5 Stell dir vor, Bäume könnten denken und sprechen. Schreibe auf, was ihnen durch den Kopf geht.

6 Wenn Bäume demonstrieren könnten, was würden sie auf ihre Plakate schreiben?

7 Entwerft in der Gruppe eine Wandzeitung zum Thema „Waldsterben". Die Ergebnisse der vorausgegangenen Aufgaben helfen euch dabei. Eure Wandzeitung soll informieren und appellieren. Achtet dabei darauf, dass
- die wichtigsten Informationen auf den Plakaten stehen.
- ihr Aufmerksamkeit erregt, damit die Leute hinschauen.
- ihr Interesse weckt, damit sich die Leser mit den Informationen auseinandersetzen.
- ihr provoziert, damit die Leser aufgerüttelt werden.
- ihr sinnvolle Vorschläge zum Handeln macht und den Leser auffordert, sich zu engagieren.

Ideen zur Weiterarbeit

- Besorgt euch weiteres aktuelles Text- und Bildmaterial zum Thema „Waldsterben" und erstellt eine Präsentation am Computer.
- Fertigt eine Collage an, die den Gegensatz zwischen einem gesunden und einem kranken Wald verdeutlicht.
- Ihr könnt eine Broschüre zusammenstellen, z. B. mit dem Titel „Ich bin der Wald, ich bin wichtiger, als du denkst."
- Informiere dich über die Ministerkonferenz zum Schutz des Waldes in Wien 2003. Erkläre das Konzept der Nachhaltigkeit.

Die Erholungsfunktion des Waldes

Erholung im Wald ist für viele Menschen lebenswichtig. Wir brauchen den Wald, um die staubfreie Luft zu atmen und uns vom Alltagsstress zu erholen. Durch die kürzeren Arbeitszeiten hat sich das Freizeitverhalten der Menschen verändert. Damit wird die Erholungsfunktion des Waldes immer wichtiger. Spaziergänger, Reiter, Jogger, Biker, Walker, Hundehalter suchen Entspannung und Erholung. Wälder bieten neben der reinen Luft vor allem Stille, Schutz vor großer Hitze und ein artenreiches Pflanzen- und Tierleben. Bei einem Waldspaziergang kann man den Wald mit allen Sinnen erleben: Man kann Eichhörnchen sehen, die an einem Stamm emporklettern, Käfer und andere Insekten, die an einem gefällten Baum herumkrabbeln. Wenn man die Augen schließt und sich auf das Hören konzentriert, vernimmt man das Hämmern des Buntspechtes, das beruhigende Rauschen der Blätter oder das Ächzen knorriger Äste. Der weiche Waldboden tut den Füßen gut und der Duft von Tannennadeln erfrischt die Nase. Zu jeder Jahreszeit ist der Wald ein Fest für die Sinne: Das Morgenkonzert der Singvögel im Frühling, die Lichtspiele und die großartige Laubfärbung im Herbst, Tierspuren im Winter und das rege Treiben am Waldboden im Sommer.

Für Kinder erweist sich der Wald als riesiger Spielplatz. Gut erschlossene Wälder ermöglichen den Menschen körperliche und seelische Erholung. Kinder finden ein unerschöpfliches Spielgelände.

Der Anstieg an Erholungssuchenden erfordert natürlich von den Gästen des Waldes auch einen verantwortungsvollen Umgang mit der Natur. „Das Betreten des Waldes zum Zwecke der Erholung ist gestattet", sagt § 14 des Bundeswaldgesetzes. Was jedoch der Einzelne unter Erholung versteht, ist vielfältig. Für den einen ist es die Grillfete im Wald, der andere möchte querfeldein mit seinem Mountain-Bike fahren.

Für die Pflanzen- und Tierwelt des Waldes stellt der Erholungsbetrieb zunehmend eine Last dar.

1 Warum ist die Erholungsfunktion des Waldes in der heutigen Zeit so wichtig?

2 Welche Erholungsmöglichkeiten werden im Text genannt? Welche kennst du noch?

3 Warum kann die Erholungsfunktion des Waldes für die Pflanzen- und Tierwelt zur Last werden?

Ideen zur Weiterarbeit

- Entwirf eine Waldordnung, z. B. für
  - Spaziergänger
  - Radfahrer
  - Reiter
  - Hundebesitzer

Ihr könnt zum Thema „Mit dem Mountain-Bike quer durch den Wald?" auch eine **Podiumsdiskussion** durchführen.

Eine Diskussion gelingt, wenn ihr
- euch mit Namen ansprecht und beim Diskutieren anschaut,
- keine Beleidigungen aussprecht,
- jeden aussprechen lasst,
- eure Beiträge begründet,
- nachfragt, wenn ihr etwas nicht versteht.

Der Diskussionsleiter
- achtet auf die Reihenfolge der Redebeiträge,
- erteilt das Wort,
- achtet auf die Einhaltung des Themas,
- beendet die Diskussion und fasst sie zusammen.

So könnt ihr euch auf die Diskussion vorbereiten und sie auswerten:

- Bildet zwei Gruppen: eine, die das Quer-durch-den-Wald-fahren befürwortet, eine andere, die dagegen ist.
- Bereitet euch in beiden Gruppen auf die Diskussion vor, indem ihr Argumente und Beispiele für euren Standpunkt zusammentragt.
- Bestimmt jeweils zwei bis drei Vertreter, die vor der Klasse miteinander diskutieren sollen.
- Legt auch fest, wer die Diskussion leiten und für einen geordneten Ablauf sorgen soll. Er sitzt am besten in der Mitte der Diskussionsrunde.
- Die übrigen Klassenmitglieder sitzen in den Zuschauerreihen. Sie beobachten das Gespräch und machen sich Notizen zum Ablauf der Diskussion und zum Verhalten der Diskussionsteilnehmer.
- Zum Schluss wird die Diskussion ausgewertet:
  - Welche Argumente waren überzeugend?
  - Was ist besonders gut gelaufen? Was sollte man ändern?
  - Wie wurden die Argumente vorgetragen?
  - ...
- Überlegt gemeinsam, welche Konsequenzen ihr für zukünftige Diskussionen oder Gespräche daraus ziehen wollt.

Tipp: Ihr könnt auch als Reporter über die Diskussion berichten, z.B. in der Schüler- oder Klassenzeitung. Interessant für den Bericht ist: Wann und wo die Diskussion stattfand, wer daran teilnahm, welche Argumente ausgetauscht wurden und besonders überzeugend waren, wie das Meinungsbild in der Klasse war und in welcher Atmosphäre (sachlich, gereizt ...) die Diskussion verlief.

Ich bin ein Baum *Doris Müller*

Wir stehen bequem mit locker hängenden Armen im Raum.

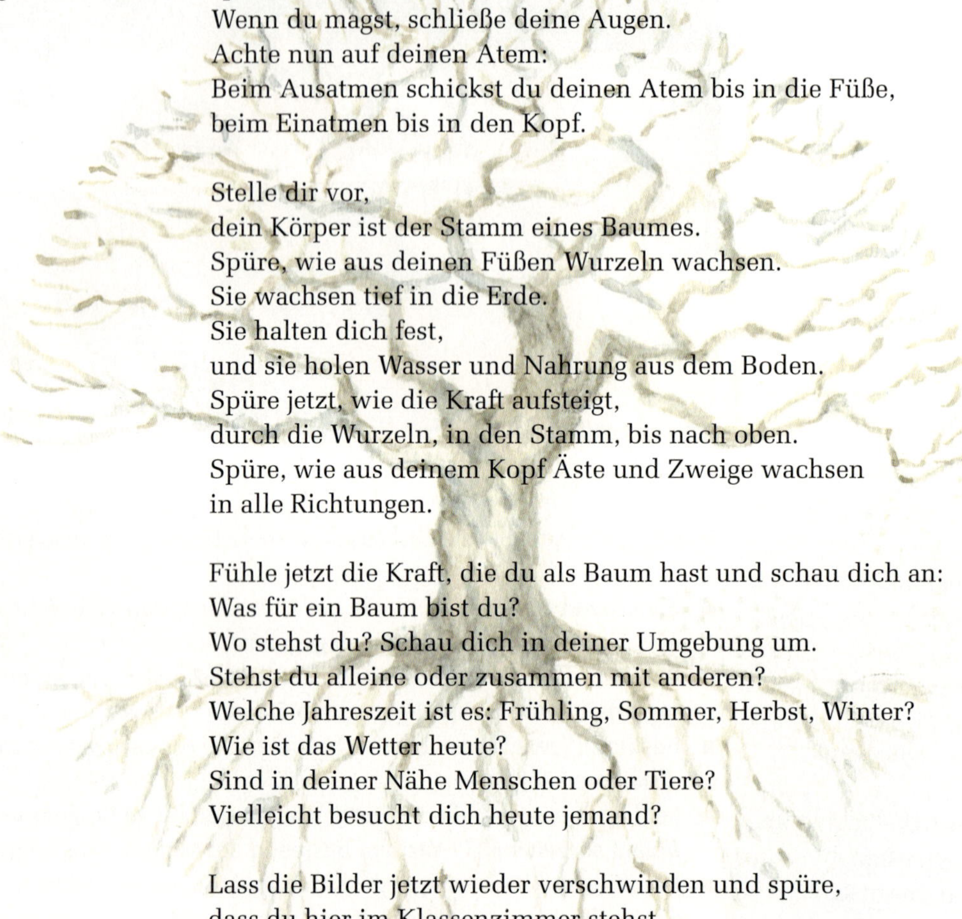

Spüre, wie du hier stehst,
spüre den Boden unter deinen Füßen.
Wenn du magst, schließe deine Augen.
Achte nun auf deinen Atem:
Beim Ausatmen schickst du deinen Atem bis in die Füße,
beim Einatmen bis in den Kopf.

Stelle dir vor,
dein Körper ist der Stamm eines Baumes.
Spüre, wie aus deinen Füßen Wurzeln wachsen.
Sie wachsen tief in die Erde.
Sie halten dich fest,
und sie holen Wasser und Nahrung aus dem Boden.
Spüre jetzt, wie die Kraft aufsteigt,
durch die Wurzeln, in den Stamm, bis nach oben.
Spüre, wie aus deinem Kopf Äste und Zweige wachsen
in alle Richtungen.

Fühle jetzt die Kraft, die du als Baum hast und schau dich an:
Was für ein Baum bist du?
Wo stehst du? Schau dich in deiner Umgebung um.
Stehst du alleine oder zusammen mit anderen?
Welche Jahreszeit ist es: Frühling, Sommer, Herbst, Winter?
Wie ist das Wetter heute?
Sind in deiner Nähe Menschen oder Tiere?
Vielleicht besucht dich heute jemand?

Lass die Bilder jetzt wieder verschwinden und spüre,
dass du hier im Klassenzimmer stehst.
Vielleicht magst du dich ein bisschen rütteln und schütteln.
Und wenn du dann bereit bist, gehe auf deinen Platz zurück
und male dich als Baum.

TIPP!
Ihr könnt zusätzlich leise Musik einspielen, die zur Fantasiereise passt.

1 Lies den Text langsam und mit ruhiger Stimme deinen Mitschülern vor. Mache dabei nach jedem Satz eine Pause. Der Zuhörer braucht Zeit zum Nachspüren.

2 Sucht Bilder oder Fotos zum Thema „Wald" und schreibt dazu kurze Texte zum Nachdenken.

3 Sucht euch einen schönen Baum und schreibt dort eine Fantasiereise. Sammelt eure Ergebnisse in einem Klassenordner.

Traumberufe – Berufsträume

Wenn ich groß bin, werde ich ... Sicher hast du schon von dem einen oder anderen Beruf geträumt – und das ist auch gut so. Wichtig ist aber auch herauszufinden, welche Interessen und Fähigkeiten in dir stecken, damit du weißt, welchen Träumen du nachgehen solltest. Schau dich um, informiere dich und spüre Berufe auf, die dir Freude machen könnten. Dieses Kapitel möchte dazu beitragen und dich unterstützen.

1 Schülerinnen und Schüler einer 8. Klasse haben diese Berufswünsche und Traumberufe genannt.
- Worin unterscheiden sich ihre Berufsvorstellungen?
- Welche Wünsche stecken in ihren Berufsträumen?

2 Setzt euch in Gruppen zusammen und sammelt auf großen Papierbögen Ausdrücke, die eure Berufswünsche möglichst genau beschreiben. Sprecht dabei über eure Wünsche, Vorstellungen und Ideen.

Berufswünsche

Karriere machen

beliebt sein

Außergewöhnliches tun

geachtet werden

unabhängig sein

gestalten

zufrieden sein

anderen helfen

3 Zeichne das Profil deines Kopfes auf ein DIN-A2-Zeichenblatt. Fülle den Kopf mit Wörtern aus, die deutlich machen, was dir besonders wichtig für deinen Beruf ist. Die Wörtersammlung aus der Gruppenarbeit hilft dir dabei.

Tipp: Mit unterschiedlichen Farben, Schriftgrößen und Schriftstärken kannst du wichtige Dinge besonders hervorheben. Auch Wortwiederholungen setzen Schwerpunkte.

4 Hängt eure Bilder in der Klasse auf und versucht zu erraten, wer sich hinter den Berufsträumen versteckt.

5 Sprecht über Berufsvorstellungen,
- die besonders originell sind,
- die häufig auftreten oder
- die selten genannt werden.

Was mögen Gründe für diese Unterschiede sein?

Mein Traum ist, zur **Polizei** zu gehen. Am liebsten würde ich mit der Hundestaffel arbeiten. Wenn das nicht klappt, sollte mein Beruf auf jeden Fall etwas mit Tieren zu tun haben. Zum Beispiel als Pflegerin im Tierheim. Dann wäre ich den ganzen Tag draußen und könnte mich um die Tiere kümmern. Besonders Hunde liebe ich über alles. Ich würde auch gern in der Hundeschule arbeiten und den Hunden alles beibringen. Zum Beispiel, dass sie auf ihre Frauchen und Herrchen hören und die Kommandos ausführen. Ich weiß, dass das viel Arbeit ist und die Tiere nicht immer alles auf Anhieb können. Aber ich habe viel Geduld.
Ich werde den richtigen Beruf schon finden und dann hoffentlich jeden Tag mit Spaß arbeiten. Das ist mir besonders wichtig.

Jlka

Mein Traumberuf ist **Eishockey-Profi.** Das ist genau mein Element. Ich versuche in jedem Training alles zu geben, um gut zu sein. Hartes Training und Wille, das ist die Voraussetzung, um ein Star zu werden! Man verdient als Profi auch nicht schlecht. Und in der NHL, da scheffelt man Millionen.
Als Vorbild habe ich meinen Onkel. Er ist sehr gut und spielt in der besten Mannschaft der russischen Liga.
Mich begeistert Eishockey, weil es Spaß macht, zu spielen und Tore zu schießen. Einen anderen Beruf würde ich auch in Kauf nehmen, aber ich weiß noch nicht, welchen.
Ich hoffe, mein größter Wunsch geht in Erfüllung!

Henrik

Ich möchte am **Computer** arbeiten, im Büro. Das ist nicht schwer und man wird auch gut bezahlt. Computerkenntnisse habe ich auch schon durch Kurse an der Schule.
Auf keinen Fall will ich Lehrerin werden. Ich habe keine Geduld, den Schülern alles doppelt und dreifach zu erklären.
Wer weiß, was die Zukunft bringt. Es gibt immer wieder neue Berufe. Das sehe ich bei meinem Freund, der bald mit der Schule fertig ist.

Claudia

b Schreibe selbst einen Text über deinen Traumberuf. Dabei brauchst du dich natürlich nicht auf einen Beruf festzulegen, sondern kannst verschiedene Möglichkeiten ansprechen.

Die Prinzen – so fing es an

Prächtig thront die Orgel auf ihrer Empore* in der Leipziger Thomaskirche. „Hier haben wir seit Anfang der 70er-Jahre immer gesungen", erzählt Tobias, „geübt wurde jeden Tag nach der Schule, von halb vier bis halb sieben." Vier der Prinzen waren Sängerknaben im weltberühmten Thomanerchor. Einer von ihnen, Jens, kam vom Dresdner Kreuzchor dazu. „Nach dem Stimmbruch mussten wir den Matrosenanzug, die so genannten ‚Kieler Blusen', mit schwarzen Anzügen und Krawatte vertauschen", erinnert sich Henri: „Das Schlipsbinden war ein Graus."

Heute kommen die Prinzen im lässigen Outfit daher. 1991 gegründet, wurde das Quintett auf Anhieb erfolgreichste deutsche Band – mit Songs wie „Gabi und Klaus" oder „Millionär".

Millionär *Die Prinzen*

Ich wär' so gerne Millionär
Dann wär' mein Konto niemals leer
Ich wär' so gerne Millionär
Millionenschwer
Ich wär' so gerne Millionär …

Ich hab' kein Geld, hab' keine Ahnung,
doch ich hab 'n großes Maul
Bin weder Doktor noch Professor,
aber ich bin stinkend faul
Ich hab' keine reiche Freundin
und keinen reichen Freund
Von viel Kohle hab' ich bisher
leider nur geträumt

Was soll ich tun, was soll ich machen,
ich bin vor Kummer schon halb krank
Hab mir schon 'n paar Mal überlegt:
Vielleicht knackst du eine Bank
Doch das ist leider sehr gefährlich –
bestimmt werd' ich gefasst
Und außerdem bin ich doch ehrlich
und will nicht in den Knast
[…]

Ich wär' so gerne Millionär
Dann …
…

Ich wär' so gerne …
…

Ich wär' so gerne Architekt
Dann wär mein Konto
nicht defekt …

TIPP!
Auf den letzten Seiten war viel von Träumen, Wünschen und Vorstellungen die Rede. Dabei seid ihr häufig auf Verbformen wie wäre, hätte, könnte, würde … gestoßen. Arbeitet dazu in der Werkstatt Sprache weiter (S. 240).

7 Diesen nicht ganz ernst gemeinten Song der „Prinzen" kennst du vielleicht. Versuche einmal, einige weitere Strophen zu schreiben:
- Du kannst witzige Ideen, an Geld zu kommen, ergänzen. Manches davon ist vielleicht doch kein so guter Einfall …
- Du kannst deine Vorstellungen vom Leben eines Millionärs aufschreiben.
- Du kannst aber auch über deinen Traumberuf einen Liedtext schreiben.

Es gibt heute über 400 Berufe, die du erlernen kannst. Jährlich kommen neue hinzu, manche verändern sich in ihren Aufgaben und einige gibt es gar nicht mehr. Natürlich kennst du nicht alle und kannst auch nicht alle in deiner näheren Umgebung erlernen. Die Berufsberater und das Berufsinformationszentrum (BIZ) der Arbeitsagentur können dich rechtzeitig informieren und beraten.

Wichtig ist aber, bereits vorher herauszufinden, welche Tätigkeiten dir gefallen würden. Dazu musst du deinen eigenen Interessen auf die Spur kommen und deine Fähigkeiten erkennen.

So erfährst du eine Menge über dich

- Sei neugierig auf die verschiedenen Aufgaben in der Arbeitswelt. Vielleicht stößt du dabei auf Tätigkeiten und Berufe, die dich interessieren:
  - Überlege, welche Berufe dir im Alltag begegnen. Denke z. B. an ein großes Warenhaus, an eine Werkstatt, an ein Krankenhaus … Vielleicht kannst du auch beobachten, was dort getan wird.
  - Frage nach, was Eltern, Geschwister und Bekannte an ihrem Arbeitsplatz tun.

Selbsterkundungsbogen

	nicht gut	gut	sehr gut
1			
2			
3			
4			
5			
6			
7			
8			
9			

Ich kann …
1 mich schriftlich ausdrücken.
2 mich mündlich ausdrücken.
3 planen und organisieren.
4 unterschiedliche Aufgaben bearbeiten.
5 rechnen.
6 logisch denken.
7 mit Menschen umgehen.
8 mit anderen zusammenarbeiten.
9 mich körperlich anstrengen.

- Beobachte dein Verhalten in Schule und Freizeit: Welche Interessen und Abneigungen hast du? Welche Fähigkeiten hast du? Was kannst du nicht besonders gut?
  Die Resultate deiner Selbsterkundung kannst du in einer Auswertung umsetzen. Das Beispiel in der Randspalte zeigt dir, wie du dein Profil entwickeln kannst. Fallen dir noch mehr Beobachtungspunkte ein? Ergänze.

- Befrage deine Eltern und Freunde über deine besonderen Fähigkeiten, Abneigungen und Interessen. Der Fragebogen unten kann dir dabei helfen:

Persönliche Bewertung von ______ :

Deine Fähigkeiten:
- ______
- ______
- ______

Deine Abneigungen:
- ______
- ______
- ______

Deine Interessen sind ______
______

Im Umgang mit Menschen bist du *sehr gut/gut/nicht so gut,*
weil ______

- Du hast schon bemerkt, dass bei der Berufswahl unterschiedliche Erwartungen und Ansprüche von außen Einfluss auf dich ausüben. Umkreise die Faktoren mit Hilfe der Folientechnik farbig, von denen du meinst, dass sie dich sehr beeinflussen.

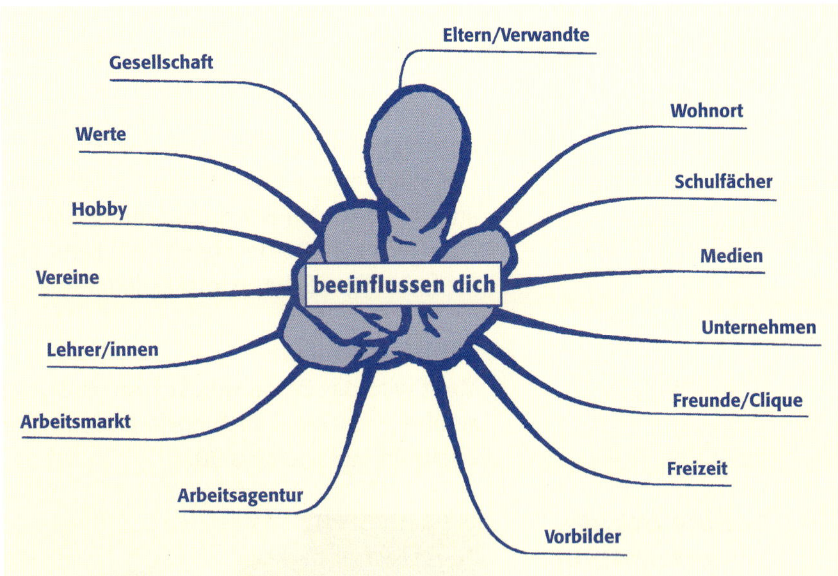

- Es ist wichtig, dass du dich mit den unterschiedlichen Einflüssen gründlich auseinandersetzt. Vielleicht geben sie dir mehr Hinweise auf deine Interessen und Fähigkeiten. Beantworte die Fragen und fasse die Ergebnisse zusammen. Fallen dir noch weitere Fragen ein?

Gesellschaft – Vorbilder – Werte:
- Wofür lohnt es sich zu arbeiten?
- Welche Ziele möchtest du in deinem Leben erreichen?
- Wann ist jemand Vorbild für dich?
- Welches konkrete berufliche Vorbild hast du und warum?
- …

Wohnort – Arbeitsmarkt
- Warum möchtest du an deinem Wohnort arbeiten?
- Kannst du dir vorstellen, im Ausland zu arbeiten?
- Wie groß sind die Chancen auf eine Lehrstelle in deiner Region?
- Kommt ein Umzug in Frage?
- …

Unternehmen – Arbeitsagentur
- Über welchen Beruf hast du dich im BIZ (Berufsinformationszentrum) informiert?
- In welchen Berufen hast du ein Praktikum gemacht?
- Welche Kontakte hast du schon durch einen Ferienjob geknüpft?
- …

Es gibt viele Möglichkeiten

- **Informationsmaterialien**
  Interessante, gut geschriebene und verständliche Informationen enthält z. B. die Zeitschrift „Was werden?", die regelmäßig von der Agentur für Arbeit herausgegeben wird. Fordert diese Broschüre unter www.was-werden.de an. Einen Artikel aus dieser Zeitschrift und eine Möglichkeit, Informationen zu Berufen auf Karteikarten festzuhalten, findet ihr auf S. 85/86. – Auch im Internet könnt ihr euch informieren z. B. unter www.arbeitsagentur.de

- **Berufserkundung, Schnupperpraktikum**
  Um einen ersten Einblick in die Arbeitswelt zu gewinnen, werden an vielen Schulen Berufserkundungstage durchgeführt. Zusätzlich zum Betriebspraktikum kann man in den Ferien auch ein freiwilliges Schnupperpraktikum machen.

- **Betriebspraktikum**
  Meist wird das Betriebspraktikum im 8. Jahrgang vorbereitet und durchgeführt, manchmal auch noch in Klasse 9. Wie ihr euch bewerben müsst, erfahrt ihr auf S. 87 bis 90.

Eine Berufserkundung vorbereiten

Für die Schülerinnen und Schüler der 8M finden bald Berufserkundungstage statt. In der Pause unterhalten sich Silvia, Benjamin und Christian darüber:

Silvia: Benni, wohin gehst du eigentlich während der Berufserkundungstage?
Benjamin: Ich sehe mir den Beruf des Informationselektronikers an, mein Traumjob. Vielleicht bekomme ich ein paar Basteltipps. Und du?
Silvia: Ich gehe zu Hendker. Der Beruf des Mechatronikers interessiert mich. Der Betrieb ist echt gut. Ich habe ihn angesehen und mich vorgestellt.
Christian: Als Mädchen in so einem Beruf? Ganz schön mutig.
Benjamin: Willst du das auch mal werden?
Silvia: Das ist doch jetzt noch gar nicht entscheidend! Ich will erst einmal sehen, wie der Berufsalltag aussieht und ob mir solche Arbeit überhaupt Spaß macht. Ich werde das einfach mal ausprobieren, ohne mich gleich festzulegen.

Christian: Klar, im Betrieb bekommt man mehr mit, als wenn man nur darüber etwas hört und liest. Ich gehe in die Tischlerei meines Vaters. Ich arbeite gerne mit Holz und vielleicht darf ich sogar etwas selber machen. Obwohl ich an die großen Maschinen bestimmt nicht darf.

Benjamin: Ich denke, dass ich noch nicht viel machen darf. Aber ich werde die Leute beobachten und Fragen stellen.

Silvia: Genau! Ich nehme auch meine Kamera mit, dann habe ich später für meinen Bericht etwas zum Einkleben.

Benjamin: Darfst du das denn?

Silvia: Den Chef hab ich schon gefragt. „Na klar!", hat er gesagt. Wenn ich mich bedanke, schenke ich ihm eine Karte mit einem Foto.

Christian: Typisch Mädchen!

Silvia: Tu doch nicht so! Es ist echt prima, dass wir in den Betrieben sein dürfen, und vielleicht möchte ich später dort eine Ausbildung anfangen.

Christian: Wie seid ihr überhaupt auf die Berufe gekommen? Bei mir ist es ja klar, aber bei euch?

Benjamin: Ich hab mich erkundigt, was für Betriebe es hier in der Umgebung gibt und was mich davon interessieren könnte.

Silvia: Und ich hab in der Zeitung einen interessanten Bericht über neue Berufe gelesen. Da habe ich Lust bekommen.

1 Nach welchen Überlegungen wählen Benjamin, Christian und Silvia ihre Betriebe aus? Welche Erfahrungen wollen sie dort sammeln?

2 Warum ist es so wichtig, wie Silvia einfach etwas auszuprobieren?

3 Die drei Schüler tauschen wichtige Tipps aus. Unterstreicht auf Folie,
- was Silvia vor der Berufserkundung gemacht hat.
- was Benjamin, Christian und Silvia sich für die Berufserkundung vorgenommen haben.
- was Silvia nach der Berufserkundung geplant hat.

4 Ergänzt die Tipps mit eigenen Ideen.

5 Sammelt diese Tipps auf Plakaten. Bei der Planung eurer Berufserkundung habt ihr so eine Checkliste für die Vorbereitung.

Vor der Berufserkundung:
- Eltern, Freunde und Bekannte nach interessanten Berufen befragen
- sich aus Zeitungen und Infoblättern informieren
- ... Fotos ...
- ...

Während der Berufserkundung:
- die Arbeit genau beobachten
- ... befragen ...
- ... Fotos ...
- ...

Nach der Berufserkundung:
- einen kleinen Bericht anfertigen (Plakat/Mappe)
- ... bedanken ...
- ...

ist - isst
man - Mann
viel - fiel
...

→ Gleich klingende Wörter unterscheiden Seite 214

Einen Betrieb finden

- Schlage im Branchenfernsprechbuch „Gelbe Seiten" nach, welche Firmen für eine Berufserkundung, ein Schnupperpraktikum oder ein Betriebspraktikum interessant sein könnten.
- Frage Eltern, Freunde und Bekannte nach geeigneten Betrieben.
- Achte auf Werbeanzeigen in der Tageszeitung. Sie machen auf Unternehmen und ihre Besonderheiten aufmerksam.
- Oft bieten Betriebe auch Praktikumsstellen in Werbeblättern an. Geschäfte schreiben Praktikumsstellen im Schaufenster aus. Auch im Internet finden sich Angebote für Praktika von Firmen in deinem Ort. Prüfe deine Umgebung nach passenden Unternehmen.

Telefonieren

Am besten rufst du bei Betrieben an, die du dir herausgesucht hast . Bereite vor dem Gespräch einen Notizzettel vor, damit du nichts Wichtiges vergisst. Knicke dazu einen Zettel in der Mitte. Links schreibst du deine Fragen auf. Wichtige Informationen kannst du während des Gesprächs rechts notieren.

1 Es hilft euch, solche Telefongespräche in der Klasse zu proben:
- Ihr braucht einen Gesprächspartner, der etwas vom Berufsleben versteht: Lehrer/in, Hausmeister/in, Eltern …
- Jeder überlegt sich, mit welchem Betrieb er telefonieren will, und bereitet einen passenden Stichwortzettel vor.
- Sammelt Formulierungen, die ihr im Gespräch verwenden könnt.
- Plant Schwierigkeiten ein, mit denen ihr zurechtkommen müsst: falsch verbunden; gewünschter Gesprächspartner hat Urlaub, hat augenblicklich keine Zeit, hat schlechte Laune; es gibt gar keine Praktikumplätze …
- Die anderen beobachten den Verlauf des Gesprächs, machen sich Notizen und geben hinterher Tipps, was man besser machen kann.

- Name der Firma, Telefonnummer notieren
- eigenen Namen nennen
- mit Personalabteilung verbinden lassen
- sich kurz vorstellen
- Praktikum vom … bis … möglich?
- persönlich vorstellen?
- schriftliche Bewerbung nötig?

- Guten Tag. Mein Name ist …
- Ich möchte mich um einen Praktikumsplatz bewerben. Könnten Sie mich bitte mit der Personalabteilung verbinden?

- Guten Tag, Herr/Frau …
- Mein Name ist …
- Ich möchte mich zum … um einen Praktikumsplatz als … bei Ihnen bewerben.

Bei einer positiven Antwort:
- Ich gehe in die 8. Klasse der … Schule.
- Ich interessiere mich …
- Kann ich mich einmal persönlich bei Ihnen vorstellen?
- Brauchen Sie von mir eine schriftliche Bewerbung?
- …

Bei einer negativen Antwort:
- Vielen Dank für die Auskunft.
- Auf Wiederhören, Herr/Frau …

TIPP!
Wie man höflich telefoniert, kannst du in der Werkstatt Sprache auf Seite 249 nachlesen.

Ein Arbeitstag im Industriepark

Während des Berufserkundungstages am 25. Juni begleitete ich Herrn Bode, eine Fachkraft für Schutz und Sicherheit.

Fahrzeugkontrolle: Kofferraumdurchsuchung, z. B. auf Alkohol

Verkehrsdienst: Geschwindigkeitskontrolle auf dem Werksgelände

Ermittlungsarbeit: Spurensicherung nach einem Unfall

Büroarbeit: Protokoll schreiben

Mein Arbeitstag in Begleitung von Herrn Bode:

7.00	Arbeitsbeginn, Begrüßung
7.10	Kontrolle der eintreffenden Fahrzeuge
9.00	Frühstückspause
9.15	Kontrolle der Ausfahrt des Industrieparks
11.00	Meldungen schreiben
11.30	Mittagspause
12.15	Verkehrsdienst
13.30	Einsatz im Ermittlungsdienst
15.30	Protokoll schreiben
16.30	Feierabend

Was ich über den Beruf erfahren und gelesen habe:

Seit Herbst 2002 ist eine Ausbildung als Fachkraft für Schutz und Sicherheit möglich.
Man übernimmt **Aufgaben**
- bei der Planung und Überwachung von Sicherheits- und Schutzeinrichtungen (z. B. Brandschutz)
- bei Geld-, Wert- und Sicherheitstransporten
- bei großen Sportveranstaltungen und Konzerten (Einlasskontrolle, Absicherung, Auskunft geben)
- beim Personenschutz (Bodyguard)

Arbeitgeber sind
- Sicherheitsdienste und Werkschutz
- Geld- und Werttransportbetriebe

Ausbildungsdauer: 3 Jahre

Insgesamt hat mir der Erkundungstag im Industriepark gut gefallen. Gut finde ich, dass man als Fachkraft für Schutz und Sicherheit viel mit Menschen zu tun hat. Auch Verantwortung muss man übernehmen. Dabei fühlt man sich wirklich gebraucht.
Nachteilig ist, dass man oft auch Schicht- und Wochenenddienst hat. Aber dafür hat man dann freie Zeit, wenn andere arbeiten müssen.

Ingo

TIPP!
Wie du ein Tagesprotokoll schreiben kannst, findest du in der Werkstatt Schreiben auf Seite 190 und 191.

Ingos Tagesprotokoll auf dem Plakat fanden seine Mitschülerinnen und Mitschüler sehr interessant, weil kaum jemand etwas über diese Tätigkeit wusste. Deshalb schlugen sie vor, den Beruf auch in der Schülerzeitung vorzustellen. Mit Ingos Informationen kannst du zunächst ein ausführlicheres Tagesprotokoll als Vorlage für einen Erkundungsbericht in der Schülerzeitung schreiben:

1 Unterstreiche auf Folie (jeweils in einer anderen Farbe) Ingos Angaben
- zum Beruf,
- zu seinen Tätigkeiten am Tag,
- zu seinen Eindrücken.

Was?
Wann?
Wie lange?
Wo?
Womit?
Wie?
Wer? …

2 Formuliere zu wichtigen Informationen W-Fragen und schreibe die Antworten in deinen Worten auf:

Welchen Beruf hat sich Ingo angesehen?
Ingo beobachtete die Arbeit einer Fachkraft für …

3 Lege fest, worüber du berichten willst. Notiere einzelne Informationen auf einem Stichwortzettel.

4 Schreibe jetzt deinen Erkundungsbericht für die Schülerzeitung und wähle dazu ein Bild von dem Infoplakat aus.

So kannst du beginnen:

Am 25. Juni hat unsere Klasse, die 8M, einen Berufserkundungstag durchgeführt. Alle Schülerinnen und Schüler beobachteten unterschiedliche Berufe. Manche durften sogar selbst mit anpacken.

Ich habe einen neuen Beruf kennen gelernt. Seit Herbst …
Beim Rundgang durch …
Anschließend …
Zum Schluss …
Insgesamt …

TIPP!
Ein Erkundungsbericht für die Schülerzeitung ist einem Wochenbericht sehr ähnlich. Näheres findest du auf Seite 193 in der Werkstatt Schreiben.

5 Schreibe eine Textlupe (siehe S. 204) mit den wichtigen Merkmalen eines Wochenberichts (siehe S. 193). Bewerte selbstständig deinen Erkundungsbericht.

1 Bevor du den folgenden Berufsreport liest, überlege dir, was dich an dem Beruf und der Ausbildung interessieren könnte. Schreibe drei wichtige Fragen auf.

2 Markiere beim Lesen Textstellen, die auf deine Fragen antworten (Folientechnik), oder schreibe diese Informationen heraus.

Metallbauer/in – Fachrichtung Metallgestaltung

Kreativität* mit dem Hammer

„Dieses Tor gibt's nur einmal, das finden Sie in keinem Katalog", sagt Gunnar Gransche, angehender Metallbauer mit der Fachrichtung Metallgestaltung, stolz. Hoftore und Zäune, Balkon- und Treppengeländer bauen und restaurieren* – damit beschäftigt sich der Metallbetrieb, in dem Gunnar seinen Beruf erlernt.

In Gunnars Beruf wird viel Kreativität erwartet. Etwa dann, wenn ein Treppengeländer nicht nur der Sicherheit beim Treppensteigen dienen, sondern auch ein Schmuckstück sein soll. Dann muss Gunnar zeigen, dass er Metall gestalten kann – so, wie Töpfer Ton oder Schnitzer Holz gestalten.

Zunächst einmal gilt es, beim Kunden das Aufmaß zu nehmen. Das heißt nicht nur zu messen. Vor Ort muss ebenfalls geprüft werden, wie die Wand beschaffen ist, an der das Geländer befestigt werden soll. Damit das neue Geländer nicht wie ein Fremdkörper wirkt, müssen auch Baustil und Einrichtung berücksichtigt werden. Und natürlich die Vorstellungen des jeweiligen Kunden. „Mit Kunden umzugehen kann auch heißen, einem Laien freundlich klarzumachen, dass sein Wunsch nach einem niedrigen Treppengeländer unerfüllt bleiben muss, weil die Bauordnung nun mal eine Mindesthöhe vorschreibt", schildert Meister Volker Scheib.

Aus Maßen, Kundenwünschen, gesetzlichen Vorgaben und mit Hilfe eigener Ideen fertigt Gunnar eine Skizze an, die bereits genaue Maßangaben enthält. „Mein Meister sagt mir immer, dass ich schon beim Zeichnen in Gedanken schmieden soll. Das bedeutet: Ich soll schon beim Entwurf daran denken, ob man ein solches Teil überhaupt herstellen kann und welche Arbeitsschritte nötig sind." Gunnar ist meist in der Schmiedewerkstatt anzutreffen – wenn er am Schmiedeofen Stahlstangen erhitzt, um sie mit dem maschinellen Presslufthammer oder mit dem Schmiedehammer zu formen. „Einerseits mache ich eine Arbeit, die körperlich anstrengend ist. Andererseits kann ich mit jedem Schlag meine eigenen Ideen umsetzen. Dazu muss ich mit dem Hammer so feinfühlig umgehen können wie ein Maler mit seinem Pinsel."

Claudia sammelt Informationen interessanter Berufe auf DIN-A-5-Karteikarten, um eine Vorauswahl für eine Betriebserkundung oder ein Praktikum und vielleicht sogar für ihren Beruf zu haben. Auch der Beruf einer Metallbauerin – Fachrichtung Metallgestaltung – interessiert sie.
Auf der Vorderseite der Karte notiert sie den Beruf. Außerdem sammelt sie hier Adressen von Ausbildungsfirmen. Die Rückseite enthält wichtige Informationen zur Ausbildung und zu den Tätigkeiten und Anforderungen des Berufes.

Beruf: Metallbauerin – Fachrichtung: Metallgestaltung

Ausbildungsbetriebe:

1. E. Becker
   Hauptstr. 5
   96536 Schönberg

2. …

Ausbildungsdauer: 3 Jahre
Tätigkeiten: bauen, restaurieren, messen, prüfen …
Besondere Anforderungen:
Ideen haben, Zusammenhänge erkennen,
Arbeitsschritte planen,
manchmal körperlich anstrengend,
Verantwortung tragen
Infos:
Internet: www.machs-richtig.de,
www.arbeitsagentur.de

TIPP!
Du kannst auch ein DIN-A-4-Blatt zur Hälfte falten. Die Außenseiten benutzt du dann wie eine Karteikarte. Den Innenraum klebst du zusammen, dann erhält das Blatt mehr Stabilität.

3 Unterstreiche die Informationen im Text (Folientechnik), die Claudia auf ihre Karteikarte übernommen hat, und prüfe nach, ob sie wichtige Angaben übersehen hat.

4 Welche Informationen würdest du außerdem auf deiner Karteikarte festhalten?

5 Informiere dich bei Eltern, Bekannten oder Freunden nach ihren Berufen. Wähle den Beruf aus, der dich am meisten interessiert, und lege eine Karteikarte an.

Das könnt ihr gemeinsam machen

Legt für die Klasse einen Karteikasten an, für den alle Schülerinnen und Schüler einige Karten anfertigen, auf denen sie Berufe kurz vorstellen. Die Karten sollen sauber und gut lesbar beschriftet sein. Eine Schülerin oder ein Schüler erhält den Auftrag, den Kasten (z. B. einen Schuhkarton) zu führen und auf das Ordnungssystem zu achten, z. B. alphabetische Reihenfolge der Berufe.

TIPP!
Versicherungen, Banken und andere Institutionen geben oft kostenlos Informationsblätter zur Bewerbung heraus. Sie enthalten immer Musterbriefe zur Bewerbung.

Manche Firmen wünschen eine schriftliche Bewerbung für einen Praktikumsplatz. Das Bewerbungsschreiben für ein Praktikum sieht ähnlich aus wie das für einen Ausbildungsplatz. Diese Schreiben umfassen folgende Inhalte: Bewerbungsmappe und Kuvert, Deckblatt mit Foto, individuelles Anschreiben, tabellarischer Lebenslauf, Zeugnisse und Bescheinigungen.

Alexander hat sich im Schreibwarenladen eine Klemmmappe und ein passendes Kuvert für seine Bewerbungsunterlagen besorgt. Achte auch du bei deiner Bewerbung darauf, dass du eine richtige Versandtasche für deine Mappe findest. Schreibe korrekt und sauber die Anschrift und den Absender auf das Kuvert. Wenn du einen Ansprechpartner hast, gib auch seinen Namen in der Anschrift an. Alexanders Kuvert sieht so aus:

Alexander Müller
Brunnenstr. 12

96537 Schönberg

Tischlerei Lange
Herrn Michael Lange
Hans-Bosch-Str. 3

96534 Schönberg

Deckblatt

Das Deckblatt mit deinem Foto ist die erste Seite deiner Bewerbungsmappe. Ohne Deckblatt sind Mappen heute nicht mehr aktuell.

Bewerbung für einen Praktikumsplatz als Tischler

Schönberg, 12. April 20…

Alexander Müller
Brunnenstraße 12
96537 Schönberg
Tel.: 0888/9999

E-Mail: mueller@mail.de

Das Foto
Für den ersten Eindruck ist ein gutes Bewerbungsfoto ein Muss. Verwende kein Foto mit Bade- oder Sportkleidung aus dem Passbildautomaten. Wähle ein gutes Fotostudio und teile dem Fotografen mit, dass du das Bild für eine Bewerbung brauchst.

Das Deckblatt
Es sollte folgende Angaben enthalten:
- Bewerbung für … als …
- dein aufgeklebtes Foto
- Ort und Datum
- deine Kontaktdaten (Vor- und Nachname, Adresse, Telefonnummer, E-Mail-Adresse)

Individuelles Anschreiben

Das individuelle Anschreiben ist der Begleitbrief für deine Bewerbungsmappe. Auch dieser Brief ist nach einem Muster aufgebaut. Alexander hat sich einen Musterbrief im Internet besorgt und danach seine Bewerbung geschrieben.

Die Punkte zwischen den Zeilen geben an, wie viele Zeilen man frei lassen sollte, damit der Brief übersichtlich gegliedert ist und die ganze Seite ausfüllt.

•
•
•
(1) Alexander Müller | (2) 12. April 20…
Brunnenstr. 12
96537 Schönberg
Tel. 0888/9999
•
•
•
•
(3) Tischlerei Lange
Herrn Michael Lange
Hans-Bosch-Str. 3
•
96534 Schönberg
•
•
•
•
(4) Bewerbung um eine Praktikumsstelle als Tischler
•
•
(5) Sehr geehrter Herr Lange,
•
von meiner Klassenlehrerin weiß ich, dass Sie Praktikumsplätze zur Verfügung stellen. Hiermit möchte ich mich um eine Praktikumsstelle in Ihrer Tischlerei bewerben.
•
(6) Das Praktikum wird von unserer Schule im kommenden Schuljahr in der Zeit vom 08.09. bis 27.09. durchgeführt.
•
(7) Ich besuche die Erich-Kästner-Schule in Schönberg und gehe in die 8. Klasse. Mir macht das Basteln mit Holz viel Spaß und deshalb möchte ich über die Arbeitswelt des Tischlers mehr erfahren.
•
Können Sie mir meinen Wunsch erfüllen?
•
(8) Mit freundlichem Gruß

(9) Alexander Müller
•
(10) Anlagen
– Lebenslauf
– Zwischenzeugnis 8. Klasse

MERKE

Checkliste: Bewerbungsschreiben

Gib an:
1. Vor- und Nachname, Anschrift und Telefonnummer,
2. Datum,
3. vollständige Anschrift der Firma,
4. Grund des Schreibens in Kurzform.

Formuliere:
5. eine persönliche Anrede oder „Sehr geehrte Damen und Herren“,
   einen Einleitungssatz und dein Anliegen,
6. wann das Praktikum geplant ist,
7. welche Schule und Klasse du besuchst und warum du dich für ein Praktikum interessierst.

Schließe ab mit:
8. einer Grußformel,
9. deiner Unterschrift,
10. Anlagen.

1 Lest Alexanders Bewerbungsschreiben durch und überlegt:
- Welche Bedeutung haben die einzelnen Angaben aus der Checkliste für den Empfänger?
- Welcher Punkt des Bewerbungsschreibens macht Alexanders Interesse an dem Betrieb besonders deutlich?

2 Für eure Telefongespräche habt ihr Notizzettel mit wichtigen Informationen für die Bewerbung um einen Schnuppertag oder ein Praktikum angelegt (Name der Firma, Zeitpunkt des Praktikums …).
Auf dieser Grundlage kannst du eine schriftliche Bewerbung verfassen.
Die Checkliste gibt dir Hinweise für den Aufbau des Briefes.

TIPP!
- *Achte auf eine saubere und ordentliche Form.*
- *Dein Brief sollte auch keine Tipp- oder Rechtschreibfehler enthalten!*

Beachte außerdem die folgenden Hinweise:
- Schreibe auf weißem, unliniertem DIN-A-4-Papier.
- Das Blatt darf weder Flecken noch Knickstellen haben.
- Das Blatt darf nicht gelocht sein.
- Lasse links, rechts, oben und unten einen 2,5 cm breiten Rand.
- Beschreibe das Papier nur einseitig.
- Schreibe immer linksbündig, auch deine Unterschrift.
- Mache nach Sinnabschnitten einen Absatz (eine Zeile frei lassen).
- Du kannst mit dem Computer oder mit der Hand schreiben.
- Verteile die einzelnen Angaben und den Brieftext so, dass die ganze Seite gestaltet ist.

Denke daran: Das Bewerbungsschreiben ist deine erste „Arbeitsprobe“. Mit ihm kannst du den bestmöglichen Eindruck machen. Gelingt das, werden deine Unterlagen gelesen und deine Chancen steigen.

Tabellarischer Lebenslauf

Zu einer Bewerbung gehört auch ein Lebenslauf. Meist reicht eine tabellarische Auflistung wichtiger Lebensdaten aus. Der (tabellarische) Lebenslauf soll vor allem deine bisherige Schulausbildung zeigen:

Lebenslauf

Name:	Alexander Müller
Adresse:	Brunnenstr.12 96537 Schönberg Tel.: 0888/9999
Geburtsjahr und -ort:	17.06.19.. in Schönberg
Eltern:	Otto Müller, Schlosser Karin Müller, Hausfrau
Schulbesuch:	01.08.19..–15.06.20.. Brüder-Grimm-Grundschule Schönberg, jetzt 8. Klasse Erich-Kästner-Schule Schönberg
Fremdsprache:	Englisch
Hobby:	Schiffsmodelle bauen

Weinberg, 12. April 20..

Alexander Müller

TIPP!
Beachte auch hier die Rechtschreibung, passende Schrift und saubere Form.

1 Schreibe deinen eigenen Lebenslauf wie Alexander in tabellarischer Form:
- Verwende ein unliniertes Blatt.
- Lasse einen Rand.
- Schreibe in beiden Spalten jeweils linksbündig.
- Teile die Seite so ein, dass der Text die ganze Seite ausfüllt.
- Vergiss nicht deine Unterschrift!

Eine Zeitung wird „gemacht"

Fernsehen, Internet, Rundfunk und eine Vielzahl von Zeitungen und Zeitschriften – jeder von euch hat sicher schon Erfahrungen mit diesen Medien gemacht. In diesem Kapitel geht es um das klassische Informationsmedium: die Zeitung. Ihr erfahrt, wie Informationen präsentiert werden und welche Absichten damit verbunden sind. Ihr lernt den Aufbau einer Titelseite kennen und erfahrt, wo die Nachrichten überhaupt herkommen. Außerdem geht es um die Bedeutung von Schlagzeilen und Fotos bei der Übermittlung von Nachrichten.
Im zweiten Teil seid ihr selbst Redakteure und plant eure eigene Klassenzeitung in Form eines Projekts. Ihr bekommt viele Tipps und Anregungen, wie ihr eine Klassenzeitung erstellen könnt.

Zum Thema „Zeitung“ könnt ihr viele interessante Dinge tun. Einiges geht ohne großen Aufwand, anderes muss vorbereitet und mit einem gewissen Vorlauf geplant werden. Am besten lest ihr euch die folgenden Ideen erst einmal durch und entscheidet euch, was ihr tun wollt. Vielleicht habt ihr auch noch ganz andere Ideen für euer Zeitungsprojekt …

- **Zeitungsverlage anschreiben und um Freiexemplare bitten**
  Zeitungsverlage sind in der Regel gern bereit, Schulklassen für einen gewissen Zeitraum Freiexemplare zur Verfügung zu stellen.

- **Zeitungskolumnen* kennen lernen**
  Schneidet Zeitungskolumnen (Politik, Wirtschaft, Sport …) aus, klebt sie auf Tapete oder einem großen Bogen Papier auf und heftet Artikel, die euch interessieren und dazu passen, darunter.

- **Ein Thema verfolgen**
  Verfolgt ein aktuelles Thema in einer oder verschiedenen Tageszeitungen über mehrere Tage.
  - Schneidet die Schlagzeilen aus und klebt sie Tag für Tag untereinander. Vergleicht die Darstellung des Themas.
  - Ihr könnt natürlich auch die ganzen Berichte aufkleben und vergleichen.

- **Zeitungen aus anderen Ländern kennen lernen**
  Bestimmt sind in eurer Klasse Mitschüler, die aus anderen Ländern kommen. Oft lesen ihre Familien weiterhin Zeitungen aus ihrer Heimat. Eure ausländischen Mitschüler können
  - Nachrichten aus diesen Zeitungen in ihrer Muttersprache vorlesen und übersetzen;
  - einige interessante Nachrichten aus dem Land, in dem die Zeitung erscheint, vorstellen.

  Alle gemeinsam könnt ihr deutsche und ausländische Zeitungen vom selben Tag vergleichen:
  - Was sind die wichtigsten Nachrichten auf der Titelseite?
  - Wie wird über die gleichen Ereignisse berichtet?

- **Nachrichten des Tages**
  Sucht die interessantesten Zeitungsartikel heraus und lest sie euch vor Unterrichtsbeginn vor. Tauscht eure Meinung dazu kurz aus.

- **Gute Nachrichten, schlechte Nachrichten**
  Markiert auf der Titelseite und/oder im Innenteil der Zeitung „gute“ Nachrichten, die von positiven Ereignissen berichten, und „schlechte“ Nachrichten, die von Unfällen, Katastrophen und sonstigen negativen Ereignissen berichten. Zählt ihre Anzahl aus und sprecht darüber, wieso das Verhältnis so sein könnte.

- **Einen Redakteur oder einen Zeitungsverlag besuchen**
  Wenn ihr noch mehr über den Beruf des Journalisten oder den Entstehungsprozess einer Zeitung erfahren wollt, dann nehmt Kontakt mit einer Zeitungsredaktion bzw. -verlag in eurer Nähe auf und vereinbart einen Besuchstermin.

Dachzeile – Aufregung um einen Aal:

Schlagzeile – **„Aalfred" darf bleiben**

Unterzeile – Tierschützer gegen Tierhaltung in Badewanne

Quellenangabe – **Augsburg** (Eigener Bericht).

Vorspann – **Ein Aal namens „Aalfred" lebt seit über 30 Jahren in der Badewanne einer Augsburger Familie. Nun sind Tierschützer aktiv geworden und fordern Freiheit für den Flussaal.**

Nachrichtenkörper – Vor 33 Jahren hatte Paul Richter den Aal aus dem Lech-Kanal gefischt und ihn als Festschmaus mit nach Hause gebracht. Aus Mitleid wurde das Tier nicht geschlachtet.

So entschloss man sich, dem Aal ein Zuhause zu geben – in Form der häuslichen Badewanne. Seitdem wurde das Tier artgerecht gefüttert und es wurde auf die richtige Wassertemperatur geachtet.

Nach dem Bekanntwerden dieser Geschichte forderten Tierschützer die Freilassung des Tieres wegen angeblicher Tierquälerei. Mittlerweile hat das Ordnungsamt Augsburg Familie Richter die Erlaubnis erteilt, den Aal weiterhin zu behalten – unter einer Bedingung: Der Aal erhält ein Rohr, in das er sich zurückziehen kann.

So sind Berichte aufgebaut:

Wichtigste Information
↓
Weitere aufschlussreiche Informationen
↓
Nebensächliche Details

MERKE

Nachrichten werden je nach ihrer Länge unterschieden. Bei der Langform spricht man von einem **Bericht,** bei der Kurzform von einer **Meldung.**
Eine **Nachricht** zu einem Ereignis soll die Leserinnen und Leser informieren und dabei auf die W-Fragen antworten: Was ist geschehen? Wann und wo hat es sich zugetragen? Wer war daran beteiligt? Wie und warum ist es geschehen?
Außerdem wird von einer Nachricht erwartet, dass sie wahr ist, dass ihre Quelle genannt wird (eigener Bericht oder die Nachrichtenagentur, z. B. dpa, rtr, sid), dass sie sachlich abgefasst ist und keine Meinung des Verfassers enthält.
In der äußeren Form und im Aufbau ähneln sich die meisten Zeitungsberichte. Typische Merkmale sind Schlagzeile, (manchmal) Dachzeile, Unterzeile, Vorspann (engl. *lead*), der kurz das Wichtigste nennt, und Nachrichtenkörper (engl. *body*).

Nachricht
- W-Fragen
- Quellenangabe
- wahr
- sachlich
- keine Meinung des Verfassers
- Kurzform = Meldung
- Langform = Bericht

1 Überprüft, ob der Bericht über den Aal „Aalfred" die W-Fragen beantwortet. Markiert die entsprechenden Textstellen mit Folienstift auf Folie und schreibt anschließend Fragen und Antworten auf.

2 Begründet, weshalb ein Leser, der sich über das Wichtigste eines Ereignisses informieren will, nicht den ganzen Bericht durchlesen muss.

Aalfred von der Wanne

Seit 33 Jahren lebt der Aal bei Familie Richter
Langsam schlängelt sich „Aalfred“, der Flussaal, in den Eimer. Das Ritual kennt er schon: Für kurze Zeit muss er sein Domizil*, die Badewanne der Familie Richter, verlassen. Nämlich immer dann, wenn seine „Mitbewohner“ sie selbst benutzen wollen. Das geht nun schon seit 33 Jahren so.

„Ich mag Aale“, sagt Paul Richter und lacht, „am liebsten geräuchert!“ Nur sein „Aalfred“, der gehört einfach nicht auf den Teller. Die Freundschaft zwischen ihm und dem Aal begann im Jahr 1969. Damals zog Paul Richter den Aal aus dem [...] Kanal – für den Festschmaus am Abend, so dachte er. Die Rechnung hatte er aber ohne seine Kinder gemacht, die die Schlachtung des Tieres verhinderten.

Der „adelige Aal“ [...]

Der Aal fand Platz in der Badewanne, bekam einen „adeligen“ Namen – „Aalfred von der Wanne“ – und regelmäßig rote Mückenlarven und Maden. „Andere Sachen rührt er nicht an“, erklärt Hannelore Richter, die die tägliche Fütterung übernommen hat. Und so kam es, dass Aalfred der Aal seit 33 Jahren aus dem Haushalt der Familie Richter nicht mehr wegzudenken ist. „Man hat sich an ihn gewöhnt“, meint Paul Richter mit einem fast liebevollen Blick in die Wanne. „Er macht keinen Krach und bellt nicht.“

Freunde bis in die Ewigkeit

Die Richters sind eine tierliebe Familie: Jede Menge Haustiere wurden schon angeschafft, aber noch keins geschlachtet. Und schon gar nicht ausgesetzt. „Das geht doch gar nicht“, entrüstet sich Hannelore Richter, „der hat sich doch an uns gewöhnt.“ [...]
Und so kann es sein, dass der Aal „Aalfred“ neben Hund und Papagei noch lange die Hausgemeinschaft Richter mit seiner Anwesenheit erfreut – immerhin ist der älteste Aal, über den Buch geführt worden ist, 88 Jahre alt geworden.

Aalfreds neue Behausung: ein Rohr, in das er sich zurückziehen kann.

Aalfred und seine Familie

Reportage
- lebendiger Bericht
- Reporter beim Geschehen
- Beteiligte kommen zu Wort
- Interessante Informationen sind über den gesamten Text „verstreut“.

1 Lest die Reportage über „Aalfred von der Wanne“ laut vor. Was fällt euch im Vergleich zu dem ersten Bericht über Aalfred (S. 93) auf?

2 Versucht die Unterschiede zwischen Bericht und Reportage zu benennen.

3 Was will der Reporter damit erreichen, wenn er wichtige Informationen über den gesamten Text „verstreut“?

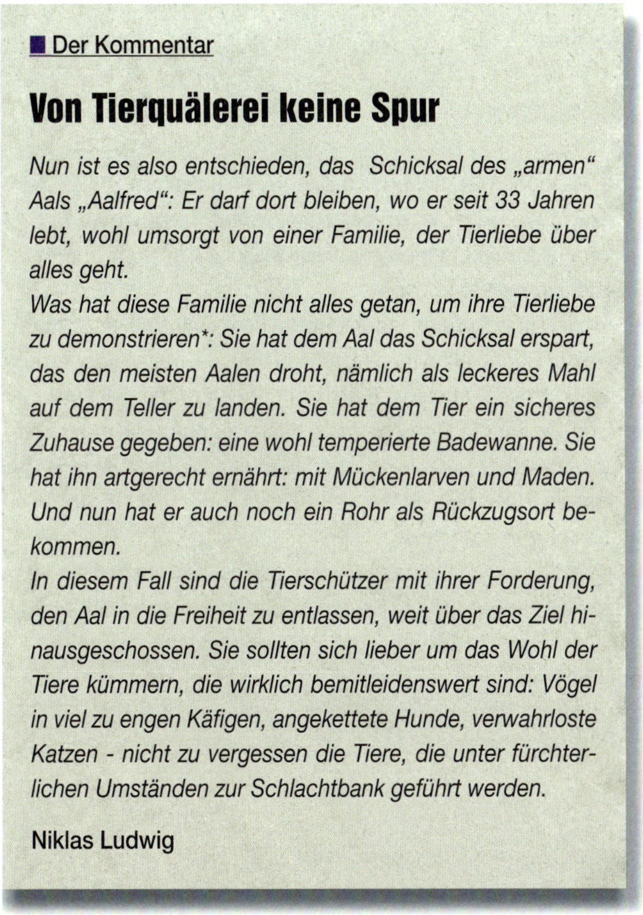

■ Der Kommentar

Von Tierquälerei keine Spur

Nun ist es also entschieden, das Schicksal des „armen" Aals „Aalfred": Er darf dort bleiben, wo er seit 33 Jahren lebt, wohl umsorgt von einer Familie, der Tierliebe über alles geht.

Was hat diese Familie nicht alles getan, um ihre Tierliebe zu demonstrieren: Sie hat dem Aal das Schicksal erspart, das den meisten Aalen droht, nämlich als leckeres Mahl auf dem Teller zu landen. Sie hat dem Tier ein sicheres Zuhause gegeben: eine wohl temperierte Badewanne. Sie hat ihn artgerecht ernährt: mit Mückenlarven und Maden. Und nun hat er auch noch ein Rohr als Rückzugsort bekommen.*

In diesem Fall sind die Tierschützer mit ihrer Forderung, den Aal in die Freiheit zu entlassen, weit über das Ziel hinausgeschossen. Sie sollten sich lieber um das Wohl der Tiere kümmern, die wirklich bemitleidenswert sind: Vögel in viel zu engen Käfigen, angekettete Hunde, verwahrloste Katzen - nicht zu vergessen die Tiere, die unter fürchterlichen Umständen zur Schlachtbank geführt werden.

Niklas Ludwig

1 Überlegt miteinander, welcher entscheidende Unterschied zwischen dem Bericht und der Reportage über Aalfred (S. 93/94) und dem Kommentar auf dieser Seite besteht.

2 Welche Meinung vertritt der Verfasser des Kommentars? Welche Gründe führt er an? Markiere Meinung und Begründung im Text (Folientechnik) oder schreibe sie heraus.

MERKE

Der **Kommentar** gibt die Meinung eines Redakteurs oder der Redaktion zu einer Nachricht wieder. Die meisten Zeitungen trennen deutlich zwischen Nachricht und Kommentar (durch die Überschrift und die grafische Gestaltung).

3 Diskutiert darüber, welchen Grund die Trennung zwischen Nachricht und Kommentar haben könnte.

4 Versetzt euch in einen überzeugten Tierschützer und schreibt einen Kommentar, der eine gegensätzliche Meinung vertritt. So könnt ihr beginnen:

Absolute Fehlentscheidung

Nun haben sie es tatsächlich erreicht, dass dieses arme Tier weiter leiden muss. Wenn man sich vorstellt …
kahle Wände … keine natürliche Umgebung … Einsamkeit

Kommentar
persönliche Stellungnahme eines Redakteurs zu einem Ereignis

Endloses Fischleiden

Zum Bericht über Aal „Aalfred“:

Mit welchen naiven, unwissenden Tierfreunden haben wir es eigentlich zu tun? Ist diesen Leuten wirklich nicht klar, was diesem beklagenswerten Tier angetan wird? Für jede Legehenne fordern sie eine artgerechte Haltung, und das auch zurecht. Für den Aal soll dies aber nicht gelten.
In Höhlen im dunklen Bodengrund oder in unterspülten Ufern fühlt sich ein Aal am wohlsten, ein Leben in einer Badewanne muss für ihn die reine Hölle sein, denn er hat keinerlei Rückzugsmöglichkeit. Auch ein Plastikrohr ändert daran nicht viel.
Noch schlimmer müssen für ihn die Gerüche sein, denen er ausgesetzt ist: der Geruch nach Shampoo, nach Seife und chemischen Reinigungsmitteln. Und alles andere als artgerecht ist es, dass dieses Tier ohne Hautkontakt mit seinen Artgenossen sein trauriges Leben fristen muss.
Man darf auch nicht den Stress unterschätzen, dem dieses Tier ausgesetzt ist, wenn mal wieder „Badetag“ angesagt ist: Raus aus der Badewanne, an deren Wassertemperatur sich der Fisch gewöhnt hat, rein in einen engen Eimer mit kälterem oder wärmerem Wasser.
Es wird höchste Zeit, dass die Behörden einschreiten und dieser Tierquälerei ein Ende machen.

Wolfgang Hänsel
Hobbyfischer und Vorsitzender des Angelsportvereins „Petri Heil“

1 Überprüft, welche Gründe der Leserbriefschreiber für das Leiden Aalfreds anführt. Welche Forderung stellt er auf?

2 Die vier Pfeile deuten auf typische Merkmale eines Leserbriefes. Benennt sie.

3 Die Zeitungsredaktion entscheidet, ob sie einen Leserbrief abdruckt oder nicht. Zumeist befindet sich ein Hinweis wie der folgende auf der Leserbriefseite:

„Leserbriefe sind in keinem Fall Meinungsäußerungen der Redaktion. Wir behalten uns die Kürzung der Texte vor. Es können nur Zuschriften abgedruckt werden, die sich auf benannte Artikel in unserer Zeitung beziehen. Briefe ohne Angabe des vollen Namens und der vollständigen Adresse können wir leider nicht bearbeiten.“

Diskutiert darüber, worauf die Zeitungsredaktion besonderen Wert legt und weshalb dies so sein könnte.

Leserbrief
persönliche Meinung eines Lesers zu einem Bericht

Illertisser Zeitung

BABENHAUSER ANZEIGER · VÖHRINGER ANZEIGER

Montag, 2. Mai 2005 www.illertisser-zeitung.de | Preis: 1,00 € Nr. 100 · 61. Jahrgang

Schneider: Hauptschule braucht Hilfe
Neuer Minister kündigt mehr Förderunterricht an

Sommer am See

Kapitalismus-Streit wird noch schärfer
DGB-Chef warnt vor „nackter Gier" – Wirtschaft warnt SPD

Familientragödie mit sechs Toten

Beckstein: Lkw-Maut auf Schleichwegen

Überlebende gedenken in Dachau
Stoiber: Zeichen der Hoffnung – 60. Jahrestag der Befreiung

BLICKPUNKT LOKALES
3000 bei erster Orchideenschau S. 25
Scherze und Streiche in der Freinacht S. 27
Junge Talente machten in Vöhringen Musik S. 30

BEI UNS IM INTERNET
Bilder, Bilder, Bilder

PREISRÄTSEL
Wieder warten 500 Euro
Schätzen Sie mal!

AUS ALLER WELT
Herzog: Ich musste lügen

WETTER
Nur ein paar Wolken…

SAMSTAGS-LOTTO
Lotto 8 18 22 31 34 48
Zusatzzahl 4 Superzahl 3
Spiel 77 9 7 0 6 0 2 2
Super 6 1 4 0 0 4 6

AUS ALLER WELT
Im Zug am liebsten Lesen

Das erste Foto der europäischen Sternwarte ESO in Chile von einem Planeten (rot) außerhalb unseres Sonnensystems. Foto: afp

225 Lichtjahre von zuhause: ein Planet!

SPORT VOM WOCHENENDE
Chancen der Löwen sinken
Zabel in Frankfurt vorn
Häkkinen hält mit
Fußball vom Sonntag
Wolfsburg – Hamburg 1:0
Hannover – Nürnberg 1:0

Die Bayern üben schon mal für die „echte" Feier

TIPP!
Schneide für dich interessante Meldungen, Berichte oder Bilder aus mehreren Ausgaben eurer Lokalzeitung aus und gestalte damit deine eigene Titelseite (DIN A3). Vergleicht anschließend die Titelseiten und diskutiert eure Auswahlkriterien.

1 In der äußeren Form (= Lay-out) ähneln sich viele Tageszeitungen.
- Betrachte einmal genau den Aufbau der Titelseite oben. Achte dabei auch auf die Fachbegriffe in der Randspalte.
- Berichte dann in der Klasse über die Unterschiede gegenüber dem Titelblatt eurer Zeitung. Verwende dabei ebenfalls Fachbegriffe.

2 Überlegt, welchen Sinn der Druck in Textspalten haben könnte.

3 Ist der „Aufmacher" dieser Titelseite auch für dich der interessanteste aller Artikel? Diskutiert eure Meinungen in der Klasse.

Oft kannst du in einer Zeitung Interviews lesen. Ein Interview gibt ein Gespräch zwischen einem Journalisten und einer oder mehreren Personen wieder. Claudia und Stefanie der 8M in Vöhringen drehten einmal den Spieß um und interviewten den Redaktionsleiter der Illertisser Zeitung.

Guten Tag, Herr Junginger. Wir beschäftigen uns gerade im Unterricht ausführlich mit der Zeitung. Von Ihnen als Experten würden wir daher gern wissen, woher Ihre Zeitung die Nachrichten bekommt.

Unsere Zeitung hat viele Mitarbeiter in der ganzen Region und weltweit Korrespondenten,* wie etwa in München, Berlin, London, Paris oder Washington. Es kann aber auch sein, dass einer unserer Mitarbeiter dorthin reist, wo etwas passiert ist. Eine Redakteurin unserer Zeitung hat zum Beispiel damals aus der Seebebenregion in Asien berichtet. Natürlich können unsere Mitarbeiter aber nicht überall sein, wo etwas passiert. Deshalb gibt es Presseagenturen*, wie die dpa mit Mitarbeitern auf der ganzen Welt. Zeitungen wie unsere erhalten von diesen Agenturen dann die Nachrichten, die sie brauchen.

Und woher stammen die Beiträge im Lokalteil Ihrer Zeitung?

Die sammeln wir selbst. Behörden wie die Polizei verständigen uns, wenn etwa ein Verkehrsunfall oder ein Bankraub passiert ist. Städte und Gemeinden, Firmen, Vereine oder auch Schulen teilen uns mit, wenn Veranstaltungen stattfinden. Entweder gehen wir dann selbst dorthin und berichten darüber oder freie Mitarbeiter übernehmen das für uns.

Woher bekommt ein Journalist seine Informationen?

Entweder macht er sich selbst ein Bild von der Lage vor Ort oder er befragt Leute direkt oder telefonisch – so wie ihr es gerade mit mir tut. Ansprechpartner sind alle, die sich mit etwas auskennen. Wenn es etwa um das Jugendhaus geht, dann fragen wir beim Stadtjugendpfleger nach. Journalisten informieren sich aber auch im Internet, in Fachbüchern und Archiven*. Das alles nennt man „recherchieren"*.

Können Sie uns den Unterschied zwischen einem Journalisten und einem Redakteur erklären?

Ein Journalist sammelt hauptberuflich Nachrichten, wertet sie aus, prüft sie und vermittelt sie in einem Medium wie der Zeitung der Öffentlichkeit. Ein Redakteur dagegen ist ein Journalist mit einem festen Aufgabengebiet oder „Ressort" wie Politik oder Sport. Ich bin zum Beispiel für die Lokalredaktion in Illertissen zuständig.

Wer bestimmt, ob man über ein Ereignis einen Bericht oder eine Reportage schreibt?
Da hat der Chefredakteur das letzte Wort. Für manche Ereignisse bietet sich eher eine Reportage an: Wenn zum Beispiel der Reporter einen Bauern bei der Maisernte begleitet und dabei seine Eindrücke genau wiedergibt. Bei einer Stadtratssitzung kommt es dagegen mehr auf Sachlichkeit an – ein Bericht passt hier besser.

Und wer legt fest, was der „Aufmacher" des Tages wird?
Das bestimmt der Redaktionsleiter zusammen mit den Redakteuren. Aufmacher wird, was als die wichtigste Geschichte eingeschätzt wird. Er steht meistens mit großer Überschrift in der oberen Seitenhälfte. Wenn sich im Laufe des Tages aber noch etwas Wichtiges ereignet, kann sich der Aufmacher auch kurzfristig ändern.

Wie wichtig sind Fotos für die tägliche Berichterstattung?
Sehr wichtig! Eine Zeitung ohne Bilder wäre einfach langweilig. Manche Leser werden erst durch ein Bild auf einen Artikel aufmerksam. Oft sagt ein Bild sogar mehr als tausend Worte.

Für die Zeitung schreiben bedeutet ganz schön viel Arbeit. Wann ist bei Ihnen Redaktionsschluss?
Das ist recht unterschiedlich. Normalerweise sind wir so zwischen 19 und 20 Uhr mit der Zeitung fertig. Wenn aber abends wichtige Ereignisse stattfinden, die unbedingt noch in die Zeitung sollen, beginnt der Druck unserer Ausgabe später. Wenn z. B. wichtige Fußballspiele anstehen, müssen die Kollegen der Sport-Redaktion oft länger bleiben.

Herr Junginger, vielen Dank für das Gespräch.

Ein Interview planen

1 Das Interview von Stefanie und Claudia mit Herrn Junginger hat wegen ihrer durchdachten Planung prima geklappt. Hier kannst du ihre Notizen zum geplanten Ablauf des Interviews lesen:

Vorbereitung	Durchführung	Nachbereitung
Digitalkamera, Fragen (schriftlich), Termin/Uhrzeit, Rekorder/Mikro	nur Ergänzungsfragen, im Zweifel nachfragen, Einstieg?	Herr Junginger Korrektur lesen, Text leicht bearbeiten (Ähs … streichen)

2 Überlege, was mit den Notizen genau gemeint sein könnte, und schreibe die Planungsschritte in ganzen Sätzen auf.

3 Nummeriere die Schritte in sinnvoller Reihenfolge. Begründe.

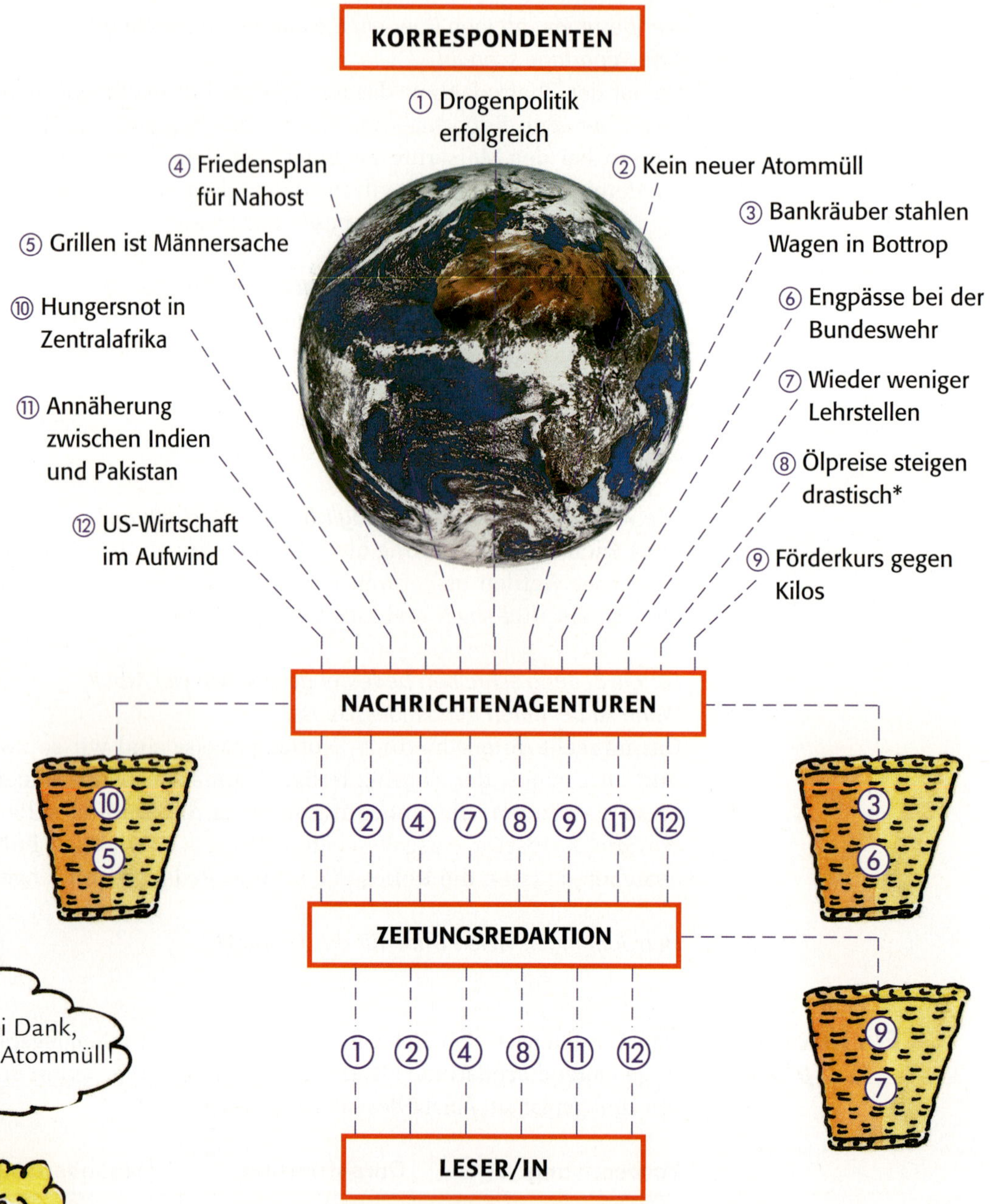

1 Vergleiche das Interview von S. 98/99 mit dem Schaubild:
- Welche Informationen aus dem Interview finden sich in dem Schaubild wieder?
- Welche zusätzlichen Informationen enthält das Interview?
- Welche Vorteile hat ein Schaubild wie dieses gegenüber einem Text?

2 „Ich lese meine Zeitung und bin über alles bestens informiert." Was haltet ihr von der Aussage dieses zufriedenen Zeitungslesers?

Wir Menschen wollen gerne unterhalten werden. Damit unser Interesse für eine Sache geweckt wird, müssen deshalb so manche Mittel und Tricks angewendet werden. Das wissen die „Medienmacher“ ganz genau und deshalb setzen sie geschickt Schlagzeilen und Fotos ein, die sie „Eyecatcher“* nennen.

MERKE

Schlagzeilen sollen „einschlagen wie der Blitz“, kurz und griffig sein, nur das Wichtigste enthalten.

Passanten, Passagen, Paläste

NEUER RAMBO-ORKAN

Sieger und Verlierer legen Berufung ein

Bauern, Bettler und Banditen

Die rot-grünen Nerven liegen blank

... der sich den Wolf tanzt

Die hohen Herren Politiker steigen hinab in die Bütt*

Ende des Jahres 4,5 Millionen Arbeitslose?

Null Bock auf Schule

MERKE

Schlagzeilen sollen witzig und ansprechend sein. Die Medienmacher verwenden daher sprachliche „Tricks“:

- **bildhafte Ausdrücke** (Metaphern): Bayern München *macht Dampf*
- **einprägsame, gleiche Anfangsbuchstaben** (Alliterationen): *M*alerei, *M*usik und *M*itmachaktionen
- **Gegensätze:** *Starkes* Spiel nach *schwachem* Start
- **Umgangssprache:** *Sind die denn bescheuert?*
- **Fragen,** die die Antwort schon enthalten (rhetorische Fragen): *Müssen Jugendliche unbedingt ein Handy besitzen?* (Natürlich nicht!)
- **Anspielungen:** *Süßer die Kassen nie klingeln* (gemeint ist das Weihnachtsgeschäft; angespielt wird auf ein bekanntes Weihnachtslied)

1 Findet einige dieser Tricks in den Schlagzeilen oben wieder.

2 Sammelt aus Zeitungen Schlagzeilen, die mit solchen „sprachlichen Tricks“ gemacht worden sind.

3 Überlegt, wie man die folgenden Sätze zu einer Schlagzeile verkürzen kann: Welche Informationen könnte man wegstreichen? Wie könnte das Verb „verschwinden“?

Bei einem Verkehrsunfall in der Moltkestraße verursachte ein Tanklastwagen ein totales Verkehrschaos.

Der neue Harry-Potter-Film begeisterte Kinder, Jugendliche und Erwachsene in allen Vorstellungen.

Die Amerikaner haben einen Friedensplan entwickelt, damit der Dauerkonflikt zwischen Palästinensern und Israelis beendet wird.

„Ein Bild sagt mehr als tausend Worte!“ – so lautet ein bekanntes Sprichwort. Deshalb werden viele Berichte in der Zeitung mit Fotos versehen, damit wir uns einen Sachverhalt besser vorstellen können. Auch hierbei gebrauchen die Medienmacher häufig kleine Tricks, die wir durchschauen sollten.

Ansichten aus Rajasthan

Zehntausende Kamele und bis zu 200 000 Menschen treffen sich jedes Jahr in Pushkar im indischen Bundesstaat Rajasthan zum größten Kamelmarkt der Welt. Fünf Tage wird am Rande der Wüste Tar gehandelt und gefeiert, werden Esel- und Kamelrennen abgehalten, weshalb der Markt von Pushkar längst auch zu einer Attraktion für Touristen geworden ist, die fasziniert sind vom malerischen Treiben. Deshalb wird eine junge Frau, die ihre Last anmutig auf dem Kopf trägt, zum viel belichteten Model. Und ein Korb mit einer Ladung Kameldung geht als Bild um die Welt.
Foto: AP

1 Betrachtet das Foto genau und äußert euch darüber, welchen Eindruck es vermittelt.

2 Fotografen überlegen sich genau, welches **Motiv** und welche **Perspektive** (Position der Kamera) sie wählen, um den Betrachtern einen bestimmten Eindruck zu vermitteln. Wie seht ihr dies hier bestätigt?

3 Medienwissenschaftler ordnen Fotos verschiedene **Funktionen** zu:
- Das Foto ergänzt den Bericht, es illustriert und informiert.
- Das Foto will unterhalten, Spaß bereiten.
- Das Foto will nur Aufmerksamkeit erregen, es hat mit dem eigentlichen Geschehen wenig zu tun.
- Das Foto versucht, die Meinung der Betrachter zu beeinflussen.

Welche dieser Funktionen treffen auf das Foto oben zu?

4 Überprüft die verschiedenen Funktionen, die Fotos haben können, an anderen Bildberichten aus der Tageszeitung.

Manchmal wird einzelnen Medien wie der Zeitung der Vorwurf gemacht, die Art ihrer Berichterstattung über ein bestimmtes Ereignis sei wenig seriös. Was ist damit gemeint?
Schaut euch die beiden folgenden Artikel aus unterschiedlichen Zeitungen über dasselbe Sportereignis an:

(Nürnberg) In der Fußball-Bundesliga unterlag der 1. FC Nürnberg am Samstag dem Hamburger SV im Frankenstadion nach einer schwachen Vorstellung mit 1:3 (0:1). Die Treffer für die Gäste erzielten Naohiro Takahara (2) sowie der kurz zuvor eingewechselte Benjamin Lauth. Für Nürnberg traf Robert Vittek. Die Hamburger siegten aufgrund der höheren Spielanteile verdient. Lediglich nach Vitteks Anschlusstreffer geriet der Sieg kurzfristig in Gefahr. Ex-Löwe Benjamin Lauth machte in der Nachspielzeit alles klar.

Sushi-Bomber schießt Nürnberg im Alleingang ab

Nürnberg mau bei Taka-Schau

(Nürnberg) Unglaublich, was sich da am Samstag im Frankenstadion abspielte! Wie begossene Pudel standen Wolfs Mannen nach Schlusspfiff auf der Wiese, während die Gästefans ihren Helden feierten. Beim 1:0 feuerte Takahara die Kugel volley* ins kurze Eck, beim 2:0 ließ er seine Gegenspieler ganz alt aussehen. Der Held überglücklich: „Das ist mein schönster Tag beim HSV!"

Die Taka-Schau auf Seite 7.

1 Wie du bereits weißt, sollten Zeitungsberichte möglichst sachlich und objektiv sein, also keine eigene Meinung des Verfassers enthalten. Auf welchen der beiden Berichte trifft das eher zu? Begründe.

2 Vergleiche die Aufmachung (Schlagzeile, Schriftgröße …) der beiden Artikel. Was fällt dir auf?

3 Im Boulevardartikel steht u. a. *wie begossene Pudel* und … *ließ er seine Gegenspieler alt aussehen.*
Wie bewertest du die Sachlichkeit dieser Stellen? Begründe.

Wann? Wer? Wie? Was? Wo?

4 Weshalb wird in der Boulevardpresse häufig eine bildhafte Sprache verwendet? Begründe.

5 Durchsucht beide Artikel nach den Antworten auf die W-Fragen und stellt sie in einer Tabelle gegenüber. Was stellt ihr fest?

6 Vergleiche die Berichterstattung in verschiedenen Tageszeitungen und in der Boulevardpresse.

MERKE

Nachrichten in der Tageszeitung und in der Boulevardpresse* unterscheiden sich in **Aufmachung, Sprache, Platzierung der Artikel** und dem unterschiedlichen **Grad an Sachlichkeit.**

Weißt du, dass es Zeitungsausgaben gibt, die gar nicht aus Papier sind?
In Online-Ausgaben findest du auch alle Artikel der „Papierausgabe".
Hinter den kurzen Meldungen siehst du diese Schaltfläche: » weiter.
Mit einem Mausklick gelangst du zum gesamten Artikel.
Hier siehst du z. B. die Startseite www.illertisser-zeitung.de:

1 Vergleiche diese Startseite mit der Titelseite einer gedruckten Ausgabe einer Lokalzeitung. Beschreibe die Unterschiede.

2 Anstelle von Kolumnen gibt es bei der Online-Ausgabe so etwas wie ein Inhaltsverzeichnis. Es erleichtert die Suche nach bestimmten Beiträgen. Überlege, wo du Artikel zu folgenden Themen findest:

- Gesundheits- und Ernährungstipps
- Aktuelles Kinoprogramm
- Meldungen aus aller Welt
- Fernseh- und Radioprogramm
- Spielergebnis des Lieblingsfußballclubs
- Börsennachrichten
- Lokalnachrichten

Online-Ausgaben bieten darüber hinaus viele zusätzliche Angebote. Eine Auswahl findest du hier:

a)

NEWSTICKER

22:46 Strabag übernimmt wesentliche Teile von Wa Bau. *weiter »*
22:14 Köln verpasst Tabellenführung mit 2:2 gegen Karlsruhe. *weiter »*
21:55 Erneut Test für US-Raketenabwehrschild fehlgeschlagen. *weiter »*
21:50 Gewaltige Bombe in Beirut tötete Ex-Regierun
20:51 USA verurteilen Anschlag in Libanon. *weiter »*
20:40 Pädagogen und Polizei wollen gegen Gewalt a vorgehen. *weiter »*

b)

Aktuelle Sonderthemen aus Ihrer Region.

Bitte wählen Sie ein Thema aus

Bitte wählen Sie ein Thema aus
Berufschancen S.1
Berufschancen S.2
Energiesparende Heizsysteme
Neue Führerscheinklasse S.1
Neue Führerscheinklasse S. 2
Wintergarten
Rückblick der Wirtschaft
Rückblick der Wirtschaft, S ...
Rückblick der Wirtschaft, S ...

c)

Willkommen im Zeitungsarchiv
der Augsburger Allgemeinen und ihrer Heimatzeitungen.
In unserem elektronischen Zeitungsarchiv können Sie Zeitungsartikel aus allen Ausgaben recherchieren*, die seit dem Jahr 2001 erschienen sind. Ein Teil unserer Zeitung wurde sogar schon ab 1996 elektronisch archiviert*. Die Suche ist kostenlos, Sie entscheiden dann anhand der Kurzbeschreibung, ob Sie den ganzen - dann kostenpflichtigen (65 Cent) - Text lesen möchten.

So funktioniert die Archiv-Suche:
Schränken Sie, wenn möglich, das Datum des Suchzeitraums ein. Geben Sie dann einen oder mehrere Suchbegriffe ein. Sie können mit "AND" (und) mehrere Begriffe kombinieren oder mit "OR" (oder) Alternativen angeben. Beispiel

Datum Heute und gestern

Von ... bis (TT.MM.JJJJ)

Volltext

suchen

d)

UMFRAGE

Holt Schumi den achten Titel?
○ Ja, er ist einfach unschlagbar.
○ Nein, das schafft nicht einmal er.

ABSTIMMEN

3 Welches Angebot hilft wem am besten weiter?

Über den Bau der neuen Straße stand kürzlich ein Bericht in der Zeitung. Leider habe ich das Altpapier schon entsorgt ...

Ich will mich jederzeit über die aktuellsten Nachrichten erkundigen können.

Ich will mein Haus renovieren und suche nützliche Informationen, wie ich Energie sparen kann.

Mich interessiert auch die Meinung anderer Leute zu einem bestimmten Thema.

4 Welchen Vorteil bieten vor allem der „Newsticker“ und das „Zeitungsarchiv“ gegenüber einer herkömmlichen Zeitung?

5 Sicher bietet auch eure Lokalzeitung eine Online-Ausgabe im Internet an. Finde die Adresse heraus und besuche die Seite. Erkunde das Angebot und vergleiche es mit der Druckausgabe.

Eine Niederlage mit Folgen

Stell dir folgende Situation vor: Du sitzt morgens mit deiner Familie am Frühstückstisch und erkundigst dich bei deinem Vater, wie denn das Fußballspiel am Vorabend ausgegangen ist. Er liest dir die Meldung auf der Titelseite der Lokalzeitung vor: Dein Lieblings-Club hat leider 0:1 verloren.

Enttäuscht steigst du zu deiner Mutter ins Auto. Auf dem Weg in die Schule hörst du im Radio einen Nachbericht zum gestrigen Spiel. Am Schluss des Beitrags hört man den Spielführer der unterlegenen Mannschaft deprimiert* sagen: „Ich bin völlig enttäuscht und ratlos!"

Am Nachmittag surfst du im Internet, wo dir sofort folgende Schlagzeile ins Auge springt: „Coach entlassen!" Daneben siehst du ein Bild des enttäuschten Trainers auf der Pressekonferenz. Du bist ziemlich überrascht von dieser Nachricht.

In den Fernsehnachrichten am Abend ist die Entlassung des Trainers ebenfalls ein Thema. Im Spielbericht hört man aufgebrachte Fans noch während des Spiels lautstark „Trainer raus!" rufen. Spielausschnitte zeigen vergebene Torchancen und der Kommentator spricht von krassen Abwehrfehlern der glücklosen Mannschaft. In einer Live-Schaltung gibt der deprimierte Vereinspräsident eine Stellungnahme ab und rechtfertigt die Trennung. Er bekräftigt, dass eine weitere Zusammenarbeit zwischen Trainer und Mannschaft nicht mehr möglich gewesen wäre.

1 In welchen Medien wird über das Fußballspiel berichtet?

2 Inwiefern verändert sich die Berichterstattung in den verschiedenen Medien im Laufe des Tages? Beschreibe.

3 Wo liegen die Vor- und Nachteile elektronischer Medien gegenüber der Zeitung? Lege dazu folgende Tabelle an und notiere stichpunktartig:

	Vorteile	Nachteile
Zeitung		
Fernsehen		

4 In welchen Medien informierst du dich am liebsten über aktuelle Ereignisse? Begründe mit Hilfe deiner Stichpunkte von Aufgabe 3.

5 Verfolge selbst einmal eine Nachricht in verschiedenen Medien. Berichte am nächsten Tag ausführlich darüber in der Klasse.

Wenn ihr dieses Kapitel bis hierher bearbeitet und einige der Anregungen von S. 92 aufgegriffen habt, habt ihr schon eine Menge über das Massenmedium „Zeitung" gelernt:

- über die verschiedenen journalistischen Textsorten: Nachricht, Bericht, Reportage, Kommentar, Interview …,
- über den Aufbau und die Aufmachung einer Tageszeitung: Titelseite, Schlagzeilen, Spaltensatz, Abbildungen, Kolumnen …,
- über die Informationsquellen: Nachrichtenagenturen, eigene Berichte …

Vorbereitung: Beiträge planen, Aufgaben verteilen

Vieles von eurem Wissen könnt ihr anwenden und vertiefen, wenn ihr eine eigene Klassenzeitung erarbeitet. Wenn ihr das tut, arbeitet ihr wie die Redakteure einer Tageszeitung: Ihr müsst euch überlegen,

- worüber ihr schreiben wollt,
- wer dies jeweils tun soll,
- wie die einzelnen Artikel aussehen sollen,
- wie ihr sie auswählt und anordnet und
- wie ihr die Klassenzeitung herstellen könnt.

Auf den folgenden Seiten bekommt ihr für eure Klassenzeitung viele nützliche Hinweise, Tipps und Hilfen.

Worüber ihr schreiben könnt

Interessantes aus dem Schulleben:
- Klassenfahrten, Schüleraustausch
- Sportfeste, Schulfeste, Klassenpartys
- Schulkonflikte, Streitschlichter
- Arbeitsgemeinschaften
- Pausenspiele, Pausenordnung, Verkaufskiosk
- Hausaufgaben
- Jobben in der Freizeit
- Interviews: mit Lehrern, dem Hausmeister, dem Schulbusfahrer …
- …

Aktuelles aus den Medien:
- TV-Shows, witzige Sendungen, Video-Clips …
- informative, lehrreiche Sendungen
- empfehlenswerte Computerspiele, Lernsoftware
- Buchtipps für junge Leserinnen und Leser
- …

Wie ihr euch informieren könnt

- bei Lehrern, Mitschülern, Eltern, Fachleuten …
- in Büchern, Zeitschriften und Zeitungen, in Fernsehen und Radio …
- im Internet, auf CD-ROMs …
- in Betrieben, Büchereien, Einrichtungen, Behörden …
- …

Wer macht was?

- Wer berichtet über was?
- Wer schreibt wozu einen Kommentar oder Leserbrief?
- Wer führt mit wem worüber ein Interview?
- Wer sucht in Zeitungen, Zeitschriften und Büchern nach interessanten Beiträgen, nach Illustrationen*, Fotos, Grafiken …?
- Wer kann gut fotografieren oder zeichnen?
- Wer kann Texte gut überarbeiten?
- Wer kann Überschriften kurz und treffend formulieren?
- …

Woran müsst ihr noch denken?

- Bis wann müssen die Beiträge vorliegen?
- Wann und wo findet die Redaktionskonferenz* statt?
- Für wen ist die Klassenzeitung bestimmt: für euch selbst, für andere Schüler oder Klassen, für Eltern und Lehrer?
- Welchen Titel soll die Klassenzeitung haben?
- Wie viele Seiten soll sie umfassen?
- Wie sollen die einzelnen Seiten gestaltet werden?
- Wie ist das Seiten-Lay-out: Kopf, Spalten, Zeilen, Schriftgrößen und Überschriften, verschiedene Schriftarten …?
- Wie werden die Seiten aufgebaut: mit Schere und Klebstoff oder mit einem Lay-out-Programm?*
- Wie hoch soll die Auflage sein?
- Ist die technische Ausrüstung zur Durchführung eines Interviews (Mikrophon, Aufnahmegerät) vorhanden?
- Welche technischen Geräte braucht ihr für die Herstellung: Computer, Fotokopierer, Drucker, Fotoapparat …?
- Wie wollt ihr für eure Zeitung werben? Ankündigung, Verkaufsstand …
- Vielleicht sind Geschäfte oder Firmen bereit, gegen einen bestimmten Betrag eine kleine Anzeige in eurer Klassenzeitung zu schalten. Fragt mal nach …
- …

*Beiträge schreiben und redigieren**

1 Die Schülerredaktion fand den folgenden Erlebnisbericht schon ganz gut. Nur stand nicht mehr so viel Platz zur Verfügung.
Kürze diesen Bericht zunächst um die Hälfte, indem du auf einer Kopie oder mit Folienstift und Folie überflüssige Textstellen streichst.

Wie jedes Jahr hat unsere Schule ein Spielsportfest für die Klassen 7–10 ausgerichtet. Wie jedes Jahr durften wir „unsere" Sportart wählen, damit auch nur derjenige mitspielt, der Spaß daran hat. Und wir von der Volleyballgruppe hatten unseren Spaß. Wir trafen uns morgens um 7 Uhr 50 an der Sporthalle der Ludwig-Erhard-Schule, weil unsere eigene Halle ja von den Basketballern besetzt war. Wir zogen uns erst einmal in den fremden Umkleideräumen um. In der Halle trafen wir uns dann mit unseren Sportlehrern, die uns den Turnierplan vorstellten, den sie für uns wirklich sehr sorgfältig zu Hause erstellt hatten.

Zuerst mussten wir uns vor dem Turnierplan auf den Boden setzen. Danach teilten uns die beiden Sportlehrer in fünf etwa gleich starke Mannschaften auf. Die Sportlehrer kannten ja unsere Stärken und Schwächen, deshalb gab es wenig Proteste. Bis auf Manuel, der ja immer seinen Senf dazugeben muss.

Nun konnte das Turnier beginnen. Jetzt wurde auf zwei Spielfeldern gleichzeitig 20 Minuten gespielt und um jeden Ball heiß gekämpft. Dann nach Abpfiff mussten die beiden Spielführer das Ergebnis der Turnierleitung mitteilen. Dabei gab es allerdings Ärger. Fabian, der Spielführer von Mannschaft 2, regte sich mal wieder tierisch über eine Schiri-Entscheidung auf und brüllte rum: „Die Stürwald ist doch halb blind, der letzte Ball war eindeutig im Aus!"

Dies war aber der einzige Konflikt während des Turniers. Die Spieler und Spielerinnen gingen sehr fair miteinander um. Keiner wurde dumm angemacht, wenn er mal einen Fehler beging. Die Spieler klatschten sich sogar nach Spielende unter dem Volleyballnetz ab, wie das auch die Profis tun.

Sieger des Turniers, das bis 12 Uhr dauerte, wurde die Mannschaft 3 mit vier klaren Siegen. Spielführer war Alexej aus der 9b. Alexej nahm den Siegerpokal aus den Händen von Frau Stürwald entgegen. Jeder Spieler der Mannschaft 3 durfte sich danach aus einem Karton eine Süßigkeit herausnehmen.

Platz 2 belegte Mannschaft 4, Platz 3 die Mannschaft 5, der 4. Platz war doppelt belegt, da Mannschaft 2 und 1 die gleiche Punktzahl erreicht hatten. Auch die Loser-Mannschaften bekamen ihren Trostpreis, nämlich Süßigkeiten in kleinerer Form.

Das absolute Highlight kam am Schluss des Turniers: Das Spiel der „Top Twelve" des Turniers. In diesem Spiel wurde professionell gebaggert und geschmettert. Sodass die Zuschauer begeistert mitgingen. Sogar die La-Ola-Welle wurde begeistert gemacht. Mit denkbar knappem Spielergebnis (25:23) siegte die Mannschaft um unseren Topstar Alexej.

Nass geschwitzt, aber zufrieden gingen die Spieler nach Hause, nachdem die Halle wieder aufgeräumt worden war und Unrat wie Trinkflaschen und Papier entsorgt worden waren. Und alle waren sich einig: So ein Turnier muss jedes Jahr stattfinden!

2 Manche Formulierungen fand die Redaktion überflüssig oder auch nicht geglückt und hat sie deshalb angestrichen. Überarbeite diese Textstellen und schreibe den gekürzten Bericht auf.

3 Finde auch eine Überschrift, die Lust macht, den Bericht zu lesen.

Wichtige Informationen zusammenfassen

4 In der Schülerzeitung soll ein Bericht über das Streitschlichter-Programm erscheinen.

- Lies den ersten Bericht und markiere auf Folie wichtige Informationen.
- Lies dann den zweiten Bericht und markiere die Informationen, die er zusätzlich enthält.
- Fasse die beiden Berichte zu einem Artikel zusammen, der alle wichtigen Informationen enthält.
- Gib dem Bericht eine Überschrift, die zum Lesen anregt.

1

Immer wieder kommt es an unserer Schule zu Streitigkeiten: in der Klasse, auf dem Schulhof, im Sport. Dann knallt es sehr schnell, Fäuste fliegen und manchmal gibt es sogar Verletzte.

Dagegen will unsere Schule weiterhin etwas tun. Deshalb wurden in den letzten Wochen zusätzliche Streitschlichter ausgebildet. Viele Schülerinnen und Schüler wollten sich gerne zum Streitschlichter ausbilden lassen. Da sich zu viele bewarben, musste die Betreuerin, Frau Hirt, eine Auswahl treffen. Es wurden zu neuen Streitschlichtern ernannt: Claudia, Samira und Yvonne, Lisa, Lara, dazu Eugen und Sven.

Nun kam die Ausbildung. In einer Doppelstunde pro Woche erfuhren die Schülerinnen und Schüler, wie man sich in Streitsituationen verhalten sollte. Natürlich müssen die zukünftigen Streitschlichter ihr „Handwerk“ erst lernen. Der Projekttag sollte ihnen dabei helfen, Erfahrung zu sammeln. Sie lernen auch von der bereits ausgebildeten Gruppe von Streitschlichtern.

Die Streitschlichter haben ein gutes Image bei Schülern und Lehrern, weil sie ihre Freizeit opfern, um Jüngeren zu helfen. Lehrer und Schüler sind gespannt, ob sich die Streitigkeiten auf diese Weise regeln lassen.

TIPP!

… kommt es an <u>unserer Schule</u> zu Streitigkeiten
… wollten sich <u>gerne</u> zum Streitschlichter …

Suche in beiden Texten weitere adverbiale Bestimmungen. Was adverbiale Bestimmungen sind, erfährst du in der Werkstatt Sprache auf Seite 253.

2

An unserer Schule sollen weitere Streitschlichter ausgebildet werden. Und zwar aus den Klassen 7, 8 und 9. Besonders für die Schüler und Schülerinnen der Klassen 5–7 sind die Streitschlichter sehr wichtig. Sie sind älter, sie sind neutral im Streitfall und die Schüler haben mehr Vertrauen zu ihnen als zu Gleichaltrigen oder gar zu Lehrern. Die meisten Schüler wenden sich nämlich bei einem Streit nicht so gerne an die Lehrer.

Damit die jüngeren Schüler sich im Streitfall sofort an die neuen Schlichter wenden können, werden in der Pausenhalle ihre Fotos ausgehängt. Im Streitschlichterraum (neben dem Hausmeisterzimmer) werden die Konflikte besprochen. In jeder Pause ist dort ein Streitschlichter anzutreffen.

Ein Streitschlichtergespräch läuft etwa so ab:

1. Jeder Konfliktpartner trägt seinen Standpunkt vor.
2. Die Streitschlichter gehen auf jede Seite ein, fragen nach, stellen Unklarheiten und Missverständnisse klar.
3. Jeder der Streitenden schreibt einen möglichen Lösungsweg auf einen Zettel, der von den Streitschlichtern vorgelesen wird.
4. Die beiden Streitenden schließen einen Vertrag zur Versöhnung oder zur Zurückhaltung.

Redaktionskonferenz

Nun ist es Zeit, dass ihr euch im Redaktionsteam zusammensetzt und Entscheidungen trefft.

Die Beiträge für eure Klassenzeitung liegen euch vor, spannende Schlagzeilen für die Berichte habt ihr sicherlich gefunden, Bildmaterial habt ihr zusammengestellt.

Ihr müsst entscheiden
- welchen Kopf (Titel) ihr für eure Klassenzeitung wählt,
- welche Beiträge ihr in eure Zeitung setzen wollt,
- auf welcher Seite sie platziert werden,
- welche Abbildungen einem Artikel zugeordnet werden,
- unter welcher Kolumne* der Artikel erscheinen soll (Schulnews, Interviews, Klassenaktivitäten ...).

Vielleicht ist es sinnvoll, eine Chefredakteurin oder einen Chefredakteur zu bestimmen; sie oder er hat das letzte Wort, wenn ihr euch nicht einigen könnt.

1 Stimmt darüber ab, welche Kolumne, welche Artikel und welche Abbildungen auf der Titelseite und im Innenteil der Klassenzeitung erscheinen sollen.

2 Die Computerfachleute unter euch erhalten den Auftrag, die Artikel zu „setzen“, d. h. sie mit dem Computer abzuschreiben. Sie formatieren die Texte so, wie ihr es in eurem Lay-out festgelegt habt: Schriftart, Schriftgröße, Zeilenabstand, Spaltensatz usw.

3 Entscheidet euch, mit welchen Hilfsmitteln ihr die Seiten aufbauen wollt: auf dem Papier mit ausgedruckten Texten oder mit dem PC in einem Textverarbeitungsprogramm. Praktische Hinweise dazu bekommt ihr auf den nächsten beiden Seiten.

Lay-out festlegen

Für das Lay-out (die Aufmachung, das „Gesicht") eurer Klassenzeitung sind einige Absprachen zu treffen:

- Wie wird auf der Titelseite der Zeitungskopf gestaltet?
- Wie viele Textspalten soll es geben? Wie breit?
- Sollen eine oder mehrere Schriften verwendet werden?
- Schriftgrößen der Texte und Überschriften?
- Zeilenabstand? Wie viele Zeilen pro Seite?
- Hervorhebungen: **fett,** *kursiv,* g e s p e r r t?

In diesem „Rahmen" werden die einzelnen Seiten aufgebaut. Das erfordert einige handwerkliche Arbeiten, die je nach Zeitaufwand und technischem Können einfacher oder anspruchsvoller sein können.
In jedem Fall solltet ihr die Texte am Computer schreiben und entsprechend den Lay-out-Vorgaben formatieren.

Seiten aufbauen

- **mit Schere und Klebstoff:**
  - Ihr faltet ein DIN-A-3-Blatt in der Mitte; dann habt ihr vier DIN-A-4-Seiten zur Verfügung. Falls ihr mehr Platz braucht, nehmt ihr mehrere Blätter, die ineinandergelegt werden.
  - Druckt Artikel und Schlagzeilen aus und schneidet sie aus.
  - Bilder, Fotos und Grafiken, die ihr den Beiträgen zuordnet, könnt ihr auf einem Kopierer passend verkleinern/vergrößern und ebenfalls ausschneiden.
  - Schiebt Texte und Abbildungen so lange auf dem Papier hin und her, bis euch die Anordnung gefällt. Vielleicht müsst ihr die Texte noch einmal kürzen oder auf einen Teil der Abbildungen verzichten.
  - So baut ihr Seite für Seite auf.

- **am Computer:**
  - Mit einem **Textverarbeitungsprogramm** wie „Word" oder „Star-Writer" lässt sich ein Seiten-Lay-out gut erstellen. Dazu müsst ihr das Dokument entsprechend einrichten: Spalten, Schriftgröße, Zeilenabstand …
  - Die Dateien mit den abgespeicherten Artikeln werden geöffnet, kopiert und in die entsprechende Spalte eingefügt.
  - Abbildungen, die ihr eingescannt, aus dem Internet gezogen oder digital fotografiert und auf eurem PC gespeichert habt, könnt ihr nun in das Dokument einfügen. Das gleiche gilt für Clipart-Elemente.
  - Abbildungen, die ihr nur auf Papier habt, müsst ihr später in der passenden Größe in die ausgedruckten Seiten einkleben.
  - Wenn ihr Computer-Experten in der Klasse habt, könnt ihr eure Klassenzeitung auch mit einem speziellen **Lay-out-Programm** wie „Publisher" erstellen. Wie das im Einzelnen funktioniert, hängt von dem Programm ab, das ihr verwenden wollt.

Auf der nächsten Seite seht ihr, wie die Klasse 8M ihre Klassenzeitung gestaltet hat.

KLASSENZEITUNG der 8M

News aus unserer Klasse und für unsere Klasse

ENDLICH!

Inlinerfahren im Sportunterricht
Klasse 8M als Trainer

Super, klasse, cool, wir haben es geschafft: Wir fahren Inliner im Sportunterricht! Lange Zeit haben wir mit den Sportlehrern diskutiert, auch mit unserem Rektor. Jetzt hat die Schule einen ganzen Klassensatz mit Inlinern und Protektoren* angeschafft.

Und die Topfahrer aus unserer 8M haben sich freiwillig zur Verfügung gestellt und geben in einer AG ihre Tipps an die jüngeren Schüler weiter, die noch nicht so gut fahren können.

Zuerst hatte unsere Sportlehrerin Frau Stürwald Bedenken, dass wir die Inliner und Protektoren nicht ordentlich wegräumen würden. Doch das war schnell geklärt. Bei so viel Spaß im Sportunterricht war es für die meisten Schüler gar keine Frage, die Sachen ordentlich wegzuräumen. Natürlich hat sich unser neuer Sport schon rumgesprochen; die Schülerinnen und Schüler unserer Nachbarschule sind schon ganz heiß!

Claudia Drews, 8M

Gelungenes Spielsportfest

Wie jedes Jahr veranstaltete unsere Schule ein Spielsportfest für die Klassen 8–10. Wir durften wieder wählen, welche Sportart wir am liebsten betreiben.

So spielten nur die Schülerinnen und Schüler zusammen, die auch wirklich Spaß haben an dem Spiel, das sie gewählt haben. Der große Teil der 8M hat dieses Mal Basketball gewählt.

Angetreten waren sechs Mannschaften, Mädchen und Jungen gemischt, wobei jeder gegen jeden antreten musste.

Es war ein Super-Turnier mit einer tollen Stimmung; Turniersieger wurde die Mannschaft A, die im Endspiel knapp mit 16 zu 14 Körben die Mannschaft C schlug.

Aus unserer Klasse standen in der Siegermannschaft Anna, Ludmilla, Matthias und Steffen.

Besonders gut fanden wir, dass die Klassen untereinander vermischt wurden. So kam man sich näher und so mancher Streit war vergessen.

Steffen Rabert, 8M

Inliner kauft man bei
Rollersport
Skates in allen Größen und Ausführungen vorrätig
Kleidung, Zubehör und mehr ...

Klasse
Spaß
meistens
heiß
vergessen
...

→ Wörter mit s/ss/ß Seite 220 bis 222

4 Nachdem ihr eure Klassenzeitung fertiggestellt und vervielfältigt habt (drucken oder kopieren), verteilt ihr sie „druckfrisch" in der Klasse. Viel Spaß beim Lesen!

Eine Umfrage durchführen

Sicher seid ihr sehr stolz auf euer fertiges Produkt. Dazu habt ihr auch allen Grund, schließlich steckt sehr viel Arbeit und Mühe in einer Zeitung. Trotzdem ist euch vielleicht schon die eine oder andere Idee gekommen, was man bei der nächsten Ausgabe der Klassenzeitung verbessern könnte.

1 Führt eine Umfrage in der Klasse durch, bei der ihr versucht, die Stärken und Schwächen eurer Zeitung zu ermitteln. Formuliert mit Hilfe der kursiv gedruckten Adjektive zu den folgenden Kriterien Fragen und achtet dabei auf eine sinnvolle Abstufung. Zwei Beispiele seht ihr links in der Randspalte. Das erleichtert die Auswertung eurer Umfrage.

- Ist der Umfang unserer Klassenzeitung angemessen?
  - zu gering
  - zu viel
  - genau richtig
- Sind die behandelten Themen vielfältig?
  - ja
  - nein

Schriftart – *ansprechend?*

Schlagzeilen – *interessant?*

Themen – *vielfältig?*

Umfang – *angemessen?*

Fotos/Abbildungen – *ausreichend?*

Sprache – *verständlich?*

Anzahl an Beiträgen: Nachrichten, Kommentare, Interviews … – *ausgewogen?*

Lay-out – *ansprechend?*

2 Wertet eure Umfrage aus, indem ihr gleiche Antworten zusammenfasst. Welche Schlussfolgerungen lassen sich daraus ziehen?

3 Besprecht die neuen Erkenntnisse in einer Redaktionskonferenz.
- Welche Ideen, Anregungen, Wünsche usw. sollten beim nächsten Mal umgesetzt werden?
- Welche sind wenig sinnvoll?

4 Wenn ihr noch ausreichend Schreibideen bzw. Schreibanlässe habt, dann macht euch doch gleich an die Arbeit für die zweite Ausgabe eurer Klassenzeitung. Versucht dabei, möglichst viele Verbesserungsvorschläge zu berücksichtigen. Viel Spaß dabei!

MAGAZIN

Von Leid und Verfolgung im Nationalsozialismus

Tausende von Menschen wurden unter Hitlers Herrschaft verfolgt, misshandelt und ermordet. Viele starben an den Folgen des Krieges. Familien wurden auseinandergerissen. Hinter den Zahlen und Fakten, die du hörst und von denen du etwas in der Schule lernst, stehen dramatische Einzelschicksale.
In diesem Kapitel kannst du einen Einblick in das Leben einiger Jugendlicher dieser Zeit bekommen. Die Hauptpersonen der Texte sind zwar erfunden. Die Ereignisse beruhen aber auf wahren historischen Begebenheiten. Sie erzählen dir von Verwirrung, Konflikten, Ängsten, Nöten und Hoffnungen, also von einem Leben, wie es sich tatsächlich abgespielt hat.

Berlin 1935: Katharina Sander, genannt Katze, wächst bei ihrer Oma auf. Ihre beste Freundin und Tante ist die jüdische Malerin Paula Glücksmann. Da erlässt Hitler die Gesetze zur Rassenlehre. Soll die Freundschaft zur Malerin plötzlich falsch sein? In dieser Zeit zieht Gerolf, der Sohn eines Sturmbannführers und ein überzeugter Nationalsozialist in Katharinas Haus. Katze verliebt sich in ihn und muss sich entscheiden: Bleibt sie bei dem Nazi Gerolf, der sie sogar aus den Flammen gerettet und sich dabei seine Hände verbrannt hat? Oder hält sie weiterhin zu ihrer jüdischen Tante und besten Freundin? Hat ihre Liebe eine Chance?

Paulas Katze

Waltraut Lewin

Er starrt auf die Skizze, fassungslos.

„Zauberflöte", murmelt er. „Du kennst die Zauberflöte. Und du kannst wunderbar, wunderbar malen. Aber ich –" Er streckt seine verbundenen Hände von sich ab, als wolle er mich umarmen – eine Geste voller Hilflosigkeit, die mir die Tränen in die Augen treibt. Und gleichzeitig denke ich: Er weiß gar nichts von mir. Er hat sich nie bemüht, etwas zu erfahren. Für ihn war ich immer bloß das Mädchen aus dem Hinterhof mit der zweifelhaften Verwandtschaft. Warum hat er nie gefragt? Noch immer sieht er das Bild an, schüttelt langsam den Kopf. „Machst du das so – aus dir?"

Ich muss lachen. „Spielst du ‚so aus dir' Klavier?"

„Nein, natürlich habe ich einen Lehrer."

Meine Lehrerin, die jüdische Künstlerin

„Siehst du. Und ich habe eine Lehrerin. Sie hat ihr Atelier übrigens ein paar Türen weiter auf diesem Dachboden."

„Hier auf diesem Dachboden? Kann ich sie kennen lernen?"

„Ich denke, das ist vielleicht keine so gute Idee", weiche ich aus. Mir ist heiß geworden. Auf was lass ich mich da ein? „Sie bereitet gerade eine Ausstellung vor und hat furchtbar viel zu arbeiten."

„Aber das ist ja ... Katharina! Eine wirkliche Künstlerin unterrichtet dich? Wie heißt sie denn? Kenne ich vielleicht ihren Namen?"

Ich lache gequält. Mir ist nicht wohl bei der Sache. Aber jetzt will ich es versuchen.

„Du kennst sie ganz bestimmt", sage ich. „Sie heißt Paula Glücksmann und wohnt in der großen Beletage-Wohnung* unter der euren."

Gerolf hebt langsam seinen Blick. Die braunen Augen sind verdunkelt, die Pupille riesig. Er atmet tief und stockend aus. „Eine Jüdin", flüstert er. „Du lässt dich von einer Jüdin unterrichten."

„Eine Halbjüdin", korrigiere ich heftig. „Ein Mischling, nach diesen neuen Gesetzen. Und außerdem ist sie einfach meine Tante. Herrgott, Gerolf. Sieh mich nicht an, als wenn ich Wunder wer weiß was getan hätte! Meine Tante! Und ich mag sie."

„Deine Tante. Und du magst sie“, wiederholt er tonlos. Er lässt sich auf die Matratze fallen, verbirgt den Kopf in den gekreuzten Armen.

„Fass mich jetzt nicht an“, sagt er. „Bitte. Warte einen Augenblick.“

Er rührt sich nicht. Ich kriege es mit der Angst zu tun. Vorsichtig stehe ich auf, gehe von ihm weg und lehne mich an die Wand, ohne ihn aus den Augen zu lassen.

„Sie ist eine Künstlerin. Und du bist ein Künstler. Wieso tust du so, als wenn die Welt zusammenbricht?“

„Die Welt? Oh mein Gott!“, stöhnt er. Schweigen breitet sich aus. Mein Herz klopft. Etwas beginnt in mir zu steigen. Was hab ich bloß angerichtet? Was hab ich versucht ohne langes Nachdenken? Und was ist nun daraus geworden? Die eine und die andere Welt – ich krieg sie nicht zusammen.

Ist alles falsch?

Alles war falsch.

Und dann merke ich, dass es geschieht. Das Zittern kommt, der Krampf steigt in mir auf. Ich sollte jetzt losrennen, weg, ganz weit weg, rennen, rennen. Das ist das Einzige, das hilft. Aber ich kann nicht. Ich stehe wie angenagelt an dieser Wand und warte darauf, dass ich erlöst werde, durch eine winzige Geste, durch seine Stimme, durch seinen Blick. Es ist zu spät.

Ich schreie.

Ich schreie, aber ich habe im letzten Moment die Hände vor den Mund gepresst, sodass es sich anhört, wie ein ersticktes Röhren. Wenn ich losgebrüllt hätte, dann hätte mich Paula gehört. Durch die Wände hindurch. Wäre hierher gekommen. Nicht das auch noch.

Mir ist schwarz vor Augen. Ich kann nichts hören, nichts sehen. Nur spüren. Und endlich spüre ich die Berührung, seine Arme um mich, seine verbundenen Hände an meinem Kopf. Ich komme langsam zurück.

„Katharina! Mein Liebes, mein Armes! Es war zu viel für dich. Verzeih mir. Aber es war auch für mich zu viel. Viel zu viel.“

Er leitet mich zu unserer Matratze, der einzigen Möglichkeit, sich zu setzen, beginnt mich sanft und behutsam zu küssen. Noch immer zittere ich.

Katharina, die Reine

„Katharina. Ich habe dir doch gesagt, was dein Name bedeutet? Das ist griechisch und heißt ‚die Reine'. Ich will versuchen, es dir zu erklären: Das warst du für mich von Anfang an. Etwas Reines. Eine Blume, die – verzeih mir –, die auf einem Müllberg erblüht ist. Dein Sonnenhaar, die Sonnenzeichen in deinem Gesicht – ja, ich meine die Sommersprossen; sie sind die nordische Art, das Licht zu grüßen. Deine Kraft, die ganz aus dir selbst kommt. Mir war das genug. Ich wusste, du würdest dich befreien und zu deinem Volk finden. Zu mir finden. Und dann sehe ich auch noch – du bist eine Musentochter! Und gerade das wollen sie ausnutzen! Da greifen sie ein und versuchen, dich zu fangen!"

Bedrohung durch Paula?

„Wer versucht, mich zu fangen?", frage ich beklommen.

„Die Nachtseite. Die anderen, mit denen deine Familie zu tun hat. Ich dachte, nach dem Tod dieses – dieses alten Mannes da vorn, wäre die Bedrohung für dich erloschen. Und nun erfahre ich, dass du weiter Umgang hast mit dieser Mischlingsfrau. Deine Lehrerin. Deine Tante. Ich war so erschrocken, Katharina."

„Was für eine Bedrohung soll es denn sein, wenn mir jemand Zeichenunterricht gibt?"

„Dass sie dir Zeichenunterricht gibt? Das ist nur das eine, Katharina. Noch bist du unverbildet. Du stellst ein Geschehnis dar nach dem Vorbild der urdeutschen Oper, der Zauberflöte – nur Wagner geht mir da drüber. Noch hat dich das Gift nicht erreicht. Noch vermittelt sie dir ja nur die Technik. Aber irgendwann kommt das andere. Da kommt ihre Sicht von der Welt. Da kommt das Fremde, das Abartige. Und dem darfst du dich nicht aussetzen. Ich werde es nicht zulassen, und wenn du selbst die Kraft nicht findest, dann muss ich dir helfen."

Meine Stimme schwankt. „Aber Paula ist eine wunderbare Künstlerin und ein wunderbarer Mensch. Ich –"

Hin und her gerissen

Gerolf seufzt und lehnt seinen Kopf gegen den meinen. „Das ist ja das Furchtbare. Und das macht es für uns alle so schwer. Bestimmt hast du recht. Sie ist sicher ein guter Mensch, und vielleicht hat sie sogar Talent. Aber sie kann nicht dagegen an! Es ist in ihrem Blut – das Zerstörerische, das Zersetzende, die Verneinung all unserer Werte. Es ist eine große Tragik um diese Mischlinge. Diese Menschen zwischen den Rassen. Hin und her gerissen. Immer eine Grenze überschreitend."

Hin und her gerissen. Immer eine Grenze überschreitend.

Aber das bin ich ja auch! Plötzlich fröstelt es mich. Mir fällt das Gespräch zwischen Agnes und Luise ein. Bertram war mein Vormund … Wo stehe ich selbst? Zwischen allen Fronten? Nicht dies und nicht jenes?

Gerolf sitzt noch immer auf Abstand, hat mich, mit seinen verbrannten Händen meine Oberarme packend, gleichsam vor sich hingesetzt. Seine Augen glänzen so, dass man sich beinah fürchten muss.

Gerolf, der Retter?

„Katharina, Reine! So wahr ich dich liebe! Ich werde dich herausreißen aus diesem Boden. Weg von deiner asozialen Großmutter, weg von der jüdisch verseuchten Tante. Und weg auch von denen in deiner Schule, die dich verhöhnen, weil du zu trotzig bist, anzuerkennen, dass Deutschland auf dem rechten Weg ist. Weg von den Narren und den Toren und den Kranken!"

Seine Stimme überschlägt sich. Ich fühle mich an die Reden des Führers erinnert. Ich will nicht, dass er so redet. Ich will nur, dass er mich im Arm hält.

„Bitte, Gerolf", flüstere ich. „Du machst mir Angst. Du machst mir noch immer Angst. Sag nichts mehr."

Er dreht den Kopf zur Seite. „Kannst du – kannst du eine Musik auflegen für uns. Sie hilft uns. Bestimmt."

Ich stehe auf. Taste mich hinüber zu dem Plattenstapel, nehme irgendetwas aus der Hülle, lege es auf, drehe die Kurbel, platziere die Nadel. Eine Musik von derartiger Wildheit fällt über mich her, als hätte ich eine Schleuse zu einem reißenden Wasser geöffnet.

„Was ist das, Gerolf? Mein Gott, was ist das?"

„Wagner. Walküre. Du hast den Walkürenritt aufgelegt, Katharina."

„Es ist – als ob es mich wegschwemmt!"

Die Musik ist ein Sturzbach, der mir alle Besinnung raubt. Der Rhythmus wird eins mit dem Jagen meiner Pulse.

1 Beschreibe die Stimmung des Gesprächs.

2 Welche Ansichten vertritt Gerolf? Was hältst du davon?

3 Vermute, wie er zu dieser Meinung gekommen ist.

4 Beschreibe Katzes Situation. Notiere, was sie denkt, was sie fühlt und was sie sich wünscht. Verwende dabei auch den Konjunktiv II.

5 Kann ihre Liebe eine Zukunft haben? Begründe deine Meinung.

TIPP!
Hilfen zum Konjunktiv II findest du in der Werkstatt Sprache auf Seite 240 und 241.

- Schreibt die Gedanken Katzes und Gerolfs in Form eines Rondells oder eines Stufengedichts auf.
- Informiert euch über die Autorin Waldtraut Lewin und ihre Jugendbücher.

TIPP!
Wie du ein Rondell schreibst, erfährst du im Kapitel Selbstständig lernen auf Seite 16.

Clara ist ein jüdisches Mädchen aus Prag, das mit ihrer Familie 1943 ins Getto Theresienstadt ziehen muss. Gleich bei der Ankunft wird die Familie getrennt. Clara lernt Krankheiten, Hunger, Angst und Strafen kennen, aber auch neue Freunde. Brundibar, eine Kinderoper, die die Gettobewohner überraschend mit Erlaubnis der Nazis einstudieren dürfen, bringt eine willkommene Veränderung und Freude in Claras Leben. Doch diese hält nicht lange an …

Die Kinder aus Theresienstadt

Kathy Kacer

Neuigkeiten

„Clara, wach auf. Es gibt unglaubliche Neuigkeiten."

Clara stöhnte und wälzte sich im Bett herum, weg von Hannas Händen, die sie kräftig schüttelten.

„Wach auf, hab ich gesagt. Alle anderen sind schon längst auf. Wie kannst du bei diesem Krach bloß schlafen?"

Einen Augenblick lang wusste Clara nicht so recht, wo sie war. Dann fiel es ihr wieder ein: Am vergangenen Abend hatte es wieder eine Aufführung von Brundibár gegeben. Die Darsteller waren danach länger dageblieben als sonst, hatten aufgeräumt und viel geredet. Wann sie ins Bett gekommen war, wusste Clara nicht mehr genau, aber sie konnte sich noch daran erinnern, wie sie lange nach Beginn der Ausgangssperre durch die Straßen Richtung Schlafgebäude geschlichen war. Hatte sie wirklich die Morgensirene überhört? Unglaublich.

„Was ist denn?", murmelte sie und machte mühsam die Augen auf. Das harte Licht der Deckenlampe brannte in den Augen.

„Steh auf und wasch dich. Marta will mit uns sprechen. Es gibt wahnsinnige Neuigkeiten. Du musst das mit eigenen Ohren hören."

Trotz ihrer Müdigkeit war Clara doch auch neugierig, und so hievte sie sich aus dem Bett und schleppte sich zu den Waschräumen. Obwohl die Tage des Winters gezählt waren, lag immer noch ein eisiger Hauch in der Luft und morgens bildete der Atem weiße Wolken. Seit fast einem ganzen Jahr war Clara nun schon in Theresienstadt und das überraschte sie selbst am allermeisten. Ein Jahr zuvor hatte sie zum ersten Mal in eben diesem Waschraum gestanden, voller Angst, was mit ihr und ihrer Familie geschehen würde. Mittlerweile waren ihr die Routineabläufe im Getto ins Blut übergegangen. Clara fröstelte, als sie sich mit dem kalten Wasser, das aus dem Hahn tropfte, den Schlaf aus den Augen wusch. Um sie herum steckten Mädchen die Köpfe zusammen, stießen einander an und flüsterten aufgeregt. Clara schnappte ein paar Wörter auf, konnte sich aber keinen Reim darauf machen. Als sie in ihren Schlafsaal zurückkam, war Marta schon dabei, die Mädchen zusammenzutrommeln.

„Ruhe, Mädchen", sagte sie und wartete, bis alle einen Platz gefunden hatten.

Kathy Kacer lebt mit ihrer Familie in Toronto (Kanada). Sie ist ausgebildete Psychologin und schreibt historische Romane über den Holocaust.

„Ich weiß, dass da draußen viele Gerüchte im Umlauf sind“, fuhr sie dann fort, „also werde ich euch so viele echte Informationen zu geben versuchen, wie ich selber zurzeit zur Verfügung habe. Ja, es stimmt. Das Rote Kreuz wird Theresienstadt im Frühjahr einen Besuch abstatten.“

Besuch in Terezín

Das sind also die großen Neuigkeiten, dachte Clara. Die Gerüchte, die in der letzten Zeit umgegangen waren, enthielten also einen wahren Kern. Das Rote Kreuz war eine internationale Organisation, die gegründet worden war, um Kranken und Kriegsverletzten zu helfen. Weil es keinem einzelnen Staat unterstand, war es als neutral anerkannt und führte in Kriegszeiten häufig Verhandlungen zwischen den verfeindeten Nationen. Eine Gruppe Rot-Kreuz-Inspektoren würde das Getto besuchen – sie hatten um die Erlaubnis gebeten, nachzusehen, wie die Juden im Getto behandelt wurden. Irgendwann im Juni sollte die Gruppe eintreffen.

„Man vermutet, dass etliche Länder der Welt langsam erfahren, was in den Lagern, die die Nazis östlich von hier errichtet haben, wirklich passiert“, erzählte Marta. „Organisationen wie das Rote Kreuz sind von Berichten alarmiert, die besagen, dass Juden nicht nur körperlich misshandelt und ausgehungert, sondern sogar in Todeslager geschafft und umgebracht werden. Bisher gibt es dafür keine Beweise, nur jede Menge Gerüchte. Und jetzt haben führende Köpfe aus verschiedenen Ländern beschlossen, zu überprüfen, was an den Gerüchten dran ist. Das Rote Kreuz wird also nach Terezín geschickt, um die Zustände hier zu dokumentieren. Ich denke, ich kann offen mit euch reden, denn ihr wisst alle längst, was Sache ist.“

Die Mädchen nickten. Clara dachte an die Gespräche zurück, die sie mit Jakob und Monika geführt hatte. Seit ihrer Ankunft waren tausende von Menschen weggebracht worden. Jeder Häftling musste mit der ständigen Angst vor Deportation* leben. Die Gerüchte, dass einen östlich von Terezín der Tod erwartete, hatten sich immer mehr verfestigt. Schon oft hatte Clara mit ihren Eltern darüber gesprochen, hatte versucht zu verstehen, was da über die Lager im Osten berichtet wurde. Doch ihre Eltern hatten wie immer versucht, sie zu schützen und zu schonen, und so hatte sie nie die ganze Wahrheit herausfinden können. Eines stand jedenfalls fest: Das Wort „Transport“ jagte jedem, der es hörte, schreckliche Angst ein.

Endlich eine Chance?

„Ihr könnt euch vorstellen, dass der Besuch des Roten Kreuzes für uns eine unglaubliche Chance sein könnte“, fuhr Marta fort. „Hoffentlich sehen die Inspektoren, wie schlimm die Zustände hier sind, und sie werden sich denken können, dass es woanders noch viel schlimmer ist. Wenn sie der Welt davon berichten, geht der Krieg vielleicht schneller zu Ende."

„Aber wieso", ging Clara dazwischen, „haben die Nazis dem Roten Kreuz erlaubt, hierher zu kommen? Wieso sollten sie zulassen, dass jemand sieht, was hier vorgeht?" Clara konnte Martas Zuversicht nicht ganz teilen – würden die Deutschen wirklich zulassen, dass die Tore von Theresienstadt für eine öffentliche Untersuchung geöffnet wurden?

„Aber genau das ist doch der Punkt", erwiderte Marta. „Sie haben keine andere Wahl. Es heißt, der Druck der restlichen Welt auf die Deutschen, ihre Machenschaften aufzudecken, wird immer größer."

Der Raum vibrierte vor Aufregung und Erwartung, nur Clara war immer noch misstrauisch. Sie konnte einfach nicht glauben, dass die Nazis die Rot-Kreuz-Abordnung gern empfangen und ihr erlauben würde, Terezín so zu sehen, wie es wirklich war. Da musste doch mehr dahinterstecken – und Clara war fest entschlossen, die Wahrheit herauszufinden. Wie immer, wenn etwas Wichtiges geschehen war, sehnte sie sich danach, mit Jakob zu sprechen, sich anzuhören, wie er darüber dachte. Vielleicht wusste er ja mehr über den bevorstehenden Besuch.

Alles nur ein Trick?

Aber sie bekam erst mehrere Stunden später Gelegenheit, Jakob zu sehen. Bis dahin waren noch mehr Gerüchte ins Getto gesickert. „Das Ganze ist nur ein Trick, Clara", sagte Jakob. „Wahrscheinlich hast du ganz recht, argwöhnisch zu sein. Ich hab gehört, die Nazis wollen dafür sorgen, dass das Getto für die Besucher richtig hübsch und ordentlich aussieht. Sie wollen Gras ansäen und uns neue Kleider geben und sogar mehr Lebensmittel austeilen. Sie werden das Rote Kreuz erst reinlassen, wenn Terezín völlig anders aussieht – wie eine normale Stadt."

„Ich wusste es. Das Ganze war einfach zu gut, um wahr zu sein." Was für ein schlaues Täuschungsmanöver! „Also wird niemand erfahren, was hier wirklich passiert. Alle werden denken, wir haben Glück, weil es uns so gut geht."

„Aber ich kann mir nicht vorstellen, dass die Deutschen das perfekt hinkriegen", gab Jakob zu bedenken. „Ich meine, wie wollen sie denn alles verstecken? Was ist mit dem Krankenhaus, mit den ganzen alten, kranken Leuten überall? Man kann das Getto teilweise sauber machen, aber man kann nicht den Eindruck erwecken, es wäre ein Paradies."

Es gab in Theresienstadt zu viel zu verstecken. Nicht einmal die Nazis würden in der Lage sein, alles zu vertuschen.

„Können wir den Leuten vom Roten Kreuz nicht irgendwie stecken, dass die Deutschen versuchen, sie an der Nase herumzuführen?", sagte Jakob langsam.

„Und wie?"

„Ich weiß nicht genau. Aber was, wenn wir es schaffen, mit jemandem aus der Gruppe zu reden oder ihnen irgendwie einen Zettel zuzustecken? Wenn wir nur zwei Minuten Zeit hätten, könnten wir ihnen sagen, dass sie genauer hinsehen sollen, mehr Fragen stellen sollen."

„Meinst du, irgendjemand würde einem Haufen Kinder glauben?"

„Keine Ahnung, aber wir müssen es versuchen. Wir müssen das Rote Kreuz warnen, dass die Dinge hier ganz anders sind als sie aussehen. Sprich mal mit Hanna. Wir drei, wir müssen uns einen Plan ausdenken. Vielleicht ist das unsere einzige Chance." Jakobs Gesicht glühte vor Aufregung.

„Ich weiß nicht, Jakob. Bestimmt darf niemand in die Nähe der Leute vom Roten Kreuz. Die Nazis sind doch nicht blöd."

„Nein. Aber dann müssen wir eben noch schlauer sein. Na los, es gibt viel zu überlegen und zu tun."

1 Informiere dich mit deinem Partner, welchen Gefahren Clara und Jakob ausgesetzt gewesen wären, wenn die Nazis von ihrem Vorhaben erfahren hätten.

2 Überlegt in Gruppen, wie Clara und Jakob das Rote Kreuz über das wahre Leben im Getto aufklären könnten.

3 Findet in Gruppen eine mögliche Fortsetzung des Textes und spielt sie euch gegenseitig vor.

4 Informiert euch über das Getto Theresienstadt.

Ideen zur Weiterarbeit

- Lest gemeinsam das Buch.
- Der Text ist mit Bildern von Helga Weissová illustriert. Sie lebte im Getto Theresienstadt und hielt einzelne Szenen in Bildern fest. Erstellt mit ihren Bildern eine Wandzeitung über das Leben im Getto. Zeichnet dazu auch selbst Bilder vom Getto vor und während des Besuches.
- Seht oder hört euch die Oper Brundibar an.
- Sucht im Internet Informationen über das Rote Kreuz. Präsentiert der Klasse die Ergebnisse.

Der jüdische Junge Alan wächst während des Krieges in New York auf. Er lernt Naomi kennen, ein Mädchen aus Frankreich, mit großen Augen voller Angst, das ständig Papier in kleine Fetzen reißt. Ausgerechnet er soll ihr helfen. Dabei würde er viel lieber mit seinen Freunden Schlagball spielen. Außerdem: Was werden sie dazu sagen, dass er der Freund dieser Verrückten – einem Mädchen! – ist?
Doch mit der Zeit merkt er, dass sie eigentlich sehr klug ist, aber in Frankreich Schreckliches erlebt haben muss …

Der gelbe Vogel

Myron Levoy

Ein Picknick für den Freund

Es schmeckte genauso gut, wie es aussah. Alan fragte sich, ob es deswegen so elegant angerichtet und so „anders" wäre, weil Naomi Französin war. Wenn seine Mutter ihm ein Sandwich machte, war es vollgestopft, es hatte eben nicht den kühlen, zarten Wohlgeschmack wie diese hier.

„Wirklich toll", sagte Alan und nahm die dritte Schnitte. „Aber das wäre nicht nötig gewesen – die Arbeit, die Mühe, das Decken."

„Warum nicht? Du bist mein Freund." „Trotzdem …"

„Non, das war nichts. Ich habe oft Picknick gemacht, mit Freunden. Vor langer, langer Zeit. Wir spielten Picknick im Hof, mit Geschirr für Puppen … Meine Freunde … sie sind alle tot jetzt, ja?"

„Nein", sagte Alan, „ich meine: vielleicht nicht."

Alan dachte an die Wochenschau und die Fotos: brennende Häuser in London, Nazi-Truppen auf dem Marsch, Menschen, die in Lastwagen verfrachtet werden, Paris gefallen, Frankreich gefallen. Naomi war dort gewesen. Was hatte sie wirklich gesehen?

Er wollte fragen. Er wollte es wissen. Vorsicht, dachte er. Lass sie reden, wenn sie reden will. Sei vorsichtig.

Naomi legte die Arme um ihre Knie und starrte in Gedanken versunken auf den Boden. Der Wind blies ihr eine Haarsträhne über die Wange. Mit ihren schwarzen Augen und dem schmalen, dunkel getönten Gesicht sieht sie richtig schön aus, dachte Alan. Wo hatte er dieses Gesicht nur gesehen? Er konnte sich nie dran erinnern.

„Ja, sie sind tot", sagte Naomi nach einer langen Pause. „Ich glaube es."

„Vielleicht siehst du sie wieder, weißt du, wenn der Krieg vorbei ist", sagte Alan schnell.

„Der Krieg ist vorbei."

„Nein … Ich meine, jetzt dauert's nicht mehr lange. Unsere Truppen stehen schon auf deutschem Boden."

„Ah oui." Sie sagte es völlig ausdruckslos.

„Sollen wir vielleicht über etwas anderes reden?", fragte Alan.

Myron Levoy wurde 1930 in New York geboren. Nach dem Studium der Ingenieurswissenschaften arbeitete er zunächst in der Raumfahrttechnik. Für seine Theaterstücke, Kinder- und Jugendbücher erhielt er viele Preise. Levoy lebt heute als Schriftsteller mit seiner Familie in Rockaway (New Jersey).

Hat Naomi ihren Vater getötet?

„Ich habe meinen Vater getötet, weißt du.“ Die Wörter kamen auf ihn zu und umklammerten ihn wie eine giftige Schlange. Er hatte Angst, etwas zu sagen. In so einem Augenblick ist jedes Wort verkehrt.

„Ich … ich …“ Sein Denken setzte aus. Es war ihm klar, dass er stotterte. Sie war also doch verrückt. „Ich … hab‘ gedacht, es waren die Nazis?“

„Ah oui.“ „Stimmt's nicht?“ „Aber ich habe geholfen.“ „Na … Naomi, das ist doch nicht wahr.“ „Ich lüge? Wie weißt du? Sag mir. Du warst dabei? Du warst dabei?“ „Nein … nein …“

„Alle die Pläne. Ich habe ihn getötet, mit den Plänen. Verstehst du? Alle die Pläne. Die Pläne.“ Mit aufgerissenen Augen saß sie da. Ihre Fäuste schlossen sich und öffneten sich, während sie sprach.

Nerven behalten!

Nerven behalten, dachte Alan. Du Blödmann, behalt jetzt bloß die Nerven. Locker. Bleib ganz locker. Aber sie sieht schon … sie sieht schon etwas gestört aus. Richtig gestört.

„Naomi, ich … ich verstehe es nicht. Die Pläne und all das. Brauchst es ja auch nicht zu sagen. Nur, Naomi, bitte, bitte … Ist doch alles gut jetzt. Nimm's nicht so schwer … bitte.“

Naomi sah starr geradeaus, an Alan vorbei, auf einen Punkt in ihrer Erinnerung.

„Mein Vater. Er sagte: ›Zerreißt alle Pläne!‹ Von der Kanalisation. Sie gingen durch die Kanäle. Die Soldaten der Résistance, vom Widerstand. Mein Vater machte die Pläne. Von den Kanälen in Paris. Er sagt: ›Ihr müsst die Pläne zerreißen!‹ Ich … ich … Dann in der Nacht. Die Soldaten vom Widerstand. Sie greifen die Gestapo an in der Nacht. Aber die Nazis, sie entdecken es. Mein Vater macht die Pläne. Die entdecken es. Und sie kommen. Sie kommen. Sieh nur. Zwei Lastwagen in der Straße. Mein Vater sagt: ›Zerreißt die Pläne. Naomi, zerreiße die Pläne. In die Toilette und ziehen. Zerreißt die Pläne!‹ Wir reißen. Wir reißen. Unsere Fingernägel, sie brechen. Unsere Hände – voll Blut. Ich reiße, ich kaue, ich esse Pläne. Es geht nicht mehr. ICH KANN NICHT. ICH KANN NICHT MEHR. Aber die Nazis, sie sind vor der Tür. ›Vite! Vite! Reißt! Reißt! Reißt! Schneller! Schneller!‹ Er stößt mich unter das Bett. Dann, sie schlagen an die Tür. Sie brechen durch die Tür … Sieh nur. Sie schlagen ihn mit Knüppel. Sie schlagen ihn auf den Boden. Sein Kopf ist voll Blut. Überall Blut. Blut unter dem Bett. Überall. Überall. Blut … Ich reiße. Ich reiße die Pläne. Ich reiße nicht genug. Nein. Nicht genug. Ich konnte nicht … Sie gehen. Sie sind weg. Die Nazis sind weg. Hör‘ nur … So still. Pst. So still. Vielleicht, alles ist gut? Vielleicht, er schläft nur, mein Vater? … Dann sagt er, ganz schwach: Naomi! Er sagt: Naomi. Naomi. Naomi. Und er schläft ein. Ich versuche, ihn zu

wecken. Er ist tot. ER IST TOT. ER IST TOT. ICH REISSE, ICH REISSE, ICH REISSE. NICHT GENUG! NICHT GENUG! –"

„Naomi, hör auf! Du konntest doch nichts machen. Hör auf! Es waren Nazis. Die Nazis. Naomi! Du kannst doch nichts dafür!"

„Sieh nur. Meine Hände sind rein. Mein Kleid ist rein. Er ist tot, das ist alles. So viel Blut …"

„O Naomi. Naomi …"

Alan legt seine Hand auf ihre Schulter, dann auf ihren Kopf, sanft wie sein Rabbi*, als der ihm den Segen erteilte. Die alten Worte kamen ihm in den Sinn: der Herr segne dich und beschütze dich. Er lasse sein Angesicht leuchten über dir und gebe dir seinen Frieden. Für sie, dachte Alan. Für sie.

„Du bist ... du bist in Sicherheit, Naomi. O. K.? Du bist hier sicher. Niemand wird dir etwas tun. Ich lass' es auch nicht zu. O. K., Naomi? ... O. K.?"

„Ukay."

„Wenn du willst, kommst du einfach zu mir. Auf der Straße oder sonstwo. Wenn jemand pampig wird. Oder wenn du nur reden willst. Oder überhaupt. O. K.?"

„Ukay."

„Hab keine Angst mehr. Naomi. O. K.?"

„Ukay."

1 Erzähle, was Naomi in Frankreich erlebt hat.

2 Warum zerreißt Naomi ständig Papier? Was will sie damit erreichen?

3 Naomi hat, mit einem schweren Schock, den Krieg überlebt. Aber wie kann sie weiterleben? Diskutiert darüber.

4 Informiert euch z. B. in Lexika über die Résistance, eine Widerstandsgruppe in Frankreich.

Ideen zur Weiterarbeit

- Leiht euch das Buch aus und lest es in der Gruppe. Kann Alan Naomi über das Erlebte hinweghelfen?
- Findet zu dem Verb „stehen" verschiedene Präfixe. Ordnet eure Wörter auf einem Blatt kreativ an. An welcher Stelle fügt ihr das Verb „widerstehen" ein? Begründe.
- Gestaltet eine kleine Ausstellung zu Widerstandsgruppen in den verschiedenen Ländern Europas.

TIPP!

Hilfen zu Präfixen findest du in der Werkstatt Rechtschreiben auf Seite 225.

Über die Zeit des Nationalsozialismus gibt es nicht nur viele Jugendbücher, sondern auch einige Hörkassetten. Der erste Frühling von Klaus Kordon ist ein Beispiel dafür.
Endlich ist der Krieg vorbei – und vor Änne steht ihr Vater Helle, an den sie sich nicht mehr erinnern kann und der im KZ war. Ihre Mutter Jutta, eine Halbjüdin, starb vor Jahren an den Folterungen im Gefängnis. Die Familie trifft im Haus von Ännes Großeltern aufeinander: Onkel Heinz, der Deserteur, die Jüdin Tante Mieze, Verlobte des im Krieg verstorbenen Onkel Hans, aber auch Tante Martha, die den überzeugten Nazi Günter geheiratet hat. Können sie sich nach allem gegenseitig verzeihen?*

Der erste Frühling

Klaus Kordon

War Tante Martha in der Partei?

„Und du? Warste auch in der Partei? Oder haste gedacht, du bleibst sauber, wenn allein dein Mann drin ist?«

„Ich … bin auch … eingetreten.“

„Und wann?“

Die Tante macht schon den Mund auf, um zu antworten, da sackt sie plötzlich in sich zusammen. Onkel Heinz und der Großvater fangen sie gerade noch rechtzeitig auf, um sie auf einen Stuhl setzen zu können. „Das … ist nur der Hunger“, flüstert sie, als es ihr wieder ein bisschen besser geht, „der Hunger … und die Aufregung.“ Doch dann sieht sie den Vater fest an und beantwortet seine Frage. „1934 bin ich eingetreten, am 6. Juni.“

„Aber“, Onkel Heinz guckt verblüfft, „da haben Helle und Jutta doch schon über ein Jahr im Gefängnis gesessen?“

„Ich weiß“, antwortet die Tante leise und dann schlägt sie die Hände vors Gesicht und weint wieder. „Ich schäme mich ja so. Ich schäme mich so.“

Änne hofft, dass nun der Großvater was sagen wird, irgendwas Versöhnliches. Doch der Gropa sitzt nur da und schweigt. So ist lange nur dieses heftige Schluchzen zu hören, bis die Tante sich ein wenig gefasst hat und von neuem beginnt. „Damals ging's Günter und mir doch zum ersten Mal so richtig gut. Da haben wir doch noch geglaubt, dass die Nazis bei allen Fehlern, die sie machten, letztendlich die Armut beseitigen wollten. Und Günter hat immer gesagt, Jutta und Helle hätten das nur nicht richtig verstanden, weil sie nun mal Kommunisten* waren. Und wir waren ja auch nicht die Einzigen, die dem Hitler zujubelten … So viele Menschen können sich doch nicht irren, dachte ich …“

Können sich so viele Menschen irren?

Änne bekommt Mitleid mit der weinenden Frau. Um zu wissen, dass die Tante nicht unrecht hat, braucht sie nur an die großen Aufmärsche zu denken. Wie wurde da gejubelt! Und in der Schule die

Lehrer, die wussten es ja auch nicht besser, obwohl sie immer so taten, als wüssten sie alles.

Wir waren dumm!

„Wir waren dumm. Sehr dumm! Heute weiß ich das. Aber damals?"

Die Tante verstummt, blickt den Vater an und wiederholt noch mal: „Ja, Helle, wir waren dumm, aber wir waren keine Verbrecher. Das musste mir einfach glauben. Und hat Günter seinen Irrtum denn nicht mit dem Leben bezahlt?"

Dumm, aber keine Verbrecher?

Jetzt kann der Vater nicht mehr an sich halten. „Das mit der Dummheit habe ich nun schon öfter gehört!", entgegnet er heftig. „Das scheint die einzige Entschuldigung zu sein, die angenommen wird. Aber wohl nur von denen, die selbst nicht klüger sind." Und dann schreit er auf einmal los: „Ihr wart doch nur dumm, weil ihr dumm sein wolltet! Allein irgendwelcher Vorteile wegen! Oder denkste, Jutta und ich, wir hätten nicht gern besser gelebt?" Er ballt die Fäuste, bis die Knöchel weiß hervortreten, und dann stürzen auch ihm die Tränen aus den Augen. „Weißte denn überhaupt, was geschehen ist? Heute Morgen war eine Frau hier, die Änne und mir erzählt hat, wie Jutta umgekommen ist. Der hätteste mal sagen sollen, dass du nur dumm warst. Oder glaubste etwa, Jutta, Hans und all die vielen Millionen anderen Menschen, die ihr in eurer Dummheit umgebracht habt, könnten diese Ausrede akzeptieren?"

Entgeistert starrt die Tante den Vater an. „Günter und ich haben doch niemanden umgebracht!"

Ihr habt alles gewusst!

„Doch!", schreit der Vater. „Doch! Doch! Doch! Der Hehler ist genauso schlimm wie der Stehler. Und sag mir nicht, ihr hättet nichts gewusst von dem, was geschehen ist, während ihr euch eurer kleinen Vorteile erfreut habt. Ihr habt alles gewusst, alles, alles, alles – doch ihr wolltet es nicht wissen!"

„Aber bis wir das so richtig mitbekommen haben, war's doch längst zu spät!", schreit die Tante weinend zurück. „Und wenn wir da was gesagt hätten, hätten sie uns auch eingesperrt."

Form der Wiedergutmachung

„Auch das hab ich schon mal gehört. Immer die gleichen Argumente! Aber den Mund aufmachen oder irgendwas anderes dagegen tun wäre die einzige Form von Wiedergutmachung gewesen, über die wir beide noch reden könnten." Der Vater ist totenbleich im Gesicht, er kann seine Hände nicht mehr stillhalten und die Mundwinkel zucken immer heftiger.

„Versteh dich ja, Helle, ob du's mir glaubst oder nicht. Was du erlebt hast ... und Juttas Tod ... das wird wohl immer zwischen uns sein." Die Tante knüllt ihr Taschentuch zusammen und steht [...] noch einen Augenblick hilflos in der Küche herum, dann will sie zur Tür.

„Warte!" Onkel Heinz springt auf. „Ich bring dich. Die Russen in dieser Gegend sind nicht gerade zimperlich."

„Die Russen!“, schreit da der Vater verzweifelt und greift sich mit beiden Händen an den Kopf, als drohe der, vor Schmerz zu platzen. „Ich kann's nicht mehr hören! Wart ihr etwa zimperlich, in Russland, Frankreich, Dänemark, Schweden, Holland, Polen?“

Waren die Deutschen zimperlich?

Als hätte ihn etwas in den Rücken getroffen, bleibt Onkel Heinz stehen. „Ich war zimperlich!“, schreit er mit hochrotem Kopf zurück. „Und viele andere waren es ebenfalls, auch wenn du dir das nicht vorstellen kannst. Und denke ja nicht, dass ich mich für das, was man Jutta und dir, Hans und Mieze angetan hat, nicht schäme. Aber weißt du denn, was sie uns in der Schule eingebläut haben? Weißte, welche Angst die Eltern hatten, mir die Wahrheit zu sagen?“

Die Wahrheit konnte man sehen.

„Wer die Wahrheit sehen wollte, konnte sie sehen. Jeden Tag.“ Tante Mieze steht auf einmal in der Tür, hat einen Judenstern in der Hand und hält ihn sich an die Brust. „Gelb ist eine Farbe, die man nicht so leicht übersieht.“

1 Lest den Text und schlagt unbekannte Begriffe nach.

2 Beschreibt in Partnerarbeit die einzelnen Personen.
- Welche Ansichten vertraten sie während des Nationalsozialismus? Erstellt eine Mindmap.
- Überlegt, mit welchen Gefühlen die Personen sprechen.

3 Lest den Text nun mit verteilten Rollen.

4 Alle Personen gehören einer Familie an. Wie können sie mit dem Geschehenen umgehen?

5 Diskutiert über diese Aussagen:
- „So viele Menschen können sich doch nicht irren.“
- „Wir waren dumm, aber keine Verbrecher.“
- „Wer die Wahrheit sehen wollte, konnte sie sehen.“

Ideen zur Weiterarbeit

- Wie geht die Geschichte weiter? Entwerft in der Gruppe selber das Ende der Hörkassettenszene und nehmt es auf.
- Schreibe einen inneren Monolog aus Ännes Sicht. Was denkt sie an diesem Abend? Verwende dabei auch die indirekte Rede. Hilfen findest du in der Werkstatt Sprache ab Seite 238.
- Wenn du Ännes Geschichte ausführlicher kennen lernen willst, dann lies das gleichnamige Buch.

TIPP!
Was ein innerer Monolog ist, erfährst du im Kapitel Selbstständig lernen auf Seite 17.

Filme über Leid und Verfolgung im Nationalsozialismus

Neben vielen Reportagen über die Vorgeschichte und den Verlauf des 2. Weltkrieges gibt es auch mehrere Spielfilme.

Einer der bekanntesten Filme ist „Schindlers Liste". Er beruht auf der wahren Geschichte von Oskar Schindler, der Mitglied der NSDAP war. Dennoch rettete er vielen Juden im 2. Weltkrieg das Leben, indem er ihnen Arbeit in seiner Fabrik gab und sie als unverzichtbare Arbeitskräfte erklärte. Der Film zeigt, wie Oskar Schindler im Verlauf des Krieges seine Meinung änderte und zum Rettungsanker für viele wurde. Zudem veranschaulicht er eindrucksvoll das Leben in einem Arbeitslager, die Armut, das Elend und die Ängste auf der einen, das privilegierte Leben und die Willkür der Herrschenden auf der anderen Seite.

Ein gutes Beispiel für den Widerstand in Deutschland zeigt der Film „Die letzten Tage der Sophie Scholl". Selbst im Verhör steht Sophie Scholl zu ihrer politischen Überzeugung und zu dem Recht des Menschen auf freie Meinungsäußerung, obwohl sie weiß, dass dies für sie das Todes-urteil bedeuten kann.

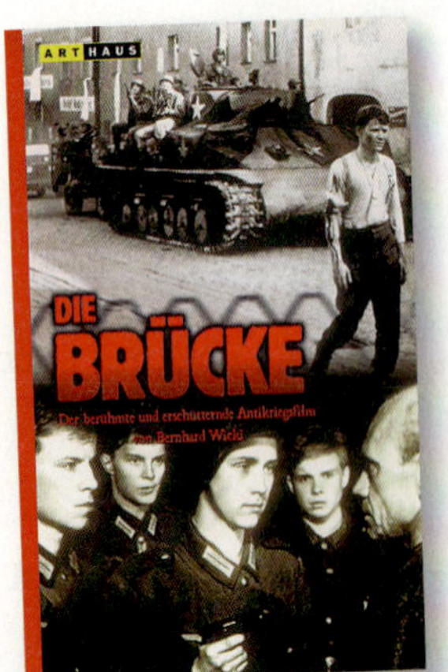

Nicht alle Filme über diese Zeit handeln von der Verfolgung von Juden und dem Widerstand im 2. Weltkrieg. Im Klassiker „Die Brücke" erleben sieben Jugendliche, die voller Begeisterung kurz vor dem Ende in den Krieg ziehen, dass ihr Bild vom ruhmreichen Kampf und ihre Ehre für das deutsche Vaterland wenig mit der Realität zu tun hat.

- Seht euch einen der Filme an und schreibt eine Filmkritik für die Schülerzeitung.
- Auch einige Jugendbücher zu diesem Thema sind verfilmt worden. Erkundigt euch in Buchhandlungen oder im Internet darüber. Stellt die Verfilmungen in Partnerarbeit kurz vor.

Werkstatt Gedichte

Im Nebel *Hermann Hesse*

Seltsam, im Nebel zu wandern!
Einsam ist jeder Busch und Stein,
Kein Baum sieht den andern,
Jeder ist allein.

Voll von Freunden war mir die Welt
Als noch mein Leben licht war;
Nun, da der Nebel fällt,
Ist keiner mehr sichtbar.

Wahrlich, keiner ist weise,
Der nicht das Dunkel kennt,
Das unentrinnbar und leise
Von allen ihn trennt.

Seltsam, im Nebel zu wandern!
Leben ist Einsamsein.
Kein Mensch kennt den andern,
jeder ist allein.

Hermann Hesse (geb. 1877 in Calw, gest. 1962 in Montagnola/Tessin), Sohn eines Pfarrers, wurde gegen den Willen seiner Eltern Schriftsteller. In seinen Werken – die wichtigsten sind „Der Steppenwolf" und „Das Glasperlenspiel" – geht es vor allem um die Natur und Menschen, die nach dem Sinn des Lebens fragen. 1946 erhielt er den Nobelpreis für Literatur. Hermann Hesse ist einer der bekanntesten deutschen Schriftsteller.

1 Male ein Bild, in dem sich die Nebelstimmung des Gedichtes ausdrückt.

2 Beschreibe die Situation, in der sich der Wanderer befindet.
Wie hebt sich die zweite Strophe davon ab?

3 Welche Wörter prägen die Stimmung des Gedichts? Schreibe sie auf.

4 Was denkst du über die beiden letzten Sätze? Schreibe deine Gedanken kurz auf.

Mit Liebesgedichten kreativ umgehen

TIPP!
CDs mit Liebesliedern mitbringen!

Die Schüler haben CDs mit Liebesliedern mitgebracht. Die Klasse sucht eines aus, das allen vorgespielt wird.

1 Schließe deine Augen und höre dir das Liebeslied an. Erstelle ein Cluster mit allen Begriffen, die dir zum Thema „Liebe" einfallen.

2 Versuche ein Liebesgedicht zu schreiben.

LÜGE
EIFERSUCHT
TRENNUNG
BETRUG
SCHMERZ

(Tom)

Rosarot
die Liebe
gestern kam sie
völlig unverhofft zu mir
wunderschön!

(Marie)

Sprachschwierigkeiten *Hans Manz*

Wenn ich sie sehe,
denke ich:
Sie ist schöner als alle!

Wenn ich sie höre,
denke ich:
Die Stimme eines Engels!

Wenn ich an sie denke,
Denke ich:
Wie klug ist sie doch!

Wenn ich mit ihr rede,
Sage ich:
„Du hast einen Fleck auf der Bluse"

Gedichte kreativ verarbeiten

Das Hohelied der Liebe (1. Kor.13,4–8)

Die Liebe ist langmütig und freundlich, die Liebe ist nicht eifersüchtig, die Liebe treibt nicht Mutwillen, sie bläht sich nicht auf, sie verletzt nicht den Anstand, sie sucht nicht das Ihre, sie lässt sich nicht erbittern, sie trägt das Böse nicht nach, sie freut sich nicht über das Unrecht, sie freut sich vielmehr an der Wahrheit, sie erträgt alles, sie glaubt alles, sie hofft alles, sie duldet alles.

Was es ist *Erich Fried*

Es ist Unsinn
sagt die Vernunft
Es ist was es ist
sagt die Liebe
Es ist Unglück
sagt die Berechnung
Es ist nichts als Schmerz
sagt die Angst
Es ist aussichtslos
sagt die Einsicht
Es ist was es ist
Sagt die Liebe
Es ist lächerlich
sagt der Stolz
Es ist leichtsinnig
sagt die Vorsicht
Es ist unmöglich
sagt die Erfahrung
Es ist was es ist
sagt die Liebe

Erich Fried (geb. 1921 in Wien, gest. 1988 in London), schrieb schon als Schüler Gedichte. Beim Einmarsch der deutschen Truppen in Österreich 1938 floh er nach London, weil er jüdischer Abstammung war. Dort hielt er sich mit Gelegenheitsarbeiten über Wasser.
Nach dem Krieg war er als Journalist tätig, ab 1968 nur noch als freier Schriftsteller.
Wegen seiner politischen Gedichte, die den scharfen Gegensatz und die Satire bevorzugen, war Erich Fried oft Anfeindungen ausgesetzt. Sein Ruhm setzte erst ein, als er über sechzig und bereits schwer krank war.

1 Von welchem Begriff ist in beiden Texten die Rede? Welche Aussagen werden getroffen? Welche Empfindungen liegen dabei zu Grunde?

2 Nenne die Begriffe, die in Erich Frieds Gedicht gegen dieses „es" angeführt werden und erkläre genauer, warum sie dagegen sprechen. Arbeite mit dem Partner. Notiere.

3 Finde weitere Beispiele, was dieses „es" noch sein kann.

4 Mit welchen Worten beschreibt der Bibeltext die Liebe? Notiere und erkläre.

5 Schreibe das Hohelied der Liebe in Strophenform auf.

6 Setze des Hohelied der Liebe mit eigenen Begriffen fort.

Ein Gedicht erleben

Augen in der Großstadt *Kurt Tucholsky*

Wenn du zur Arbeit gehst
am frühen Morgen,
wenn du am Bahnhof stehst
mit deinen Sorgen:
da zeigt die Stadt
dir asphaltglatt
im Menschentrichter
Millionen Gesichter:
Zwei fremde Augen, ein kurzer Blick,
die Braue, Pupillen, die Lider –
Was war das? Vielleicht dein
Lebensglück ...
vorbei, verweht, nie wieder.

Du gehst dein Leben lang
auf tausend Straßen;
du siehst auf deinem Gang,
die dich vergaßen.
Ein Auge winkt,
die Seele klingt:
du hast's gefunden,
nur für Sekunden ...
Zwei fremde Augen, ein kurzer Blick,
die Braue, Pupillen, die Lider;
was war das? Kein Mensch dreht die Zeit
zurück ...
Vorbei, verweht, nie wieder.

Du mußt auf deinem Gang
durch Städte wandern;
siehst einen Pulsschlag lang
den fremden Andern.
Es kann ein Feind sein,
es kann ein Freund sein,
es kann im Kampfe dein
Genosse sein.
Es sieht hinüber
und zieht vorüber ...
Zwei fremde Augen, ein kurzer Blick,
die Braue, Pupillen, die Lider –
Was war das?
Von der großen Menschheit ein
Stück!
Vorbei, verweht, nie wieder.

1 Lies das Gedicht. Lass es auf dich wirken und male zwei große Augen mit Braue, Pupille und Lid auf DIN-A4-Papier in schwarz-weiß.

2 Beschreibe die Situation jeder Strophe mit ein bis zwei Sätzen. Welche Stimmung drückt sich darin aus?

3 Was bedeutet dieser Blick zweier fremder Augen?

4 Wer ist mit dem „du" in dem Gedicht gemeint?

5 Schreibe einen Satz auf, der den Sinn des Gedichts erfasst.

6 Finde weitere Informationen im Internet oder in der Bibliothek zu Kurt Tucholsky (geb. 1890 in Berlin, gest. 1935 in Hindas bei Göteborg/Schweden) und erstelle einen Lebenslauf.

Gedicht und Zeitungsbericht entflechten

Obdachlose – Obdachlos *Schülertext*

Dunkel
Fast täglich
Gehüllt in Zeitungspapier
Werden unter Brücken
Hände gefaltet
Im Schlaf erstarrt
Oder in den Parks großer Städte
Den Kopf zur Seite gedreht
Sich selbst überlassen
Liegt er da
Obdachlose
Und friert
Ausgeraubt und
In seine Augen trifft
Der Strahl meiner Taschenlampe
Ihrem Schicksal
Überlassen
Er wendet den Blick

1 In diesem Text hat ein Schüler ein Gedicht und eine kurze Zeitungsnachricht ineinander verflochten. Die beiden Texte kannst du dadurch unterscheiden, dass sie verschieden gedruckt sind. Aber wie lautet das Gedicht? Und wie die Zeitungsnachricht? Und woran erkennst du den Unterschied?

2 Welche Überschrift gehört wohl zu welchem Text? Begründe es!

3 Schreibe die Zeitungsnachricht auf. Dabei musst du natürlich die großgeschriebenen Buchstaben in den Wörtern ändern!

4 Ihr könnt diesen Text gemeinsam vorlesen. Die Zeitungsnachricht sollten mehrere im Chor sprechen, die Gedichtverse nur ein Einzelner.

5 Suche dir eine andere kurze Nachricht aus der Zeitung heraus. Schreibe ein Gedicht dazu. Es muss sich nicht reimen! Schreibe dann die Zeitungsnachricht und das Gedicht ineinander. Hier ist ein Beispiel zur Anregung:

Zeitungsnachricht: Jedes Jahr werden in den großen Ferien Hunderte von Tieren auf Autobahnparkplätzen verantwortungslos ausgesetzt und einem unvorstellbar grausamen Schicksal überlassen.

Gedicht: Rechts auf dem Seitenstreifen / grau ein Hund, / zu einer Steinfigur versteift, / Vorderläufe vorgestreckt, / im Lauf erstarrt, / den Kopf gereckt. / Ausgesetzt der Einsamkeit, / für die sein Hirn nicht programmiert, / steht er und starrt, / das Nackenhaar gesträubt. / In seine gelben Augen trifft / der Strahl des Aufblendlichts. / Vorbei. / Rückspiegelblick ins Nichts.

Ein Gedicht ergänzen und weiterführen

Was es alles gibt

Robert Gernhardt

Da gibt es die, die schlagen
Da gibt es die, die rennen
Da gibt es die, die zündeln

Da gibt es die, die wegsehn
Da gibt es die, die hinsehn
Da gibt es die, die mahnen:

Da gibt es die, die wissen
Da gibt es die, die fragen
Da gibt es die, die warnen:

Da gibt es die, die reden
Da gibt es die, die schweigen
Da gibt es die, die handeln:

1 In diesem Gedicht fehlt jeweils der letzte Vers. Ordne die fehlenden Verse den Strophen zu. Begründe, warum die Verse zu den Strophen passen.

Wer hinsieht, muss auch hingehn

Da gibt es die, die brennen

Was wir sind, wird sich zeigen

Wer fragt, wird selbst geschlagen

TIPP!
Mehr über Attributsätze findest du in der Werkstatt Sprache auf den Seiten 251 und 252.

2 Sprecht gemeinsam darüber, was euch dieses Gedicht sagen will:
- Von was für Menschen ist hier eigentlich die Rede? Unterstreiche die Attributsätze.
- Worüber könnten sie reden? Wovor wegrennen? Wo könnten sie hinsehen?
- Die Überschrift lautet: *Was es alles gibt.* Will sie damit nicht auch ausdrücken, was es leider zu selten gibt?
- Und was sollten die Menschen eigentlich tun? Seht euch die letzten beiden Verse genau an!

3 Schreibe zu dem Gedicht eine letzte Strophe, in der steht, was man wirklich tun könnte, anstatt zu schweigen, zu reden, zu rennen und zu warnen. Verwende auch hier Attributsätze.

Ein Gedicht auswendig lernen und vortragen

1 Am besten ist, wenn du dir einen Partner oder eine Partnerin suchst, mit der du gemeinsam lernen kannst.

2 Lest euch das Gedicht zuerst einmal leise durch:

> **Joseph von Eichendorff** (1788–1857) war ein Dichter der Literaturepoche Romantik (1795–1835). Die Romantiker waren der Ansicht, dass vieles auf der Welt nicht durch die Vernunft zu verstehen ist. Die Welt kann rätselhaft, geheimnisvoll und unberechenbar sein. Die Dichter interessierten sich für das Magische, Zauberhafte und die Geheimnisse der Seele und des Gefühls. Ihre Märchen und Gedichte handeln von Traum, Sehnsucht, Liebe und Natur.

Die Blätter fallen *Joseph von Eichendorff*

Es ist nun der Herbst gekommen, |
hat das schöne Sommerkleid ◡
von den Wäldern weggenommen |
und die Blätter ausgestreut. ||
Vor dem bösen Winterwinde ◡
deckt er warm | und sachte zu ◡
mit dem bunten Laub | die Gründe*, ◡
die | schon müde gehn zur Ruh. ||

3 Sprecht es euch dann selbst vor. Betont dabei die unterstrichenen Wörter und macht ein kleine Pause, wenn ein einfacher Strich steht (|), – und eine etwas größere, wenn ein Doppelstrich steht (||). Bei einem Bogen (◡) solltet ihr auch eine kleine Pause machen, die Stimme darf aber dabei nicht absinken!

4 Lest euch das Gedicht gegenseitig vor und achtet dabei auf die Betonungen und die Pausen. Achtet auch darauf, ob ihr es eher langsam oder etwas schneller, eher leise oder etwas lauter sprechen wollt. Hört euch gegenseitig zu und lernt voneinander.

5 Auswendig lernen müsst ihr das Gedicht natürlich allein. Da kann euch der andere nicht helfen.

- Am besten ist, ihr sprecht euch zuerst die ersten vier Zeilen mehrere Male selbst vor. Wer sich selbst hört, der lernt besser!
- Dann versucht ihr, allmählich nicht mehr auf den Text zu schauen. Der Partner kann euch aushelfen, wenn ihr nicht mehr weiterwisst.
- Dann macht ihr es mit den zweiten vier Zeilen genauso.

6 Wenn ihr das Gedicht vor der Klasse vortragt, ist einer der Vortragende, der andere der „Vorsager". Auf dem Theater ist das auch so. Dort heißt der Vorsager „Souffleur" oder „Souffleuse" (Vorflüsterer). Der weiß ziemlich genau, an welcher Stelle der Schauspieler immer „hakt" – und hilft ihm weiter.

Das Wichtigste beim Vortragen ist nicht, dass man den Text auswendig runterrappeln kann, sondern dass man Spaß beim Vortrag hat – und die Zuhörer müssen ihn auch haben!

> **TIPP!**
> *Auf diese Weise könnt ihr jedes andere Gedicht zum Vortragen vorbereiten. Sucht euch eins aus, das euch besonders gut gefällt.*

Haikus kennen lernen

Ein **Haiku** ist eine japanische Gedichtform. Der Inhalt eines Haikus besteht in der Regel aus einer alltäglichen Beobachtung – zum Beispiel in der Natur. Es gibt einen ganz bestimmten Augenblick wieder, auf den die Leser aufmerksam gemacht werden sollen. Dieser Augenblick wird in einem Bild dargestellt.
Ein Haiku hat aber auch eine ganz bestimmte Form. Es reimt sich zwar nicht wie viele Gedichte bei uns, es hat dafür andere Regeln: ...

Kastanie fällt
vom Baum, platzt, liegt auf dem Weg
goldbraun und glänzend.

Fahrradfahren im
Nebel. An meiner Wimper
hängt feucht ein Tropfen.

1 Schau dir die beiden Haikus genau an. Ergänze dann die Regel oben (Folie). Dabei musst du genau zählen:

- **a** Ein Haiku besteht aus drei Versen.
- **b** Der erste Vers besteht aus ?? Silben,
- **c** der zweite Vers aus ?? Silben,
- **d** der dritte Vers aus ?? Silben.
- **e** Das letzte Wort sollte ein besonders wichtiges Wort, eine Art Pointe sein.

2 Die beiden folgenden Haikus sehen zwar fast genauso aus wie die oben, aber sie entsprechen nicht den Regeln, die eingehalten werden müssen. In jedem dieser Haikus sind zwei Regeln nicht eingehalten. Welche sind es?

Kastanie fällt
vom Baum, platzt und liegt glänzend und
braun auf der Straße.

Fahrradfahren im
Nebel. Tropfen hängen feucht
an meinen Wimpern dran.

Ein Parallelgedicht schreiben

Rotschopf *Barbara Fenski*

Vorgestern bin ich
zur Hexe geworden,
trage mein Haar jetzt
in flammendem Rot,
schau mir im Spiegel
meine Feuerpracht an,
trage mit Lachen
Lob und Kritik.

1 Hier hat ein Mädchen dargestellt, wie es sich ein anderes Aussehen gegeben hat. Dazu gehört Mut. Wie werden hier Stolz und Selbstbewusstsein zum Ausdruck gebracht?

____
(Meine Überschrift)
Nächste Woche werde ich mich
in ________ verwandeln,
ich trage ________
____
sehe mir in den Schaufensterscheiben
________ an,
____
lache freundlich zurück,
wenn die anderen über mich lachen.

2 Seht euch das Gedicht etwas genauer an:
- Worüber wird in den ersten beiden Versen gesprochen?
- Was beschreibt die Autorin in der dritten und vierten Zeile?
- In der fünften und sechsten Zeile wird der Blick auf etwas anderes gerichtet.
- Und in den letzten beiden Zeilen kommt wieder ein neuer Gesichtspunkt hinzu.

3 Schreibe ein Parallelgedicht über eine Veränderung an dir, die du dir wünschst oder vorstellen könntest. Dabei solltest du die vier Gesichtspunkte parallel beschreiben.

Einen Rap vortragen

Gegendarstellung *Hans-Peter Tiemann*

Ich soll verknallt sein in Stella, die Zicke,
das unangesagteste Girl aus der A?
Die hängt doch nur ab mit der Schminkspiegel-Clique,
fühlt sich wie Madonna, sprüht Glitzer ins Haar.

So'n dünnes Gerippe mit Reibeisenstimme!
Jungs, geht in Deckung, wenn die einmal lacht!
Sie mag mich angeblich? – Ich glaube, ich spinne!
Wegen der krieg ich nie eine schlaflose Nacht.

Was heißt denn hier „Liebesbrief"? Das war 'ne Zeile,
5 Wörter: „Ich mag dich, dein Sören!", nicht mehr.
Ich hatte in Mathe nun mal Langeweile,
man schreibt's und vergisst es sofort hinterher.

Ich glotze sie an wie ein Gockel im Regen?
Hey, Leute, das bildet ihr euch doch nur ein.
Ich trag' ihre Tasche. Na und, was dagegen?
Bisschen Gymnastik am Morgen muss sein.

Ja doch, heut Abend im Park gegen sieben.
Sie hilft mir in Mathe, ich zeig ihr Chemie.
Ansonsten, kapiert es, läuft nichts! Mich verlieben?
In Stella? Mit Sicherheit wahrscheinlich nie!

1 Dieses Gedicht könntet ihr gemeinsam einmal als Rap sprechen. Dazu solltet ihr es in der Klasse im Sprechchor einüben. Dabei müsst ihr beachten, dass ihr nicht durcheinanderkommt, sondern den Text rhythmisch genau sprecht: In jeder Zeile werden vier Silben betont:

<u>Ich</u> soll ver<u>knallt</u> sein in <u>Stel</u>la die <u>Zi</u>cke,
das <u>un</u>ange<u>sag</u>teste <u>Girl</u> aus der <u>A</u>?
Die <u>hängt</u> doch nur <u>ab</u> mit der <u>Schmink</u>spiegel-<u>Cli</u>que,
…

Ein Gedicht analysieren

Rainer Maria Rilke

Sein Blick ist vom Vorübergehn der Stäbe
so müd geworden, | dass er nichts mehr hält. ||
Ihm ist, | als ob es tausend Stäbe gäbe |
und hinter tausend Stäben | keine Welt. ||

Der weiche Gang geschmeidig starker Schritte, |
der sich im allerkleinsten Kreise dreht, |
ist wie ein Tanz von Kraft um eine Mitte, |
in der betäubt | ein großer Wille steht. ||

Nur manchmal | schiebt der Vorhang der Pupille ◡
sich lautlos auf. || – Dann geht ein Bild hinein, |
geht durch der Glieder angespannte Stille – |
und hört im Herzen auf | zu sein. ||

Einige Erklärungen:
Mit *Stäbe* sind hier Gitter gemeint, die es in Gefängnissen, Tierkäfigen und an manchen Fenstern gibt.
Mit *Vorhang der Pupille* sind die Augenlider gemeint, die man über den Augen schließen kann.

1 Bereite zu Hause dieses Gedicht zum Vorlesen vor.

2 In diesem Gedicht beschreibt Rilke ein Wesen, das er in der Überschrift auch nennt. Überlege dir erst einmal eine eigene Überschrift zu dem Gedicht.

3 Vergleicht eure Überschriften miteinander und seht dann auf Seite 142 nach, wie die Überschrift bei Rilke lautet.

4 In wie viel Strophen ist das Gedicht gegliedert? Wovon handelt jede Strophe?

5 Von welchen Empfindungen ist in dem Gedicht die Rede: eher von Trauer, von Liebe oder von Angst, von Einsamkeit, Langeweile oder Wut?

6 Mit welchen sprachlichen Mitteln erzeugt der Autor diese Wirkung? Welche Vokale findest du in den Endreimen heraus?

7 Versuche nun, dieses Wesen zu zeichnen.

TIPP!
Du kannst dieses Gedicht auch auf einer CD mit Rilke-Gedichten finden.

Die Gedichte

Sommergesang *Paul Gerhardt*

Geh aus, mein Herz, und suche Freud
In dieser lieben Sommerzeit
An deines Gottes Gaben:
Schau an der schönen Gärten Zier
Und siehe, wie sie mir und dir
Sich ausgeschmücket haben.

Die Bäume stehen voller Laub,
Das Erdreich decket seinen Staub
Mit einem grünen Kleide.
Narzissus und die Tulipan,
Die ziehen sich viel schöner an
Als Salomonis Seide.

Die Lerche schwingt sich in die Luft,
Das Täublein fleugt aus seiner Kluft
Und macht sich in die Wälder;
Die hoch begabte Nachtigall
Ergötzt und füllt mit ihrem Schall
Berg, Hügel, Tal und Felder.

Ich selbsten kann und mag nicht ruhn;
Des großen Gottes großes Tun
Erweckt mir alle Sinnen:
Ich singe mit, wenn alles singt,
Und lasse, was dem Höchsten klingt,
Aus meinem Herzen rinnen.

Was es alles gibt *Robert Gernhardt*

Da gibt es die, die schlagen
Da gibt es die, die rennen
Da gibt es die, die zündeln
Da gibt es die, die brennen

Da gibt es die, die wegsehn
Da gibt es die, die hinsehn
Da gibt es die, die mahnen:
Wer hinsieht, muss auch hingehn

Da gibt es die, die wissen
Da gibt es die, die fragen
Da gibt es die, die warnen:
Wer fragt, wird selbst geschlagen

Da gibt es die, die reden
Da gibt es die, die schweigen
Da gibt es die, die handeln:
Was wir sind, wird sich zeigen.

Das Gedicht von Rilke (S. 141) hat die Überschrift:

Der Panther

Im Jardin des Plantes, Paris

(Das ist ein berühmter zoologischer Garten.)

Sommersonntag in der Stadt *Georg Britting*

Leer sind die Straßen im Sonntagswind,
Die Menschen hat es ins Freie getrieben,
Nur die weißen Wolken sind
Treu über der Stadt geblieben.

Die Häuser stehen wie unbewohnt,
Alles sucht draußen das Glück:
Einen Weg durch den Wald, einen Fußpfad durchs Korn,
Eine Stunde im Dorf, einen Rittersporn,
In der kühlschwarzen Schlucht einen silbernen Born,
Von der Welt ein glänzendes Stück!

Und kommen die Schatzsucher abends zurück,
Bestaubt und vom Sehen satt,
Hängst zwischen den Dächern der goldene Mond
Unbeachtet über der Stadt.

WERKSTATT Geschichten

In dieser Werkstatt beschäftigt ihr euch mit Geschichten in Gedichtform und in Prosa (also ganz normal erzählt). Geschichten in Gedichtform bezeichnet man als Erzählgedichte oder als Balladen. Viele bekannte Autorinnen und Autoren haben Balladen geschrieben. Darüber hast du im letzten Jahr schon einiges erfahren. Neben den Balladen werdet ihr euch auch mit Kurzgeschichten auseinandersetzen. Dabei werdet ihr Menschen in schwierigen Situationen kennen lernen, über ihr Verhalten nachdenken und diskutieren.
Alle Texte werden so angeboten, dass ihr etwas mit ihnen tun könnt: Ihr werdet dazu aufgefordert, Texte mit verteilten Rollen zu lesen, sie um- und auszugestalten, sie zu inszenieren und selbst kurze Texte zu schreiben. Ihr könnt euch dazu ein Geschichtenportfolio anlegen und weitere Texte sammeln oder selbst schreiben.

Eine Ballade zum Vorlesen vorbereiten

Die Bürgschaft *Friedrich von Schiller*

Zu Dionys, dem Tyrannen schlich
Damon, den Dolch im Gewande;
Ihn schlugen die Häscher in Bande.
„Was wolltest du mit dem Dolche? Sprich!",
Entgegnet ihm finster der Wüterich.
„Die Stadt vom Tyrannen befreien!"
„Das sollst du am Kreuze bereuen!"

„Ich bin", spricht jener, „zu sterben bereit
Und bitte nicht um mein Leben;
Doch willst du Gnade mir geben.
Ich flehe dich um drei Tage Zeit,
Bis ich die Schwester dem Gatten gefreit.
Ich lasse den Freund dir als Bürgen,
Ihn magst du, entrinn' ich, erwürgen."

Da lächelt der König mit arger List
Und spricht nach kurzem Bedenken:
„Drei Tage will ich dir schenken;
Doch wisse, wenn sie verstrichen, die Frist,
Eh' du zurück mir gegeben bist,
So muss er statt deiner erblassen,
Doch dir ist die Strafe erlassen!"

Und er kommt zum Freunde: „Der König gebeut,
Dass ich am Kreuz mit dem Leben
Bezahle das frevelnde Streben;
Doch will er mir gönnen drei Tage Zeit,
Bis ich die Schwester dem Gatten gefreit;
So bleib' du dem König zum Pfande,
Bis ich komme zu lösen die Bande!"

Und schweigend umarmt ihn der treue Freund
und liefert sich aus dem Tyrannen;
Der andere ziehet von dannen.
Und ehe das dritte Morgenrot scheint,
Hat er schnell mit dem Gatten die Schwester vereint,
Eilt heim mit sorgender Seele,
Damit er die Frist nicht verfehle.

Da gießt unendlicher Regen herab,
Von den Bergen stürzen die Quellen
Und die Bäche, die Ströme schwellen.
Und er kommt ans Ufer mit wanderndem Stab,
Da reißt die Brücke der Strudel hinab
Und donnernd sprengen die Wogen
Des Gewölbes krachenden Bogen.

Und trostlos irrt er an Ufers Rand;
Wie weit er auch spähet und blicket
Und die Stimme, die rufende, schicket,
Da stoßet kein Nachen vom sichern Strand,
Der ihn setzte an das gewünschte Land;
Kein Schiffer lenket die Fähre,
Und der wilde Strom wird zum Meere.

Da sinkt er ans Ufer und weint und fleht,
Die Hände zum Zeus erhoben:
„Oh, hemme des Stromes Toben!
Es eilen die Stunden, im Mittag steht
Die Sonne, und wenn sie niedergeht
Und ich kann die Stadt nicht erreichen,
So muss der Freund mir erbleichen!"

Doch wachsend erneut sich des Stromes Wut
Und Welle auf Welle zerrinnet
Und Stunde auf Stunde entrinnet.
Da treibet die Angst ihn, da fasst er sich Mut
Und wirft sich hinein in die brausende Flut
Und teilt mit gewaltigen Armen
Den Strom – und ein Gott hat Erbarmen.

Und gewinnt das Ufer und eilet fort
Und danket dem rettenden Gotte.
Da stürzet die raubende Rotte
Hervor aus des Waldes nächtlichem Ort,
Den Pfad ihm sperrend und schnaubet Mord
Und hemmet des Wanderers Eile
Mit drohend geschwungener Keule.

Eine Ballade zum Vorlesen vorbereiten

„Was wollt ihr?“, ruft er, vor Schrecken bleich,
„Ich habe nichts als mein Leben,
Das muss ich dem Könige geben!“
Und entreißet die Keule dem Nächsten gleich:
„Um des Freundes willen erbarmet euch!“
Und drei mit gewaltigen Streichen
Erlegt er, die andern entweichen.

Und die Sonne versendet glühenden Brand
Und von der unendlichen Mühe
Ermattet, sinken die Knie.
„Oh, hast du mich gnädig aus Räubershand,
Aus dem Strom mich gerettet ins heilige Land
Und soll hier verschmachtend verderben
Und der Freund mir, der liebende, sterben?“

Und horch! Da strudelt es silberhell
Ganz nahe wie rieselndes Rauschen
Und stille hält er, zu lauschen;
Und sieh‘, aus dem Felsen, geschwätzig, schnell,
Springt murmelnd hervor ein lebendiger Quell,
Und freudig bückt er sich nieder
Und erfrischet die brennenden Glieder.

Und die Sonne blickt durch der Zweige Grün
Und malt auf den glänzenden Matten
Der Bäume gigantische Schatten;
Und zwei Wanderer sieht er die Straße zieh'n,
Will eilenden Laufes vorüberflieh'n,
Da hört er die Worte sie sagen:
„Jetzt wird er ans Kreuz geschlagen.“

Und die Angst beflügelt den eilenden Fuß,
Ihn jagen der Sorgen Qualen.
Da schimmern in Abendrots Strahlen
Von ferne die Zinnen von Syrakus
Und entgegen kommt ihm Philostratus,
Des Hauses redlicher Hüter,
Der erkennet entsetzt den Gebieter:

„Zurück! Du rettest den Freund nicht mehr,
So rette das eigene Leben!
Den Tod erleidet er eben.
Von Stunde zu Stunde gewartet er
Mit hoffender Seele der Wiederkehr,
Ihm konnte den mutigen Glauben
Der Hohn des Tyrannen nicht rauben.“

„Und ist es zu spät und kann ich ihm nicht,
Ein Retter, willkommen erscheinen,
So soll mich der Tod ihm vereinen.
Des rühme der blut'ge Tyrann sich nicht,
Dass der Freund dem Freunde gebrochen die Pflicht;
Er schlachte der Opfer zweie
Und glaube an Liebe und Treue!“

Und die Sonne geht unter, da steht er am Tor
Und sieht das Kreuz schon erhöhet,
Das die Menge gaffend umstehet.
An dem Seile schon zieht man den Freund empor,
Da zertrennt er gewaltig den dichten Chor.
„Mich, Henker!“, ruft er „erwürget!
Da bin ich, für den er gebürget!“

Und Erstaunen ergreifet das Volk umher,
In den Armen liegen sich beide
Und weinen vor Schmerzen und Freude.
Da sieht man kein Auge tränenleer
Und zum König bringt man die Wundermär.
Der fühlt ein menschliches Rühren,
Lässt schnell vor den Thron sie führen.

Und blicket sie lange verwundert an.
Drauf spricht er: „Es ist euch gelungen,
Ihr habt das Herz mir bezwungen,
Und die Treue, sie ist doch kein leerer Wahn,
So nehmet auch mich zum Genossen an!
Ich sei, gewährt mir die Bitte,
In eurem Bunde der dritte!“

Eine Ballade zum Vorlesen vorbereiten

Wendet bei diesen Aufgaben die Folientechnik an.

Wenn du dir Zeichen machst, kannst du die Ballade besser vortragen:

Pause: ||

besonders betonen: !

Zeilen verbinden: }

erzählen: ~~~~

zornig: ☹

lächelnd: ☺

lauter werden: ↗

leiser werden: ↘

Du kannst auch selbst Zeichen erfinden.

1 Lies die Ballade und notiere unbekannte Wörter. Versuche sie zuerst aus dem Textzusammenhang zu klären. Schlage dann im Wörterbuch nach.

2 Teile den Text in drei Abschnitte ein und suche jeweils eine passende Überschrift. Gib die Zeilen an.

3 Welche Personen kommen im Text vor? Charakterisiere die beiden Hauptpersonen.

4 Was macht die Ballade spannend?

5 Unterstreiche die Wörter *und* und *da*. Wie oft kommen sie vor? Was bewirken sie?

6 Bereitet in Gruppen die Ballade zum Vorlesen vor.
- Verteilt die Rollen.
- Unterstreicht die wörtliche Rede mit verschiedenen Farben.

7 Experimentiert mit der Vortragsweise. Versucht verschiedene Möglichkeiten und markiert den Text mit den Zeichen in der Randspalte.
- Sprechweise: ruhig, schnell, gehetzt, abgehackt …
- Klangfarbe: traurig, freudig, streng, hart, liebevoll, ängstlich …
- Lautstärke: laut, leise, normal
- Sprecht den Text an verschiedenen Standorten und achtet auf die Wirkung.
- Setzt verschiedene Sprecher ein und verteilt sie im Raum.

Ideen zur Weiterarbeit

- Darüber könnt ihr in der Gruppe diskutieren:
  - Warum hat der grausame König den Freund als Bürgen angenommen?
  - Warum hat sich der Freund bereit erklärt zu bürgen?
  - Warum ist Damon nicht geflohen?
  - Ist es richtig, den grausamen Tyrannen als Freund in den Bund aufzunehmen?

- Die Ballade könnt ihr auch spielen und aufführen. Dazu braucht ihr:
  - einen Erzähler, der den Zusammenhang herstellt
  - die handelnden Personen
  - Illustrationen auf Folie oder Plakaten
  - einen Geräuschemacher
  - einen Kassettenrekorder oder CD-Player für die musikalische Untermalung

TIPP!
Hinweise zum Diskutieren findet ihr auf den Seiten 41 und 71.

Aus einer Ballade ein Hörspiel machen

Die Brück am Tay (28. Dezember 1879)

Theodor Fontane

When shall we three meet again?*
Macbeth.*

„Wann treffen wir drei wieder zusammen?“
„Um die siebente Stund’ am Brückendamm.“
„Am Mittelpfeiler.“
„Ich lösche die Flamm.“
„Ich mit.“
„Ich komme vom Norden her.“

„Und ich vom Süden.“
„Und ich vom Meer.“
„Hei, das gibt einen Ringelreihn,
Und die Brücke muss in den Grund hinein.“
„Und der Zug, der in die Brücke tritt
Um die siebente Stund’?“
„Ei, der muss mit.“
„Muss mit.“
„Tand, Tand
Ist das Gebilde von Menschenhand!“

Auf der Norderseite, das Brückenhaus –
Alle Fenster sehen nach Süden aus,
Und die Brücknersleut’ ohne Rast und Ruh
Und die Bangen sehen nach Süden zu,
Sehen und warten, ob nicht ein Licht
Übers Wasser hin „Ich komme“ spricht,
„Ich komme, trotz Nacht und Sturmesflug,
Ich, der Edinburgher* Zug.“

Aus einer Ballade ein Hörspiel machen

Theodor Fontane
(geb. 1819 in Neuruppin, gest. 1898 in Berlin) war zunächst Apotheker, Journalist und schließlich Schriftsteller.
Den Stoff für die Ballade „Die Brück am Tay" brachte er als junger Mann von einer Reise durch Schottland mit. Später widmete sich Fontane ganz der Prosa. Er schrieb eine Reihe gesellschaftskritischer Romane, von denen „Effi Briest" der bekannteste ist.

Und der Brückner jetzt: „Ich seh' einen Schein
Am anderen Ufer. Das muss er sein.
Nun, Mutter, weg mit dem bangen Traum,
Unser Johnie kommt und will seinen Baum,
Und was noch am Baume von Lichtern ist,
Zünd alles an wie zum Heiligen Christ,
Der will heuer zweimal mit uns sein –
Und in elf Minuten ist er herein."

Und es war der Zug. Am Süderturm
Keucht er vorbei jetzt gegen den Sturm,
Und Johnie spricht: „Die Brücke noch!
Aber was tut es, wir zwingen es doch.
Ein fester Kessel, ein doppelter Dampf,
Die bleiben Sieger in solchem Kampf.
Und wie's auch rast und ringt und rennt,
Wir kriegen es unter, das Element.

Und unser Stolz ist unsre Brück';
ich lache, denk' ich an früher zurück,
An all den Jammer und all die Not
Mit dem elend alten Schifferboot;
Wie manche liebe Christfestnacht
Hab' ich im Fährhaus zugebracht
Und sah unsrer Fenster lichten Schein
Und zählte und konnte nicht drüben sein."

Auf der Norderseite, das Brückenhaus –
Alle Fenster sehen nach Süden aus,
Und die Brücknersleut' ohne Rast und Ruh
Und in Bangen sehen nach Süden zu;
Denn wütender wurde der Winde Spiel,
Und jetzt, als ob Feuer vom Himmel fiel',
Erglüht es in niederschießender Pracht
Überm Wasser unten ... Und wieder ist Nacht.

„Wann treffen wir drei wieder zusamm?"
„Um Mitternacht, am Bergeskamm."
„Auf dem hohen Moor, am Erlenstamm."
„Ich komme."
„Ich mit."
„Ich nenn' euch die Zahl."
„Und ich die Namen."
„Und ich die Qual."
„Hei!
Wie Splitter brach das Gebälk entzwei."
„Tand, Tand
Ist das Gebilde von Menschenhand."

Aus einer Ballade ein Hörspiel machen

1 Lies die Ballade still durch. Welche Textstelle hat dich besonders beeindruckt?

2 Kläre unbekannte Wörter.

3 Was geschieht im Mittelteil?
- Welche Personen kommen vor?
- Wer spricht?
- Notiere die Schauplätze.
- Suche den Ort im Atlas.

4 Welche Gedanken gehen Johnie durch den Kopf? Notiere.

5 Die Brücknersleut warten auf ihren Sohn. Lies dir die Stelle noch einmal genau durch und schreibe ein Gespräch zwischen beiden auf.

6 Die Ballade beginnt und endet mit einem sehr ungewöhnlichen Gespräch. Wer spricht? Worüber wird geredet? Wie wird gesprochen?

7 Viele Verse beginnen in der Ballade mit *und.* Was erreicht der Autor damit?

8 Gestaltet ein Hörspiel. Dazu müsst ihr ein Drehbuch verfassen.
- Legt zuerst die Sprechrollen fest.
- Notiert euch, in welcher Stimmung sich die Personen befinden. Wie muss der Text gelesen werden (Tonlage, Sprechtempo, Lautstärke ...)?
- Überlegt, wie ihr die Geräusche darstellen könnt, z. B.:
  Die Winde kommen aus verschiedenen Richtungen.
  Der Zug nähert sich allmählich.
  Der Sturm wird immer stärker.
- Sucht passende Musik, die ihr einspielen könnt.
- Schreibt eine Einleitung zu eurem Hörspiel.
- Wenn ihr bei der Vorführung des Hörspiels Bilder einsetzt, wird der Vortrag noch eindrucksvoller.

Ideen zur Weiterarbeit

- Schreibe einen Zeitungsbericht zu diesem Ereignis.
  - Ort: Brücke über den Firth of Tay bei Dundee in Schottland
  - Zeit: in der Nacht vom 28. auf den 29. Dezember 1879
- Erkläre den Satz *Tand, Tand ist das Gebilde von Menschenhand* und gestalte dazu ein Plakat.
- Sammle Zeitungsausschnitte, die von sensationellen technischen Errungenschaften berichten.

TIPP!
Wie man einen Zeitungsbericht schreibt, erfährst du *auf den Seiten 93 und 110.*

Über eine Ballade nachdenken

Die Ballade vom Nachahmungstrieb

Erich Kästner

Es ist schon wahr: Nichts wirkt so rasch wie Gift!
Der Mensch, und sei er noch so minderjährig,
ist, was die Laster dieser Welt betrifft,
früh bei der Hand und unerhört gelehrig.

Im Februar, ich weiß nicht am wievielten,
geschah's, auf irgendeines Jungen Drängen,
dass Kinder, die im Hinterhofe spielten,
beschlossen, Naumanns Fritzchen aufzuhängen.

Sie kannten aus der Zeitung die Geschichten,
in denen Mord vorkommt und Polizei.
Und sie beschlossen, Naumann hinzurichten,
weil er, so sagten sie, ein Räuber sei.

Sie steckten seinen Kopf in eine Schlinge.
Karl war der Pastor, lamentierte* viel
und sagte ihm, wenn er zu schrein anfinge,
verdürbe er den anderen das Spiel.

Fritz Naumann äußerte, ihm sei nicht bange.
Die andern waren ernst und führten ihn.
Man warf den Strick über die Teppichstange.
Und dann begann man, Fritzchen hochzuziehn.

Er sträubte sich. Es war zu spät. Er schwebte.
Dann klemmten sie den Strick am Haken ein.
Fritz zuckte, weil er noch ein bisschen lebte.
Ein kleines Mädchen zwickte ihn ins Bein.

Er zappelte ganz stumm, und etwas später
verkehrte sich das Kinderspiel in Mord.
Als das die sieben kleinen Übeltäter
erkannten, liefen sie erschrocken fort.

Noch wusste niemand von dem armen Kinde.
Der Hof lag still. Der Himmel war blutrot.
Der kleine Naumann schaukelte im Winde.
Er merkte nichts davon. Denn er war tot.

Frau Witwe Zickler, die vorüberschlurfte,
lief auf die Straße und erhob Geschrei,
obwohl sie doch dort gar nicht schreien durfte.
Und gegen sechs erschien die Polizei.

Die Mutter fiel in Ohnmacht vor dem Knaben.
Und beide wurden rasch ins Haus gebracht.
Karl, den man festnahm, sagte kalt: „Wir haben
es nur wie die Erwachsenen gemacht."

Anmerkung: Der Ballade liegt ein Pressebericht aus dem Jahre 1930 zu Grunde.

Über eine Ballade nachdenken

So haben sich Schülerinnen und Schüler über die Ballade von Erich Kästner geäußert:

1 Wie wirkt die Ballade auf euch? Wie beurteilt ihr das Geschehen?

2 Den Kindern ist die gefährliche Situation offenbar überhaupt nicht bewusst. Findet Textstellen, an denen man das erkennen kann.

3 Hinter Kästners unbeteiligter Schilderung des Geschehens verbirgt sich eine Anklage. Aber wen klagt er an: die Kinder oder die Erwachsenen? Belegt eure Meinung am Text.

4 Sammelt Situationen aus der heutigen Zeit, in denen Kinder und Jugendliche sagen: Wir haben es doch nur wie die Erwachsenen gemacht.

5 Zu Kästners Lebzeiten (1899–1974) spielte das Fernsehen noch keine so große Rolle wie heute. Diskutiert darüber, welche „Anregungen" für eine Ballade er wohl von diesem Medium bekommen hätte.

TIPP!
Wie du einen Zeitungsbericht verfasst, erfährst du auf den Seiten 93 und 110.

6 Kästner hat aus einem Zeitungsbericht von dem schrecklichen Geschehen erfahren und daraufhin seine Ballade geschrieben.
Wie könnte dieser Zeitungsbericht ausgesehen haben?
- Verfasst einen kurzen Bericht zu diesem Geschehen.
- Wählt eine passende Überschrift.
- Vergleicht eure Zeitungsberichte mit der Ballade: Welche Unterschiede fallen euch auf?

Eine Ballade selbstständig erschließen

Der Erlkönig ist eine der bekanntesten Balladen von Johann Wolfgang von Goethe. Angeregt dazu wurde er durch eine dänische Volksballade, die Johann Gottfried Herder ins Deutsche übersetzt hatte.

1 Lies den Informationstext über die Ballade auf Seite 153 sowie die Ideen zur Weiterarbeit.

2 Überlegt in Gruppen, wie ihr die Ballade selbstständig erarbeiten könnt. Stellt dann eure Ergebnisse der Klasse vor.

Der Erlkönig *Johann Wolfgang von Goethe*

Wer reitet so spät durch Nacht und Wind?
Es ist der Vater mit seinem Kind;
er hat den Knaben wohl in dem Arm,
er fasst ihn sicher, er hält ihn warm. –

Mein Sohn, was birgst du so bang dein Gesicht?
Siehst, Vater, du den Erlkönig nicht?
Den Erlenkönig mit Kron und Schweif? –
Mein Sohn, es ist ein Nebelstreif. –

„Du liebes Kind, komm, geh mit mir!
Gar schöne Spiele spiel‘ ich mit dir;
manch bunte Blumen sind an dem Strand;
meine Mutter hat manch‘ gülden Gewand.“

Mein Vater, mein Vater, und hörest du nicht,
was Erlenkönig mir leise verspricht? –
Sei ruhig, bleibe ruhig, mein Kind!
In dürren Blättern säuselt der Wind. –

„Willst, feiner Knabe, du mit mir gehn?
Meine Töchter sollen dich warten schön;
meine Töchter führen den nächtlichen Reihn
und wiegen und tanzen und singen dich ein.“

„Erlkönig“, Lithographie von Ernst Barlach (1870–1938)

Mein Vater, mein Vater, und siehst du nicht dort
Erlkönigs Töchter am düstern Ort? –
Mein Sohn, mein Sohn, ich seh‘ es genau;
es scheinen die alten Weiden so grau. –

„Ich liebe dich, mich reizt deine schöne Gestalt;
und bist du nicht willig, so brauch ich Gewalt.“
Mein Vater, mein Vater, jetzt fasst er mich an!
Erlkönig hat mir ein Leids getan! –

Dem Vater grauset's, ... er reitet geschwind,
er hält in Armen das ächzende Kind,
erreicht den Hof mit Mühe und Not;
in seinen Armen das Kind war tot.

Etwas über die Ballade erfahren

Was ist eine Ballade?

Der Begriff „Ballade“ kommt sowohl im romanischen als auch im germanischen Sprachraum vor. Das englische „ballad“ bezeichnet ein volkstümliches Lied im Erzählton, das von besonderen Ereignissen handelt, wohingegen „ballata“ ein von den Tanzenden selbst gesungenes, kurzes, strophiges Lied bedeutet.
Die Struktur der Ballade ist durch epische, lyrische und dramatische Elemente gekennzeichnet. Dramatisch – die Spannung und die Dialoge; lyrisch – die Grundstimmung, gebundene Sprache durch Vers und Reim; episch – die Gestaltung vergangener, abgeschlossener Stoffe.
Inhaltliche Merkmale sind oft ungewöhnliche oder geheimnisvolle Geschehnisse, die meist tragisch enden. Menschen geraten durch das Eingreifen überpersönlicher, zeitloser Mächte in ihr Leben in Konfliktsituationen, die oft nicht bewältigt werden können.
Man unterscheidet zwei große Gruppen von Balladen: Die magische (z. B. „Der Knabe im Moor“; „Der Zauberlehrling“; „Belsazar“) und die Helden- oder Ideenballade (z. B. „John Maynard“; „Die Bürgschaft“).
Die Absicht vieler Balladen ist es, entweder auf falsche oder nachahmenswerte Verhaltensweisen aufmerksam zu machen. Auch heute gibt es noch Balladen, vor allem in der Rockmusik. Sie beschäftigen sich mit Alltagsproblemen der Menschen.

Was ihr mit einer Ballade noch tun könnt:

- Eine Ballade weiterschreiben;
- Aus einer Ballade einen Rap machen;
- Eine Ballade als Theaterstück aufführen;
- Eure Lieblingsballaden in einem Buch sammeln;
- Balladen illustrieren;
- Eine Ballade in eine andere Textform umschreiben, z. B. Comic, Reportage;
- Eine Ballade verfremden;
- Eine Ballade darstellen (pantomimisch, Video-Film drehen, Puppenspiel, Schattenspiel …);
- Lebensläufe der Balladendichter aufschreiben;
- Balladen für einen Elternabend vorbereiten;
- Ein erdachtes Interview mit einem Balladendichter führen.

Über eine Kurzgeschichte nachdenken

Nichts Besseres zu tun *Lore Graf*

Die Klasse schreit, tobt. Rolf kniet auf dem Boden des Klassenzimmers, unbeweglich, erstarrt. Quer zwischen den zusammengepressten Lippen steckt ein grüner Bleistift. Die Augen weit aufgerissen, schaut er verwirrt in die Gesichter seiner Peiniger, unbarmherzige Gesichter, vom Lachen fratzenhaft verzerrt.

Was wollen sie von mir? Immer nur von mir? Ich habe ihnen doch nichts getan, habe ich ihnen was getan? – Den Bleistift, hat Jürgen, der Klassensprecher, gesagt, hat ihn hingeschmissen mitten ins Zimmer, hol ihn. Er ist unter eine Bank gerollt. Zwischen zerknülltem Papier, Schmutz, Brotresten liegen geblieben. Hol ihn, aber nicht mit den Händen, du bist ein Hund, Rolf fass! – Und er hat's getan, ist gekrochen wie ein Hund, hat den Ekel überwunden, den Stift mit dem Mund geholt, Staub und Krümel auf den Lippen. Wenn ich es nicht mache, schlagen sie mich wieder zusammen wie vorige Woche. Die Hose war zerrissen, die Nase hat geblutet, die Mutter hat getobt. Diese Woche habe ich kein Taschengeld bekommen.

Warum hilft mir keiner, warum sind alle gegen mich? Die Mutter? Auch die Mutter. Wehr dich doch, sagt die Mutter, schlag zurück, sagt sie, lass dir nichts gefallen, nichts gefallen, nimm dir ein Beispiel an deinem Bruder, das ist ein Kerl! Ein Beispiel, ein Kerl, nichts gefallen … Dass du mir Punkt fünf zu Hause bist, wo hast du dich wieder herumgetrieben, kein Verlass auf dich, genau wie dein Vater, der hat auch nichts getaugt, kein Verlass. Ich werd' dir's schon zeigen, einen anständigen Menschen mach' ich aus dir, kein Taschengeld, dein Bruder ist ganz anders, Hausarrest.

Ja, der Vater, wenn er hier wäre, er würde mir helfen. Wie sieht er eigentlich aus? Er ist lange fort. Von Unterschlagung ist die Rede gewesen damals, von untertauchen. Die Großmutter soll einmal einen Brief gekriegt haben, aber fragen kann ich ja nicht, das habe ich einmal …, nein, das nicht. Vielleicht finde ich den Brief. Ich werde suchen. Heimlich. Und dann fahre ich zum Vater …

Die Tür des Klassenzimmers wird aufgerissen. Der Lehrer kommt, er hat das Gekreische gehört. Endlich der Lehrer. Er wird mir helfen. Ich werde ihm alles sagen. Später, wenn es die anderen nicht sehen, werde ich es ihm sagen, von Jürgen und den andern – vielleicht auch vom Vater, dass ich zum Vater fahre. Er wird mir helfen … Rolf kniet immer noch auf dem Boden, den Bleistift zwischen den Lippen. Was machst du da unten? Was soll der Blödsinn, von allen guten Geistern verlassen, den Hanswurst spielen, soweit kommt's noch, was Besseres hast du wohl nicht zu tun?

Was Besseres? Was Besseres zu tun? Der Lehrer. Ihm alles erzählen. Alle sind gegen mich. Der Lehrer? Auch der Lehrer.

TIPP!
Wie die indirekte Rede gebildet wird, erfährst du im Kapitel Werkstatt Sprache auf den Seiten 238 und 239.

1 *Alle sind gegen mich,* denkt Rolf. Wen meint er damit?

2 Welche Vorwürfe machen ihm die Mutter und der Lehrer? Schreibe sie auf und verwende dabei die indirekte Rede.

3 Wie fühlt sich Rolf? Schreibe Rolfs Tagebucheintrag zu dem Ereignis.

4 Rolf braucht Hilfe. Überlegt in der Gruppe, wie er aus seiner Situation herauskommen kann.

5 Informiert euch über Mobbing in der Schule. Sprecht in der Klasse darüber. Überlegt, wie Mobbing verhindert werden kann.

Zu einer kurzen Geschichte schreiben

Im Spiegel

Margret Steenfatt

„Du kannst nichts“, sagten sie, „du machst nichts“, „aus dir wird nichts.“ Nichts. Nichts. Nichts.

Was war das für ein NICHTS, von dem sie redeten und vor dem sie offensichtlich Angst hatten, fragte sich Achim, unter Decken und Kissen vergraben.

Mit lautem Knall schlug die Tür hinter ihnen zu.

Achim schob sich halb aus dem Bett. Fünf nach eins. Wieder mal zu spät. Er starrte gegen die Zimmerdecke. – Weiß. Nichts. Ein unbeschriebenes Blatt Papier, ein ungemaltes Bild, eine tonlose Melodie, ein ungesagtes Wort, ungelebtes Leben.

Eine halbe Körperdrehung nach rechts, ein Fingerdruck auf den Einschaltknopf seiner Anlage. Manchmal brachte Musik ihn hoch.

Er robbte zur Wand, zu dem großen Spiegel, der beim Fenster aufgestellt war, kniete sich davor und betrachtete sich: lang, knochig, graue Augen im blassen Gesicht, hellbraune Haare, glanzlos. „Dead Kennedys“ sangen: „Weil sie dich verplant haben, kannst du nichts anderes tun als aussteigen und nachdenken.“

Achim wandte sich ab, erhob sich, ging zum Fenster und schaute hinaus. Straßen, Häuser, Läden, Autos, Passanten, immer dasselbe. Zurück zum Spiegel, näher heran, so nahe, dass er glaubte, das Glas zwischen sich und seinem Spiegelbild durchdringen zu können. Er legte seine Handflächen gegen sein Gesicht im Spiegel, ließ seine Finger sanft über Wangen, Augen, Stirn und Schläfen kreisen, streichelte, fühlte nichts als Glätte und Kälte.

Ihm fiel ein, dass in dem Holzkasten, wo er seinen Kram aufbewahrte, noch Schminke herumliegen musste. Er fasste unters Bett, wühlte in den Sachen im Kasten herum und zog die Pappschachtel heraus, in der sich einige zerdrückte Tuben fanden. Von der schwarzen Farbe war noch ein Rest vorhanden. Achim baute sich vor dem Spiegel auf und malte zwei dicke Striche auf das Glas, genau dahin, wo sich seine Augenbrauen im Spiegel zeigten. Weiß besaß er reichlich. Er drückte eine Tube aus, fing die weiche ölige Masse in seinen Händen auf, verteilte sie auf dem Spiegel über Kinn, Wangen und Nase und begann, sie langsam und sorgfältig zu verstreichen. Dabei durfte er sich nicht bewegen, sonst verschob sich seine Malerei. Schwarz und Weiß sehen gut aus, dachte er, fehlt noch Blau. Achim grinste seinem Bild zu, holte sich das Blau aus dem Kasten und färbte noch die Spiegelstellen über Stirn und Augenlidern.

Eine Weile verharrte er vor dem bunten Gesicht, dann rückte er ein Stück zur Seite, und wie ein Spuk tauchte sein farbloses Gesicht im Spiegel wieder auf, daneben eine aufgemalte Spiegelmaske.

Zu einer kurzen Geschichte schreiben

Er trat einen Schritt zurück, holte mit dem Arm weit aus und ließ seine Faust in die Spiegelscheibe krachen. Glasteile fielen herunter, Splitter verletzten ihn, seine Hand fing an zu bluten. Warm rann ihm das Blut über den Arm und tröpfelte zu Boden. Achim legte seinen Mund auf die Wunden und leckte das Blut ab. Dabei wurde sein Gesicht rot verschmiert.

Der Spiegel war kaputt. Achim suchte sein Zeug zusammen und kleidete sich an. Er wollte runtergehen und irgendwo seine Leute treffen.

1 In welcher Situation befindet sich Achim? Überlege, warum das so ist. Schreibe einen Tagebucheintrag dazu.

2 Was tut Achim, um sich aus dieser Situation zu befreien? Warum hat er keinen Erfolg? Diskutiert in der Gruppe, was er tun müsste.

Er müsste …
Er sollte …
Es wäre gut, wenn er …
Es würde ihm helfen, wenn er …

3 Schreibe einen Schluss zu dieser Geschichte.

4 Schreibe eine eigene „Spiegelgeschichte“.

Eine Kurzgeschichte erarbeiten

1 Informiere dich zuerst über die Lebensverhältnisse kurz nach dem Zweiten Weltkrieg, bevor du den folgenden Text liest. Erkundige dich über die Bedeutung von Lebensmittelkarten.

2 Erstelle ein Cluster zum Thema „Brot".

Das Brot

Wolfgang Borchert

Wolfgang Borchert wurde 1921 in Hamburg geboren. Im 2. Weltkrieg erlebte er viele Grausamkeiten, die er in seinen Werken verarbeitete. Bereits zwei Jahre nach Kriegsende starb er in Basel an den Folgen einer schweren Verwundung.

Plötzlich wachte sie auf. Es war halb drei. Sie überlegte, warum sie aufgewacht war. Ach so! In der Küche hatte jemand gegen einen Stuhl gestoßen. Sie horchte nach der Küche. Es war still. Es war zu still, und als sie mit der Hand über das Bett neben sich fuhr, fand sie es leer. Das war es, was es so besonders still gemacht hatte: Sein Atem fehlte. Sie stand auf und tappte durch die dunkle Wohnung zur Küche. In der Küche trafen sie sich. Die Uhr war halb drei. Sie sah etwas Weißes am Küchenschrank stehen. Sie machte Licht. Sie standen sich im Hemd gegenüber. Nachts. Um halb drei. In der Küche.

Auf dem Küchentisch stand der Brotteller. Sie sah, dass er sich Brot abgeschnitten hatte. Das Messer lag noch neben dem Teller. Und auf der Decke lagen Brotkrümel. Wenn sie abends zu Bett gingen, machte sie immer das Tischtuch sauber. Jeden Abend. Aber nun lagen Krümel auf dem Tuch. Und das Messer lag da. Sie fühlte, wie die Kälte der Fliesen langsam an ihr hochkroch. Und sie sah von dem Teller weg.

„Ich dachte, hier wär was", sagte er und sah in der Küche umher.

„Ich habe auch was gehört", antwortete sie, und dabei fand sie, das er nachts im Hemd doch schon recht alt aussah. So alt wie er war. Dreiundsechzig. Tagsüber sah er manchmal jünger aus. Sie sieht doch schon alt aus, dachte er, im Hemd sieht sie doch ziemlich alt aus. Aber das liegt vielleicht an den Haaren. Bei den Frauen liegt das nachts immer an den Haaren. Die machen dann auf einmal so alt.

„Du hättest Schuhe anziehen sollen. So barfuß auf den kalten Fliesen. Du erkältest dich noch."

Sie sah ihn nicht an, weil sie nicht ertragen konnte, dass er log. Dass er log, nachdem sie neununddreißig Jahre verheiratet waren.

„Ich dachte, hier wäre was", sagte er noch einmal und sah wieder so sinnlos von einer Ecke in die andere, „ich hörte hier was. Da dachte ich, hier wäre was."

„Ich habe auch was gehört. Aber es war wohl nichts." Sie stellte den Teller vom Tisch und schnippte die Krümel von der Decke.

„Nein, es war wohl nichts", echote er unsicher.

Sie kam ihm zu Hilfe: „Komm man. Das war wohl draußen. Komm man zu Bett. Du erkältest dich noch. Auf den kalten Fliesen."

Er sah zum Fenster hin. „Ja, das muss wohl draußen gewesen sein. Ich dachte, es wäre hier."

Eine Kurzgeschichte erarbeiten

Sie hob die Hand zum Lichtschalter. Ich muss das Licht jetzt ausmachen, sonst muss ich nach dem Teller sehen, dachte sie. Ich darf doch nicht nach dem Teller sehen. „Komm man", sagte sie und machte das Licht aus, „das war wohl draußen. Die Dachrinne schlägt immer bei Wind gegen die Wand. Es war sicher die Dachrinne. Bei Wind klappert sie immer."

Sie tappten sich beide über den dunklen Korridor zum Schlafzimmer. Ihre nackten Füße platschten auf den Fußboden.

„Wind ist ja", meinte er. „Wind war schon die ganze Nacht."

Als sie im Bett lagen, sagte sie: „Ja, Wind war schon die ganze Nacht. Es war wohl die Dachrinne."

„Ja, ich dachte, es wäre in der Küche. Es war wohl die Dachrinne." Er sagte das, als ob er schon halb im Schlaf wäre.

Aber sie merkte, wie unecht seine Stimme klang, wenn er log.

„Es ist kalt", sagte sie und gähnte leise, „ich krieche unter die Decke. Gute Nacht."

„Nacht", antwortete er und noch „ja, kalt ist es schon ganz schön."

Dann war es still. Nach vielen Minuten hörte sie, dass er leise und vorsichtig kaute. Sie atmete absichtlich tief und gleichmäßig, damit er nicht merken sollte, dass sie noch wach war. Aber sein Kauen war so regelmäßig, dass sie davon langsam einschlief.

Als er am nächsten Abend nach Hause kam, schob sie ihm vier Scheiben Brot hin. Sonst hatte er immer nur drei essen können.

„Du kannst ruhig vier essen", sagte sie und ging von der Lampe weg. „Ich kann dieses Brot nicht so recht vertragen. Iss du man eine mehr. Ich vertrag es nicht so gut."

Sie sah, wie er sich tief über den Teller beugte. Er sah nicht auf. In diesem Augenblick tat er ihr leid.

„Du kannst doch nicht nur zwei Scheiben essen", sagte er auf seinen Teller.

„Doch. Abends vertrag ich das Brot nicht gut. Iss man. Iss man."

Erst nach einer Weile setzte sie sich unter die Lampe an den Tisch.

Eine Kurzgeschichte erarbeiten

3 Stell dir vor, die Handlung soll verfilmt werden.
- Welche Schauplätze werden benötigt? Beschreibe sie.
- Welche Darsteller kommen vor? Wie sehen sie aus?
- Welche Eigenschaften müssen die Hauptdarsteller verkörpern?
- Informiere dich über die Entstehungszeit des Textes.

4 Lest den Text mit verteilten Rollen. Was fällt euch bei der wörtlichen Rede auf?

5 Der Mann und die Frau lügen. Sucht die entsprechenden Stellen heraus. Diskutiert in der Gruppe, warum beide lügen. Bewertet das Verhalten der Eheleute.

6 Bei Borchert hat das Licht eine besondere Bedeutung. Überlegt welche.

7 Erstelle einen übersichtlichen Eintrag, der das Wichtigste der Kurzgeschichte enthält. Vergleicht dann in der Gruppe.

8 Informiere dich im Internet genauer über den Autor und erstelle einen Lebenslauf.

9 Borcherts Sprache wird auch „Trümmersprache" genannt.
Erkläre, was damit gemeint ist, und belege mit Textstellen.
Wie wirkt diese Sprache auf dich?

Ideen zur Weiterarbeit

- Schreibe die Kurzgeschichte weiter und baue auch einen Dialog ein.
- Spielt die zwei Szenen in der Küche nach.
- Suche dir eine Stelle im Text und verändere sie.
- Male ein Bild zu einer Szene der Kurzgeschichte.
- Jahre später erinnert sich der Mann an das Ereignis. Er schreibt einen Brief an seine Frau.
- Stell dir eine Person aus der Kurzgeschichte genau vor und verfasse zu ihr einen Text. Denke dabei auch an die Gedanken und Gefühle der Person. Beginne so: „Ich heiße …"

Sich mit einer Kurzgeschichte auseinandersetzen

Mit einem schwarzen Wagen

Heinz Piontek

Als die Gestalt einer Frau, vom Licht der Scheinwerfer aus dem Undurchsichtigen gefischt, plötzlich vor dem rechten Kotflügel seines Wagens auftauchte, riss Taubner das Steuer herum und bremste gleichzeitig. Das Auto hüpfte und legte sich auf die Seite wie ein gerammtes Boot. Einen Augenblick später kippte es in die Normallage zurück, die vier Reifen rutschten noch ein Stück über den geschmierten Asphalt. Taubner hing verkrampft über dem Steuer, blind für Sekundenzehntel, etwas Ungeheures erwartend. Jetzt stand der Wagen.

Der Fahrer warf sich herum und äugte durch das Türglas, durch die Scheibe über dem Rücksitz hinaus in die verregnete Straße. Der Schreck hatte ihm den leichten Schleier der Trunkenheit von den Augen gerissen. Bestürzt schwenkte sein Blick über die schlecht erleuchtete Fahrbahn, die vor Nässe dampfte.

Gott sei Dank, dachte der Mann, nichts ... nichts passiert! Es konnte ja gar nichts passieren, ich hab noch im letzten Moment richtig reagiert. Absolut richtig. Er startete überstürzt. Der Wagen schoss mit einem Sprung vor, sauste über die holprigen Vorstadtstraßen, durchjagte mit kaum gedrosseltem Tempo mehrere Kurven und drängte sich dann in das Gewühl der flimmernden City.

Es war kurz nach sieben Uhr. Um sieben hatte er daheim sein wollen. Bei seinem letzten Kunden war er etwas aufgehalten worden, aber es hatte sich gelohnt. Noch nie war Taubners Umsatz so hoch gewesen wie an diesem Tag. Nach dem Abschluss der Geschäfte hatte sein Partner eine Flasche Gin auf den Tisch gestellt und ein paar saftige Zahlmeister-Abenteuer zum Besten gegeben. Famoser Mann. In Frankreich hatten sie ein halbes Jahr lang der gleichen Division angehört. Famose Division.

Taubner wohnte in einem Neubaublock. Keine hundert Schritt vor seiner Haustür stand eine Garage, in der er sich eine Box gemietet hatte. Dorthin fuhr er nun, stellte seinen Wagen ein; doch bevor er die nach Kalk und Benzin riechende Zelle verließ, umschritt er das schwarze Fahrzeug und betrachtete es so eingehend, als sähe er es zum ersten Mal. An der Decke hing eine Glühbirne unter einem Emailleschirm, das schwache Licht sprühte auf den feuchten Lack der Karosserie und blitzte in den Scheiben.

Auf einmal hatte es Taubner nicht mehr eilig, nach Hause zu kommen, wo seine Frau mit dem Abendessen auf ihn wartete. Hastig verschloss er die Garage. „Guten Abend, Herr Taubner." Er überhörte den Gruß und lief, die neuen Häuser im Rücken, durch den Regen, die Straße zurück, auf der er gekommen war. In kurzen Abständen

Sich mit einer Kurzgeschichte auseinandersetzen

spähte er hinter sich. Niemand folgte ihm. Flink warf er sein Taschentuch in die Gosse. Er fühlte sich etwas erleichtert. Sein Bewusstsein sank in ein nervöses Grübeln ab.

Taubner war ein massiver, mittelgroßer Mann mit einem Anflug von Grau an den Schläfen. Als Reisevertreter einer traditionsbewussten Textilfirma war er vielleicht etwas zu flott gekleidet, aber die Leitung des Geschäftshauses sah ihm seine Schwäche für forsche Krawatten und saloppe Anzüge nach, denn er war tüchtig und gewissenhaft und beliebt bei den Kunden. Seine Frau – er hatte spät geheiratet – hielt ihn für klug, gütig und charakterfest, manchmal für etwas herrschsüchtig. „Unsere Ehe ist glücklich“, sagte sie auch zu denen, die es nicht hören wollten. „Hubert ist ein idealer Gatte.“ Und einmal hatte ihr jemand ironisch entgegnet: „Jede Frau bekommt den Mann, den sie verdient.“

Taubner öffnete die Tür eines Lokals, das sich in einer verschwiegenen Seitenstraße befand. Er hatte es noch nie betreten, er war kein Freund bürgerlicher Kneipen. Jetzt aber schien es ihm gut genug für einen Besuch. Der runde Raum war mannshoch getäfelt, nur wenige Gäste saßen an den mit Glasscheiben belegten Tischen. Ein Kellner half Taubner unlustig aus dem Mantel. Der neue Gast ließ sich auf einem Platz nieder, von dem aus er das Lokal überblicken konnte. Dann bestellte er einen Cognac und gleich danach einen zweiten. Sein bleiches Gesicht belebte sich rasch, das Flattern der Lider ließ nach, über die Augen zog sich eine Haut aus hartem, kaltem Glanz. Taubner trank weiter und starrte auf den Eingang. Er dachte: Soll doch kommen, wer mag! Ich brauche niemanden zu fürchten. Und dann dachte er: Es konnte nichts schiefgehen, ich reagierte absolut richtig. Und wie schnell ich reagierte! Ist eine Freude, sich daran zu erinnern.

Mit einem Schlage suchte ihn ein Gefühl tiefer beklemmender Einsamkeit heim. Er war allein auf der Welt. Allein mit einem Entsetzen, das ihm kalten Schweiß aus den Poren trieb. Hätten ihn die Lebenden verraten? Sollten die Toten seine Genossen werden? Sollte er unter der Erde nach ihnen suchen? Schwankend fuhr er auf. Der Fenstertisch war besetzt; er steuerte auf ihn zu, rückte sich einen Stuhl zurecht, ohne um Erlaubnis zu bitten. Der Mann, dem er nun gegenübersaß, musterte ihn feindselig, das Mädchen neugierig, später belustigt.

„Entschuldigen Sie“, sagte Taubner, und man hörte, dass ihm das Sprechen schwerfiel, „ich weiß, ich störe Sie, aber es gibt Momente im Leben … Taubner“, sagte er, „ein anständiger Name, immer schon hochanständig gewesen.“

Er erhielt keine Antwort. Der Kellner brachte das Glas hinter ihm her und zog die rechte Braue missbilligend in die Höhe.

„Sie halten mich für betrunken, und wahrscheinlich bin ich's auch“, fuhr Taubner fort, „doch wenn ich hinterm Steuer sitze, verstehen Sie, dann reagiere ich richtig und – wie der Blitz. Tatsache. Ich könnte

Sich mit einer Kurzgeschichte auseinandersetzen

Ihnen einen Fall erzählen, der sich wie ein Unfall anhören würde, wenn ich nicht wie der Blitz … verstehen Sie? Ich säße jetzt nicht hier."

„Das alles mag interessant sein", sagte Taubners Tischnachbar ärgerlich, „aber nicht für uns!"

„Meine Frau weiß, dass ich ein sicherer Fahrer bin. Andere wissen es auch, nur die Polizei weiß es nicht."

„Die Polizei?", wiederholte das Mädchen mit einem halben Lächeln.

„Ja, die Polizei", fing Taubner von Neuem an, „alles weiß sie, und was sie nicht weiß, bekommt sie heraus. Bloß von meinem sicheren Fahren hat sie keine Ahnung."

„Vermutlich wird sie es noch erfahren", sagte das Mädchen und lachte laut.

Damit endete ihr Gespräch. Taubner horchte angstvoll auf die Stimmen, die in seinem Kopf durcheinanderredeten. Er hörte beschwichtigende Argumente und unwiderlegliche Anklagen, es zischelte, dröhnte und hämmerte, dann wurde es jählings still. Das Rumoren war so monoton geworden, dass es seine Aufmerksamkeit nicht mehr reizte.

Wie lange währte das lähmende Schweigen? Plötzlich pendelte sein Körper gegen eine Holzfläche. Ein Hindernis – es nahm seine erschlafften Sinne in Anspruch. Er spähte und tastete. Die Wohnungstür, natürlich die Wohnungstür. Immer gab es zuletzt noch eine Tür, die man öffnen musste. Umständlich schloss er sie auf, fand den Lichtschalter nicht und stand eine Weile unschlüssig in der Diele. Im Wohnzimmer sprach jemand leise und abgerissen; es klang wie ein Schluchzen. Sie weint, dachte er und fühlte Glück und Verdruss in sich aufsteigen; gut ist es, aber es regt mich auf! Dann räusperte er sich und fasste nach der Klinke.

Zwei uniformierte Männer und ein Zivilist im schwarzen Lodenmantel standen neben den Sesseln und blickten ihm kühl und wachsam entgegen. Taubner hielt an. Er zog seinen Hut wie ein Bittsteller.

„Hubert."

„Ja, ich war es", sagte er. Und da war das Zimmer weiß, und es roch nach Benzin und Kalk, der rechte Kotflügel war verbeult, Blut, winzige Perlen auf dem zerschrammten Lack. Er polierte sie mit dem Taschentuch fort …

Die drei Männer näherten sich ihm, und zwei begannen gleichzeitig auf ihn einzureden.

„Was in aller Welt soll man nur tun", sagte Taubner.

Niemand verstand ihn. Der Zivilist sagte:

„Machen Sie es uns bitte nicht schwer, Herr Taubner."

Sich mit einer Kurzgeschichte auseinandersetzen

1 Lies den Text durch und notiere Wörter, die du nicht verstehst. Kläre sie in Partnerarbeit.

2 Zu den einzelnen Abschnitten des Textes passen folgende Teilüberschriften:
- Im Lokal
- In der Garage
- Der Unfall
- Auf dem Weg zum Lokal
- Fahrerflucht
- Zu Hause
- Der Kundenbesuch
- Beschreibung Taubners

Leider sind die Teilüberschriften durcheinandergeraten. Schreibe sie geordnet auf und notiere jeweils in einem Satz, was in dem entsprechenden Abschnitt passiert ist.

3 Im Text kommen einige Fremdwörter vor. Hier findest du jeweils die deutsche Bedeutung. Suche das entsprechende Wort im Text und schreibe die Zeile dazu. Schreibe dann das Fremdwort mit seiner Bedeutung auf.

großartig größerer Truppenverband einförmig, eintönig spöttisch betont bequem ein Bürger, kein Soldat

TIPP!
Trage die Begriffe in dein Begriffsheft ein.

4 Taubner wird an verschiedenen Stellen im Text beschrieben. Schreibe seine Eigenschaften auf und notiere dir die Textstellen.

5 Auf dem Heimweg gingen ihm viele Gedanken durch den Kopf.
Er hörte beschwichtigende Argumente und unwiderlegliche Anklagen.
- Wie lauteten die Anklagen?
- Wie versuchte er, sich zu beschwichtigen?

6 Taubner beging Fahrerflucht. Er wusste sicher, dass Fahrerflucht strafbar ist. Warum floh er trotzdem?

7 Schreibe einen kurzen Unfallbericht.

8 Taubner möchte seine Schuld wiedergutmachen. Überlege dir verschiedene Möglichkeiten. Diskutiert in der Gruppe darüber.

TIPP!
Informationen findet ihr im Kapitel Theater.

9 Er wird vor Gericht gestellt. Spielt die Gerichtsverhandlung nach.
- Informiert euch über den Ablauf einer Gerichtsverhandlung und über das Strafmaß.
- Verteilt die Rollen.
- Sammelt in der Gruppe Argumente.
- Überlegt euch ein entsprechendes Urteil.

Wann man von einer Kurzgeschichte spricht

Entstehung

Die Gattung der Kurzgeschichte in der Form, wie wir sie heute kennen, entwickelte sich im 19. Jahrhundert. Sie war verbunden mit den veränderten Lesegewohnheiten: Die Menschen in Bahn und Bus verlangten nach kurzen Texten. Dem Berufsschriftstellertum eröffnete sich hier eine lukrative Einnahmequelle durch den Zugang zu einer breiten Leserschicht.

Kennzeichen

Die Kurzgeschichte hat einen einfachen Aufbau mit meistens nur einem Spannungsbogen und ohne ausgeformte Einleitung. Die Handlung ist gewöhnlich in sich abgeschlossen, wobei oft ein überraschender Schluss oder eine Pointe nach dem Hauptteil folgt. Häufig ist der Schluss auch offen und der Leser wird ohne Hinweis auf eine mögliche Lösung alleingelassen. Er wird gleichsam gezwungen, am Text mitzuarbeiten, sich Gedanken zu machen.
Die Geschichte enthält einen Konflikt, der in eine alltägliche Handlung eingebettet ist und um einen wichtigen Einschnitt oder sogar eine Wende im Leben des Beteiligten kreist.
Wenn der Roman ein Gemälde der beteiligten Personen ist, zeichnet die Kurzgeschichte eine Skizze von ihnen. Dabei handelt es sich vorwiegend um durchschnittliche, alltägliche Menschen. Auch die Sprache passt sich der Schlichtheit der Personen an. Oft umfassen Kurzgeschichten nicht mehr als 1000 Wörter und die erzählte Zeit nur ein paar Tage oder gar Stunden.
In der Nachkriegszeit versuchten die Autoren in Deutschland mit dieser Gattung ihre Kriegserlebnisse zu verarbeiten. In Amerika, wo die short-story-writer besondere Bedeutung haben, gab und gibt es eine große Anzahl berühmter Autoren.

TIPP!
www.netzwelt.de/lexikon/kurzgeschichte

1 Notiere in Stichpunkten die wichtigsten Merkmale der Kurzgeschichte.

2 Informiere dich in Lexika und im Internet über wichtige deutsche und amerikanische Autoren.

Was ihr mit einer Kurzgeschichte tun könnt:

- Zu einer Kurzgeschichte ein Drehbuch schreiben und als Theaterstück aufführen.
- Eine Textzusammenfassung schreiben und eine Kritik anfügen.
- Dialoge klanggestaltend lesen und vorführen.
- Tagebucheinträge einer Person schreiben.
- Aus einer anderen Perspektive erzählen.
- Einen Anfang und einen Schluss ergänzen.
- Standbilder zu Szenen entwickeln.
- Zu passender Hintergrundmusik klanggestaltend lesen.
- Eine Bilderfolge zur Kurzgeschichte malen.
- …

TIPP!
Ihr könnt eure Ergebnisse auch anderen Klassen vorstellen.

Eine Kurzgeschichte selbstständig erschließen

Die drei dunklen Könige

Wolfgang Borchert

Er tappte durch die dunkle Vorstadt. Die Häuser standen abgebrochen gegen den Himmel. Der Mond fehlte und das Pflaster war erschrocken über den späten Schritt. Dann fand er eine alte Planke. Da trat er mit dem Fuß gegen, bis eine Latte morsch aufseufzte und losbrach. Das Holz roch mürbe und süß. Durch die dunkle Vorstadt tappte er zurück. Sterne waren nicht da.

Als er die Tür aufmachte (sie weinte dabei, die Tür), sahen ihm die blassblauen Augen seiner Frau entgegen. Sie kamen aus einem müden Gesicht. Ihr Atem hing weiß im Zimmer, so kalt war es. Er beugte sein knochiges Knie und brach das Holz. Das Holz seufzte. Dann roch es mürbe und süß ringsum. Er hielt sich ein Stück davon unter die Nase. Riecht beinahe wie Kuchen, lachte er leise. Nicht, sagten die Augen der Frau, nicht lachen. Er schläft.

Der Mann legte das süße, mürbe Holz in den kleinen Blechofen. Da glomm es auf und warf eine Hand voll warmes Licht durch das Zimmer. Dies fiel auf ein winziges rundes Gesicht und blieb einen Augenblick. Das Gesicht war erst eine Stunde alt, aber es hatte schon alles, was dazugehört: Ohren, Nase, Mund und Augen. Die Augen mussten groß sein, das konnte man sehen, obgleich sie zu waren. Aber der Mund war offen, und es pustete leise daraus. Nase und Ohren waren rot. Er lebt, dachte die Mutter. Und das kleine Gesicht schlief.

Da sind noch Haferflocken, sagte der Mann. Ja, antwortete die Frau, das ist gut. Es ist kalt. Der Mann nahm noch von dem süßen weichen Holz. Nun hat sie ihr Kind gekriegt und muss frieren, dachte er. Aber er hatte keinen, dem er dafür die Fäuste ins Gesicht schlagen konnte. Als er die Ofentür aufmachte, fiel wieder eine Hand voll Licht über das schlafende Gesicht. Die Frau sagte leise: Guck, wie ein Heiligenschein, siehst du? Heiligenschein, dachte er, und er hatte keinen, dem er die Fäuste ins Gesicht schlagen konnte.

Dann waren welche an der Tür. Wir sahen das Licht, sagten sie, vom Fenster. Wir wollen uns zehn Minuten hinsetzen. Aber wir haben ein Kind, sagte der Mann zu ihnen. Da sagten sie nichts weiter, aber sie kamen doch ins Zimmer, stießen Nebel aus den Nasen und hoben die Füße hoch. Dann fiel das Licht auf sie.

Drei waren es. In drei alten Uniformen. Einer hatte einen Pappkarton, einer einen Sack. Und der dritte hatte keine Hände. Erfroren, sagte er, und hielt die

Eine Kurzgeschichte selbstständig erschließen

Stümpfe hoch. Dann drehte er dem Mann die Manteltasche hin. Tabak war darin und dünnes Papier. Sie drehten Zigaretten. Aber die Frau sagte: Nicht, das Kind.

Da gingen die vier vor die Tür, und ihre Zigaretten waren vier Punkte in der Nacht. Der eine hatte dicke, umwickelte Füße. Er nahm ein Stück Holz aus seinem Sack. Ein Esel, sagte er, ich habe sieben Monate daran geschnitzt. Für das Kind. Das sagte er und gab es dem Mann. Was ist mit den Füßen, fragte der Mann. Wasser, sagte der Eselschnitzer, vom Hunger. Und der andere, der dritte? fragte der Mann und befühlte im Dunkeln den Esel. Der dritte zitterte in seiner Uniform: O nichts, wisperte er, das sind nur die Nerven. Man hat eben zu viel Angst gehabt. Dann traten sie die Zigaretten aus und gingen wieder hinein.

Sie hoben die Füße hoch und sahen das kleine schlafende Gesicht. Der Zitternde nahm aus seinem Pappkarton zwei gelbe Bonbons und sagte dazu: Für die Frau sind die.

Die Frau machte die blassen blauen Augen weit auf, als sie die drei Dunklen über das Kind gebeugt sah. Sie fürchtete sich. Aber da stemmte das Kind seine Beine gegen ihre Brust und schrie so kräftig, dass die drei Dunklen die Füße aufhoben und zur Tür schlichen. Hier nickten sie nochmal, dann stiegen sie in die Nacht hinein.

Der Mann sah ihnen nach. Sonderbare Heilige, sagte er zu seiner Frau. Dann machte er die Tür zu. Schöne Heilige sind das, brummte er und sah nach den Haferflocken. Aber er hatte kein Gesicht für seine Fäuste.

Aber das Kind hat geschrien, flüsterte die Frau, ganz stark hat es geschrien. Da sind sie gegangen. Guck mal, wie lebendig es ist, sagte sie stolz. Das Gesicht machte den Mund auf und schrie.

Weint er? fragte der Mann.

Nein, ich glaube, er lacht, antwortete die Frau.

Beinahe wie Kuchen, sagte der Mann und roch an dem Holz, wie Kuchen. Ganz süß.

Heute ist ja auch Weihnachten, sagte die Frau.

Ja, Weihnachten, brummte er, und vom Ofen her fiel eine Hand voll Licht hell auf das kleine schlafende Gesicht.

TIPP!
Wie du bei der Fünf-Schritt-Lesemethode vorgehen musst, erfährst du ab Seite 264.

1 Lies den Text und bearbeite ihn nach der Fünf-Schritt-Lesemethode.

2 Informiere dich auf Seite 164 über die Merkmale der Kurzgeschichte und begründe schriftlich, warum der Text „Die drei dunklen Könige" eine Kurzgeschichte ist.

3 Auf Seite 164 findest du auch Hinweise, wie du mit einer Kurzgeschichte weiterarbeiten kannst. Suche dir eine Möglichkeit aus und bearbeite sie.

WERKSTATT THEATER

Im ersten Teil der Werkstatt Theater bekommt ihr wie gewohnt Übungen zum Einspielen und besseren Zusammenspielen (S. 168/169) sowie zu Körperausdruck und Wahrnehmung (S. 170). Sie dienen dazu, in Fahrt zu kommen, sich freizuspielen. So wird es euch leichter fallen, auch längere Texte szenisch zu interpretieren. Ein Inszenierungsvorschlag bezieht sich auf einen Text, der an anderer Stelle im Buch steht (S. 46: Spagetti für zwei), zu den anderen Spielideen findet ihr die Texte in der Werkstatt Theater. Die Inszenierungsvorschläge wollen euch auch dazu anregen, Texte aus „wortstark“ oder anderen Büchern im Spiel darzustellen. Geeignet sind in der Regel Texte, die viele Dialoge enthalten. Dabei gilt der Grundsatz: Nicht im Detail nachspielen, sondern Schwerpunkte setzen, um Textaussagen hervorzuheben und zu verstärken.

Sich einspielen

Begrüßungen – Begegnungen
Geht durch den Raum, ohne euch zu berühren. Wechselt dabei das Tempo: werdet langsamer, dann wieder schneller, gehetzt, schlendert gemächlich … Begrüßt euch im Vorübergehen durch Kopfnicken, Handschlag, Umarmung – auch auf ungewohnte Weise: mit den Knien, den Schultern, den Füßen …

Bildet nun Paare. Außerdem braucht ihr einen Spielleiter. Die Paare stehen sich an zwei Seiten des Raumes gegenüber, sodass die Spieler zwei Reihen bilden. Der Spielleiter sagt an, wie ihr euch begrüßen sollt. Die Paare gehen aufeinander zu, begrüßen sich nach den Vorgaben des Spielleiters und gehen aneinander vorbei auf die andere Seite. Auf eine neue Ansage des Spielleiters gehen sie wieder aufeinander zu usw.

Vorschläge für die Vorgaben des Spielleiters:
- zwei redselige Frauen, die gern klatschen und tratschen
- zwei alte Männer, die früher Kollegen waren
- zwei total zerstrittene Nachbarn, die sich am liebsten gar nicht mehr grüßen möchten
- zwei Freunde, die sich nach langer Zeit wiedersehen
- zwei Streitende, die sich versöhnen wollen
- zwei Fußballer nach einem Tor
- zwei Jogger, die sich fast umrennen
- zwei Modepüppchen, die sich ganz toll finden
- zwei korrekte Beamte mit Aktentasche, die sich auf keinen Fall verspäten wollen
- zwei ausgelassene Kinder
- zwei Inuits, die sich zur Begrüßung die Nase reiben

Stegreifspiele

Theatersport
Beim Theatersport geht es darum, schnell zu reagieren und kleine Szenen zu improvisieren.
Die Anzahl der Szenen richtet sich nach der Anzahl der Spieler.
Ein Spielleiter sagt Orte an, an denen jeweils eine kleine Handlung improvisiert werden soll.
Zwei Spieler beginnen. Sagt der Spielleiter „Stopp!", friert die Szene ein. Zwei weitere Spieler kommen hinzu. Der Spielleiter nennt einen neuen Ort, zu viert wird die nächste Szene improvisiert.
So werden es bei jeder neuen Szene zwei Spieler mehr, bis alle mitmachen.
Dann geht es anders herum: Erst spielen alle mit, dann werden es Szene für Szene zwei weniger.

Vorschlag für die Szenenfolge:
- 2 Spieler: Bahnhof
- 4 Spieler: Urlaub am Meer
- 6 Spieler: Jugendtreff
- 8 Spieler: Hauptverkehrsstraße, Demonstration
- 10 Spieler: Kirche
- 12 Spieler: Bauchtanzgruppe
- 14 Spieler: Moschee
- 16 Spieler: Wochenmarkt
- 18 Spieler: Warteschlage im Arbeitsamt
- 20 Spieler: Diskothek
- 22 Spieler: Fußballplatz
- …
- 20 Spieler: Kino
- 18 Spieler: Fitnessstudio
- 16 Spieler: Sauna
- 14 Spieler: Chinarestaurant
- 12 Spieler: Tanzstudio
- 10 Spieler: Wartezimmer beim Tierarzt
- 8 Spieler: Klassenzimmer, Mathearbeit
- 6 Spieler: Autowerkstatt
- 4 Spieler: Küche, Familienfrühstück
- 2 Spieler: Boxring

Variation: Kettenszene
Teilt euch in zwei Gruppen auf: Spieler und Zuschauer. Später wird gewechselt.
- Spieler 1 beginnt spontan zu spielen.
- Spieler 2 unterbricht und verwickelt Spieler 1 in eine völlig andere Szene. Spieler 1 muss also in eine neue Rolle schlüpfen.
- Spieler 3 unterbricht Spieler 2 und verwickelt ihn in eine neue Szene; Spieler 1 friert ein usw. Zwei Spieler sind also immer aktiv.
- Nach und nach tritt die gesamte Gruppe in diese Kette unterschiedlicher Szenen ein und friert ein.
- Wenn der letzte Spieler an der Reihe ist, wird die Kette in umgekehrter Reihenfolge wieder aufgerollt. Die eingefrorenen Szenen, die zuvor begonnen und dann unterbrochen wurden, werden nun nacheinander zu einem Ende gebracht.

Bewegungsübungen und Pantomime

Im Fluss
Stimmt euch durch eine passende Musik auf das Element Wasser ein. Ein Spielleiter leitet eine Bewegungsmeditation an: Du stehst in einem Fluss, tief im Wasser, und empfindest es als angenehm kühl und erfrischend. Du spürst die Steine im Flussbett unter deinen Füßen. – Das Wasser gleitet ruhig dahin. Du lässt dich auf die fließende Bewegung ein. Dann fließt es schneller und schneller. Plötzlich – ein unerwarteter Strudel. Er reißt dich mit, immer schneller, er reißt dich in die Tiefe. Du kämpfst dagegen an. Es wird wieder ruhiger. Du erlebst die Spannung von Sich-gleiten-Lassen und Widerstand-Setzen gegen Strömungen, in die du dich nicht begeben willst.
Variation nach Musik: Nun bist du selbst der Fluss, der ruhig dahingleitet, plötzlich in Bewegung kommt, Strudel hat …

Die Woge
Stellt euch als Reihe in zwei Gruppen gegenüber. Stellt euch vor, dass ihr als Reihe jeweils eine Woge seid. Eine Reihe beginnt. Sie bewegt sich wie eine Woge auf die andere zu. Die andere bewegt sich dagegen. So entwickelt sich die Bewegung im Wechsel auf und ab. Die Wellen finden ihren eigenen Rhythmus, auf und ab … Spielt mit dieser Idee: Wellen kommen unerwartet mit Gewalt, flauen wieder ab. Auf diese Weise entsteht in der Bewegung eine Spannung.

Ein Fundstück im Wasser
Du hast im Wasser völlig unerwartet ein Fundstück entdeckt. Du möchtest es behalten, denn du bist ein Sammler. Transportiere diesen wassertriefenden Gegenstand weg. Stell dir dabei vor, dass du dich gegen den Widerstand des Wassers bewegst!

Hypnotisieren
Bildet Paare. Einer setzt sich auf einen Stuhl, der andere ist der „Hypnotiseur". Der „Hypnotiseur" hält dem Sitzenden eine Handinnenfläche wie einen Spiegel ganz dicht vor das Gesicht, bewegt sie sehr langsam von rechts nach links, von oben nach unten, von unten nach oben, vor und zurück, senkrecht, waagerecht oder diagonal. Der „Hypnotisierte" muss der Hand in gleich bleibendem Abstand mit dem Gesicht folgen.
Die Bewegung soll zwar langsam, aber trotzdem fließend sein. Leichter ist es nach einer Musik. Allmählich führt der „Hypnotiseur" den „Hypnotisierten" vom Stuhl weg in andere Positionen, am Boden entlang, in die Höhe, durch den Raum …
Konzentrierter wird die Übung, wenn ihr Neutralmasken aufsetzt (weiße Kunststoffmasken, neutraler Gesichtsausdruck oder lächelnd).

Interaktionsspiele

Bei diesen Spielen darfst du eine Rolle übernehmen, aber du kannst dich auch selbst spielen. Wichtig ist es, hinterher dein Spiel zu reflektieren, d.h. zu beschreiben, wie es dir dabei ging.

Das ist nicht der richtige Koffer!
Versetzt euch in folgende Situation: ein Zugabteil, besetzt mit mehreren Personen. Einer schläft, einer isst ein Brötchen, ein anderer liest in der Zeitung ... Ein Reisender hebt einen Koffer aus der Gepäckablage. Der Zug hält, er steigt aus.
Auf dem Bahnsteig setzt er den Koffer noch einmal ab – hebt ihn wieder an, um weiterzugehen. Da bemerkt er: Das ist ein fremder Koffer. Der Zug fährt an. Was jetzt?

- Überlegt in Kleingruppen, wie die Handlung weitergehen könnte und bereitet die Darstellung von zwei Szenen vor: im Zugabteil, auf dem Bahnsteig.
  Plant das Spiel zunächst pantomimisch. Überlegt, ob ihr in der 2. Szene weitere Darsteller braucht und ob ihr hier Sprache einsetzen wollt.
- Spielt euch die Szenen gegenseitig vor.
- Vergleicht eure Ideen und eure Darstellungen.

Szenen im Zug – ein Mitspieltheater
Für dieses Mitspieltheater braucht ihr einige Spieler für den Beginn, Zuschauer, die später zu Mitspielern werden, und einen Spielleiter.
Die Spieler beginnen, die folgende Situation zu spielen:
Voll besetztes Abteil in einem Zug. Die Reisenden sind ganz unterschiedliche Typen, z.B.:

- Ein korrekt gekleideter Mann mit Brille liest Zeitung und will nicht gestört werden.
- Ein schwerhöriger alter Mann will den Zeitungsleser in ein Gespräch verwickeln – der ist genervt und verkriecht sich immer mehr hinter seiner Zeitung.
- Eine dicke Frau fängt an, ihren Proviant auszupacken, Papiergeraschel, es riecht nach Leberwurst ... Dem Zeitungsleser reicht es, er verlässt das Abteil.
- Ein neuer Fahrgast steigt ein: dicker Koffer ...
- ...

Die Szene verändert sich immer wieder: Fahrgäste steigen aus, andere steigen ein. Es ist offen, wer wann in die Szene geht und wer sie wann verlässt.
Die Zuschauer entscheiden, wann sie zu Spielern werden, die Spieler, wann sie wieder zu Zuschauern werden. Es geht darum, dass ihr als Spieler Ideen einbringt, dass das Spiel lebendig und überraschend ist und die Spannung aufrechterhalten bleibt.
Der Spielleiter gibt das Zeichen für das Ende des Spiels. Die Szene friert ein.

Nach Textvorlagen spielen

Wenn ihr **„Spagetti für zwei"** gelesen habt (S. 46–48), könnt ihr den folgenden Inszenierungsvorschlag durchführen.

Zum Einspielen

Im Restaurant
Ein Mann betritt ein Restaurant mit einem Strauß Rosen in der Hand. Er wirkt gehetzt. Dieser Mann heißt Said, er ist Araber. Abends muss er in Kneipen und Gaststätten Blumen verkaufen, um sein Studium zu finanzieren. Die Gäste im Restaurant, die seine Situation nicht kennen, reagieren völlig unterschiedlich auf ihn. Er stößt auf Ablehnung, Unsicherheit, Unverständnis, aber auch auf Hilfsbereitschaft … Bereitet die Inszenierung in Kleingruppen vor. Erprobt das Spiel ohne und mit Sprache und vergleicht die Ausdrucksmöglichkeiten.

Spagetti für zwei

Bereitet euer Spiel in Kleingruppen vor:

- Überlegt, was ihr bei der szenischen Darstellung dieses langen Textes weglassen und was ihr ausgestalten wollt. Am besten konzentriert ihr euch auf die Begegnung der beiden Hauptfiguren.

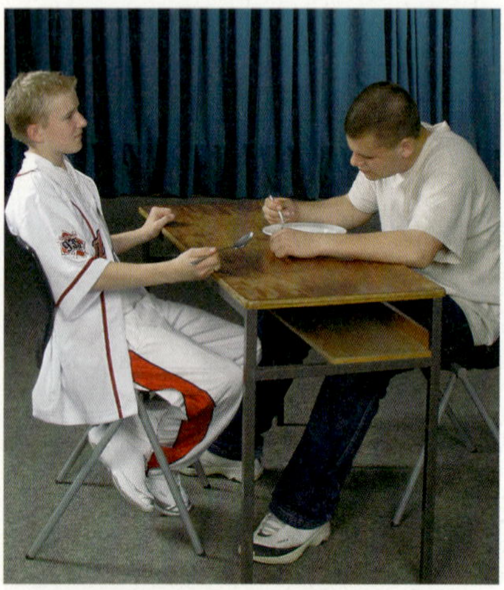

- Heinz und der Afrikaner sitzen sich gegenüber und sehen sich aufmerksam an. Was geht in ihren Gesichtern vor? Ihr findet dazu Hinweise im Text. – Untersucht den Text auf weitere Angaben, die für das Spiel interessant sind und sich darstellen lassen, z. B. „Heinz stand fassungslos da, bis ihn die Wut packte."
- Heinz gehen viele Gedanken durch den Kopf, aber er spricht sie nicht aus. Auch der Afrikaner wird sich seinen Teil denken. Probiert aus, wie ihr trotzdem zeigen könnt, was die beiden denken und fühlen. Die Gedanken der beiden lassen sich z. B. durch eine Doppelbesetzung der Rollen ausdrücken: zwei Spieler sitzen sich gegenüber, dahinter steht oder sitzt jeweils ein weiterer Spieler, der die Gedanken seines Vordermanns ausspricht, sonst aber nicht in die Handlung eingreift.

TIPP!
Nehmt euch gegenseitig auf Video auf. Vergleicht euer Spiel mit dem Film.

- Überlegt, an welcher Stelle ihr die Szene beenden wollt: als Heinz den Teller kalter Gemüsesuppe entdeckt – als Heinz sich entschuldigt – als der Schwarze in Gelächter ausbricht – …
- Nachdem die Gruppen ihre szenische Interpretation vorgestellt haben, solltet ihr über die einzelnen Darstellungen sprechen:
  - Wird deutlich, was in Heinz und dem Afrikaner vorgeht?
  - Haben sich die Spieler auf das Wesentliche des Textes konzentriert?
  - Sind Ausdrucksmittel wie Gestik, Mimik, Sprache, Doppelbesetzung der Rollen wirkungsvoll eingesetzt worden?
  - Ist der Schluss der Szene überzeugend?

Nach Textvorlagen spielen

1 Wie könnte diese Geschichte wohl weitergehen?

Die alte Dame und die Handtasche

Dies ist keine Geschichte, das hab ich wirklich erlebt. Ich war mit einem Freund bei Cron & Lanz, der feinsten Konditorei am Platze. Da war alles sehr voll und wir mussten uns an einem Tisch hinzusetzen, wo eine ältere Dame saß, die recht wohlhabend angezogen war. Man sah an ihrer Kleidung, dass sie wohl nicht die Ärmste war. Wir haben uns dazugesetzt und Kaffee und Kuchen bestellt, und die Frau ging, bevor wir aufgegessen hatten. Als wir bezahlen wollten, hatten wir so viel auf der Liste, dass wir nachgerechnet haben, und kamen darauf, dass das nicht stimmen konnte. Die Kassiererin hat gesagt: „Ja, das hat alles seine Richtigkeit, Ihre Großmutter hat gesagt, meine Enkel bezahlen für mich." Das war etwas peinlich, wir waren sauer, die Kellnerin hat uns zwar geglaubt, dass das nicht stimmte, aber wir mussten trotzdem erst einmal bezahlen. Aber sie meinte: „Die kann ja noch nicht weit weg sein, vielleicht können wir sie noch finden." So sind wir also rausgelaufen und haben uns getrennt, in die eine und in die andere Richtung sind wir hinterhergelaufen, und ich habe sie dann am Gänseliesel am Marktplatz entdeckt, weil ich die Kleidung wiedererkannt habe. Und dann bin ich hin und hab gefragt, da kam auch mein Freund schon, der sie nicht gefunden hatte am anderen Ende der Fußgängerzone, und dann haben wir sie zur Rede gestellt. Das war ihr auch furchtbar peinlich, und wir haben sie gefragt, warum sie denn nicht selbst bezahlt hätte, und da hat sie gesagt: …

2 Findet euch in Kleingruppen zusammen und bereitet die Darstellung der ganzen Geschichte in Kleingruppen vor:

- Der Ablauf der Handlung ist im Text genau wiedergegeben; einige Dialoge enthält der Textanfang auch schon.
- Wie geht die Handlung weiter? Eure Fortsetzung sollte eine Pointe enthalten, etwas Überraschendes, das die Zuschauer nicht erwarten.
- Was für einen Charakter soll die alte Dame haben? Ist sie schon ein wenig verwirrt und bringt alles durcheinander? Oder ist sie gerissen und legt die anderen herein?
- Was für ein Mensch sie ist, das wird durch ihre Stimme, Mimik und Körpersprache deutlich. Ihr dürft ruhig ein wenig übertreiben!
- Wie viele Szenen soll euer Stück haben? Legt die Orte fest.
- Braucht ihr Requisiten? Beschränkt euch auf weniges.

TIPP!
Den Originalschluss der Geschichte findet ihr übrigens auf S. 176.
Erst ganz zum Schluss solltet ihr ihn mit euren Ideen vergleichen!

3 Sprecht nach den Darstellungen der einzelnen Gruppen über deren Spiel. Die Spieler wollen eine Bestätigung für ihre Ideen und ihre Spielweise. Aber auch angemessen formulierte Kritik ist wichtig, denn das Theaterspiel soll ja immer besser werden. Haltet euch bei diesem Gespräch an die Punkte, die ihr bei der Arbeit in den Kleingruppen beachten solltet.

Nach Textvorlagen spielen

Vielleicht habt ihr auch Lust, ein Wasserstück zu spielen. Als Spielvorlage eignet sich die folgende Sage, in der es um die Wasserfee Melusine und ihre gegensätzlichen Eigenschaften geht:

- Einerseits ist sie Baumeisterin: Die Steine gehorchen ihrem Zauberstab. Schlösser, Kirchen und andere majestätische Bauten entstehen, wenn Melusine nachts Steine auftürmt, die verstreut auf den Feldern herumliegen.
- Andererseits gilt sie als Zerstörerin: Als im Hundertjährigen Krieg zwischen England und Frankreich (1337–1453) zahlreiche schöne Festungen vernichtet werden, halten die Leute dies – der Sage nach – für eine Strafe der Feen. Auch wer Melusine bei ihrer Arbeit überrascht, kommt nicht ungestraft davon. Melusine kündigt außerdem den nahenden Tod an. Sie nimmt dann das Aussehen einer alten Frau an oder zeigt sich in Schlangengestalt.

Die Verkleidungen der Melusine

Die alten Leute des Landes Aunis erzählten, dass in einer Unwetternacht eine arme alte Frau, vor Müdigkeit erschöpft, an das Tor des Herrensitzes von Châtelaillon klopfte und um Gastfreundschaft bat. Trotz der fortgeschrittenen Stunde und ohne auf die Gefahren Rücksicht zu nehmen, in welche die Wanderin hineingeraten konnte, weigerte sich der Junker, ihr zu öffnen. Das kam ihn teuer zu stehen, denn jene, die um eine so geringe Gefälligkeit gebeten hatte, war niemand anderes als die mächtige Melusine. Erzürnt über ihre Abweisung, richtet sie sich gegenüber der Festung zu voller Größe auf und stößt ihre Verwünschungen aus. Nachdem sie dann einige Steine aus der Felsenklippe gerissen hat, beschwört sie das Meer, ihr Werk fortzusetzen und jenen stolzen Burgfried bis in seine Grundmauern zu zerstören. Von diesem Tag an ist Melusine oft zurückgekehrt, um ihre Kräfte mit denen des Ozeans zu verbinden …

Nach Textvorlagen spielen

Körperschatten-spiel

Dieser Text eignet sich sehr gut für ein Körperschattenspiel:

- Gliedert das Geschehen zunächst in Bilder vor der Schattenwand, die ihr dann als Szenen ausgestaltet:
  - Eine erschöpfte alte Frau bittet um Einlass.
  - Sie verwandelt sich zur mächtigen Melusine.
  - Melusine reißt Steine aus der Felsenklippe.
  - Sie verbündet sich mit dem Meer, das die Zerstörung vollendet.

- Spielt die vier Szenen als Erzählpantomime: Ein Erzähler oder eine Erzählerin liest den Text mit Pausen an den betreffenden Stellen, die anderen stellen das Geschehen vor der Schattenwand dar. Noch dramatischer wird es, wenn ihr passende Musik einsetzt.

- Wenn ihr wollt, könnt ihr die Melusinengeschichte fortsetzen und zu weiteren Spielszenen ausgestalten, z. B. so:
  - Ein gewaltiges Unwetter kommt auf. Die Menschen fürchten sich und geben die Nachricht weiter: Das kann nur die Melusine sein.
  - Melusine erscheint in einem langen, weiten Gewand. Sie hält darin etwas verborgen. Aus den Falten des Gewandes gleiten Steinbrocken, Trümmer von eingestürztem Mauerwerk.
  - Melusine errichtet Stein für Stein ein wundervolles Schloss.
  - In diesem Schloss beginnt eine märchenhafte Geschichte …

  Auch dieses Schattenspiel wird sehr viel lebendiger mit Musik.

Für das Körperschattenspiel braucht ihr eine durchscheinende Leinwand oder Folie, die ihr von Wand zu Wand befestigt. Die Leinwand wird mit dem Tageslichtprojektor beleuchtet. Auf den Projektor legt ihr Farbfolien oder bemalte Folien (als Hintergrund), Schablonen oder Materialien, die dann auf der Leinwand vergrößert erscheinen. Die Spieler bewegen sich zwischen Projektor und Leinwand.

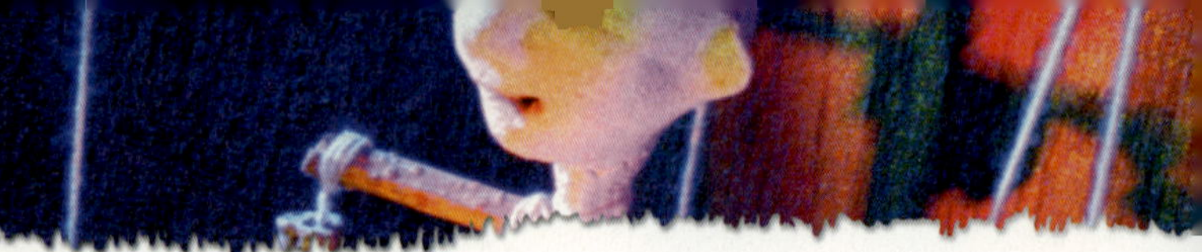

Nach Textvorlagen spielen

Ein paar Tipps für die Umsetzung eurer Ideen:

- Das Tor des Herrenhauses schneidet ihr als schwarze Kulisse am besten aus Tonpapier aus. Auf den Tageslichtprojektor gelegt, ergibt das scharfe schwarze Konturen auf der Leinwand.
- Die Melusine richtet sich zu voller Größe auf: Eine Person spielt dicht an der Leinwand, sie entfernt sich in Richtung Projektor und wird immer größer.
- Die Kräfte des Ozeans lassen sich darstellen, indem ihr eine mit Transparentfarben bemalte Folie auf den Projektor legt.
  Stärkere Bewegung entsteht, wenn ihr einen mit Wasser gefüllten flachen Glasbehälter auf den Tageslichtprojektor stellt. Lasst blaue Tinte in das Wasser laufen und pustet durch Strohhalme in das Wasser. Mit einigen Tropfen Öl oder Spülmittel kommt noch mehr Bewegung in das Ganze.
  Der Eindruck von Seegang entsteht auch, wenn ihr zwei mit blauen Wellen bemalte Folien übereinanderlegt und sie leicht und gleichmäßig gegeneinanderbewegt. Dabei könnt ihr die Wasserhöhe beliebig verändern: die Flut kann steigen, das Wasser kann zurückgehen – ganz, wie ihr wollt.
- Das Herrenhaus, das am Ende zerstört wird bzw. in den Fluten versinkt, oder auch das Schloss, in dem eine weitere Melusinengeschichte spielen könnte, malt ihr am besten auch auf Folie auf.

Der Schluss der Geschichte „Die alte Dame und die Handtasche" (S. 173):

... Naja, es sei ihr peinlich, sie hätte ihr Geld zu Hause vergessen! Dann haben wir gesagt: Gut, dann gehen wir mit ihr nach Hause und sie gibt uns dann das Geld. Da hat sie gesagt: Nein, wenn die Leute das sehen, da würde man gucken, wenn sie mit jungen Leuten käme, das wäre alles sehr verdächtig. Da haben wir uns darauf geeinigt, dass sie ihre Handtasche dalässt. Die Handtasche war schon teurer als die sieben oder acht Mark Differenz, die wir bei Cron & Lanz bezahlt hatten. Also haben wir uns da hingesetzt und gewartet, und sie kam dann nach einer halben Stunde mit einem Polizisten. Und der Polizist hat uns gefragt, warum wir der alten Dame die Handtasche geklaut hätten. Das war schnell aufgeklärt, weil der Polizist nicht dumm war und uns gleich geglaubt hat, als wir den Sachverhalt erklärten. Der Polizist wollte mit der Frau zur Wache und wollte ihre Personalien feststellen, falls sie uns das Geld nun nicht bald gäbe. Nein, sie wollte nicht mit zur Wache, sie wollte nicht die Personalien zeigen. Da hat der Polizist sie gefragt, ob sie denn die Papiere in der Handtasche hätte. Da hat sie ihre Handtasche so an sich gezogen, und dann standen da ja auch schon viele Leute herum. Die Neugierde ist dann schnell ganz groß – zwei junge Leute, ein Polizist, eine alte Dame, die die Handtasche an sich presst. Die Frau hat dann die Handtasche so halb widerstrebend gegeben und der Polizist hat sie aufgemacht. Und was da drin war, das war schon ziemlich erschütternd: Ich führe das auf Senilität* zurück. Jedenfalls waren da Knochen drin, Knochen von einem Tier, von dem Bären, den ich euch aufgebunden habe.

Dramatische Texte spielen

Romeo und Julia *William Shakespeare*

Romeo und Julia ist eines der bekanntesten Dramen des englischen Autors William Shakespeare.
In Verona leben zwei Familien, die miteinander verfeindet sind: Montague und Capulet. Immer wieder kommt es zum Streit. Da lernt Romeo, Montagues Sohn, auf einem Ball Julia, die Tochter Capulets, kennen. Beide verlieben sich ineinander, ohne anfangs zu wissen, wer der andere ist. Heimlich wollen sie heiraten – und die Tragödie nimmt ihren Lauf …
Im folgenden Textauszug treffen der Prinz von Verona, der den Streit immer wieder schlichten muss, der Mönch Lorenzo und die beiden Familien auf dem Friedhof aufeinander.
Alle erkennen, dass für die Feindschaft zwischen den Familien ein hoher Preis gezahlt werden musste.

William Shakespeare (geb. 1564 und gest. 1616 in Stratford-upon-Avon/England) war ein in seiner Zeit sehr erfolgreicher Bühnenautor. Er war sowohl Schauspieler, Dramatiker als auch Mitbesitzer einiger Theater. Von seinem umfangreichen Werk sind vor allem Komödien (z. B. „Der Sommernachtstraum") und Tragödien („Hamlet" oder „Macbeth") weltberühmt. Shakespeares dramatisches Schaffen war Vorbild für viele große deutsche Dichter.

[…]
(Wache mit dem Pagen des Paris.)
PAGE.
Dies ist der Ort; da, wo die Fackel brennt.
ERSTER WÄCHTER.
Der Boden ist voll Blut: sucht auf dem Kirchhof,
Ein paar von euch; geht, greifet, wen ihr trefft.
(Einige von der Wache ab.)
Betrübt zu sehn! Hier liegt der Graf erschlagen
Und Julia blutend, warm und kaum verschieden,
Die schon zwei Tage hier begraben lag. –
Geht, sagt's dem Fürsten! weckt die Capulets!
Lauft zu den Montagues! Ihr andern, sucht!
(Andre Wächter ab.)
Wir sehn den Grund, der diesen Jammer trägt;
Allein den wahren Grund zu bittern Jammers
Erfahren wir durch näh're Kundschaft nur.
(Einige von der Wache kommen mit Balthasar.)
ZWEITER WÄCHTER.
Hier ist der Diener Romeos; wir fanden
Ihn auf dem Kirchhof.
ERSTER WÄCHTER.
Bewahrt ihn sicher, bis der Fürst erscheint.
(Ein andrer Wächter mit Lorenzo.)
DRITTER WÄCHTER.
Hier ist ein Mönch, der zittert, weint und ächzt;
Wir nahmen ihm den Spaten und die Haue,
Als er von jener Seit' des Kirchhofs kam.
ERSTER WÄCHTER.
Verdächt'ges Zeichen! Haltet auch den Mönch.
(Der Prinz und Gefolge.)
PRINZ.
Was für ein Unglück ist so früh schon wach,
Das uns aus unsrer Morgenruhe stört?
(Capulet, Gräfin Capulet und andre kommen.)
GRÄFIN CAPULET.
Das Volk ruft auf den Straßen: »Romeo«
Und »Julia« und »Paris«; alles rennt
Mit lautem Ausruf unserm Grabmal zu.
PRINZ.
Welch Schrecken ist's, das unser Ohr betäubt?
ERSTER WÄCHTER.
Durchlaucht'ger Herr, entleibt liegt hier Graf Paris;
Tot Romeo; und Julia, tot zuvor,
Noch warm und erst getötet.
PRINZ.
Sucht, späht, erforscht die Täter dieser Greuel.
ERSTER WÄCHTER.
Hier ist ein Mönch und Romeos Bedienter.

Dramatische Texte spielen

Man fand Gerät bei ihnen, das die Gräber
Der Toten aufzubrechen dient.

Capulet.
O Himmel!
O Weib! sieh hier, wie unsre Tochter blutet.
Der Dolch hat sich verirrt; sieh seine Scheide
Liegt ledig auf dem Rücken Montagues,
Er selbst steckt fehl in unsrer Tochter Busen.

Gräfin Capulet.
O weh mir! Dieser Todesanblick mahnt
Wie Grabgeläut mein Alter an die Grube.
(Montague und andre kommen.)

Prinz.
Komm, Montague! Früh hast du dich erhoben,
Um früh gefallen deinen Sohn zu sehn.

Montague.
Ach, gnäd'ger Fürst, mein Weib starb diese
Nacht;
Gram um des Sohnes Bann entseelte sie.
Welch neues Leid bricht auf mein Alter ein?

Prinz.
Schau hin, und du wirst sehn.

Montague.
O Ungeratner! was ist das für Sitte,
Vor deinem Vater dich ins Grab zu drängen?

Prinz.
Versiegelt noch den Mund des Ungestüms,
Bis wir die Dunkelheiten aufgehellt
Und ihren Quell und wahren Ursprung wissen.
Dann will ich euer Leiden Hauptmann sein
Und selbst zum Tod euch führen. – Still indes!
Das Missgeschick sei Sklave der Geduld. –
Führt die verdächtigen Personen vor.

Lorenzo.
Mich trifft, obschon den unvermögendsten,
Am meisten der Verdacht des grausen Mordes,
Weil Zeit und Ort sich gegen mich erklärt.
Hier steh ich, mich verdammend und verteid'-
gend,
Der Kläger und der Anwalt meiner selbst.

Prinz.
So sag ohn' Umschweif, was du hiervon weißt.

Lorenzo.
Kurz will ich sein, denn kurze Frist
des Odems*
Versagt gedehnte Reden. Romeo,
Der tot hier liegt, war dieser Julia Gatte,
Und sie, die tot hier liegt, sein treues Weib.
Ich traute heimlich sie, ihr Hochzeittag
War Tybalts letzter, des unzeit'ger Tod
Den jungen Gatten aus der Stadt verbannte;
Und Julia weint' um ihn, nicht um den Vetter.
Ihr, um den Gram aus ihrer Brust zu treiben,
Verspracht und wolltet sie dem Grafen Paris
Vermählen mit Gewalt. – Da kommt sie zu mir

Dramatische Texte spielen

Mit wildem Blick, heißt mich auf Mittel sinnen,
Um dieser zweiten Heirat zu entgehn,
Sonst wollt‘ in meiner Zelle sie sich töten.
Da gab ich, so belehrt durch meine Kunst,
Ihr einen Schlaftrunk; er bewies sich wirksam
Nach meiner Absicht, denn er goss den Schein
Des Todes über sie. Indessen schrieb ich
An Romeo, dass er sich herbegäbe,
Und hülf‘ aus dem erborgten Grab sie holen
In dieser Schreckensnacht, als um die Zeit,
Wo jenes Trankes Kraft erlösche. Doch
Den Träger meines Briefs, den Bruder Marcus,
Hielt Zufall auf, und gestern Abend bracht’ er
Ihn mir zurück. Nun ging ich ganz allein
Um die bestimmte Stunde des Erwachens,
Sie zu befrein aus ihrer Ahnen Gruft.
Und dacht’, in meiner Zelle sie zu bergen,
Bis ich es Romeo berichten könnte.
Doch wie ich kam, Minuten früher nur,
Eh‘ sie erwacht, fand ich hier tot zu früh
Den treuen Romeo, den edlen Paris.
Jetzt wacht‘ sie auf; ich bat sie fortzugehn
Und mit Geduld des Himmels Hand zu tragen,
Doch da verscheucht‘ ein Lärm mich aus der Gruft.
Sie, in Verzweiflung, wollte mir nicht folgen,
Und tat, so scheint’s, sich selbst ein Leides an.
Dies weiß ich nur; und ihre Heirat war
Der Wärterin vertraut. Ist etwas hier
Durch mich verschuldet, lasst mein altes Leben,
Nur wenig Stunden vor der Zeit, der Härte
Des strengsten Richterspruchs geopfert werden.

Drama
Das Wort „Drama“ stammt aus dem Griechischen und bedeutet „Handlung“. Ein Drama ist ein in Monologen und Dialogen geschriebenes Theaterstück. Drama ist dabei der Oberbegriff für Tragödien, Komödien, Lustspiele usw. Es ist in Akte und Szenen unterteilt, in denen sich ein Konflikt entwickelt.

1 Lest den Text mehrmals mit verteilten Rollen.

2 Welche Personen müssen bei dieser Szene auf der Bühne sein?

3 Die Sprache des Stückes entspricht sicher nicht deiner Sprache. Finde Textbeispiele und kläre den Inhalt. Gib die Textbeispiele mit deinen Worten wieder.

4 Erzähle den Inhalt des Textausschnittes.

5 Lorenzo erklärt, was passiert ist. Teilt seine Geschichte in Szenen ein. Schreibt zu jeder Szene einen kurzen Dialog. Entwerft auch den Schluss dieses Dramas.

6 Spielt eure Version von „Romeo und Julia“.

Ideen zur Weiterarbeit

- Übertragt die Tragödie in die heutige Zeit.
- Schaut euch Verfilmungen, z. B. „Romeo und Juliet“ mit Leonardo DiCaprio oder die „Westside Story“ an, die auf dieses Drama zurückgehen. Vergleicht die entsprechende Filmszene mit dem Textauszug.

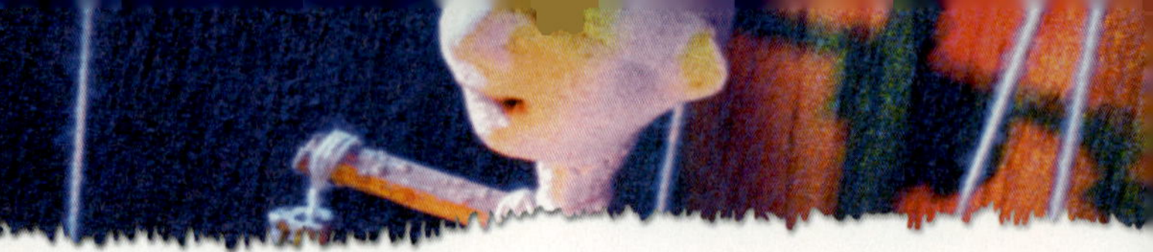

Dramatische Texte spielen

Der Spitzel

Bertolt Brecht

Der folgende Textauszug stammt aus dem Stück „Furcht und Elend des Dritten Reiches“ *von Bertolt Brecht. Er schrieb 24 Szenen über das Regime des Nationalsozialismus. Diese Szene zeigt die Furcht und das Misstrauen der Eltern gegenüber ihrem eigenen Sohn.*

Szene 10

[...]

Die Frau Er ist wirklich weg!

Der Mann Warum soll er denn nicht weg sein?

Die Frau Aber es regnet doch in Strömen!

Der Mann Warum bist du denn so nervös, wenn der Junge mal weggeht?

Die Frau Was haben wir denn geredet?

Der Mann Was hat das damit zu tun?

Die Frau Du bist so unbeherrscht in letzter Zeit.

Der Mann Ich bin zwar nicht unbeherrscht in der letzten Zeit, aber selbst wenn ich unbeherrscht wäre, was hat das damit zu tun, daß der Junge weg ist?

Die Frau Aber du weißt doch, daß sie zuhören.

Der Mann Und?

Die Frau Und! Und wenn er es dann herumerzählt? Du weißt doch, was sie jetzt immer hineinreden in sie in der HJ. Sie werden doch direkt aufgefordert, daß sie alles melden. Es ist komisch, daß er so still weggegangen ist.

Der Mann Unsinn.

Die Frau Hast du nicht gesehen, wann er fort ist?

Der Mann Er hat sich eine ganze Zeitlang am Fenster herumgedrückt.

Die Frau Ich möchte wissen, was er noch mit angehört hat.

Der Mann Aber er weiß doch, was geschieht, wenn Leute angezeigt werden.

Die Frau Und der Junge, von dem Schmulkes erzählt haben? Sein Vater soll noch immer im Lager sein. Wenn wir nur wüßten, wie lange er im Zimmer war.

Der Mann Das ist ja alles Unsinn!

Er läuft in die anderen Zimmer und ruft nach dem Knaben.

Die Frau Ich kann mir nicht denken, daß er, ohne ein Wort zu sagen, einfach wo hingeht. So ist er nicht.

Der Mann Vielleicht ist er bei einem Schulkameraden?

Die Frau Dann kann er nur bei Mummermanns sein. Ich rufe an.

Sie telefoniert.

Der Mann Ich halte das Ganze für falschen Alarm.

Dramatische Texte spielen

Die Frau *am Telefon*: Hier Frau Studienrat Furcke. Guten Tag, Frau Mummermann. Ist Klaus-Heinrich bei Ihnen? – Nein? – Da kann ich mir aber gar nicht denken, wo der Junge ist. – Sagen Sie, Frau Mummermann, ist das HJ-Lokal Sonntag nachmittags offen? – Ja? – Vielen Dank, dann will ich dort mal nachfragen.

Sie hängt ein. Die beiden sitzen schweigend.

Der Mann Was kann er schon gehört haben?

Die Frau Du hast doch über die Zeitung gesprochen. Das über das Braune Haus hättest du nicht sagen dürfen. Er empfindet doch so national.

Der Mann Was soll ich über das Braune Haus gesagt haben?

Die Frau Da mußt du dich doch erinnern! Daß dort nicht alles sauber ist.

Der Mann Das kann doch nicht als Angriff ausgelegt werden. Nicht alles sauber oder, wie ich abschwächend sagte, nicht alles ganz sauber, was schon einen Unterschied macht, und zwar einen beträchtlichen, das ist doch mehr eine spaßhafte Bemerkung volkstümlicher Art, sozusagen in der Umgangssprache, das bedeutet nicht viel mehr, als daß sogar dort wahrscheinlich einiges nicht immer und unter allen Umständen so ist, wie es der Führer will. Den nur wahrscheinlichen Charakter brachte ich übrigens mit voller Absicht dadurch zum Ausdruck, daß ich, wie ich mich deutlich erinnere, formulierte, es „soll" dort ja auch nicht alles ganz – ganz in abschwächendem Sinne gebraucht – sauber sein. Soll sein! Nicht: ist! Ich kann nicht sagen, daß dort etwas nicht sauber ist, da fehlt jeder Beweis. Wo Menschen sind, gibt es Unvollkommenheiten. Mehr habe ich nicht angedeutet, und auch das nur in abgeschwächtester Form. Und überdies hat der Führer selber bei einer gewissen Gelegenheit seine Kritik in dieser Richtung ungleich schärfer formuliert.

Die Frau Ich verstehe dich nicht. Mit mir mußt du doch nicht so sprechen.

Der Mann Ich wollte, ich müßte es nicht! Ich bin mir nicht klar darüber, was du selber überall herumquatschst von dem, was hier zwischen diesen Wänden mal in der Erregung vielleicht gesagt werden mag. Wohlverstanden, ich bin weit entfernt, dich irgendwelcher leichtfertiger Ausstreuungen gegen deinen Mann zu bezichtigen, genau wie ich von dem Jungen keinen Augenblick annehme, daß er etwas gegen seinen eigenen Vater unternehmen könnte. Aber zwischen Übel tun und es wissen ist ja leider ein gewaltiger Unterschied.

Dramatische Texte spielen

DIE FRAU Jetzt hör aber auf! Paß lieber auf deine Zunge auf! Die ganze Zeit zerbreche ich mir schon den Kopf darüber, ob du das, daß man in Hitlerdeutschland nicht leben kann, vor oder nach dem über das Braune Haus gesagt hast.

DER MANN Das habe ich überhaupt nicht gesagt.

DIE FRAU Du tust ja schon direkt, als sei ich die Polizei! Ich zermartere mich doch nur, was der Junge gehört haben kann.

DER MANN Das Wort Hitlerdeutschland stammt überhaupt nicht aus meinem Sprachschatz.

DIE FRAU Und das mit dem Blockwart, und daß in den Zeitungen lauter Lügen stehen, und was du neulich über den Luftschutz gesagt hast, der Junge hört ja überhaupt nichts Positives! Das ist überhaupt nicht gut für ein jugendliches Gemüt, das dadurch nur zersetzt wird, wo der Führer immerfort betont, Deutschlands Jugend ist Deutschlands Zukunft. Der Junge ist ja wirklich eigentlich nicht so, daß er einfach hinläuft und einen anzeigt. Mir ist ganz übel.

[…]

1 Lest den Text mit verteilten Rollen und klärt unbekannte Begriffe.

2 Was soll der Sohn alles gehört und vielleicht falsch verstanden haben? Gib die Zeilen an.

3 Zu Beginn zeigt nur die Frau gegenüber ihrem Sohn Misstrauen. Mit der Zeit erfasst es immer mehr auch ihren Mann. Wie zeigt sich das?

4 Teilt euch in zwei Gruppen.
- Eine Gruppe schreibt eine Vorgeschichte zu dieser Szene.
- Die andere Gruppe schreibt die Fortsetzung der Szene.

Lest dann das ganze Stück vor.

5 Leiht euch das Stück „Furcht und Elend des Dritten Reiches" aus. Vergleicht euer Stück mit der vollständigen Szene.

Ideen zur Weiterarbeit

- Spielt anderen Klassen Szenen aus „Furcht und Elend des Dritten Reiches" vor.
- Informiert euch über die Hitlerjugend.
- Erstelle eine Übersicht mit Fachbegriffen und Fremdwörtern rund um den Nationalsozialismus. Schreibe die Bedeutung jeweils daneben. Wie du Fachbegriffe und Fremdwörter schreibst und trennst, erfährst du in der Werkstatt Rechtschreiben (S. 215/216).

TIPP!
Was Fachbegriffe und Fremdwörter sind, erfährst du in der Werkstatt Sprache auf Seite 242 bis 244.

WERKSTATT Schreiben

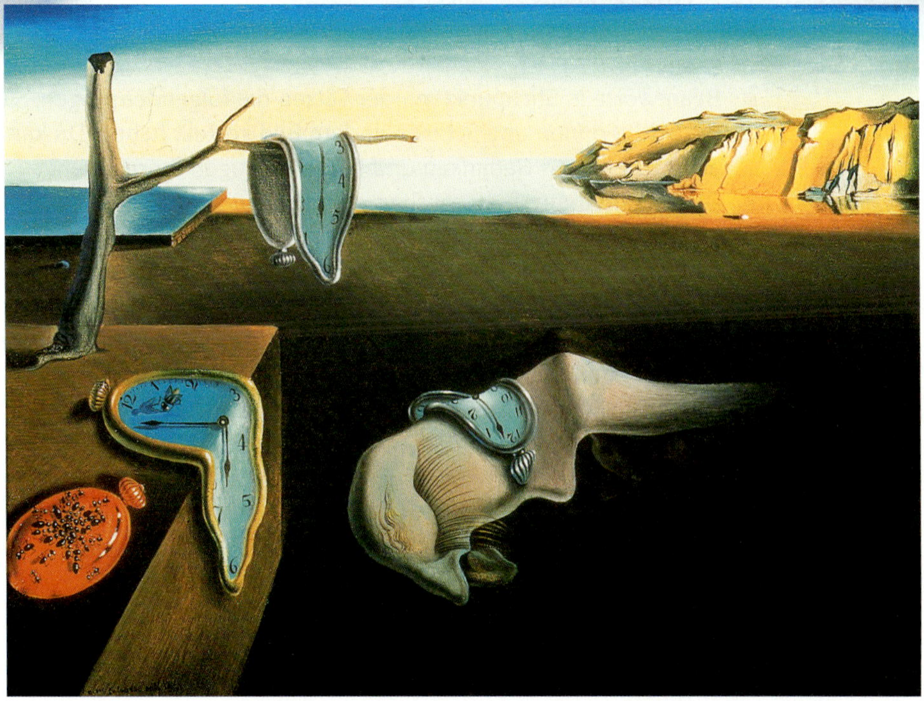

Die Abbildung zeigt ein Gemälde des spanischen Malers **Salvador Dalí** (1904–1989). Dalí gehörte zu den Künstlern des „Surrealismus". Diese wollten nicht die sichtbare Welt abbilden, sondern interessierten sich für die Welt des Traumes und der Gefühle. In vielen Bildern Dalís vermischen sich fotografisch genau gemalte vertraute Gegenstände oder Lebewesen mit ungewöhnlichen Dingen. So kommt es zu Kombinationen,* die für den Betrachter zwar rätselhaft bleiben, aber doch Erinnerungen an Träume oder Gefühle hervorrufen. Dalí nannte das Bild „Die Beständigkeit der Erinnerung". Es ist aber auch bekannt unter dem Titel „Zerrinnende Zeit".

1 Gehe in Gedanken in das Bild hinein: Du bist der einzige Mensch in dieser Landschaft …

- Wo stehst du? Was siehst du von deinem Standort aus? Bewegt sich etwas?
- Wie groß bist du, etwa im Vergleich zu den Uhren oder dem toten Baum?
- Wie ist die Temperatur? Ist es eher kalt oder heiß?
- Wie fühlst du dich? Bist du neugierig, ruhig und entspannt oder eher unsicher und ängstlich?

2 Sprecht über Eindrücke und Gefühle, die durch das Bild hervorgerufen werden.

Zu einem Bild schreiben

In der geheimnisvollen Landschaft auf dem Bild (S. 183) scheint die Zeit stehengeblieben zu sein. Andererseits kann man sich vorstellen, dass sich doch etwas bewegt. Die folgenden Anregungen helfen dir, kleine Texte oder Fantasiegeschichten zu dem Bild vorzubereiten:

- Beantworte in Stichpunkten oder Sätzen die folgenden Fragen, die Schülerinnen und Schüler zu dem Bild gestellt haben. Du kannst auch zu eigenen Gedanken und Einfällen Fragen formulieren:
  - Wo sind denn die Menschen geblieben?
  - Wächst der Baum noch?
  - Was liegt da vorne?
  - Warum ist es auf allen Uhren sechs Uhr?
  - Warum scheinen die drei Uhren weich zu sein, die umgedrehte Taschenuhr aber nicht?
  - Was soll das Ei im Hintergrund vor der Felswand?
  - Wieso halten sich die Ameisen und die Fliege gerade dort auf?
  - …

- Das Bild ist voller Gegensätze. Ergänze die Gegensatzpaare:
  - Zeit ist stehengeblieben – Uhren zerfließen
  - Hartes – Weiches
  - wirkliche Landschaft – unwirkliche Gegenstände
  - hell/Licht – …
  - realistisch gemalt – …
  - …

  Suche ein Gegensatzpaar aus und schreibe auf, was dir dazu durch den Kopf geht.

- Die folgenden Wörter und Gedanken haben etwas mit „Zeit“ zu tun. Ergänze die Wortreihen.
  - Hektik: *Stress, Eile, hastig, Bewegung, zu viel auf einmal, Menschenmenge* …
  - Ruhe: *Entspannung, keine Geräusche, Langeweile* …
  - Zeit: *vergeht, keine Zeit haben, Zeitungsberichte, Zeitreise, Vergangenheit – Gegenwart – Zukunft* …

  Suche dir einige Wörter und Gedanken aus und lasse sie in „Gedankensätzen“ vorkommen, die zu dem Bild passen. Daraus kann auch eine kleine Geschichte werden.

- Ergänze weitere Zeit-Redensarten und -Sprichwörter. Wähle dann eine Redensart oder ein Sprichwort aus und schreibe die Bedeutung auf oder denke dir eine kleine Geschichte dazu aus. Dabei musst du durchaus nicht mit der Aussage der Redensarten und Sprichwörter einverstanden sein. Vielleicht siehst du das ja ganz anders.

Zeit ist Geld.
Die Zeit scheint stillzustehen.
Zeit heilt alle Wunden.
Kommt Zeit, kommt Rat.
Die Zeit vergeht wie im Fluge.
…

Aus anderer Perspektive erzählen

Wenn du diese Einheit bearbeitest, musst du die Geschichte **„Spagetti für zwei"** auf Seite 46–48 gelesen haben. Erst wenn du sie gut kennst, kannst du sie aus einer anderen Perspektive neu erzählen, etwas weglassen, hinzufügen oder einen anderen Schluss finden.

1 Erzähle die Geschichte aus der Sicht des Schwarzen neu:
- Mach dir zunächst klar, worum es in der Geschichte geht, indem du die Einzelheiten von Stichwortzettel 1 in die richtige Reihenfolge bringst.
- Mach dir dann klar, was der Schwarze als Ich-Erzähler weiß und was nicht, indem du den Stichwortzettel 2 ergänzt.
- Schreibe deine Geschichte. So kannst du beginnen:

Wenn wir in der Möbelfabrik Mittagspause haben, gehe ich immer in mein Stammlokal um die Ecke. Da gibt es reichliche Portionen für wenig Geld. Gestern ist mir da etwas vollkommen Irres passiert. Ich hatte gerade …

Stichwortzettel 1

Darum geht es in der Originalgeschichte:
Heinz verdächtigte im Restaurant einen Schwarzen, dass dieser ihm seine Suppe wegessen wollte. Später stellte sich das als Irrtum heraus.

Wichtige Einzelheiten:
- Heinz holte sich Gemüsesuppe.
- Beide mussten lachen.
- Heinz hatte den Löffel vergessen und holte ihn.
- Heinz ging ins Restaurant zum Essen.
- Heinz setzte sich zu dem Schwarzen und aß mit ihm aus einem Teller.
- Heinz stellte Suppe auf einen Tisch.
- Keiner sagte etwas.
- Ein Schwarzer am Tisch aß Gemüsesuppe.
- Heinz war verwirrt und wütend.
- Beide verabredeten sich für den nächsten Mittag.
- Heinz entdeckte seine Gemüsesuppe auf dem Nachbartisch.
- Beide aßen Spagetti vom selben Teller.
- Der Schwarze holte Spagetti und zwei Gabeln.

Stichwortzettel 2

Darum geht es jetzt:
Der Schwarze, jetzt Ich-Erzähler, bemerkte Heinz' Irrtum. Er sagte aber nichts und spielte das „Spiel" weiter.

Wichtige Einzelheiten:
- Ich-Erzähler ging essen und holte sich eine Gemüsesuppe.
- Ich-Erzähler begann zu essen.
- Ich-Erzähler sah Heinz und bemerkte Heinz' Irrtum.
- Ich-Erzähler beschloss, sich nichts anmerken zu lassen.
- Ich-Erzähler …

Aus anderer Perspektive erzählen

2 Fabian hat den Text aus der Perspektive des Schwarzen weitergeschrieben. Vieles ist schon gut gelungen. Der Text wirkt aber noch lebendiger und anschaulicher, wenn die Gedanken und Gefühle des Ich-Erzählers deutlicher zum Ausdruck kommen.
An welchen Stellen kannst du die Gedanken, die auf dem blauen Zettel stehen, in den Text einfügen? Schreibe die entsprechende Ziffer in die passende Lücke zwischen den Sätzen (Folie).

1 „Was will der bloß?", dachte ich.

2 Ich beschloss, mir auf keinen Fall etwas anmerken zu lassen.

3 Wollte er mit mir Streit anfangen wegen meiner Hautfarbe?

4 Das fand ich ganz schön cool.

5 Sollte er doch als Erster reden!

■ Der Junge wirkte total unsicher. ■ Da erkannte ich den Grund für seine Unsicherheit: Sein Suppenteller stand einsam auf dem Nebentisch und er hatte wohl etwas die Orientierung verloren. ■ Ich war gespannt, wie es jetzt weitergehen würde. ■ Der Junge räusperte sich, zog den Stuhl zurück und setzte sich mir gegenüber an den Tisch. ■ Ich sah ihn kurz an, aß aber ganz ruhig meine Suppe weiter. ■ Da steckte er doch tatsächlich seinen Löffel in meine Suppe und fing an zu essen. ■ Von meinem Teller! ■ Er glaubte anscheinend, dass das seine Suppe wäre. ■ Ich sah ihn lange an, wollte aber nichts sagen. ■ Ganz ruhig aß ich meine Suppe weiter. ■

3 Schreibe nun Fabians Text mit den eingefügten Sätzen neu auf.

4 Vergleicht eure Überarbeitungen. Habt ihr die Gedanken passend eingefügt? Gibt es Unterschiede? Wirkt das anders? Müsst ihr noch etwas ändern?

5 Überprüfe nun deine eigene Geschichte. Hast du genügend Gedanken und Gefühle dargestellt? Wenn du noch etwas einfügen willst, gehe so vor, wie in den Aufgaben oben. Natürlich musst du die Ergänzungen selbst formulieren.

Arbeitsvorgänge aufschreiben

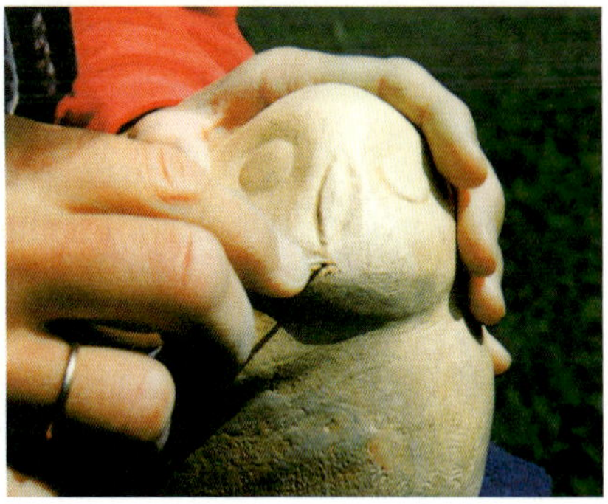

1 Im Kunstunterricht hat die 8M aus Speckstein Figuren gestaltet. Die Lehrerin hat natürlich darauf geachtet, dass asbestfreie Steine verwendet wurden. Sieh dir die Bilder genau an. Nenne die Arbeitsschritte, die du erkennst.

2 Damit du dir die einzelnen Arbeitsschritte, wie aus einem Speckstein Schritt für Schritt eine Figur wird, noch genauer vorstellen kannst, lies, was Karin über ihre Arbeit erzählt (S. 188).

3 Bevor du mit der Beschreibung beginnst, markiere im Text alle wesentlichen Arbeitsschritte und Ausdrücke (Folie).

4 Lege jetzt eine Material- und Werkzeugliste an und beschreibe den Arbeitsvorgang ausführlich. Dabei helfen dir folgende Schreibtipps:

Zuerst wird der Stein von allen Seiten betrachtet …
Du betrachtest den Stein zuerst …
Den Stein betrachtet man zuerst …
Betrachte zuerst den Stein …

Checkliste: Arbeitsvorgang aufschreiben

- Achte auf die richtige Reihenfolge.
- Mache nach einzelnen Arbeitsschritten Absätze.
- Bei der Beschreibung stehen die Verben im Präsens. Du kannst aber zwischen verschiedenen Sprachformen wählen (blauer Zettel) oder sie kombinieren. Probiere einmal aus, welche am geeignetsten ist.
- Für die richtige Reihenfolge und für Abwechslung am Satzanfang kannst du folgende Zeitangaben verwenden: *zuerst, danach, anschließend, nun, im Anschluss daran, zum Schluss, jetzt.*
- Verwende die Fachbegriffe, die zur genauen Beschreibung notwendig sind.

Arbeitsvorgänge aufschreiben

So hat Karin von ihrer Arbeit mit Speckstein erzählt:

Zunächst war es nur ein bräunlicher Klumpen, etwa 20 x 20 x 15 cm im Format und ungefähr 3 kg schwer. Ich habe diesen unförmigen Stein lange von allen Seiten angeschaut. Dann war ich mir sicher: Daraus mache ich ein Käuzchen. Mit einem dicken Filzstift habe ich die Grobform aufgezeichnet. Mit einer Grobraspel ging es nun an die Arbeit. Die Raspel musste ich dabei häufig mit einer Drahtbürste reinigen. Übrigens: Specksteinarbeit ist eine ganz schön staubige Angelegenheit. Am besten bearbeitet man den Stein draußen. Ich habe zusätzlich ein nasses Tuch unter meinen Stein gelegt. Dadurch wurde der Staub ein wenig gebunden. Bei der Grobraspel handelte es sich um eine Feileraspel, bei der eine Seite Raspel und eine Seite Feile ist. Mit dieser Raspel kann man ganz gut die groben Unebenheiten entfernen. Die gewölbten Flächen und auch die nach innen gewölbten Flächen bearbeitet und glättet man am besten mit einer Rundfeile. Störende größere Ecken habe ich einfach abgesägt. Der Stein nimmt durch das Raspeln, Sägen und Feilen schon richtig Gestalt an. Ich konnte die Form der Eule nach den ersten Grobarbeiten schon erahnen. Zwischendurch musste ich immer wieder den Staub vom Stein entfernen, damit die Struktur der Oberfläche zu sehen war. Dazu nimmt man am besten einen Pinsel. Auf die Rohform habe ich immer wieder die Figur genauer aufgezeichnet. Übrigens: Um die Form der Eule nicht zu verfehlen, habe ich mir zu Beginn der Arbeit eine kleine Eule aus Knete geformt. Das Eulenmodell habe ich mir zwischendurch immer mal wieder angeschaut. Nachdem die groben Vorarbeiten abgeschlossen waren, habe ich mich an die Feinarbeiten gemacht. Ich habe mir das Rückgrat der Eule eingezeichnet und dann den gesamten Rücken vom Kopf her einfach tiefer gelegt. Dadurch wurde gleichzeitig die Flügelform angedeutet. Bei dieser Arbeit habe ich für die feineren Arbeiten natürlich eine kleinere Feile genommen. Das gilt auch für die Arbeiten an Augen und Schnabel. Augen mit Augapfel und den Schnabel habe ich sorgfältig mit einem Bleistift eingezeichnet. Die Werkzeuge und Hilfsmittel für die Bearbeitung werden selbstverständlich während der Arbeit immer spitzer, schärfer und feiner. Die nötigen Vertiefungen an den Augen und am Schnabel habe ich mit einem Schnitzmesser hinbekommen. Das Käuzchen hatte jetzt seine Form. Es war nur noch sehr rau. Die größeren Flächen habe ich mit dem Rücken eines alten Küchenmessers vorgeglättet. Für die Feinarbeiten habe ich einen Schmirgelschwamm und auch Stahlwolle benutzt. Die Reste des Steinstaubs habe ich immer wieder weggepinselt. Abschließend habe ich mein Käuzchen mit Ölwachs eingerieben und mit einem weichen Tuch auf Glanz gebracht. Das Käuzchen steht jetzt vor mir auf dem Schreibtisch.

Eulenmodell
Schmirgelschwamm
...

→ Langformen bilden – Wörter verlängern S. 212 und 213

Arbeitsvorgänge aufschreiben

TIPP!
Wenn du dein Wissen über Attributsätze und Konjunktionen auffrischen möchtest, schlage in der Übersicht „Kurz und knapp – Fachbegriffe" auf Seite 280 und 281 nach.

5 Lest eure Anleitungen anschließend vor. Darüber könnt ihr sprechen:
- Alle Arbeitsschritte mit praktischen Tipps?
- Sinnvolle Reihenfolge?
- Vollständige Material- und Werkzeugliste?
- Verständliche Ausdrücke und Formulierungen?
- Präsens als Zeitform?
- Abwechslung am Satzanfang und in der Sprachform?
- Übersicht durch Absätze?
- Verwendung von Attributsätzen und Konjunktionen?

Weitere Schreibanregungen

TIPP!
Lest euerem Partner den Text anschließend vor. Welche Tipps aus Aufgabe 5 werden beachtet? Welche fehlen? Überprüft auch die Wirkung des Textes. Begründet eure Antworten.
- *Wird der Adressat ausreichend informiert?*
- *Ist der Text verständlich?*
- *Fehlen wichtige Arbeitsschritte?*
- *Kann noch mehr weggelassen werden?*

- Beschreibe, wie man einen Computer, ein DVD-Gerät, einen CD-Player oder … bedient.
- Beobachte in Zeitlupe und schildere:
  - Wie schreibt man eine SMS?
  - Wie hängt man ein Bild an die Wand?
  - Wie kocht man Spagetti?
- Beschreibe einen Vorgang genau, den du während eines Berufserkundungstages beobachtet oder durchgeführt hast.
- Ein Fremder möchte von dir wissen:
  - Wie feiert man in Bayern Weihnachten?
  - Wie wird in deiner Klasse der Klassensprecher gewählt?
- Besorge dir Bedienungs- oder Bastelanleitungen. Sie sind häufig schwer verständlich. Schreibe sie so um, dass man die Arbeiten ohne Schwierigkeit durchführen kann. Schwierige Arbeitsschritte kannst du durch Zeichnungen am Rand neben der Anleitung zusätzlich verdeutlichen.
- Beschreibe den Bau und die Funktion einer Fantasiemaschine, die du natürlich noch erfinden musst. Hier siehst du zwei Ideen.

Verlauf und Ergebnis eines Betriebspraktikums protokollieren

1 Um einen Wochenbericht vollständig und genau zu schreiben, sind die täglichen Aufzeichnungen im Praktikum eine wichtige Grundlage. Tom und Sabrina machten ein Praktikum als Restaurantfachmann/-frau im Hotel Alpenrose. Für ihren Wochenbericht macht sich Sabrina am ersten Tag folgende Notizen:

Tagesprotokoll: Montag, 18.04.20..

6.40	- Begrüßung durch den Hotelmanager Herrn Gleich - Dienstkleidung anziehen
7.00	- Frühstücksbar aufschließen (riesiger Schlüsselbund, finde nicht gleich den richtigen Schlüssel) - Besprechung des Tages mit der Chefin Frau Huber - Werbetafel mit Tagesgericht aufstellen
7.30	- Erste Gäste begrüßen → Getränke servieren

2 Hier siehst du Toms Tagesprotokoll. Vergleiche und notiere die Unterschiede.

Tagesprotokoll: Dienstag, 19.04.20..

Zeit	Arbeitsort	Eigene Tätigkeiten/Beobachtungen	Anmerkungen
6.40	Umkleide	- Ankunft im Hotel - Dienstkleidung anziehen: weißes Hemd, schwarze Hose, schwarze Schuhe, rote Schürze	Nette Klamotten ☺
7.00	Bar	- Licht einschalten - Frühstücksbar herrichten → Kaffeemaschine einschalten, Tische abwischen, Aschenbecher und Speisekarten aufstellen	Ist nicht ganz leicht, mit der Kaffeemaschine klarzukommen.
7.30	Bar	Frühstücksbetrieb: es kommen nicht so viele Gäste. - Gäste bedienen sich am Büfett - Routinearbeiten: Servietten falten + Schränke putzen + Glasscheiben polieren + Besteckkästen auffüllen + benutzte Teller abräumen	Muss alles ziemlich schnell und geräuschlos gehen ↔ Gäste wollen in Ruhe frühstücken
10.45	Bar	- Chefin bei Nachbestellung von Zucker, Milch, Salz in der Küche zuschauen - gelieferte Ware im Servicebereich aufräumen	Formular war einfach auszufüllen. (Süße Küchenazubine ☺)
11.30	Kantine	Mittagessen	30 Minuten Ruhe

Verlauf und Ergebnis eines Betriebspraktikums protokollieren

3 Verbessere Sabrinas Notizen und verwende dazu folgende Checkliste:

Symbole in Texten
→ = daraus folgt, und dann
\+ = und
✓ = erledigt
↔ = bedingt sich gegenseitig
☺ = gefällt mir
☹ = gefällt mir nicht
= ist nicht gleich

Checkliste: Tagesprotokoll schreiben
- Schreibe deine Notizen in ein kleines Notizheft, das du im Praktikum bei dir hast.
- Notiere jeden Tag das Datum, die Uhrzeit und den Ort deiner Aufzeichnungen.
- Schreibe in Stichworten deine Beobachtungen, Tätigkeiten und Eindrücke auf. Verwende dazu Fachbegriffe.
- Notiere übersichtlich und verwende Symbole, um Zusammenhänge deutlich zu machen.
- Lass Nebensächlichkeiten weg.
- Verwende Abkürzungen und schreibe Zahlen immer in Ziffern.
- Übertrage die Stichwortsammlung abends in den Tagesbericht deines Praktikumsheftes. Auch hier kannst du stichpunktartig formulieren.
- In der Spalte "Anmerkungen" kannst du wichtige persönliche Eindrücke niederschreiben.

TIPP!
Wie man ein Interview führt, kannst du auf Seite 98/99 im Kapitel Eine Zeitung wird gemacht nachlesen.

4 Schreibe ein Tagesprotokoll nach dem vorliegenden Muster von deinem
- Schultag,
- Sonntag,
- Berufserkundungstag,
- letzten Familienausflug.

5 Um Informationen zu erhalten, befrage folgende Personen nach ihrem Tag:

- einen Lehrer/eine Lehrerin an deiner Schule nach seinem/ihrem Schultag,
- deine Mutter/deinen Vater nach ihrem/seinem Arbeitstag,
- einen Mitschüler/eine Mitschülerin über seinen/ihren Geburtstag.

Ordne die Ergebnisse der Gespräche in das Protokollformular ein.

Vom Tagesprotokoll zum Wochenbericht

Tagesprotokoll: Mittwoch, 20.04.20..

Zeit	Arbeitsort	Eigene Tätigkeiten/ Beobachtungen	Anmerkungen
7.00	Bar	- Gabel, Messer + Löffel aus der Spüle holen, polieren und in Besteckkästen einsortieren - Tagesbesprechung	
7.30	Bar	- Teller auf Sauberkeit überprüfen - Büfett auffüllen - Frau Huber zeigt mir, wie man ein Bierfass anzapft	
8.30	Restaurant	- Tische decken für das Mittagessen - Servietten falten, Besteck auflegen - Boden saugen	Teppichsaugen ist anstrengend → alle Stühle und Tische sind im Weg
10.00	Restaurant	- Besprechung Team: Welche Tische sind reserviert? - „Reserviert"- Schilder aufstellen - Salz- und Pfefferstreuer auffüllen - Getränke in die Serviceschränke einsortieren	Teambesprechungen ☺, weil jeder weiß, was zu tun ist.
11.00	Restaurant	- erste Gäste kommen zum Mittagessen - beobachten, wie die Bestellung entgegengenommen wird → Bestellcomputer	Tragbarer Computer ist praktisch → vergisst nichts + kann gleich in der Küche bestellen

Tagesprotokoll: Donnerstag, 21.04.20..

Zeit	Arbeitsort	Eigene Tätigkeiten/ Beobachtungen	Anmerkungen
11.00	Restaurant	- heute Spätschicht - den Kollegen beim Mittagsgeschäft helfen: benutztes Geschirr abräumen, Tische neu eindecken ...	Länger schlafen ☺!
12.00	Restaurant	- beobachten, wie man Gäste bedient, - neue Gäste begrüßen, - sie an ihren Tisch begleiten, - die Speisekarte bringen, - Getränkebestellung annehmen	muss Bestellungen aufschreiben ☹, Getränke ausschenken ☺, ab + zu geht was daneben
14.30	Restaurant	- die Küche schließt - zusehen, wie Frau Huber die letzten Gäste abkassiert - Geschirr abräumen, in die Küche zum Spülen schicken → Aufzug	ein Gast beschwert sich → verweise ihn an Chefin
15.45	Büro	- Teambesprechung	
16.15	Restaurant	- benutzte Tischdecken abräumen - Tische neu aufdecken - Chefin erklärt mir, wie das Besteck liegen muss - Blumen + Weinkarten für das Abendessen aufstellen - neues Besteck polieren	Nur Routinearbeiten!

1 Lies Sabrinas Tagesprotokolle durch.

2 Unterstreiche, welche Tätigkeiten sie an diesen beiden Tagen selbst durchgeführt hat (Folie). Welche Tätigkeiten haben sich im Vergleich zu den anderen Praktikumstagen wiederholt?

3 Unterstreiche nun andersfarbig Tätigkeiten, die Sabrina nur beobachtet hat (Folie). Finde Gründe, warum das so ist.

4 Bewerte das Tagesprotokoll nach den Kriterien auf Seite 191. Welche Vorgaben wurden eingehalten? Belege.

5 Wie könnte Sabrina ihren letzten Praktikumstag im Restaurant Alpenrose verlebt haben? Schreibe ein Tagesprotokoll für Freitag, den 22.04.20...

TIPP!
Falls du noch mehr Auskünfte über den Beruf „Restaurantfachfrau" benötigst, informiere dich im Internet unter www.berufskunde.com

Vom Tagesprotokoll zum Wochenbericht

Am Ende ihres Praktikums als Restaurantfachfrau muss Sabrina einen Wochenbericht verfassen.

1 Hilf Sabrina bei ihrem Wochenbericht. Verwende dazu die Tagesprotokolle und die Hinweise auf den Blockzetteln.

Einleitung
den Ort, das Datum und den gewählten Beruf des Praktikums angeben, kurz die Arbeitszeiten nennen

In der Woche vom … bis … habe ich mein Praktikum als … im … absolviert.
Die Arbeitszeit erstreckte sich …

Hauptteil
in den Tagesprotokollen kontrollieren, welche Tätigkeiten regelmäßig ausgeführt wurden, diese zusammenfassen, über beobachtete Tätigkeiten berichten

Jeden Morgen …
Täglich musste ich …

Ich schaute der Chefin zu, wie sie …
Ich beobachtete, wie …

Tätigkeiten notieren, die besonders interessant waren

Besonders interessant fand ich …
Sehr gefallen hat mir …

unangenehme und schwierige Situationen darstellen und begründen, eigene Reaktionen beschreiben

Es gab einiges, was mich im Praktikum nicht begeistert hat …
Schwierigkeiten hatte ich bei …
…

Schluss
Praktikum zusammenfassend bewerten, Konsequenzen für die eigene Berufswahl ableiten

Abschließend kann ich sagen, dass mir das Praktikum gut/schlecht gefallen hat, weil …
Der Beruf der Restaurantfachfrau sagt mir zu/gefällt mir nicht, weil …
…

Wochenbericht überarbeiten

2 Lest euch eure Texte vor. Was ist gleich, was ist unterschiedlich?

3 Überarbeite den Bericht deines Partners:
- Streiche unwichtige oder unpassende Informationen.
- Ergänze fehlende, aber wichtige Informationen aus den Tagesprotokollen.
- Achte darauf, dass die Sätze abwechslungsreich eingeleitet und verbunden sind.
- Verbessere die Rechtschreibfehler. Nimm ein Wörterbuch zu Hilfe.

Den eigenen Standpunkt formulieren

1 Im folgenden Text aus einer Schülerzeitung geht es um Trends. Welche Meinung wird hier vertreten? Unterhaltet euch darüber.

Trends – Gleichmacher oder Spaßfaktor?

Immer wieder begegnet man in Fernseh-Diskussionen oder Zeitungskommentaren dieser Meinung besorgter Erwachsener: Trends würden durch Jugendzeitschriften, TV-Serien, Teenysender und Werbestrategen gemacht. Sie seien die großen Gleichmacher, die den dummen, armen Jugendlichen dieselbe Meinung und den gleichen Geschmack aufdrängten, nur um ihnen das Geld aus den Taschen zu ziehen.

Wir meinen dagegen: So dumm und angepasst sind die Jugendlichen heutzutage wohl nicht. Jeder ist doch intelligent und frei genug, selbst zu entscheiden, welcher Trend zu ihm passt und welcher nicht. Vielleicht eignet sich zum Beispiel eine neue Haarmode gerade besonders gut dazu, die eigene Persönlichkeit zu unterstreichen. Das hat doch nichts mit dummer Anpassung an eine Mode zu tun.

Andererseits sagen manche, man sei gezwungen, immer dem neusten Markenmoden-Trend hinterherzulaufen, nur weil die Meinungsführer in der Klasse sich damit ausstatten. Das finden wir aber nicht überzeugend. Wer nicht will, muss doch nicht mitmachen. So einfach ist das.

Außerdem kann es auch ein gutes Gefühl sein zu wissen, dass man passend angezogen ist, ein schönes Piercing oder Tattoo trägt und eine trendy Frisur. Dadurch kann man selbstbewusst auftreten und braucht sich nicht zu verstecken.

Um schließlich doch noch einmal auf das Argument „Geld" zu kommen: Natürlich braucht man ein ziemlich gutes Taschengeld-Konto, wenn man „am Puls der Zeit" bleiben will. Nur Ladenhüter sind billig. Aber rein statistisch haben die Jugendlichen heute mehr Geld zur Verfügung als je zuvor. Und wir denken, sie geben es gerne aus. Jugend will Spaß. Warum sollte man sie davon abhalten?

Einleiten/Gegenargument aufgreifen:
Häufig wird die Ansicht vertreten …
Man hört oft …
Manche sagen …
…
Eigenen Standpunkt einleiten/bekräftigen:
Ich denke (aber) …
Nach meiner Erfahrung (jedoch) …
Trotzdem bleibe ich dabei …
…
Sätze einleiten – Gedankengänge verknüpfen:
andererseits
aber
schließlich
besonders aber
am wichtigsten ist

2 Untersuche nun die Stellungnahme genauer:
- Markiere die Meinungsäußerung (den Standpunkt) der Redakteure, die Argumente und die angeführten Gegenargumente andersfarbig (Folie).
- Welchen Aufbau stellst du fest?
- Durch welche Formulierungen werden die einzelnen Abschnitte und Gedanken eingeleitet und miteinander verknüpft? Schreibe sie heraus und ergänze mit ihnen die Formulierungsbeispiele des Zettels.

3 Wie stehst du zu den Aussagen des Artikels? Welchen Argumenten kannst du zustimmen, wo bist du anderer Meinung? Schreibe die Zeilenangaben der entsprechenden Stellen in zwei verschiedene Abschnitte unter den Überschriften „Da kann ich zustimmen" und „Das sehe ich anders". Du kannst auch mit einem Partner darüber sprechen.

Den eigenen Standpunkt formulieren

Nele ist mit einigen Aussagen, die sie in dem Schülerzeitungsartikel gelesen hat, nicht einverstanden. Sie schreibt deshalb einen Leserbrief an die Redaktion:

Liebe BLICK-Redakteure,

zu eurem Artikel über „Trends“ in der letzten Ausgabe habt ihr euch wohl nicht richtig informiert. Ich meine, dass es nicht stimmt, dass Jugendliche mehr Geld haben als früher. Dazu muss man nur in meiner Klasse nachfragen. Denn da haben die meisten keine reichen Eltern, von denen sie alles gekauft bekommen. Viele tragen deshalb zum Beispiel auch keine Markenklamotten, und wir haben damit untereinander kein Problem. Wenn man alle Extras von seinem knappen Taschengeld bezahlen muss, überlegt man ganz besonders, ob man ein bestimmtes Teil wirklich dringend haben möchte oder nicht.

Außerdem denke ich, dass man ziemlich arm dran ist, wenn man für sein Selbstbewusstsein immer auf den neusten Trend achten muss. Denn man wird doch dadurch nicht zu etwas Besonderem. Ich werde beispielsweise für meine Mitschüler nicht zu einer besseren Klassenkameradin, weil ich eine trendy Jacke trage. Und mit meiner Freundin komme ich nicht besser aus, wenn ich eine flippige Frisur habe. Was im Kopf ist, ist wichtig, nicht was auf dem Kopf ist.

Das wollte ich euch nur mal sagen. Und ich glaube, dass auch noch andere so denken.

Nele Neumann

Das Meinungshaus

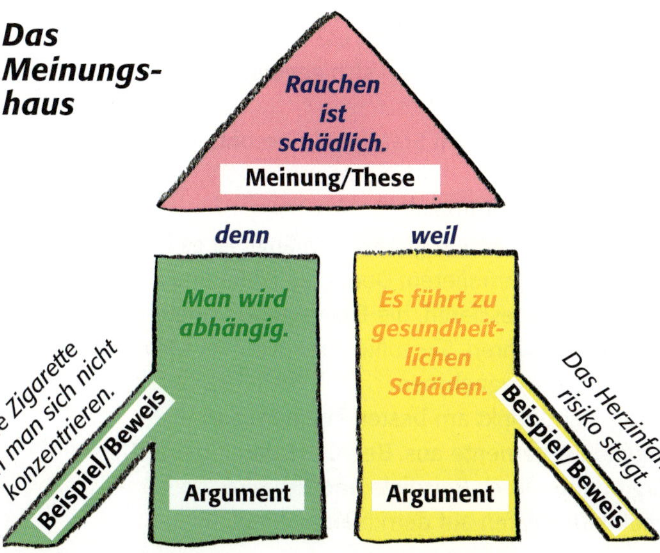

4 Untersuche, wie Nele ihren Leserbrief aufbaut. Unterstreiche Meinungen/Thesen, Argumente und stützende Beispiele/Beweise jeweils verschiedenfarbig (Folie). Vergleiche mit dem Meinungshaus.

5 Schreibe einen eigenen Leserbrief an die BLICK-Redaktion.
- Du kannst darin Neles Argumentation aufgreifen und weiterführen.
- Du kannst aber auch dem BLICK-Artikel zustimmen oder eine eigene, ganz andere Meinung vertreten.

Den eigenen Standpunkt formulieren

6 Stellt selbst Themen zusammen, über die es sich lohnt, schriftlich nachzudenken. Anregungen für Themen findet ihr im Buch. Es gibt natürlich noch viele andere interessante und strittige Themen, z. B.:

- Ist eine rauchfreie Schule möglich?
- Gegen Graffitisprayer muss dringend etwas unternommen werden.
- Viele sehen den Konsum von Alkohol, Tabletten und Drogen nur als eine Modeerscheinung an, irgendwie trendy.
- Werbung sollte im Fernsehen nur noch nach 22 Uhr gesendet werden, damit Jugendliche nicht zu sehr beeinflusst werden.
- Das Internet verbessert das Lernen im Unterricht. Jedem Schüler sollte deshalb in der Schule ein Computer mit Netzzugang zur Verfügung stehen.

7 Besprecht in der Klasse, ob die einzelnen Themen eurer Sammlung sich für eine schriftliche Stellungnahme eignen:
- Gibt es ausreichend Argumente?
- Ist das Thema wirklich kontrovers oder muss man sich Gegenargumente aus den Fingern saugen?
- Kann man das Thema mit dem vorhandenen Wissen behandeln oder braucht man viel Vorwissen und muss Experte sein?
- Ist das Thema schon so abgedroschen, dass das Schreiben und Lesen in gleicher Weise langweilig sein müssen?
- Werden sich interessierte Leser finden?

8 Wähle dir ein Thema aus der Sammlung aus und nimm Stellung. Überlege und notiere Stichpunkte:
- Um welches Grundproblem geht es?
- Welche Gesichtspunkte (Argumente) gibt es?
- Welche möglichen Standpunkte stehen sich gegenüber? Welchen möchtest du einnehmen?
- Welche Argumente stützen deinen Standpunkt besonders?

Nutze auch die folgenden Schreibtipps:
- Bevor man mit der eigenen Stellungnahme anfängt, ist es häufig nötig, eine kurze **Einleitung** zu formulieren. Durch die Einleitung kannst du Leser für das Problem interessieren, die Fragestellung verständlich machen, zum Thema hinführen. Sie sollte aber nicht die Meinungsäußerung oder Argumente vorwegnehmen.
- Formuliere deinen Standpunkt am besten in einem Satz.
- Wähle überzeugende Argumente aus. Begründe damit deine These.
- Stütze deine Argumente durch Beispiele und Beweise.
- Nutze die Formulierungshilfen auf dem blauen Zettel.

Oft hört man ...
In letzter Zeit war häufiger die Rede davon ...
In unserer Klasse ...
In Zeitungen und Fernsehen ...
Wissenschaftler haben herausgefunden ...
Häufig wird unter Jugendlichen darüber geredet ...
Vor Kurzem stand wieder einmal in der Zeitung ...

Den eigenen Standpunkt formulieren

9 Besprecht eure Textentwürfe. Erstellt zuvor eine Checkliste. Berücksichtigt dabei auch die Anregungen auf der vorigen Seite und auf S. 206.

10 Sprecht zum Abschluss über eure Schreiberfahrungen. Stellt eure Texte zu einer Streitschrift über aktuelle Themen zusammen. Vielleicht gibt es auch die Möglichkeit, sie in einer Schülerzeitung oder auf der Homepage der Schule zu veröffentlichen.

11 An der Pinnwand der Klasse 8M hat Elena den folgenden Text zum Thema „Rauchen" ausgehängt. Sie benötigt noch Tipps und Hilfen für die Überarbeitung. Welche Mängel fallen beim ersten Lesen auf? Sprecht darüber.

Ich meine, es ist für einen Jugendlichen heutzutage gar nicht so einfach, nicht irgendwann zur Zigarette zu greifen und schließlich zum Raucher zu werden. Es ist doch selbst für Kinder überhaupt kein Problem, an Zigaretten zu kommen. Viele haben zum Beispiel ältere Geschwister oder Freunde, die ihnen welche besorgen können. Die Eltern sind oft keine guten Vorbilder, wenn sie ständig zur Zigarette greifen. Dadurch lernen die Kinder, dass das Rauchen ganz selbstverständlich ist, und dann rauchen sie später selbst. In der Schule geht es doch auch schon los.

12 Überarbeite den Text. Beachte dazu die folgenden Tipps:
- Formuliere einen passenden Einleitungssatz. Die Beispiele auf dem Zettel (S. 196) helfen dir dabei.
- Ergänze zum ersten Argument ein weiteres Beispiel (Zigaretten-automaten).
- Verknüpfe die Argumente durch einleitende oder überleitende Formulierungen. Hilfen dazu findest du auf S. 194.
- Ergänze zum letzten Gedanken ein passendes Argument. Stütze es mit einleuchtenden Beispielen oder Beweisen.

TIPP!
Zum Thema „Rauchen" findest du weitere Informationen ab Seite 263 im Kapitel Methoden lernen.

13 Lest euch eure Überarbeitungen gegenseitig vor. Was ist gleich, was ist unterschiedlich?

14 Wie ist deine eigene Meinung zum Thema „Rauchen"? Nimm selbst Stellung.

15 Du kannst dich auch in unterschiedliche Personen hineinversetzen und Stellungnahmen zum Thema „Rauchen in der Schule" schreiben, zum Beispiel aus der Sicht der Schulleitung, der Eltern, des Hausmeisters, eines jüngeren Schülers oder eines älteren Schülers.

Inhalte zusammenfassen

In der Schule geht es häufig darum, sich gegenseitig über den Inhalt von Geschichten, Büchern oder auch Filmen zu informieren. Das kann durch eine schriftliche Zusammenfassung geschehen.
Sie soll den Originaltext oder den Film nicht ersetzen, sondern nur sachlich und möglichst kurz wiedergeben, worum es geht. Dabei wird auf Spannung und Ausführlichkeit verzichtet.
Eine schriftliche Zusammenfassung lässt sich meistens nicht so einfach hinschreiben. Wie du z. B. bei erzählenden Texten vorgehst, sollst du an der Anekdote „Der Geizhals" einmal Schritt für Schritt ausprobieren.

1 Zunächst musst du herausfinden, worauf es in der Geschichte ankommt. Lies dazu den Text durch, wenn nötig mehrere Male.

Der Geizhals

Jeremias Gotthelf

Ein Geizhals war schwer erkrankt, lag einsam für sich alleine, und wie er sich um niemand bekümmert hatte, so kümmerte sich auch niemand um ihn. Als der Arzt ihn eines Tages besuchte, fragte ihn der Geizhals auf sein Gewissen um seinen Zustand, ob Rettung möglich sei oder keine, und fragte, ob es noch lange gehen könne. So gefragt, rückte der Arzt offen mit der Sprache heraus und sagte ihm, dass menschlichem Ansehen nach für ihn durchaus keine Rettung sei, dass er höchstwahrscheinlich morgen um diese Zeit eine Leiche sein werde. Dieses Urteil erschreckte den Kranken durchaus nicht; gelassen sah er den Arzt von hinnen ziehen. Sobald derselbe hinaus war, kroch er mühselig aus dem Bette, kroch zu seinem Schreibtisch, nahm ein Päcklein aus demselben, welches aus Kassenscheinen im Wert von hunderttausend Talern bestand, legte dasselbe sachte aufs glimmende Kaminfeuer, setzte sich in den dabeistehenden Armstuhl und sah mit dem innigsten Behagen zu, wie es zu glimmen begann, die Funken hin und her schossen, die Flamme aufloderte und wieder zusammensank, die einzelnen Scheine sich krümmten, schwarz wurden, in Asche zerfielen oder das Kamin aufflogen, und sein Behagen stieg von Schein zu Schein, bis das Häufchen verglommen war. Dann kroch er wieder zu Bette und legte sich zum Sterben hin; jetzt hatte er sein letztes Werk vollbracht, sein Zeitliches bestellt, sein Testament gemacht, und weil er keinem Menschen etwas gönnte, so hatte er die Flammen zu seinem Haupterben gemacht.

Inhalte zusammenfassen

So lag er im Bette, ward bewusstlos, und als ihm, er wusste nicht, wie, seine Augen aufgingen, meinte er, jetzt werde er endlich sehen, wie es im Himmel sei. Aber der Himmel sah akkurat* so aus wie sein altes Zimmer, und als er den genau ansah, den er anfänglich für unsern Herrgott genommen, da war es der wohl bekannte Arzt. Der hatte mit Staunen ihn betrachtet, ihm den Puls gefühlt und sagte endlich: „Herr, was bei Menschen nicht möglich war, das hat wieder Gott getan; ein wundertätiger Schlaf hat sich eingestellt, Ihr seid gerettet.“ Es war das wohltätige Gefühl, sein Werk vollbracht, alle Menschen betrogen zu haben, auch seine nächsten Verwandten, was eine wohltätige Krisis herbeigeführt hatte. Aber was er für Augen machte, als der Arzt so sprach, wie er glotzte, wie er stierte! Der Arzt meinte, der Schlaf komme wieder und werde noch länger dauern, er entschuldigte sich daher, dass er ihn geweckt, er sollte sich nur still halten, fortschlafen, er sei gerettet; und somit ging er hinaus, mit bedenklichem Gesichte, erwägend, was es eigentlich heiße, wenn ein Arzt sage, der sei gerettet und der werde sterben, ob man das je könne, je dürfe, je solle.

Am andern Morgen polterte er etwas sorglos die finstere Treppe hinauf, sah gleich nach dem Bette hin, das war leer, sah im Zimmer herum, das war leer; am Fensterhaken hing etwas, aber dort pflegten gewöhnlich die Kleider zu hängen. Doch als der Arzt den Schaden nun sah, hing am Haken der Alte selbst; der hatte seine Genesung nicht überleben wollen, der hatte es nicht übers Herz bringen können, dass er alle habe betrügen wollen, aber am Ende sich allein betrogen. Sein Leben, das nur zu seinem eigenen Betrug gedient, das warf er dem Gelde nach, um welches er andere betrogen.

Jeremias Gotthelf
(geb. 1797 in Murten; gest. 1854 in Lützelflüh) ist der Künstlername des bekannten Schweizer Autors Albert Bitzius. Gotthelf war Pfarrer, der seine Literatur als „Seelsorge mit anderen Mitteln“ verstand. Seine Werke spielen oft in der Bauernwelt und kritisieren deren Zustände aus seiner religiösen Sicht.
Einige seiner Romane und Erzählungen wurden verfilmt und vertont.

2 Manche Wörter und Ausdrücke sind vielleicht nicht verständlich. Du kannst sie aus dem Zusammenhang erschließen, sonst musst du in einem Lexikon nachschlagen. Die Bedeutung oder Erklärung kannst du dir am Textrand (Folie) oder auf einem Stichwortzettel notieren.

Es erleichtert oft den Überblick über den Inhalt eines Textes, wenn man ihn in Abschnitte einteilt:

- Man kann die Absätze, die der Autor gemacht hat, als Abschnitte übernehmen.
- Manchmal ist es günstiger, mehrere Absätze zu einem Abschnitt zusammenzufassen oder auch einen einzelnen Absatz noch weiter zu unterteilen.

3 Teile die Anekdote in Abschnitte und markiere sie (Folie). Gib die jeweilige Zeile an.

Inhalte zusammenfassen

TIPP!
Damit du die wichtigen Informationen aus dem Text filtern kannst, beachte die W-Fragen: Wer? Wo? Wann? Was? Warum?

Die schriftliche Zusammenfassung soll sich auf wichtige Informationen beschränken. Dazu musst du dir überlegen, worauf es in den einzelnen Abschnitten ankommt. Die Schlüsselstellen und -wörter stehen oft am Anfang und Ende eines Abschnittes. Du kannst solche Wörter oder Textstellen unterstreichen, mit einem Farbstift kennzeichnen oder herausschreiben. So bekommst du einen guten Überblick über den Textinhalt.

4 Im ersten Abschnitt sind wichtige Textstellen markiert. Bist du mit der Auswahl einverstanden oder möchtest du noch mehr oder andere Textstellen markieren?

5 Kennzeichne auch in den anderen Abschnitten alle Hauptpunkte, auf die es ankommt (Folie).

TIPP!
Schreibe die Stichwörter in der richtigen Reihenfolge des Textes. Du kannst auch eine Mindmap erstellen. Mehr dazu findest du auf Seite 267 bis 272 im Kapitel Methoden lernen.

Oft ist es möglich, mit den markierten Textstellen den Inhalt eines Textes sofort zusammenzufassen und eine Inhaltsangabe zu schreiben. In anderen Fällen empfiehlt es sich, zunächst aus jedem Abschnitt die wichtigsten Informationen auf einem Stichwortzettel zusammenzustellen. Auf dem Stichwortzettel werden die Hauptpunkte gesammelt, die Nebenpunkte weggelassen.

Für den ersten Abschnitt könnte ein Stichwortzettel so aussehen:

- geiziger Mann schwer krank
- will über seinen Zustand vom Arzt ehrliche Auskunft
- Arzt macht keine Hoffnung auf Rettung
- sagt Tod für nächsten Tag voraus

6 Lege nun auch zu den anderen Abschnitten Stichwortzettel an.

7 Vergleiche die Stichwortzettel mit deinem Banknachbarn.

Nach diesen Vorarbeiten geht es nun darum, mit Hilfe der Stichwortsätze den Inhalt der Anekdote möglichst mit eigenen Worten in einem zusammenhängenden Text aufzuschreiben. Angelika hat die ersten beiden Abschnitte der Anekdote so wiedergegeben:

Ein schwer kranker Geizhals erhält von seinem Arzt die Auskunft, dass sein Tod unmittelbar bevorstehe. Er erschrickt über diese Nachricht nicht. Nachdem der Arzt sein Haus verlassen hat, verbrennt er in seinem Kamin ein Päckchen mit Kassenscheinen im Wert von hunderttausend Talern. Das Geld will er niemandem als Erbe gönnen.

Inhalte zusammenfassen

8 Vergleiche Angelikas Zusammenfassung der ersten beiden Abschnitte mit der Anekdote:
- Welche Einzelheiten hält sie für unwichtig? Streiche dazu alle Einzelheiten in der Anekdote durch, die Angelika nicht erwähnt (Folie).
- Angelika schreibt ihre Zusammenfassung natürlich im Präsens. An einer Stelle verwendet sie das Perfekt. Notiere die Perfektform. Damit verdeutlicht sie, dass die Handlung schon vor einer anderen stattgefunden hat.

9 Schreibe Angelikas Text jetzt zu Ende. Beachte dabei diese Schreibtipps:

Checkliste: Inhalte zusammenfassen
- Auf Einzelheiten wird verzichtet.
- Schriftliche Zusammenfassungen (Inhaltsangaben) informieren im Präsens.
- Wörtliche Rede kommt nicht vor.
- Spannende Formulierungen werden vermieden.
- Kurze, klare Sätze werden mit eigenen Worten verfasst.
- Die Ich-Form einer Geschichte wird in die Er-Form umgewandelt.
- Zu Beginn werden der Autor der Geschichte, der Titel, die Art des Textes (Anekdote, Fabel, Ballade …) und das Thema (in ganz allgemeiner Form) angegeben.

10 Vergleicht eure schriftlichen Zusammenfassungen miteinander. Beachte dabei auch die Checkliste.

Zur Inhaltswiedergabe gehören einige einleitende Sätze:

Jeremias Gotthelf erzählt, wie der eigene Geiz einen Mann in den Selbstmord treibt.

In der Anekdote „Der Geizhals“ von Jeremias Gotthelf wird erzählt, wie ein Mann nicht mehr weiterleben will, als er entdeckt, dass er nicht alle anderen, sondern nur sich selbst um sein Geld betrogen hat.

Eine Einleitung soll enthalten: Titel, Name des Autors, Textsorte, Ort, Personen, Hinweis auf das Thema.

11 Vergleiche die beiden Einleitungen:
- Was kommt in beiden Einleitungen vor?
- Worin unterscheiden sie sich?
  Wie du eine Einleitung überarbeiten kannst, zeigt dir die Textlupe auf S. 204.

12 Schreibe eine Textzusammenfassung zu einem Text deiner Wahl.

Texte in einer Schreibkonferenz vorstellen

Um ihre Texte zu besprechen und zu überarbeiten, treffen sich die Schülerinnen und Schüler der Klasse 8M immer wieder einmal in **Schreibkonferenzen,** wie ihr sie bereits kennen gelernt habt. Manchmal machen sie es auch so:

Jeder, der will, hängt seinen Text an einer Pinnwand aus und bittet seine Mitschülerinnen, Mitschüler und natürlich seine Lehrerinnen und Lehrer, Tipps und Kommentare zu seinem Text aufzuschreiben.
Diesmal hat Andy seine Beschreibung zur Bearbeitung des Specksteins ausgehängt. Zur Überarbeitung hat er einige Tipps bekommen:

TIPP!
Bitte nur ernst gemeinte Tipps für die Überarbeitung anheften!
Danke!

Etwas aus Stein herstellen
Für die Bearbeitung des Specksteins besorge dir Raspeln, Feilen, Schmirgelpapier und natürlich einen Speckstein. Entscheide, was aus dem Speckstein werden soll.
Nimm dir dazu viel Zeit. Am besten malst du mit einem Filzstift die Figur auf den Stein. Zunächst bearbeite den Stein mit einer Raspel und gröberen Feilen. Größere Ecken und Kanten kannst du auch mit einer Säge entfernen.
Für die feineren Arbeiten nimmst du kleinere Feilen oder auch Schnitzmesser. Zum Schluss vergiss nicht, den Stein mit Ölwachs einzureiben und mit einem weichen Tuch zu polieren.
Andy

Als Specksteinexperte konnte ich alles gut verstehen. Die Überschrift ist unpassend.
Mein Tipp: Das Material (Speckstein) sollte genannt werden.
Kevin

Alles geht ineinander über. Unsere Tipps:
- Zwischen Überschrift und Materialliste Platz lassen.
- Ebenfalls wenigstens eine freie Zeile zwischen Materialliste und Beschreibung der Arbeitsschritte lassen.

Tobias und Julia

Was du geschrieben hast, kann man gut verstehen.
Du beschreibst aber nur die groben Arbeitsschritte.
Mein Tipp:
- Die Feinarbeiten genauer beschreiben.

Sigi

Wer noch nie mit Speckstein gearbeitet hat, dem fehlen genauere Hinweise.
Mein Tipp:
- Praktische Tipps einfügen, so wie sie in Karins Text zu finden sind.

Beate

Texte in einer Schreibkonferenz vorstellen

1 Lies Andys Beschreibung (S. 202) und die Vorschläge zur Überarbeitung. Überlege, ob du sie noch ergänzen oder die Tipps zur Überarbeitung noch genauer formulieren willst. Schreibe alles auf, was du ändern würdest. Hilfen:
- die Bilder auf Seite 187
- Karins Text Seite 188
- Checkliste Seite 189, Aufgabe 5

2 Vergleiche deine Bearbeitungsvorschläge zu Andys Beschreibung mit denen deiner Mitschülerinnen und Mitschüler.

3 Überarbeite nun Andys Beschreibung. Lege fest,
- welche Tipps du für die Überarbeitung berücksichtigen willst.
- ob du einzelne Überarbeitungsvorschläge zusammenfassen und in einem Arbeitsdurchgang erledigen kannst.
- in welcher Reihenfolge du die einzelnen Vorschläge bearbeitest.

4 Vergleicht eure Überarbeitungen in der Klasse miteinander.

So könnt ihr arbeiten

Probiert einmal in einer kleineren Gruppe oder mit der ganzen Klasse die Methode der 8M aus. Dabei geht am besten so vor:

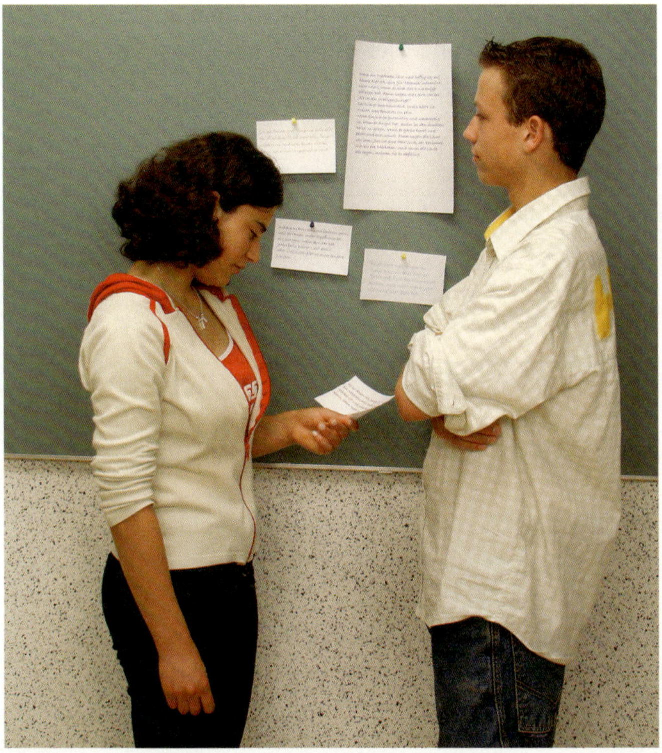

- Kopiert den Text eines Mitschülers oder einer Mitschülerin, den ihr gemeinsam besprechen und kommentieren wollt. Hängt ihn in der Klasse aus.
- Jeder, der will, notiert auf „Tippzettel", was ihm gefällt und wie er es berichtigen würde. Die Zettel werden zu der Beschreibung geheftet.
- Wenn euch nichts mehr einfällt, werden die einzelnen Vorschläge in der Klasse besprochen.
- Der Text wird vom „Autor" des Textes überarbeitet. Der Autor entscheidet und teilt mit, welche Anregungen zur Überarbeitung er aufgreifen möchte.

Texte überarbeiten

Texte können in Schreibkonferenzen in der Klasse überarbeitet werden. Es gibt auch die Möglichkeit, Texte selbstständig und alleine zu korrigieren. Hierbei hilft dir die „Textlupe“. Je nach Textsorte überprüfst du deinen Text – wie mit einer Lupe – auf geforderte Merkmale.

1 Angelika hat den Inhalt der Anekdote „Der Geizhals“ (S. 198/199) zusammengefasst. Lies ihren Text genau durch.

In der Ballade „Der Geizhals“ erzählt Jeremias Gotthelf von einem alten Mann, der nicht weiterleben will, als er entdeckd, dass er nicht seine Mitmenschen, sondern sich selbst um sein Geld betrogen hat. Dann erhält der schwer kranke Mann von seinem Arzt die Antwort, dass sein Tod unmittelbar bevorstehe. „Über diese Nachricht erschrecke ich nicht. Der Tod kommt mir sehr gelegen“, dachte der alte Mann. Nachdem der Artzt sein Haus verlassen hat, verbrennt er in seinem Kamihn ein Päckchen mit Kassenscheinen im Wert von hunderttausend Talern. „Das Geld gönn’ ich niemandem. Ich verbrenne es im Ofen“, rief er. Der alte Mann wurde bewusstlos und wartete auf den Tod. Wie durch ein Wunder erholt er sich im Schlaf und der Arzt verschreibt ihm – glücklich über seine Retung – weitere Ruhe. Am nächsten Tag findet der gut aussehende Arzt den Mann plötzlich erhängt in seinem Zimmer. Der Tote hat es nicht ertragen, sich selbst betrogen zu haben.

2 Angelika will nun überprüfen, ob ihre Zusammenfassung gelungen ist. Dazu benutzt sie die folgende Textlupe. Lies die Eintragungen. Vervollständige Lob und Kritik zu Angelikas Text (Folie).

Merkmale einer Zusammenfassung:	Das ist gut gelungen:	Das muss verbessert werden:
Einleitung vollständig (Titel, Verfasser, Textsorte, Ort, Zeit, Personen, Hinweis auf Thema)	Hinweis auf das Thema!	Textsorte „Ballade“ durch „Anekdote“ ersetzen
Hauptteil (nur wichtige Informationen, kurz und knapp, eigene Worte, keine Ich-Form)		
Wortwahl (keine Spannung, sachliche Sprache, keine wörtliche Rede)		
Form (leserlich geschrieben, Absätze vorhanden)		
Rechtschreibung beachtet		entdeck~~d~~ → entdeckt

3 Benutzt nun die Textlupe für einen Text, den ihr in eurer Klasse geschrieben habt. Achtet darauf, die Merkmale in der ersten Spalte je nach Textsorte zu ändern.

Texte überarbeiten

Peter hat für die Schülerzeitung einen Artikel über das Streitschlichterprogramm geschrieben. Als Grundlage für seine Zusammenfassung benutzte er die zwei Berichte, die du auf Seite 110 nachlesen kannst. Seine Chefredakteurin hat den Text mit Korrekturzeichen und Anmerkungen versehen und Peter zur Überarbeitung zurückgegeben.

Ergänze eine Überschrift.

Zu wörtlich übernommen: Fasse mit eigenen Worten zusammen.

Immer wieder kommt es an unserer Schule zu Streitigkeiten: in der Klasse, auf dem Schulhof, im Sport. Dann knallt es sehr schnell. Fäuste fliegen und manchmal gibt es sogar Verletzte.

Nun werden an unserer Schule Streitschlichter ausgebildet, die in solchen Situationen eingreifen sollen. Wichtig für die Schüler ist es, dass die Streitschlichter aus höheren Klassen kommen, sich beim Streit neutral verhalten und vertrauenswürdig sind.

Für die Ausbildung haben sich viele Schülerinnen und Schüler gemeldet, aber Frau Hirt musste eine Auswahl treffen. Wenn du wissen willst, wer unsere neuen Streitschlichter sind, kannst du ihre Fotos anschauen.

Wer sind die Neuen? Ergänze hier die Namen.

In ihrer Ausbildung erfuhren die sieben Neulinge in einer Doppelstunde pro Woche, wie man sich in Konfliktsituationen verhalten soll. Erfahrene Streitschlichter halfen ihnen bei einem Projekttag weiter und beantworteten ihre Fragen.

Wo ist der Streitschlichterraum? Ergänze.

Im Streitschlichterraum werden Konflikte besprochen und dort findest du auch jede Pause einen von ihnen, wenn es Probleme gibt.

Ein Gespräch mit den Streitschlichtern kannst du dir so vorstellen:

1. Jeder der Streithähne darf seine Version des Streits erzählen.

Die Wiedergabe ist falsch. Lies genau nach und formuliere neu.

2. Jeder Konfliktpartner darf dann seinen eigenen Lösungsvorschlag für den Streit auf einen Zettel schreiben.
3. Die Streitschlichter befragen beide Seiten und beseitigen Unklarheiten und Missverständnisse. Dann lesen sie die Zettel vor.
4. Die Streitenden und die Schlichter schließen dann einen Vertrag zur Versöhnung.

1 Was meinst du zu den Randnotizen?

2 Überarbeite Peters Text. Dazu musst du den Originaltext auf Seite 110 genau lesen, den Inhalt Schritt für Schritt mit Peters Text vergleichen und die markierten und fehlerhaften Stellen berichtigen (Folie).

3 Schreibe den Text in überarbeiteter Fassung vollständig auf. Vergleicht eure Ergebnisse miteinander.

Texte überarbeiten

Tipps und Anregungen Wenn du einen Text für andere Leserinnen und Leser schreibst, musst du ihn häufig so überarbeiten, dass er leserfreundlicher wird.

Einige Tipps, die das Überarbeiten erleichtern:

1. *Den Text, bevor man ihn überarbeitet, wenn möglich einen oder mehrere Tage zur Seite legen. Man kann ihn dann mit fremden Augen lesen und entdeckt Schwächen und Fehler, die man sonst leicht übersehen würde.*
2. *Wenn man mit dem Computer schreibt, kann man das Schriftbild verändern und so erreichen, dass man den Text mit „fremden Augen lesen" kann. Außerdem ist die Korrektur leichter.*
3. *Das Papier so aufteilen, dass Platz für Veränderungen bleibt: breite Ränder und/oder Leerzeilen lassen.*
4. *Den Text gemeinsam in Partnerarbeit oder Kleingruppen überarbeiten.*

Korrekturzeichen, *mit denen du auf Schwächen und Veränderungen im Text hinweisen kannst:*

├──┤ = *streichen*

└┘ = *anders ausdrücken*

┌ = *einfügen*

I = *ersetzen*

Fragen, die du an deinen Text stellen solltest:

1. *Habe ich wirklich geschrieben, was ich meinte und mitteilen wollte oder sollte? Trifft es die Sache? Oder ist es angebracht, einzelne Textstellen oder den gesamten Text neu zu schreiben?*
2. *Hat der Text einen roten Faden oder sollte man Sätze oder Textteile umstellen?*
3. *Wird der Leser mich verstehen oder muss ich Ausdrücke, Formulierungen oder Sätze austauschen?*
4. *Ist mein Text ausführlich genug oder muss ich etwas hinzufügen, damit er verständlicher wird?*
5. *Ist der Text weitschweifig und enthält unnötige Informationen, die ich besser streichen sollte?*
6. *Kann ich dem Leser das Verständnis noch erleichtern, z. B. durch Satzzeichen, Unterstreichungen und Abschnitte?*
7. *Wird der Leser durch Rechtschreibfehler unnötig abgelenkt?*

1 Nimm zu deinen Textüberarbeitungen die Tipps und Anregungen dieser Seite zu Hilfe. Wähle passende aus und probiere sie aus.

2 Tausche dich immer wieder in der Klasse mit deinen Mitschülerinnen und Mitschülern aus und sprecht darüber, welche Tipps besonders hilfreich sind, welche hinzukommen sollten oder gestrichen werden können.

Achtung: in der Werkstatt Sprache könnt ihr wichtige Techniken der Textüberarbeitung wiederholen und trainieren:

- einen Text kürzen (Infinitiv- und Partizipgruppen S. 255/256),
- einen Text durch Umstellen von Satzteilen lesbarer machen (Attribute, Attributsätze, adverbiale Bestimmungen S. 250–254),
- Zeichensetzung beachten (S. 257–260).

Werkstatt Rechtschreiben

Für die aktuelle Seite der Schul-Homepage haben die Redakteurinnen und Redakteure einen Text entworfen. Bevor er auf die Seite übernommen wird, müssen noch einige Rechtschreib- und Zeichensetzungsprobleme geklärt werden. Dazu führen sie ein **Rechtschreibgespräch.**

Den Text haben sie dazu ausgedruckt und Rechtschreib- und Zeichensetzungsfehler gekennzeichnet. Das Rechtschreibprogramm ihres Computers hatte sie nicht als Fehler markiert:

Trends sind ein Thema, ***welches*** *alle Menschen interessiert.* Also nicht *dass,* sondern *das!*

Genau! *das* **bezieht** sich auf *Thema* … *das* ist Relativpronomen.

… fühlen, dass … meinen, dass … glauben, dass … Im **zweiten Satz** muss *dass* stehen!

Nehmt Stellung!

Trends sind ein Thema, dass alle Menschen interessiert. Jeder will im neusten Trend sein oder ihm angehören, weil man glaubt, das man dazugehört. Wieso ist es wichtig, dass man im Trend ist? Braucht man das für sein Selbstbewusstsein? Was ist das für eine Welt, in der man, wenn man keine Markensachen trägt, von Einigen oft gehänselt oder bedroht wird. Bist du der Meinung, dass Trends schöner machen? Machen sie einen Menschen zu etwas besonderem oder was ist es, das einen zum Trend zieht? Da wir auf der aktuellen Seite unserer Schulhomepage auf diese Fragen gerne eingehen möchten, bitten wir euch um kurze Stellungnahmen hierzu.

1 Führt das Rechtschreibgespräch weiter, auch über die anderen markierten Textstellen und berichtigt sie (Folie). Gebt für eure Meinung immer auch eine Begründung an.

WERKSTATT Rechtschreiben

Eine E-Mail überarbeiten – Fehler berichtigen

Auch ein **Brief per E-Mail** will gelernt sein. E-Mail-Schreiber verwenden manchmal eine unpassende Ansprache zu Beginn des Briefes, vergessen am Schluss eine Grußformel oder machen in längeren Texten keine Absätze. Damit der Briefempfänger auch auf anderem Weg Kontakt knüpfen kann, ist es ratsam, eine Anschrift mit Telefon-, Faxnummer und E-Mail-Adresse anzufügen. Die Anschrift steht bei einer E-Mail häufig am Ende nach der Grußformel.

1 Schreibe den folgenden E-Mail-Brief neu. Achte dabei auf Übersicht und Vollständigkeit. Berichtige auch alle Rechtschreib- und Zeichensetzungsfehler:
- Die Anredepronomen in der Höflichkeitsform sind kleingeschrieben.
- In den Sätzen 2, 4, 5 und 6 fehlt jeweils ein Komma.
- In Satz 4 und Satz 6 ist jeweils ein Nomen kleingeschrieben.

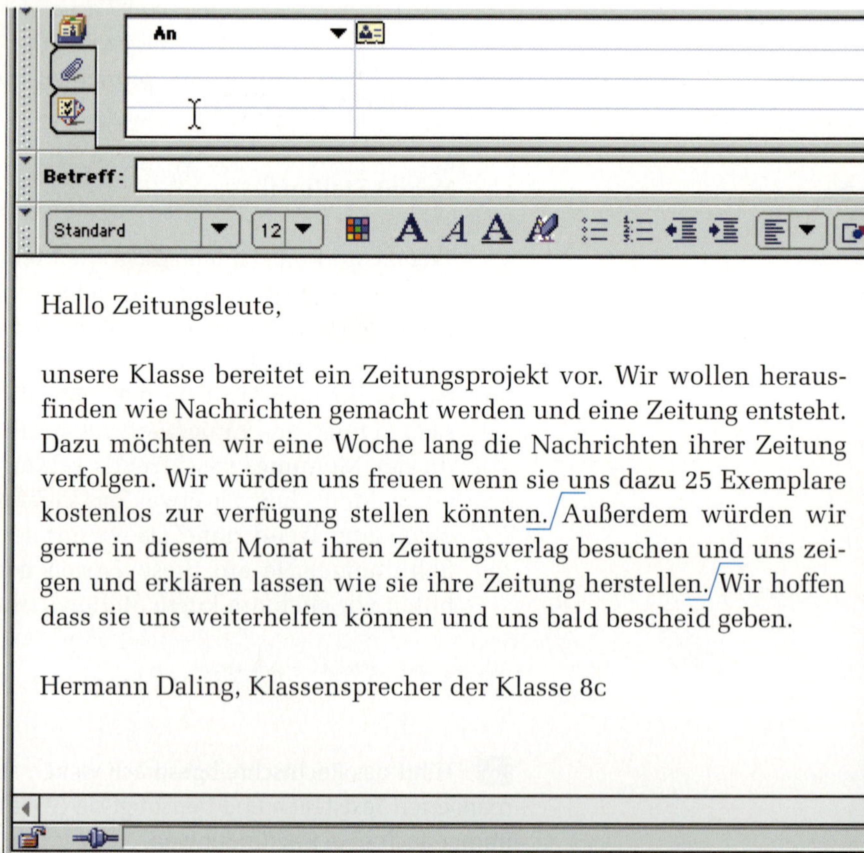

Hallo Zeitungsleute,

unsere Klasse bereitet ein Zeitungsprojekt vor. Wir wollen herausfinden wie Nachrichten gemacht werden und eine Zeitung entsteht. Dazu möchten wir eine Woche lang die Nachrichten ihrer Zeitung verfolgen. Wir würden uns freuen wenn sie uns dazu 25 Exemplare kostenlos zur verfügung stellen könnten. Außerdem würden wir gerne in diesem Monat ihren Zeitungsverlag besuchen und uns zeigen und erklären lassen wie sie ihre Zeitung herstellen. Wir hoffen dass sie uns weiterhelfen können und uns bald bescheid geben.

Hermann Daling, Klassensprecher der Klasse 8c

Anrede ändern

Absatz machen

Absatz machen

Grußformel ergänzen

Genaue Anschrift mit Telefonnummer ergänzen

Mit dem Wörterbuch arbeiten

Beim Schreiben selbst bist du erst einmal an den Inhalten interessiert, die du aufschreiben möchtest. Deswegen wirst du nicht gleich im Wörterbuch nachschlagen, wenn du dir gerade einen Satz ausdenkst. Vielleicht bist du aber manchmal unsicher, wie ein Wort geschrieben wird. Dann könntest du deinen Zweifel notieren, indem du das entsprechende Wort auf zweierlei Weise aufschreibst oder mit einem Fragezeichen versiehst. Am Ende schlägst du die Zweifelswörter im Wörterbuch nach.

So kannst du üben

Ü 1 Schlage in dem folgenden Text die Wörter, bei denen die Schreiberin unsicher war, im Wörterbuch nach und schreibe sie richtig auf, wenn sie falsch geschrieben sind. Manchmal findest du im Wörterbuch mehrere Möglichkeiten!

Ein unvergessliches Erlebnis

Zu dem Openair-Festival(?) hatte ich gerade noch eine Eintrittskarte ergattert. Es waren bestimmt tausende(?) von Fans, die sich am Eingang vor der Westtribühne(?) drengelten(?). Es war schlimmer als bei einem Fußballspiel. Endlich fanden wir unsere Plätze im Stadion(?). Die Athmosphäre(?) war heiß! Als die Stars zu ihrem Auftritt herauskamen, schrie das Publikum(?) auf. Neben mir fiel sogar irgend(?)einer in Ohnmacht. Ich glaube, ich war die einzige(?), die nicht vor Begeisterung jolte(?). Die Musik fand ich dann Spitze(?). Endlich hatte ich meine Lieblingsstars einmal in einer Lifeshow(?) erlebt! Das ist doch etwas ganz Anderes(?) als im Fernsehen. Diesen Sonntag(?)abend werde ich nie vergessen. Er gehört zu meinen schönsten Erlebnissen.

Ü 2 In der folgenden Liste findest du in bunter Mischung Wörter, die immer großgeschrieben werden, die immer kleingeschrieben werden oder die man groß- oder kleinschreiben darf:

TIPP!
Aufgepasst: Wenn man die Wörter kleinschreibt, werden manche zusammengeschrieben!

das seine die einen und die anderen im grunde die deinen
ein bisschen (wenig) mehrere dutzend auf grund die vielen
von seiten unter anderem das wenige der einzelne zur not
im übrigen zu grunde viele hunderte auf seiten der letzte
bis ins letzte die anderen

Schreibe die Wörter in einer Tabelle geordnet auf. Nimm zur Lösung dieser Aufgabe unbedingt ein Wörterbuch zu Hilfe!

immer groß	immer klein	groß oder klein
		das Seine, das seine

Ü 3 Bilde mit einigen Ausdrücken Sätze.

WERKSTATT Rechtschreiben

Rechtschreibstrategien wiederholen

Übungsschwerpunkte erkennen

In jedem der folgenden Wörter ist eine Rechtschreibschwierigkeit markiert:

abbrechen Abgas ängstlich Anfänge auffüllen Ausbildung beenden Betttuch Beweis Bissstelle bläst bleibt Fälle Geduld Genusssucht Kennnummer mitteilen (er) rät richtig sagt säubern schärfer sooft Schlusssatz Stofffliсken träumen vielleicht Vorrat weggehen zähmen zerreißen

Ü 1 Überlege dir, wie du einen Fehler an diesen Stellen vermeiden kannst. Ordne dazu die Wörter den folgenden Rechtschreibhilfen zu:
- Wörter verlängern: *Abgas – Abgase …*
- Wörter ableiten: *Anfänge – anfangen …*
- Wörter in Wortbausteine zerlegen: *abbrechen – ab + brechen …*

Ü 2 Sammle die Fehlerwörter aus deinen Texten und überprüfe wie in Aufgabe 1, ob du Fehler mit den Rechtschreibhilfen vermeiden kannst.

So kannst du weiterarbeiten

- Übe die Rechtschreibhilfe, die für dich besonders wichtig ist. Übungen findest du auf den folgenden Seiten.
- Achte beim Kontrolllesen deines Textes auf das Rechtschreibproblem, das du von dir kennst.

Achtung: Buchstabenauslassungen und -vertauschungen vermeidest du, wenn du deinen Text Wort für Wort von hinten nach vorne liest. Dazu kannst du eine eingeschnittene Karteikarte verwenden, wie du sie hier siehst.

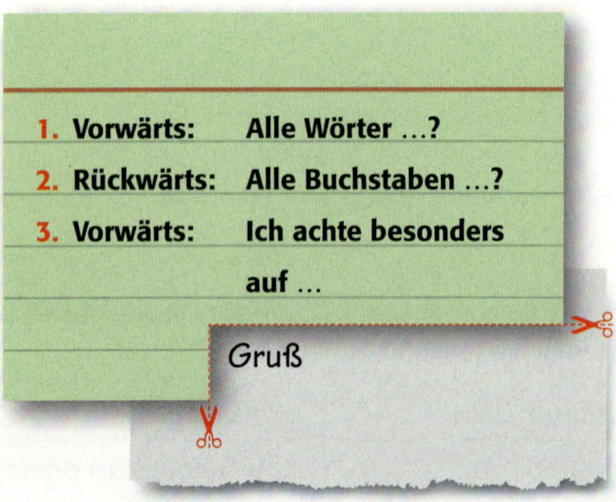

Rechtschreibstrategien wiederholen

Wörter in Wortbausteine zerlegen

abblitzen mit bb, weil es aus *ab + blitzen* besteht.

Betttuch mit ttt, weil es aus *Bett + Tuch* besteht.

Rechtschreibprobleme lassen sich manchmal lösen, wenn man in einem Wort überprüft, aus welchen einzelnen Bausteinen es besteht.

1 Zerlege die folgenden Wörter in ihre Wortbausteine. Beispiel: *abblitzen – ab + blitzen.* Begründe so die markierte Rechtschreibschwierigkeit in den Wörtern.

abblitzen annehmbar auffordern aussprechen beeinflussbar Betttuch Bissstelle Brennnessel enttäuschen erringen Flusssand Gänseeier Genusssucht gesundheitsschädlich Gewinnnummer hinnehmen mitteilsam Pappplakat Schlammmasse Schlusssatz Schritttempo Seeerfahrung Teeernte überraschen Unterrichtsstunde unnütz verrechnen vorrangig weggeben zerreißen

2 Durch einen Bindestrich kannst du bessere Lesbarkeit erreichen. Überlege, ob du einzelne Wörter mit einem Bindstrich schreiben möchtest. Beispiel: *See-Elefant* statt *Seeelefant, Brenn-Nessel* statt *Brennnessel,* … statt *Flusssand.* Schreibe einzelne Wörter in dieser Form auf. Begründe deine Schreibweise in einem Rechtschreibgespräch.

3 In zwei Zusammensetzungen taucht zwischen Wortbausteinen ein -s als Fugenelement auf. Es erleichtert die Aussprache. Schreibe diese Wörter auf und kennzeichne jeweils dieses -s besonders. Sprich die Wörter abwechselnd mit und ohne das Fugen-s.

4 Die folgenden Wörter haben als Wortbaustein *ent* oder *end:*

entschließen Endspurt singend endlich lobend endlos laufend entleeren endgültig entscheiden pfeifend

Übernimm die Wörter in eine Tabelle:

End-/end- hängt mit *Ende* zusammen	*Ent-/ent-* ist Vorsilbe	*-end* ist Endung des Partizip Präsens
Endspurt	entschließen	singend

5 Ergänze die drei Spalten mit weiteren Wortbeispielen:
- Verbinde die Nomen *Kampf, Lauf, Spurt, Ergebnis* mit dem Baustein *End.*
- Verbinde die Verben *schärfen, schweben, täuschen, springen, zünden* zunächst mit der Vorsilbe *ent-* zu neuen Verben, anschließend mit der Endung *-end* zu Partizipien Präsens.
- Suche eigene Beispiele für die Spalten. Kontrolliert die Lösung gemeinsam.

6 Bilde mit den Übungswörtern der Tabelle Sätze.

Rechtschreibstrategien wiederholen

Verwandte Wortformen bilden – Wörter ableiten

ändern kommt von *anders,* deshalb mit ä.
Gebäude kommt von *bauen,* deshalb mit äu.

Oft kann man die richtige Schreibweise eines Wortes sofort finden, wenn man an die Herkunft des Wortes denkt.

7 Überprüfe, ob es für die folgenden Wörter mit ä und äu ein verwandtes Wort mit a oder au gibt, und schreibe es in Klammern dazu.
Beispiel: *trägst (tragen).*

ärmer behältst bräunlich fällen färben Gämse Gebäude gebräuchlich Gelächter Geräusch glätten gläubig lässt mäßig nachlässig nämlich rätseln räumen säen schädlich stärken Tätigkeit trägst träumen verstärken wächst wählen wäre wäscht zählen zähmen

8 Diese Wörter mit ä oder äu lassen sich nicht oder nur schwer ableiten:

Ärger Bär Gerät Käfer Käse Märchen Lärm Mädchen März sägen schräg spät Träne vorwärts während

Bilde mit ihnen Sätze.

Langformen bilden – Wörter verlängern

Abgas mit s, weil *Abgase.*
angeblich mit b, weil *angeben.*

Mit der Verlängerungsprobe kannst du Laute hörbar machen und oft besser entscheiden, wie die Wörter geschrieben werden.

In den folgenden Wörtern ist der Problembuchstabe schon markiert:

Abgas angeblich anstrengend Ausweis Bad Betrugsversuch beweglich Beweismittel biegsam Diebstahl empfindlich Endlauf eng erheblich erlaubt Falschgeld fängt Felsbrocken fremd freundlich Geduldsfaden gelb getrübt gibt Glasscheibe Grashalm Halswirbel Handtasche hängt hebt klebt Kleid kreisförmig lesbar Lobrede Losbude Radwechsel Schadstoff Schlagloch sorgfältig Sprungtuch Staubtuch unerträglich Urlaubsfahrt vergeblich zeigt

9 Suche zu jedem Wort eine Wortform, die die Schreibweise begründet, und schreibe sie in Klammern dazu.
- In einigen Wörtern musst du das Wort nur um eine Silbe verlängern.
  Beispiel: *Bad (Bäder)*
- Oft musst du das Wort mit dem Problembuchstaben zunächst abtrennen.
  Beispiel: *Diebstahl (Diebe)*
- In vielen Wörtern sind Verben versteckt. Schreibe dann den Infinitiv dieses Verbs auf. Er macht den Laut hörbar.
  Beispiel: *angeblich (angeben)*

Rechtschreibstrategien wiederholen

schnell mit *ll*,
weil *schnel ler*.

schmal mit *l*,
weil *schma ler*.

Wenn du unsicher bist, ob in einsilbigen oder zusammengesetzten Wörtern der Buchstabe für den Konsonanten verdoppelt wird oder nicht, dann bilde eine Langform. Um die Wortform zu finden, mit der du die Schreibweise erklären kannst, musst du in einigen Wörtern das Wort mit dem Problembuchstaben zuerst abtrennen: *Wa?ross – Wal (Wa le).*

10 Schreibe die folgenden Wörter vollständig ins Heft. Begründe in Klammern die Schreibweise. Beispiel: *Pfi? – Pfiff (Pfif fe).*

f oder ff? *Pfi▢ o▢t scha▢t Schie▢ergebirge schlä▢t Schi▢sschraube*
l oder ll? *schri▢ pra▢vo▢ Wa▢ross kna▢t fie▢ to▢ Sta▢tür*
m oder mm? *ka▢ kru▢ Schwi▢flosse Fil▢rolle gli▢t Schwar▢ Schwa▢*
n oder nn? *dü▢häutig Re▢stall Erke▢tnis Bra▢dherd Spi▢rad Sa▢d*
p oder pp? *ki▢t wi▢t kla▢t Pa▢schachtel pie▢t kna▢ Pum▢werk*
t oder tt? *tra▢ Rei▢pferd Mu▢probe fe▢ We▢büro spiegelgla▢*
ss oder ß? *Flo▢fahrt go▢ Klo▢ Ma▢ na▢ Nu▢knacker Ru▢ schlie▢t*

Orangensalat für vier Personen

700 Gramm saftige Orangen, 1 Esslöffel Orangenblütenwasser oder Rosenwasser, 1 Esslöffel Zucker, 8 Datteln, 1 Esslöffel Mandelstifte, 1 Teelöffel Zimtpulver, 1 Esslöffel gehackte Pfefferminzblätter
1. Eine Orange auspressen. Die anderen von Hand oder mit einem scharfen Messer schälen. Auch die weiße Haut entfernen. Dann die geschälten Orangen in 1/2 cm dicke Scheiben schneiden und sie auf vier Suppenteller verteilen. **2.** Das Orangenblüten- oder Rosenwasser und den Orangensaft gut mit dem Zucker verrühren, bis er sich aufgelöst hat. Die Orangenscheiben mit dem Saft beträufeln. Die Teller mit Klarsichtfolie abdecken und eine Stunde kalt stellen. **3.** Die Datteln entkernen und sie in kleine Würfel schneiden. Dann die Mandelstifte in einer beschichteten Bratpfanne ohne Fett hellbraun rösten. **4.** Vor dem Servieren den Orangensalat mit den Datteln, den Mandelstiften, dem Zimt und der gehackten Pfefferminze bestreuen.

So könnt ihr mit dem Text üben

Ü 1 Erkläre die Schreibung der unterstrichenen Wörter so, wie du es geübt hast.

Ü 2 Suche weitere Wörter im Text mit schwieriger Rechtschreibung und schreibe sie auf. Erklärt die Rechtschreibung in einem Rechtschreibgespräch.

TIPP!
Presst eine Orange aus. Die anderen schält ihr von Hand oder …

Ü 3 Suche zu einzelnen Wörtern mit dem Wörterbuch verwandte Wörter.

Ü 4 Schreibe das Rezept noch einmal übersichtlich mit Absätzen auf. Benutze jetzt statt des Infinitivs den Imperativ oder die ihr-Form.

Werkstatt Rechtschreiben

Gleich klingende Wörter unterscheiden

Vorsicht!
Hier besteht
Verwechslungsgefahr.

MERKE

Im Deutschen werden lang gesprochene Vokale nicht immer durch die gleiche Schreibweise wiedergegeben. Es gibt eine Reihe von **Wortpaaren,** die man **gleich ausspricht,** die aber verschieden geschrieben werden und auch **unterschiedliche Bedeutungen** haben.

Beispiele: *Wal (Tier)* – *Wahl (wählen)*
Miene (im Gesicht) – *Mine (im Bergwerk)*

1 Bilde mit den folgenden Wortpaaren Sätze, aus denen eindeutig hervorgeht, welches Wort gemeint ist. Dein Wörterbuch hilft dir weiter.
Beispiel: *Der Wal ist ein Säugetier.*
Tim hat die Wahl zum Klassensprecher gewonnen.

Lied–Lid	*wieder–wider*	*hohl–hol*	*Zunahme-Zuname*
Ähre–Ehre	*Waise–Weise*	*lies-ließ*	*war-wahr*

2 Suche weitere Beispiele und verwende sie jeweils in einem Satz.

3 Stelle zu den folgenden Wörtern Wortfamilien zusammen:

reißen reisen mahlen malen

4 Hier musst du dich entscheiden. Wähle das passende Wort aus und schreibe den Text richtig in dein Heft.

Im Betriebspraktikum

Peter *(ist/isst) (seit/seid)* drei Tagen als Praktikant in der Konditorei Schmitt. Mit düsterer *(Mine/Miene)* betritt er morgens um sechs Uhr die Backstube, denn er *(ist/isst)* noch sehr müde. Heute *(leert/lehrt)* ihn Konditormeister Schmitt, wie man eine Obsttorte backt. Zuerst muss er Nüsse und Mandeln für den Tortenboden *(mahlen/malen)*. Anschließend rührt er den Teig für die Torte und füllt ihn in eine Form. Der Tortenboden wird nun bei etwas *(mehr/Meer)* als 175° im Backofen gebacken. Da die Backzeit 30 Minuten beträgt, geht Peter in der Zwischenzeit in den Garten und pflückt *(Bären/Beeren)* für die Obsttorte. Als Peter zurückkommt und gerade die Früchte in ein Sieb *(lehren/leeren)* möchte, merkt er mit einem *(Mahl/Mal)*, dass es verbrannt riecht. Oh, nein! Die untere *(Saite/Seite)* des Tortenbodens ist völlig verkohlt. Jetzt muss er einen neuen Tortenboden backen.
Herr Schmitt gibt ihm den guten *(Rat/Rad)*, beim zweiten *(Mahl/Mal)* in der Nähe des Backofens zu bleiben.

Fach- und Fremdwörter

1 Auf dem linken Zettel findest du die Bedeutung der Fremdwörter, die auf dem rechten Zettel stehen. Übernimm die Fremdwörter mit ihrer Bedeutung ins Heft. Beispiel: *Adresse (Anschrift).*

Adresse Argument
Dekoration Diskussion
Funktion Konstruktion
Korrektur Operation

Begründung Aufgabe
Eingriff Entwurf
Meinungsaustausch Schmuck
Berichtigung Anschrift

2 Leite von jedem Nomen ein Verb ab und schreibe es ins Heft. Beispiel: *Argument – argumentieren, Dekoration – dekorieren.*

3 Markiere nun alle Endungen der Verben. Beispiel: *argumentieren.* Welche Rechtschreibbesonderheit entdeckst du?

MERKE

In vielen Fremdwörtern wird nach dem betonten kurzen Vokal nur k und nicht wie üblich ck geschrieben. Beispiel: *Arti**k**el.*

4 Sprich die folgenden Wörter und überprüfe die Angabe im Regelkasten:

Hektik Akustik Rektor Doktor defekt Takt Aktion Lektion perfekt Physik

5 Schreibe zu den Nomen den Artikel und zu jedem Wort eine Kurzerklärung in Klammern. Benutze das Wörterbuch.
Beispiel: *die Hektik (fieberhafte Aufregung).*

6 Fremdwörter kann man häufig an ihren Endungen (Suffixen) erkennen. Finde die Schreibbesonderheit der Wörter in der folgenden Wörtersammlung und stelle sie in vier Wörterlisten zusammen:

Adjektiv Aktion aktiv Amateur Blamage Etage Friseur Garage Kontrolleur Konzentration kreativ Masseur Motiv Multiplikation Negativ Operation Produktion Rage Redakteur Reportage

So kannst du üben

Ü 1 Schreibe zu jedem Wort eine Kurzerklärung. Benutze das Wörterbuch.

Ü 2 Suche im Wörterbuch nach der Herkunftssprache.

Ü 3 Finde noch mehr Wörter, die in deine Listen passen.

Ü 4 Suche mit dem Wörterbuch zu einigen Wörtern verwandte Wörter.

Ü 5 Bilde Sätze, in denen du jeweils eines der Fremdwörter benutzt.

Worttrennung bei Fremdwörtern

Silbenrätsel

MERKE
Fremdwörter werden wie deutsche Wörter auch nach Sprechsilben getrennt.

1 Wenn du die Silben richtig zusammensetzt, erhältst du die Fremdwörter zu folgenden Begriffen.

- **a** hoher Offizier
- **b** außerhalb
- **c** vornehm
- **d** Fachmann
- **e** Bericht
- **f** Verfasser
- **g** Ladentisch
- **h** Lehre vom Licht
- **i** Kriechtier

Die Anfangsbuchstaben der gesuchten Fremdwörter ergeben das Lösungswort. Tipp: Gesucht ist eine Maschine, die Strom erzeugt.

MERKE
Neben den Konsonantenverbindungen ch, ck und sch bleiben in **Fremdwörtern** auch **ph, rh, th** und **sh** ungetrennt.

Bei Fremdwörtern können **Konsonantenverbindungen** mit **l** und **r** sowie die Verbindungen mit **gn** und **kn** ungetrennt bleiben. In diesen Fällen gibt es zwei Möglichkeiten der Worttrennung, z. B. *Ma-gnet / Mag-net, Di-plom / Dip-lom.*

2 Trenne die folgenden Fremdwörter so oft wie möglich. Lege eine Tabelle an und ordne die Wörter ein.

quadratisch	*Prophet*	*Hydrant*	*Philosophie*	*neutral*
Publikum	*Rhythmus*	*Katholik*	*Industrie*	*möbliert*
Methode	*Sympathie*	*Myrrhe*	*Apotheke*	*Februar*

eine Trennmöglichkeit	zwei Trennmöglichkeiten	
Pro-phet	Hyd-rant	Hy-drant

3 Ergänze deine Tabelle mit weiteren Beispielen. Nimm dein Wörterbuch zu Hilfe.

4 Finde zu fünf Wörtern aus der Tabelle verwandte Wörter und trenne sie, z.B. *Pro-phet, pro-phe-tisch, Pro-phe-zei-ung.*

Ü 1 Schreibe Fremdwörter zu einem aktuellen Thema aus dem Sachunterricht auf. Trenne die Wörter richtig.

Begriffsheft/Rechtschreibkartei

Begriffsheft

Jessica sammelt schwierige Fach- und Fremdwörter aus dem Sachunterricht und schreibt sie in ein Begriffsheft. Neben Worterklärungen notiert sie sich auch Ableitungen, Zusammensetzungen, Beispiele usw.

der Kolonialismus
Unter Kolonialismus versteht man die auf Erwerb und Ausbau von Kolonien ausgerichtete Politik eines Staates.
die Kolonie
die Kolonialherrschaft
die Kolonialwaren
kolonisieren
kolonial

Rechtschreibkartei

Wenn Jessica feststellt, dass sie bei der Schreibung eines Fremdwortes oder Fachbegriffs einen Fehler gemacht hat, trägt sie das jeweilige Wort zusätzlich in ihre Rechtschreibkartei ein.
Jessicas Rechtschreibkartei hat vier Fächer. Im ersten Fach sammelt sie die Fehlerwörter. In das zweite Fach kommen die geübten Wörter. In das dritte Fach legt sie die geübten Wörter, bei denen sie sich noch nicht ganz sicher ist. In das vierte Fach ordnet sie Wörter ein, die sie fehlerfrei schreiben kann.

Vorderseite der Karteikarte

entlohnen
belohnen
die Belohnung
der Lohn
die Lohnkosten

Rückseite

Die Arbeiter werden am Monatsende entlohnt.

So arbeitet Jessica mit ihrer Rechtschreibkartei:

- a Jedes Fehlerwort wird auf eine Karteikarte geschrieben und die schwierige Stelle markiert.
- a Dazu notiert sie sich verwandte Wörter.
- a Auf die Rückseite schreibt sie einen ganzen Satz.
- a Damit sie keine Fehler macht, verwendet sie das Wörterbuch.

In der Freiarbeit oder zu Hause übt Jessica dann mit ihren Fehlerwörtern so lange, bis sie diese fehlerfrei schreiben kann. Nach vier Wochen überprüft sie, ob sie die Wörter im letzten Fach immer noch sicher beherrscht. Wenn ja, entfernt sie diese aus der Kartei. Wenn nicht, legt sie sie zurück in das zweite Fach. Zum Üben wählt sie Aufgaben aus dem Übungsplan auf Seite 218 oder erfindet selbst welche.

WERKSTATT Rechtschreiben

Übungsaufgaben für einen persönlichen Übungsplan

Wenn du deine persönliche Rechtschreibschwäche kennst, kannst du versuchen, durch regelmäßige kurze Übungen deine Rechtschreibung zu verbessern. Wähle aus den Übungen von dieser Seite Aufgaben für deinen Übungsplan aus.

A Bilde zu einsilbigen Nomen, Verben und Adjektiven eine zweisilbige Wortform und schreibe sie mit Silbentrennungsbögen auf.
Beispiel: *Dieb – Die be, sprach – (sie) spra chen, tief – tie fer Graben.*

B Zerlege zweisilbige Wörter in Silben: Beispiel: zau bern, Bo te.

C Zerlege Wörter in einzelne Bausteine und erkläre ihre Schreibweise.
Beispiel: *Zahnschmerzen – Zahn+Schmerzen – (Zäh ne+Schmer zen).*

D Suche zu Wörtern mit ä und äu Formen mit a und au.
Beispiel: *(er) rät – (sie) raten, Räume – Raum.*

E Erstelle mit Hilfe des Wörterbuchs Wortfamilien.
Beispiel: *Dieb: Diebin, Dieberei, Diebstahl, diebisch, Diebesbeute, Diebeszug, Diebesbande …*

A Bestimme Nomen mit möglichst vielen Adjektiven näher.
Beispiel: *das große, geräumige Haus.*

B Notiere Nomen in den verschiedenen Fällen, im Singular und Plural.
Beispiel: *der Dieb, des Diebes, die Diebe.*

C Ordne die Nomen eines Textes nach ihren Erkennungswörtern: Nomen mit Artikel, Nomen mit Präposition (und verstecktem Artikel), Nomen mit Demonstrativpronomen.

D Füge zu Nomen, Verben und Adjektiven Wortbausteine hinzu.
Beispiel: *bauen – anbauen, Anbau.*

A Verwende deine Übungswörter in kurzen Sätzen. Es dürfen auch witzige Sätze sein.

B Bringe möglichst viele Übungswörter mit derselben Rechtschreibschwierigkeit in einem Satz unter.

C Suche gezielt nach Fremdwörtern mit besonderen Rechtschreibproblemen und ergänze dein Begriffsheft.

D Führe mit Wörtern und Sätzen ein Eigendiktat durch.

E Lass dir Übungswörter, Übungssätze oder Texte vom Partner diktieren.

A Übe dass-Sätze in typischen Satzmustern.
Beispiel: *Ich fürchte, dass es bald regnet.*

B Setze Verben in verschiedene Personalformen und Zeiten.
Beispiel: *lesen: er liest, wir lesen, du hast gelesen …*
aber: *er las, sie lasen …*

das oder dass?

MERKE

Sätze mit ***dass*** wollen vor allem einen Gedanken fortführen und den Satz vervollständigen. Beispiel: ***Ich traue mich nicht zu sagen (was denn?), dass mir auch andere Musik gefällt.***

Die Konjunktion ***dass*** steht häufig nach Verben des Denkens, Fühlens und Sagens: ***meinen, denken, glauben*** ...

Ich finde, dass ...
Ich wünsche mir, dass ...
Manche glauben, dass ...
Man zeigt damit, dass ...

1 Ergänze die folgenden Teilsätze mit den Satzmustern auf dem Zettel. Unterstreiche anschließend die Verben, nach denen *dass* steht.

... viele nur auffallen wollen.
... ich hin und wieder anders aussehe als die anderen.
... sie immer nach der neusten Mode angezogen sein müssen.
... man jeden Modetrend auch mitmachen muss.
... man auf derselben Wellenlänge ist.

2 Ergänze, was du über Mode weißt. Beginne die Sätze so, dass sich dass-Sätze anschließen. Unterstreiche anschließend die Verben, nach denen *dass* folgt. Überprüfe die Sätze mit einem Partner.

3 Schreibe einige Sätze der vorhergehenden Aufgaben so auf, dass der dass-Satz an erster Stelle steht. Das Komma nicht vergessen!

Dass ist eine Konjunktion. Du kannst nie die Pronomen *dieses* oder *welches* dafür einsetzen.

Als zusätzliche Hilfe kannst du mit der **Ersatzprobe** überprüfen, ob du *dass* oder *das* schreiben musst. Mit der Ersatzprobe probiert man aus, ob an Stelle von **das/dass** *dies(es)* oder *welches* eingesetzt werden kann. Klappt das nicht, muss man *dass* schreiben.

Beispiel: *Ich möchte nicht, dass/das für Zigaretten geworben wird.*
Ersatzprobe: *Ich möchte nicht, dieses/welches für Zigaretten geworben wird.*
Beides geht nicht – also: *dass.*

So kannst du üben

Ü 1 Schreibe die folgenden Sätze ab und entscheide, ob du *dass* oder *das* schreiben musst. Vergiss nicht, die Kommas zu setzen!

Rauchfreie Schule – ist dass/das möglich?
Gegen dass/das rücksichtslose Besprühen ganzer Häuserzeilen mit Graffiti muss etwas unternommen werden. Ich bin dafür dass/das die Sprayer dass/das entfernen, was sie gesprüht haben.
Ich finde dass/das das Internet dass/das Lernen im Unterricht bereichert. Es sollte selbstverständlich sein dass/das jedem Schüler in der Schule ein Computer zur Verfügung steht.

Ü 2 Formuliere Meinungen zu anderen Themen oder nimm Stellung dazu. Verwende möglichst viele Sätze mit *dass*.

Wörter mit s/ss/ß

Die Unterscheidung von s-Lauten (s/ss/ß) ist nicht immer ganz einfach. Eine deutliche Aussprache und Kenntnis einiger Regeln zur Schreibung von s-Lauten können dir hier jedoch weiterhelfen.

An den folgenden Stationen bekommst du Gelegenheit, bereits Gelerntes zu wiederholen und einige Ausnahmen dazuzulernen. Bearbeite die Stationen der Reihe nach und nicht zu viele auf einmal, damit du dir die Regeln merken kannst und nicht durcheinanderkommst.

Station 1
ss

Nach kurz gesprochenem Vokal oder Umlaut schreibt man ss.

Grie■, gewi■, Rie■e, lei■e, au■en, bi■chen, Nu■, fa■en, Va■e, le■en, kü■en, bei■en, Gemü■e, na■, Kla■e, Wa■er, Fü■e, Ra■en, So■e, Ho■e, Lo■e

1 Ergänze die fehlenden s-Laute. Markiere lang gesprochene Vokale bzw. Umlaute mit einem Strich und kurz gesprochene mit einem Punkt (Folie), z. B. *Füße, fassen.*

2 Finde zu folgenden Wörtern Wortfamilien:
Beschluss *Fluss* *Biss*
Unterstreiche die s-Laute. Was fällt dir auf? Begründe.

Station 2
s oder ß?

Folgt auf einen lang gesprochenen Vokal, Umlaut oder Doppellaut
a) ein stimmhafter (weicher) s-Laut, dann schreibt man s.
b) ein stimmloser (zischender) s-Laut, dann schreibt man ß.

1 Hier sind einige s-Laute durcheinandergeraten. Verbessere die falsch geschriebenen Wörter und begründe ihre Schreibweise, z. B. *Wiese* (stimmhafter s-Laut → s).

Wieße fleißig Naße Sose raßen drausen Dose saußen Masern Haße Spiese Klöße Roßen niesen Käße

Kontrolliere deine Schreibung mit dem Wörterbuch.

2 Finde weitere Wörter, die mit s oder ß geschrieben werden.

Wörter mit s/ss/ß

Station 3
s oder ß
am Wortende

Achtung: Da sich s und ß am Wortende in der Aussprache nicht unterscheiden, muss man das Wort verlängern, um eine eindeutige Lösung zu finden.

Haus Moos Gruß Spieß Maus Stoß Kloß

1 Verlängere die Wörter, indem du den Plural bildest, z. B. *der Stoß – die Stöße.* Kontrolliere deine Schreibung mit dem Wörterbuch.

2 Schreibe zu jedem Wort einen sinnvollen Satz.

Station 4
s

Fremdwörter mit den Endungen *-is, -as, -os* und *-us* werden mit einfachem s geschrieben.

1 Welche Wörter sind gesucht?

kleine Menge	D o s i s
öffentliches Verkehrsmittel	■ u s
Kartenwerk	■ ■ ■ a s
Frühlingsblume	■ ■ ■ ■ u s
Weltkugel	■ ■ ■ ■ u s
Nashorn	■ ■ ■ ■ ■ ■ ■ ■ o s
Südfrucht	■ ■ ■ ■ a s

2 Bilde zu jedem Wort den Plural. Was fällt dir auf? Dein Wörterbuch hilft dir weiter.

Station 5
s, ss oder ß?

Achtung: Es gibt eine Reihe von Wörtern, die gleich ausgesprochen, aber unterschiedlich geschrieben werden und verschiedene Bedeutungen haben.

isst reißt frisst lasst
misst fasst hasst biss

ist reist Frist Last
Mist fast hast bis

1 Bilde Sätze, aus denen eindeutig hervorgeht, welches Wort gemeint ist, z. B. *Peter isst viele Bonbons.*
Tina ist in die Stadt gefahren.

2 Bilde zu jeder Verbform den Infinitv.

Wörter mit s/ss/ß

Station 6
Mit Rechtschreibkartei oder Begriffsheft üben

1 Suche aus deiner Rechtschreibkartei oder deinem Begriffsheft Wörter heraus, die s-Laute enthalten.

2 Schreibe einen lustigen Text, in dem du die ausgewählten Wörter verwendest.

3 Kontrolliere deinen Text mit dem Wörterbuch.

4 Diktiere den Text deinem Partner. Wenn du bei ihm einen Fehler entdeckst, sagst du „Stopp". Berichtige seinen Fehler und begründe die Schreibweise.

Station 7
Jetzt wird es schwierig!

T	R	I	E	S	E	R	O	S	E	ß
V	E	G	E	W	I	S	S	E	N	K
ß	K	V	R	R	Z	O	L	B	K	I
Q	J	V	D	E	U	O	M	B	M	T
H	N	E	D	I	W	S	I	U	T	F
M	A	H	K	S	P	D	J	R	A	A
N	S	J	G	E	W	F	K	U	S	S
P	E	N	W	Z	X	S	E	ß	S	U
K	F	L	E	I	ß	T	O	B	E	D
Ä	F	D	S	V	Y	M	U	E	I	A
O	G	F	T	K	L	O	ß	H	L	W

1 In diesem Wortgitter sind zehn Nomen mit s-Lauten versteckt. Schreibe sie in dein Heft und begründe ihre Schreibung, z. B. *Riese* (bei stimmhaftem s-Laut einfaches s).

2 Finde zu jedem Nomen ein verwandtes Wort, z. B. *Riese – riesig.*

Station 8
Bist du fit?

Schreibe die Sätze in dein Heft und setze dabei die s-Laute richtig ein. Falls du unsicher bist, schlage im Wörterbuch nach.

Oliver schlo_ mit einem Schlü_el die Schatzki_te auf.
Ge_tern i_t Tim mit dem Bu_ zur Ei_bahn gefahren.
Der Zirku_ direktor hei_t die Gä_te willkommen.
Die Anana_ ist fa_t nicht mehr e_bar.
Lara gie_t hei_es Wa_er in die Teeta_e.
Um gro_e Kürbi_e zu bekommen, mu_ man die_e flei_ig gie_en.
Der Be_uch de_ Au_enminister_ in Ru_land war unverge_lich.
Wir lie_en un_ mit einem Flo_ über den Flu_ fahren.
In der Fin_terni_ stie_ Tina mit dem Fu_ gegen ein Fa_.
Fa_t wäre der Erpre_er nicht gefa_t worden.

Getrennt oder zusammen?

frei sprechen* oder *freisprechen?

Er hat während des Referats **frei gesprochen.**
Der Richter hat den Angeklagten **freigesprochen.**

Wie schreibt man Verbindungen aus Adjektiv + Verb?

1 Warum wird im ersten Fall die Verbindung aus Adjektiv und Verb getrennt und im zweiten Fall zusammengeschrieben? Findet in einem Rechtschreibgespräch dafür eine Begründung.

2 Vergleicht eure Begründungen mit dem nachfolgenden Regeltext.

MERKE

Verbindungen aus **Adjektiv + Verb** werden zusammengeschrieben, wenn dadurch ein Wort mit einer neuen Bedeutung entsteht. Die Betonung liegt auf dem ersten Wortbaustein des neuen Begriffs: *Der Richter wird den Angeklagten nicht <u>frei</u>sprechen. Er wird ihn <u>schuldig</u>sprechen.*

a dichthalten
b sich kranklachen
c madigmachen
d festnageln
e schwerfallen
f heimlichtun
g richtigstellen
h leichtfallen
i sich feinmachen

3 Begründe, warum die Verbindungen aus Adjektiv und Verb, die auf dem blauen Zettel stehen, zusammengeschrieben werden.

4 Ordne den Verbindungen **a**–**i** die Umschreibungen ①–⑨ zu und schreibe sie ins Heft. Unterstreiche jeweils den betonten Wortbaustein.

① nichts verraten, ② sich besonders zurechtmachen, ③ etwas versteckt vor anderen tun, ④ furchtbar lachen müssen, ⑤ einen Sachverhalt aufklären, ⑥ Schwierigkeiten haben mit etwas, ⑦ etwas schlechter machen, als es ist, ⑧ jemand auf eine Sache festlegen, ⑨ keine Anstrengung erfordern

5 Verwende die Wortbeispiele in kurzen Sätzen. Nutze als Zeitform das Perfekt. Beispiel: *Er hat während des Verhörs dichtgehalten.*

6 Zusammen oder getrennt? Schreibe die folgenden Sätze in der richtigen Schreibweise ins Heft. Führe als Entscheidungshilfe auch die Betonungsprobe durch und unterstreiche den betonten Wortbaustein.

a Die ersten Testaufgaben sollten euch **leicht ▢ fallen.**
b Mit dem geringen Taschengeld muss ich **kurz ▢ treten.**
c Damit man alles gut lesen kann, solltest du nicht zu **klein ▢ schreiben.**
d Wer viel trainiert, wird auch im Alter **rüstig ▢ bleiben.**
e Er wird den Irrtum **richtig ▢ stellen.**
f Kannst du das bitte **geheim ▢ halten?**
g Kannst du den Platz neben dir **frei ▢ halten?**
h Über dieses Hindernis kann man **leicht ▢ fallen.**
i Er wird den Schrank **richtig ▢ stellen.**
j Wenn wir gewinnen wollen, müssen wir einige Spieler **kalt ▢ stellen.**
k Außer den Nomen muss man alle Wörter **klein ▢ schreiben.**

TIPP!
Nutze die Sätze **a**–**k** *für ein Partnerdiktat.*

Getrennt oder zusammen?

Wie schreibt man Verbindungen aus *-einander/-wärts* + *Verb?*

1 Es gibt eine Reihe von Wörtern, die mit dem Wortteil *-einander* oder *-wärts* gebildet werden. Diese Wörter sind Adverbien und werden immer zusammengeschrieben. Ergänze die folgenden Wortreihen:

- *auseinander, miteinander …*
- *vorwärts, abwärts …*

MERKE

Adverbien mit *-einander/-wärts* können **mit Verben**

- Verbindungen eingehen, die zusammengeschrieben werden: *Wir sollen die Kisten aufeinanderstapeln. Mit der Leistung wird es abwärtsgehen.* Die Hauptbetonung liegt auf dem ersten Wortteil.
- Verbindungen eingehen, die getrennt geschrieben werden: *Wir sollen besser aufeinander hören. Oft muss man rückwärts fahren.* Die Betonung liegt dann auch auf dem zweiten Wortteil.

Wenn du nach der Betonungsprobe noch unsicher bist, führe als weitere Rechtschreibprüfung die Erweiterungsprobe durch.

2 Begründe die Zusammenschreibung der fett gedruckten Wörter mit der Betonungsprobe. Schreibe die Sätze ins Heft. Lies die fett gedruckten Wörter laut und unterstreiche den betonten Wortteil.

a Sollen wir die Kartons **aufeinanderstapeln?**
b Du hast mich ganz schön **durcheinandergebracht.**
c Mit deiner Leistung muss es wieder **aufwärtsgehen.**
d Bei der geringen Anstrengung werden wir kaum **vorwärtskommen.**
e Soll es immer weiter **rückwärtsgehen?**

3 Begründe die Getrenntschreibung der fett gedruckten Wörter. Nutze dazu die Betonungsprobe und die Erweiterungsprobe.

a Jetzt sollten alle **miteinander auskommen.**
b Wir müssen **aufeinander warten.**
c Sie haben **aneinander vorbeigeredet.**
d Bei der Fahrprüfung musste er **rückwärts einparken.**
e Sie können nun **flussabwärts fahren.**

Erweiterungsprobe:
Zwischen das Adverb mit *-einander/-wärts* und das Verb lassen sich ein oder mehrere Wörter schieben: *Wir sollen **aufeinander** besser **hören.** Oft muss man **rückwärts** in die Parklücke **fahren.***

4 Schreibe die folgenden Sätze richtig in dein Heft. Wende zur Begründung die Betonungsprobe und die Erweiterungsprobe an.

a Alle haben ständig **durcheinander** **geredet.**
b Zum Spaß sind einige **rückwärts** **gelaufen.**
c So viel Lob wird mich **vorwärts** **bringen.**
d Sie sind in der Pause **aneinander** **geraten.**
e Sie wollen fair **gegeneinander** **kämpfen.**
f Ihr solltet häufiger **vorwärts** **blicken.**

Präfixe / Verbindungen mit „so"

Präfixe

Präfix (lat.):
Vorsilbe

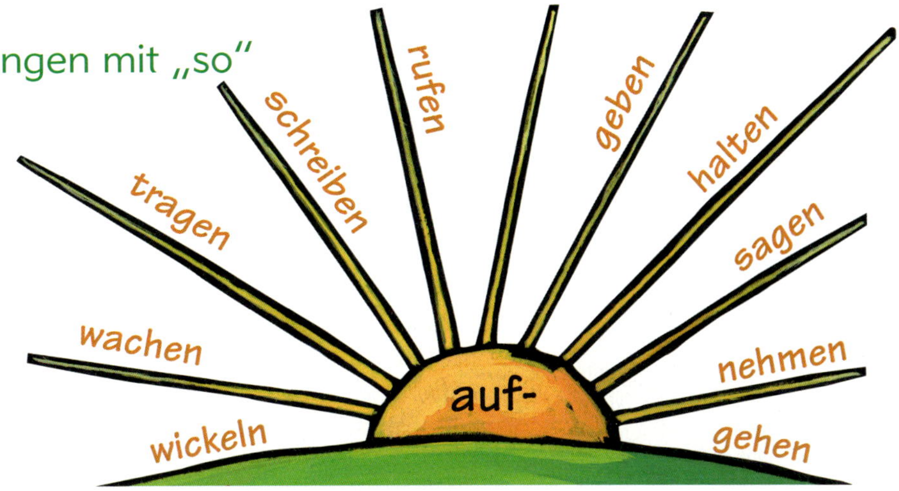

1 Notiere alle Verbindungen mit dem Präfix *auf-*. Beispiel: *aufgehen.*

2 Wähle zwei der folgenden Präfixe aus und bilde möglichst viele sinnvolle Verben. Beispiel: *vorschlagen, vorsagen* …

vor- zu- ent- ver- ein- ab-

MERKE
Präfixe verändern die Bedeutung von Verben.

Ü 1 Finde zu den folgenden Verben möglichst viele passende Vorsilben und verwende sie jeweils in einem Satz.
Beispiel: *versprechen, aussprechen* …

sprechen bauen lassen machen gehen

Verbindungen mit „so"

MERKE
Bei **Verbindungen mit *so*** muss man auf die unterschiedliche Bedeutung des Wortes im Satz achten. Dient das *so* der Verstärkung, wird **getrennt geschrieben.** Ist es Teil einer Konjunktion, wird **zusammengeschrieben.**
Beispiel: *Sogar (= auch) Peter kam.*
Aber: *Er hat so gar kein Interesse.*

sofern – so fern
sofort – so fort
sogleich – so gleich
sowohl – so wohl
soweit – so weit
solange – so lange
sooft – so oft

1 Schreibe den Text ab und ergänze die fehlenden Wörter.

sobald / so bald: Ich dachte nicht, dass du ______ kommst.
______ ich zu Hause bin, rufe ich dich an.
soviel / so viel: ______ ich weiß, ist das Eiscafé heute geöffnet.
Du hast schon ______ Eis gegessen.
sowie / so wie: Ihr Hund bellt laut, ______ das Telefon klingelt.
Du machst es ______ ich es dir sage.

2 Wähle drei Wörter von dem Zettel aus und schreibe eigene Sätze mit beiden Schreibweisen. Dein Wörterbuch hilft dir weiter.

Zusammensetzungen mit Bindestrich

MERKE

Gewöhnlich werden zusammengesetzte Wörter ohne Bindestrich geschrieben: ***Windschutzscheibe, Farbmonitor, splitterfasernackt, Jawort, Dieselmotor, nasskalt*** ...
Das gilt auch für Wörter aus dem Englischen: ***Software, Happyend*** ...

Der Bindestrich wird gesetzt:
- bei Zusammensetzungen mit Eigennamen: ***Hamburg-Altona, Frau Müller-Seeger, Baden-Württemberg, Heinrich-Heine-Straße*** ...
- in Verbindungen mit Einzelbuchstaben und Abkürzungen: ***C-Dur, T-Shirt, x-Achse, s-Laut, Kfz-Schlosser, Fußball-EM*** ...
- in Verbindung mit Ziffern: ***8-mal, 16-jährig, 2:1-Sieg, 3-Zimmerwohnung***
  Achtung: in Verbindungen von Ziffern mit Nachsilben steht kein Bindestrich: ***50%ig, 100stel*** ...
- in Aneinanderreihungen aus mehreren Wörtern (Nomen): ***der Erste-Hilfe-Lehrgang, Frage-und-Antwort-Spiel, Mund-zu-Mund-Beatmung, Do-it-yourself*** ...

TIPP!
Mehr zur Schreibung fremdsprachiger Wörter mit Bindestrich erfährst du in der Werkstatt Sprache auf Seite 257.

1 Begründe die Schreibweise der folgenden Wortbeispiele mit den Regeln und schreibe sie geordnet auf:

*Trimm-dich-Pfad   das An-den-Haaren-Herbeiziehen   Karl-Heinz
3- bis 4-Zimmer-Wohnung   Magen-Darm-Katarrh   der i-Laut
EG-Beitritt   6-Zylinder   Fußball-WM   a-Moll   9%ig
das Auf-der-Lauer-Liegen   Geschwister-Scholl-Schule   Dipl.-Ing.
Links-rechts-Kombination   Sachsen-Anhalt   das Make-up   12-teilig
1:0-Niederlage   das Sowohl-als-auch   32tel*

MERKE

Der Bindestrich kann gesetzt werden:
- um Missverständnisse zu vermeiden:
  Druckerzeugnis: Druck-Erzeugnis, Drucker-Zeugnis,
- um leserfreundlicher zu schreiben:
  Leichtathletikländerkampf: Leichtathletik-Länderkampf,
- um einzelne Bestandteile besonders herauszustellen:
  die Ichsucht: die Ich-Sucht,
- beim Zusammentreffen von drei gleichen Buchstaben:
  Teeernte: Tee-Ernte, seeerfahren: see-erfahren.

2 Suche weitere Wortbeispiele zu den Regeln in den Merkkästen und bilde mit einzelnen Wörtern und Wortgruppen kurze Sätze. Lies auch im Regelteil deines Wörterbuches nach. Diktiere diese Sätze deinem Partner.

Aus Nomen werden andere Wortarten

1 Die folgenden Wörter haben die Aufgabe eines Nomens eingebüßt. Finde die ursprünglichen Nomen und schreibe sie mit ihrem zugehörigen Artikel in dein Heft. Beispiel: *abends – der Abend.*

trotz bisschen abends paar willens falls
rechtens viertel freitags statt seitens nachts

MERKE

Entstehen aus **Nomen andere Wortarten,** dann schreibt man sie klein.

2 Schreibe den Text ab und setze die fehlenden Wörter ein. Achte auf die richtige Schreibweise.

Aufgepasst!

R/recht L/leid P/pleite A/angst

- **a** Bei Gewitter habe ich große ___.
- **b** Mir ist ___.
- **c** Der Unfall tut ihm ___.
- **d** Der Lehrer ist es ___, seine Schüler zu ermahnen.
- **e** Die Firma ist ___.
- **f** Die ___ war nicht vorhersehbar.
- **g** Immer musst du ___ behalten.
- **h** Wird der Kläger sein ___ bekommen?

Achtung:
Einige zusammengesetzte Verben werden in konjugierter Form getrennt geschrieben. Die Kleinschreibung wird beibehalten.
Beispiel: *stattfinden – es fand statt*

3 Schreibe passende Wortverbindungen aus Nomen und Verb auf. Beispiel: *Stätte + finden – stattfinden.*

Heim Teil Preis Stätte ←→ *geben führen finden laufen*
Irre Wette Stand *fahren halten nehmen*

4 Schreibe mit den zusammengesetzten Verben aus Aufgabe 3 einen kleinen Text im Präteritum und diktiere ihn deinem Partner.

So kannst du üben

Ü 1 Ernst oder ernst? Schreibe den Text vollständig in dein Heft.

Der Dieb kann nicht ___ bleiben, obwohl der Polizist ihn auf den ___ der Situation hingewiesen hat. Er weiß nicht, wie ___ seine Lage ist. Als es ___ wird, versucht er dem ___ des Lebens zu entfliehen.

Ü 2 Schreibe Sätze, in denen du das Wort *W/wert* in unterschiedlicher Schreibweise verwendest.

Abkürzungen mit und ohne Punkt

USA	usw.	Pkw
bzw.	km	vgl.
CDU	d.h.	WC
Abk.	WM	Lkw
max.	SPD	z.B.
v.Chr.		

1 Kennst du die Bedeutung der Abkürzungen auf dem blauen Zettel? Besprich sie mit einer Partnerin oder einem Partner.

2 Hinter vielen Abkürzungen steht ein Punkt, hinter anderen fehlt er. Wann wird ein Abkürzungspunkt gesetzt, wann nicht? Ein Tipp: Lies die Abkürzungen laut.

3 Lies nun die Regel:

MERKE

Werden Abkürzungen als Abkürzungen gesprochen, steht kein Punkt. Abkürzungen, die im vollen Wortlaut gesprochen werden, werden meistens mit Punkt abgekürzt.

4 Schlage die folgenden Abkürzungen nach. Kläre ihre Bedeutung und überprüfe die Regeln zur Zeichensetzung:

Sing. skr sm Sm S. M. SMS SMV Sn So. s.o. sog.

So kannst du üben

Ü 1 Suche Abkürzungen und erstelle eine Reihe wie in Aufgabe 4. Ein Partner soll sie nachschlagen und ihre Bedeutung erklären. Achtet auf die Zeichensetzung.

K 2 Bei national oder international festgelegten Abkürzungen für Maßeinheiten in Naturwissenschaften und Technik, für Himmelsrichtungen und für bestimmte Währungseinheiten setzt man im Allgemeinen keinen Punkt.

m	(für: Meter)
g	(für: Gramm)
s	(für: Sekunde)
W	(für: Watt)
NO	(für: Nordost(en))
CAD	(für: Kanadischen Dollar)
…	

Ü 2 Überprüfe die Regeln K2 und K6 und sammle Abkürzungen in der Zeitung und in Zeitschriften aus den Bereichen Werbung, Sport, Mode, Technik oder Medien. Abkürzungen, die du nicht kennst, schlage nach. Achte auf die Zeichensetzung.

Ü 3 Nicht alle Abkürzungen stehen im Wörterbuch. Lies die folgende Kleinanzeige und kläre die Bedeutung der Abkürzungen:

VW Passat Lim. TDI, 66 kW, EZ 9/99, 94 400 km, silber-met., 4x Airb., ABS, eFH, el. Spiegel, etc., 10990 €. Au.-bruns, MS., T.

Beantworte die Fragen:
- Warum kommen Abkürzungen in Kleinanzeigen besonders häufig vor?
- Welche Abkürzungen sind gut verständlich, welche nicht? Begründe!
- Ist die Zeichensetzung hinter den Abkürzungen richtig?

K 6 Steht eine Abkürzung mit Punkt am Satzende, dann ist der Abkürzungspunkt zugleich der Schlusspunkt des Satzes.

Ü 4 Entwirf Kleinanzeigen und biete Gegenstände zum Kauf an. Fasse dich kurz und benutze Abkürzungen, die jeder verstehen kann.

Ü 5 Entwirf E-Mails mit möglichst vielen Abkürzungen. Beachte dabei die Zeichensetzung. Gib sie einer Partnerin oder einem Partner zum Lesen.

Kurzwörter/Inoffizielle Eigennamen

Kurzwörter

MERKE

Ein **Kurzwort** ist ein durch Abkürzen oder Weglassen von Wortteilen entstandenes Wort. Beispiel: *Disko → kurz für Diskothek.*

1 Erstelle zu den folgenden Wörtern eine Tabelle. Trage die Wörter ein und ergänze die jeweils fehlenden Begriffe. Du kannst dein Wörterbuch zu Hilfe nehmen.

Eisenbahn Lok Azubi kombiniertes Liefer- und Personenauto Kilo Uni Fotografie Omnibus Quali Informationsblatt Motorfahrrad Fax Demonstration Auto Limonade Mathe

Ursprungswort	Kurzwort
Eisenbahn	Bahn

2 Ergänze deine Tabelle mit eigenen Beispielen.

3 Eine Vielzahl von Kurzwörtern sind uns heute besser bekannt als ihre Ursprungsbezeichnungen. Erkläre, warum Kurzwörter im Alltag häufig verwendet werden.

Inoffizielle Eigennamen

MERKE

In **mehrteiligen Eigennamen** schreibt man alle Wörter außer Artikel, Präpositionen und Konjunktionen groß. Diese Regel gilt auch für inoffizielle Eigennamen.
Beispiele: *die Dritte Welt, der Ferne Osten.*

der Schwarze Kontinent	der Nahe Osten	die Neue Welt
die Vereinigten Staaten	die Goldene Stadt	der Große Teich
die Grüne Insel	der Wilde Westen	der Blaue Planet

Dein Wörterbuch hilft dir weiter.

1 Hier findest du inoffizielle Eigennamen aus dem Bereich „Geografie". Wofür stehen sie?
Beispiel: *der Schwarze Kontinent – Afrika.*

Ü 1 Schreibe einen lustigen Reisebericht, in dem du möglichst viele Wörter aus der Liste verwendest.

Diktate schreiben einmal anders

Kassettendiktat

Wähle einen Diktattext aus und kennzeichne in jedem Satz die Sinnabschnitte. Sprich den Text dann ganz auf Kassette. Anschließend diktierst du die Sätze abschnittsweise auf Band. Mache nach jedem Sinnabschnitt eine kurze Pause.
Bevor du mit dem Schreiben beginnst, höre dir das Diktat einmal ganz an. Höre dir nun die Diktiereinheiten Stück für Stück an und schreibe sie auf. Spiele die Kassette nochmals ab und verbessere Fehler. Korrigiere den Text zum Schluss mit Hilfe der Textvorlage.
Du kannst deine Diktatkassette mit denen deiner Mitschüler tauschen und so auch andere Texte üben.

10-Minuten-Diktat

Wählt in der Klasse ein Thema aus und schreibt dazu in vereinbarter Zeit (10 Minuten) einen kurzen Text. Verwendet nur Wörter, die ihr rechtschriftlich sicher beherrscht. Ziel ist es, einen Text mit möglichst vielen richtig geschriebenen Wörtern zu verfassen.
Diktiert den Text eurem Partner. Korrigiert mit Hilfe des Wörterbuchs. Übernehmt die Fehlerwörter in eure Rechtschreibkartei.

Schlagzeilendiktat

Wählt mehrere Schlagzeilen aus einer Tageszeitung aus. Diktiert euch nun abwechselnd jeweils eine Schlagzeile und notiert zu jedem Wort eine Begründung für die gewählte Schreibweise. Hier ein Beispiel:

Mit dem Handy in die Schuldenfalle
Mit: groß, weil Satzanfang
dem: klein, weil Artikel
Handy: groß, weil Nomen
in: klein, weil Präposition
die: klein, weil Artikel
Schuldenfalle: groß, weil Nomen; ll, weil kurz gesprochener Vokal (a) vorausgeht

TIPP!
Weitere Informationen zum Thema „Zeitung" findet ihr im Kapitel Eine Zeitung wird gemacht ab Seite 91.

Nach jeder Schlagzeile mit Begründung wird die Rechtschreibung kontrolliert. Tragt die Fehlerwörter zum Schluss in eure Rechtschreibkartei ein.

WERKSTATT Sprache

Übungszirkel: Wortarten und ihre Funktionen

In den vergangenen Schuljahren hast du bereits eine Menge über die verschiedenen Wortarten gelernt. Auf dieser und den folgenden Seiten kannst du dein Wissen dazu überprüfen und auffrischen.
Bearbeite die Stationen mit deinem Partner der Reihe nach. Ihr könnt auch die Übersicht „Kurz und knapp – Fachbegriffe“ (S. 280 und 281) zu Hilfe nehmen.

Station 1
Wörter nach Wortarten ordnen

1 Übertrage die Tabelle in dein Heft und ordne die folgenden Wörter richtig zu.

DENN ERMUTIGEN EUCH MUT MUTIG HINTER OBWOHL NEBEN DASS SCHLAF SCHLAFEN SCHLÄFRIG UNSER UNTER INTELLIGENT TRAURIGKEIT LEID INFIZIEREN KNALLGRÜN DEMONSTRIEREN WEIL HOFFNUNGSSCHIMMER

Nomen	Pronomen	Verben	Adjektive	Konjunktionen	Präpositionen
Wut	er	blühen	süß	und	durch
Gedanke	mein	regnen	kariert	damit	an

2 Ergänze deine Spalten mit jeweils zwei eigenen Beispielen.

Station 2
Funktionen von Wortarten erkennen

1 Lege eine Folie auf und schreibe vor die folgenden Sätze die Wortart, um die es geht.

a : Diese Wörter kann man in den Zeitformen verändern.
b : Diese Wörter können zwischen Artikel und Nomen stehen.
c : Diese Wörter verbinden Wörter und Sätze miteinander.
d : Vor diesen Wörtern kann ein Artikel stehen.
e : Nach diesen Wörtern stehen die Nomen im 2., 3. oder 4. Fall.
f : Diese Wörter können vor Nomen oder an Stelle von Nomen stehen.

Übungszirkel: Wortarten und ihre Funktionen

Station 3
Adjektive

1 Welche der folgenden Aussagen trifft zu? Kreuze an (Folie).

a Adjektive sind Wörter, die zwischen Artikel und Nomen stehen können.
b Adjektive können im Präsens stehen.
c Adjektive kann man steigern.
d Alle Adjektive sind steigerbar.
e Mit Adjektiven kann man Lebewesen und Gegenstände genau beschreiben.
f Ohne Adjektive könnten wir kaum sagen, wie sich Dinge unterscheiden.

2 Zu welchen Bäumen gehören diese Blätter? Notiere. Du kannst dein PCB-Buch zu Hilfe nehmen.

3 Beschreibe die Blätter möglichst genau durch treffende Adjektive.

Station 4
Zeitformen bestimmen

Die Schriftstellerin Lena Christ schreibt in ihrem Buch „Erinnerungen einer Überflüssigen" über ihre schwere Kindheit und Jugend. In der folgenden Episode erzählt sie, wie ihre Großmutter einmal am Bach Wäsche spülte. Die Kleine saß neben ihr auf einem Steg und stocherte mit einem Stecken im Wasser herum …

Eine gefährliche Situation *Lena Christ*

Kaum hatte ich mit meinem Stecken einen Stein zur Seite gerückt, als schon ein großer Dollen herausfuhr. Ich ziele und steche mit der Gabel zu; aber die war nicht festgebunden und rutscht ab. Inzwischen war der Fisch zur Seite geschnellt und blieb nahe dem Ufer über dem Sand stehen. Mir schien die Stelle seicht genug, um ihn jetzt mit der Hand fangen zu können. Ich stülpe also meinen Ärmel auf, strecke den Arm aus und will den Fisch fassen, versinke aber mit der Hand tief in den weichen Ufersand; dabei verliere ich das Gleichgewicht und stürze in den Bach, jedoch so, dass die Füße noch auf der Waschbank blieben. Den Kopf unter Wasser, zerre und zapple ich so lange, bis ich die Füße nachziehen konnte. Derweilen hatte mir aber das Wasser schon alle Kraft genommen und trieb mich nun unter der Waschbrücke hindurch grad unter die Hände meiner Großmutter. […] Darauf zogen sie mich heraus und führten mich heim.

1 In welchen Zeitformen stehen die unterstrichenen Verben? Notiere.

2 Überlege, warum Lena Christ die Zeitformen an einigen Stellen gewechselt hat.

Übungszirkel: Wortarten und ihre Funktionen

Station 5
Die Zeitformen wechseln

1 Schreibe den folgenden Text ab. Wechsle an besonders spannenden Stellen vom Präteritum ins Präsens.

Kleiner Unfall

Gestern (fahren) ich auf dem Fußweg vor unserem Haus mit meinen Inlineskates auf und ab. Ich (rollen) den Weg hinunter und (kommen) gerade so richtig in Fahrt. Da (kommen) ein großer Hund daher und (rennen) mir zwischen die Beine. Ich (fallen) mit Karacho auf das Hinterteil. Und der Hund – was (machen) der? Der (stehen) über mir und (gucken) mich mit großen Augen an. Ich (aufrappeln) mich wieder. Und als ich auf den Beinen (stehen), (preschen) der Köter wie angestochen davon. Ich (sehen) nur noch, wie er mit eingezogenem Schwanz um die Ecke (flitzen).

2 Lest euch gegenseitig eure Texte vor. Vergleicht.

3 Schreibe selbst einen kurzen Erlebnistext über ein Sportereignis, ein Erlebnis mit einem Tier oder eine gefährliche Situation. Wechsle dabei an einer besonders spannenden Stelle die Zeitform.

Station 6
Die Zeitform Futur I

1 Lies deinem Partner/deiner Partnerin den folgenden Text vor. Setze dabei die Zeitform des Futur I ein. Überlege dir passende Verben.

Entschuldigung!

Heute Abend **wird** Alexandra all ihren Mut **zusammennehmen**. Sie ___ dann wirklich mit dem Rad in die Neue Straße ___. Sie ___ die Treppe hinauf ___. Dann ___ sie an der Tür ___. Sie ___ das bestimmt mit Herzklopfen ___. Und dann ___ Alexandra zu Frau Tilman ___: „Entschuldigen Sie! Ich war es. Aber ich ___ das nie wieder ___!“

Übungszirkel: Wortarten und ihre Funktionen

Station 7
Präpositionen

1 Setze in den folgenden Text beim Aufschreiben an den Stellen **1** bis **10** die fehlenden Präpositionen ein. Sie stehen auf dem blauen Zettel. Die Wörter in den Klammern stehen alle im Nominativ. Du musst sie noch in die richtigen Fälle umformen.

Unser Haus

auf auf
in mit
mit über
um von
vor zu

1 (unser kleines Haus) steht das Auto (mein Vater). Rund **2** (unser Haus) ist ein Zaun gezogen. Unser Nachbar ist stolzer Besitzer (ein ähnliches Haus). Auch er ist natürlich Besitzer (ein Zaun) wie alle Leute **3** (unsere Straße). Doch sein Dackel schafft es immer wieder, **4** (der Zaun) zu springen. Wahrscheinlich hat es der Bursche sogar **5** (der Nachbar) selbst gelernt. Zugegeben, er tobt zwar meistens **6** (sein Grundstück) herum, aber manchmal, wenn er Lust bekommt, springt er **7** (unser Grundstück) hinüber. Und dann muss man ihn **8** (unser Nachbar) zurückjagen. Es gibt schon viel Ärger **9** (dieser Hund). Das sage ich **10** (großes Bedauern), denn eigentlich habe ich Hunde gern.

Station 8
Konjunktionen

1 Verbinde jeweils die beiden Sätze einer Zeile. Setze eine der Konjunktionen von dem Zettel ein, sodass aus dem unterstrichenen Satz ein Nebensatz wird. Füge zwischen Hauptsatz und Nebensatz ein Komma ein.

Wenn man durch eine Stadt geht, begegnen einem überall Graffiti.

Graffiti – Kultur oder Sachbeschädigung?

dass
weil
da
sodass
wenn
obwohl
obgleich
damit
ob
falls

a Durch eine Stadt gehen – überall begegnen einem Graffiti.
b Ich bin der Meinung – Graffiti sind nichts als Schmierereien.
c Solche Wandschmierer müssten bestraft werden – sie betreiben Sachbeschädigung.
d Ich bin nicht sicher – ist das Graffitispritzen nicht vielleicht eine Art Jugendkultur.
e Sie können ihre Kunst ausüben – man sollte Jugendlichen Wände zur Verfügung stellen.
f Graffiti sind – ich finde sie sehr interessant – sicher Sachbeschädigungen.
g Manche Jugendliche spritzen Graffiti – sie finden es aufregend.
h Viele Betonwände sähen öde aus – es gäbe keine Graffiti.
i Ich kann mir gar nicht mehr vorstellen – es gibt die bunten Graffiti nicht mehr.
j Ich kann andererseits Hausbesitzer gut verstehen – sie erstatten Anzeige.

WERKSTATT Sprache

Indefinitpronomen

Jenny hat ___ gehört.

Hat er ___ gesagt?

Er kann ___ Wässerchen trüben.

Felix hat ___ gesehen.

___ klatschten begeistert.

Lina wollte unbedingt ___ kennen lernen.

___ sagt, du wärst krank gewesen.

___ Gäste standen auf, als der Schauspieler den Raum betrat.

niemanden
jemanden
etwas
man
alle
sämtliche
kein
nichts

1 Ergänze die Sprechblasentexte beim Abschreiben sinnvoll mit Wörtern von dem blauen Zettel.

MERKE

Wörter wie *niemand, jemand, etwas, man, alle, sämtliche, kein, nichts* nennt man **Indefinitpronomen** (unbestimmte Fürwörter).
Ein Sprecher/Schreiber gebraucht sie, wenn
- er ein Lebewesen, Ding usw. nicht näher bezeichnen kann oder will *(Sie wollte jemanden kennen lernen.)*
- er eine Gruppe von Lebewesen, Dingen u.a. ganz allgemein benennen möchte *(Alle klatschten begeistert.)*
- er eine begrenzte Menge unbestimmt ausdrücken will *(Sämtliche Anwesende standen auf.)*

Indefinitpronomen werden als Stellvertreter und teilweise auch als Begleiter von Nomen gebraucht, z.B. *Alle Glocken läuten.*

So kannst du üben

Ü 1 Schreibe die folgenden Sätze ab. Setze ein passendes Indefinitpronomen in der richtigen Form ein.

a Da klappert doch ___ an deinem Fahrrad.
b Ich glaube ___, was ich nicht mit eigenen Augen gesehen habe.
c Hier ist ein ___ herzlich willkommen.
d Ihr könnt dies ___ mitnehmen.
e Mir kann ___ helfen.
f Wenn ___ vom Teufel spricht, kommt er gerannt.
g Es hat ___ geklingelt, aber es steht ___ vor der Tür.

Ü 2 Formuliere weitere Sätze, in denen du verschiedene Indefinitpronomen benutzt.

Konjugation der Verben

Es ist nicht immer ganz leicht, von Verben die richtigen Formen zu bilden:

Seh mal, was ich hier habe!

Das heißt **sieh** mal!!

Ach, gieh mir doch weg!

Das heißt nun wieder: **geh** mir doch weg!

So kannst du üben

Ü 1 Bilde kurze Sätze mit den Verben aus der Tabelle:
Gib mir das Buch! Sie gab ihm das Buch. Sie hat ihm das Buch gegeben.

Infinitiv (Grundform)	**Imperativ** (Befehlsform)	**Präteritum**	**Partizip I**	**Partizip II**
geben	gib	gab	gebend	gegeben
lesen	lies	las	lesend	gelesen
sehen	sieh	sah	sehend	gesehen
essen	iss	aß	essend	gegessen
treten	tritt	trat	tretend	getreten
treffen	triff	traf	treffend	getroffen

Ü 2 Ergänze die fehlenden Formen. Sie reimen sich immer!

bleiben, blieb, geblieben
reiben, rieb, …
schreiben, …
treiben, …

gleichen, glich, geglichen
schleichen, schlich, …
weichen, …

biegen, bog, gebogen
fliegen, flog, …
lügen, …
betrügen, …
wiegen, …
ziehen, …

Aufgepasst!

Ü 3 In jeder der folgenden Wortgruppen ist eine Reihe falsch. Helft euch gegenseitig, die richtigen Formen zu finden, oder schlagt im Wörterbuch nach.

frieren, fror, gefroren
verlieren, verlor, verloren
stieren, stor, gestoren

leiden, litt, gelitten
schneiden, schnitt, geschnitten
beneiden, benitt, benitten

gelingen, gelang, gelungen
bringen, brang, gebrungen
klingen, klang, geklungen

fließen, floss, geflossen
niesen, noss, genossen
schließen, schloss, geschlossen

schieben, schob, geschoben
lieben, lob, geloben
stieben, stob, gestoben

winken, wank, gewunken
sinken, sank, gesunken
stinken, stank, gestunken

Indirekte Rede und Verben im Konjunktiv

Jara erzählt ihrer Freundin

❶ Stell dir vor, der Alice soll in der Sportstunde ihr kostbarer Ring weggekommen sein! ❷ Sie hat mir gesagt, ❸ dass sie ihn vor dem Volleyballspiel in ihre Hosentasche gesteckt habe. ❹ Als sie sich dann wieder umgezogen habe, sei der Ring nicht mehr in der Tasche gewesen. ❺ Sie sei ganz sicher, dass sie ihn vorher abgemacht habe. ❻ Sie habe das immer so gemacht. ❼ Ich weiß ja nicht, ob das alles so stimmt. ❽ Sie sei jedenfalls ziemlich sicher, dass ihn jemand gestohlen habe. ❾ Sie habe das Ganze jedenfalls dem Hausmeister gemeldet. ❿ Vielleicht hat sie den Ring ja auch einfach verloren – oder gar nicht angesteckt! ⓫ Manchmal ist sie ja ein bisschen schusselig.

1 Lies den Text und überlege: Welche der Aussagen stammen von Alice und welche stammen von Jara? Schreibe die Satzziffern auf: *Jara: Satz 1 … – Alice: Satz …*

2 An welchen sprachlichen Merkmalen kann man eigentlich erkennen, welche Aussagen von Alice stammen? Sprecht darüber.

MERKE

Wenn man etwas in **direkter Rede** (wörtlicher Rede) erzählt, sagt man es meistens im **Indikativ (Wirklichkeitsform)**:
Sie sagte: „Mein Ring ist weg. Ich finde ihn nicht. Er ist mir gestohlen worden.“

Wenn man etwas erzählt, was ein **anderer** gesagt hat, dann gebraucht man die **indirekte Rede.** Für eine solche indirekte Wiedergabe verwenden wir oftmals den **Konjunktiv I (Möglichkeitsform)**:
Sie sagte, ihr Ring sei weg. Sie finde ihn nicht. Er sei ihr gestohlen worden.

Beachte: Man lässt die Person **nicht** in der **Ich-Form** sprechen, sondern in der **Er-** oder **Sie-Form.**

3 Unterstreiche die Merkmale der indirekten Rede, die im Merkkasten genannt sind, im Text oben (Folie).

4 Was könnte Alice wirklich gesagt haben? Forme ihre Sätze in direkte Rede um:
„Ich habe den Ring vor dem Volleyballspiel in meine Hosentasche gesteckt. Als …“

Indirekte Rede und Verben im Konjunktiv

Die Mutter zum Vater:

Du, ich muss dir etwas erzählen!
Alice hat mir vorhin gesagt:
„Ich habe heute in der Schule Pech gehabt.
Ich habe meinen Ring verloren."
Sie sagte:
„Das ist in der Sportstunde passiert.
Ich habe den Ring in der Umkleidekabine abgemacht."
Das ist vielleicht ein Ding! Alice hat noch gesagt:
„Beim Hausmeister hat ihn auch niemand abgegeben."
Ich weiß auch nicht, was ich davon halten soll.
Zum Schluss meinte sie:
„Bestimmt hat ihn jemand gestohlen!
Ich werde mich morgen noch einmal darum kümmern."
Eigentlich schade um den schönen Ring!

Das hat die Mutter am Abend dem Vater von Alices Pech berichtet. Doch so wird sie es sicherlich nicht gesagt haben. Sie wird doch nicht alles in direkter Rede erzählen, was Alice gesagt hat. Wahrscheinlich wird sie das meiste in indirekter Rede sagen. Und dabei hätte sie mehrere Möglichkeiten:

Alice hat mir erzählt,	*sie habe heute Pech gehabt …*
……………………,	*dass sie heute Pech gehabt habe …*
……………………,	*dass sie heute Pech gehabt hätte …*
……………………,	*dass sie heute Pech gehabt hat …*

5 Erzählt mündlich, was die Mutter dem Vater erzählt hat.

6 Schreibe es jetzt einmal auf. Du musst dabei unbedingt unterscheiden: Was die Mutter aus Alices Mund wiedergibt – und was ihre eigenen Worte sind!

7 Vergleicht eure Formulierungen miteinander.

MERKE

Wenn du **mündlich** etwas in indirekter Rede wiedergibst, dann stehen dir viele Möglichkeiten zur Verfügung. Wenn du aber etwas **schriftlich** wiedergibst, dann ist die Form des **Konjunktiv I** die eleganteste:
Alice hat mir erzählt, sie habe heute in der Schule Pech gehabt.

Konjunktiv II: Wünsche und Vorstellungen

Ich wär so gerne Millionär

Ich stelle mir vor, ich wäre Millionär. Ich würde in einem Schloss wohnen. In dem Park gäbe es eine riesige Anlage für Inlineskating und eine Weide voller Pferde. Natürlich wäre da auch eine Gokartbahn, auf der man Rennen ausrichten könnte. Ich würde dann alle meine Freundinnen und Freunde einladen. Wir liefen Inlineskates, ritten auf unseren Pferden und würden mit den Gokarts auf der Bahn rund um den Park fahren. Wir …

Eine normale Schule gäbe es für mich nicht. Die Lehrerinnen und Lehrer kämen zu uns aufs Schloss und würden mir und allen meinen Freunden Unterricht geben. Der Unterricht dauerte natürlich nur so lange, wie wir Lust hätten. Vor allem würden nur unsere Lieblingsfächer unterrichtet. In Mathematik müsste ich allerdings eine Menge lernen, damit ich lernte, wie man mit dem vielen Geld umginge. Aber wenn man wüsste, wozu es gut ist, nähme man das in Kauf.

1 In diesem Wunschtext gibt es eine Reihe von Verbformen, an denen immer wieder deutlich wird, dass das Ganze leider nur ein Wunschtraum ist: *wäre, würde, gäbe …*
Unterstreicht sie (Folie) und schreibt sie an die Tafel.

2 Schreibe ein oder zwei Sätze auf, die in die Lücke im Text hineinpassen.

3 Lest euch eure Sätze gegenseitig vor. Auch die darin verwendeten Verbformen sollte einer oder eine von euch an die Tafel schreiben.

MERKE

Hielte, ginge, bliebe, zöge, fühlte, schriebe, schliefe …

Verbformen wie diese nennt man Formen im **Konjunktiv II (Wunschform).** Solche Verbformen gebraucht man besonders dann, wenn man **Wünsche** äußert oder **Fantasievorstellungen** zum Ausdruck bringt.

4 Schreibt in Gruppen den ersten oder zweiten Absatz des Textes einmal im Indikativ auf. Ihr dürft also keinen Konjunktiv verwenden!

Ich stelle mir vor, ich bin Millionär. Ich wohne in …

5 Lest euch eure Lösungen vor und sprecht darüber, an welchen Stellen ihr auch jetzt noch herausfinden könnt, dass alles nur Wünsche und Fantasien sind, – und an welchen nicht.

Konjunktiv II: Wünsche und Vorstellungen

Ich wär so gerne Nationalspieler/in

Ich bin Spieler(in) der deutschen Nationalmannschaft. Mein Name steht in allen Zeitungen. In jedem Spiel schieße ich mindestens ein Tor. Der Trainer hält große Stücke auf mich und beruft mich in jedes Spiel unserer Mannschaft. Wenn ich den Platz in einem großen Stadion betrete, jubelt mir alles zu. Man ruft meinen Vornamen im Chor. Ein Schauer des Glücks läuft mir über den Rücken. Natürlich strenge ich mich immer besonders an. Ich laufe mir die Lunge aus dem Leib. Keiner ist schneller als ich. Die Verteidiger der ganzen Welt fürchten meine Flankenläufe. Doch kaum einer kann mich stoppen. Ich bin trickreich und flink. Oft bekomme ich Aufmunterungsrufe. Sie dröhnen durch das ganze Stadion. Nach dem Spiel umdrängen mich die Reporter und jeder kann im Fernsehen sehen, wie ich clever auf ihre Fragen antworte. Ich komme viel in der Welt herum. Die größten Stadien der Welt sind meine Heimat.
Das ist ein Leben! – Oder besser gesagt: Das wäre ein Leben! Denn leider ist das alles nur ein Wunschtraum.

bekäme
beriefe
beträte
hielte
könnte
liefe
riefe
schösse

6 In diesem Text wird so getan, als ob alles Wirklichkeit ist. Zum Schluss heißt es aber: *Leider ist das alles nur ein Wunschtraum.*
Wie müsste der Text aussehen, damit man merkt, dass es nur ein Fantasietext ist?
Schreibe ihn um. Du kannst dabei Formen mit *würde* verwenden. Du solltest aber auch hin und wieder Verben im Konjunktiv II gebrauchen. Auf dem Zettel stehen einige von ihnen.

7 Die Formen des Konjunktiv II sind manchmal recht ungewöhnlich – und nicht immer leicht zu bilden. Schreibe zu den folgenden Verben diese Formen auf:

bleiben bringen finden fliegen gewinnen kommen laufen lesen nehmen rufen schießen schreiben sehen treffen treten trinken verlieren

Infinitiv	Indikativ	Konjunktiv II
bleiben	ich bleibe	ich bliebe

Denke dir dabei Sätze wie: *Wenn ich könnte, bliebe ich noch …*
Wenn du unsicher bist, schau in einem Wörterbuch nach!

Wortbildung

Wortneuschöpfungen sind in der Werbesprache sehr verbreitet. Oft wird mit dem Wort nichts Neues bezeichnet. Den Werbetextern kommt es vielmehr darauf an, ihre Produkte mit außergewöhnlichen und auffälligen Wortbildungen zu beschreiben, um das Interesse der Kunden auf sich zu ziehen.

Wie verbreitet diese Wörter sind, erfährst du, wenn du die folgenden Aussagen der werbebewussten Frau Weber liest:

Frau Weber spricht

Mein supermoderner Radiowecker mit dem sanftsicheren Schlummeralarm konnte mich, eine echte Schlafgenießerin, nur schwer von meiner schlafglücklichen Matratze treiben. Ich zog die sonnengelben Vorhänge, die mir täglich neues Gardinenvergnügen bereiten, zur Seite und weckte meinen humorvollen Ehemann auf. Dieser holte daraufhin sein knitterfreies Hemd und den figurbetonten Anzug, der sich durch hohe Pflegeleichtigkeit auszeichnet, aus dem Schrank. Beim Frühstück voller Morgenglück gelang uns mit der streichzarten Margarine ein perfekter Honigstart in den Tag. Auch der röstfrische Kaffee, der dazu auch noch magenfreundlich war, schmeckte einfach wunderbar. Egon nahm noch einen Schluck von dem naturtrüben Apfelsaft, bevor er …

1 Lege eine Folie auf und unterstreiche alle Wortzusammensetzungen in Frau Webers Bericht.

2 Übertrage die Tabelle in dein Heft und ordne die Zusammensetzungen richtig zu.

Nomen+Nomen	Nomen+Verb	Verb+Adjektiv	Nomen+Adjektiv	Adjektiv+Adjektiv
Apfelsaft		röstfrisch		

3 Wie könnte Frau Webers Bericht weitergehen? Überlege dir mit deinem Partner eine mögliche Fortsetzung und schreibt diese auf. Verwendet möglichst viele Zusammensetzungen.

4 Unterstreicht in eurem Text die Zusammensetzungen und ordnet sie in die Tabelle von Aufgabe 2 ein.

TIPP!
Weitere Informationen über trendige Werbewörter findet ihr auf Seite 33.

MERKE
Mit Hilfe von Zusammensetzungen kann man neue Wörter bilden. Häufig bedient man sich im Bereich der Werbung dieser Wortneuschöpfungen, um das Interesse der Kunden auf ein Werbeprodukt zu lenken.

Fremdwörter

Vom Tellerwäscher zum Millionär?

Es gibt Millionäre, die einmal als Tellerwäscher, Pizzabäcker oder Zeitungsausträger angefangen haben – das behauptet jedenfalls ein amerikanischer Mythos. Doch die Realität sieht oftmals anders aus. Normalerweise wird niemand seine berufliche Karriere dem Zufall oder dem Schicksal überlassen, sondern eine solide Berufsausbildung anvisieren. Das setzt allerdings voraus, dass der junge Mensch möglichst genau weiß, was er einmal werden möchte.

Leider schieben viele Jugendliche das Problem der Berufswahl auf die lange Bank. Andere sind verunsichert, weil sie nicht wissen, welcher Beruf zu ihnen passt. Ausgangspunkt für die Berufswahl sollen die eigenen Stärken und Schwächen sein, Vorlieben, Interessen, Abneigungen sowie besondere Begabungen und Talente. Im gemeinsamen Gespräch mit Eltern, Lehrern, Freunden und Berufsberatern sollte man das eigene Persönlichkeitsprofil präzisieren.

Daneben ist es sehr wichtig, sich vom angestrebten Beruf ein möglichst objektives und genaues Bild zu machen. Aufschlussreich kann es auch sein, wenn man sich intensiv mit jemandem unterhält, der den betreffenden Beruf tatsächlich ausübt. Noch besser sind Betriebspraktika oder Hospitationen während der Ferien, weil man damit direkte und unmittelbare Erfahrungen aus dem Bereich der angestrebten beruflichen Tätigkeit ziehen kann. Möglicherweise festigt sich der Berufswunsch, vielleicht findet aber auch eine radikale Umorientierung statt.

a Erzählung, Fabel, Sage
b Wirklichkeit, Tatsache
c ordentlich, fest, haltbar
d etwas genauer und treffender ausdrücken
e als Gast bei einer Veranstaltung zuhören oder teilnehmen

TIPP!
Weitere Informationen zur Schreibweise von Fremdwörtern findet ihr in der Werkstatt Rechtschreiben auf den Seiten 215 und 216.

1 Warum müssen sich Jugendliche genau über ihren angestrebten Beruf informieren?

2 Im Text (Z. 8–14) kommt ein sprachliches Bild vor. Erkläre es schriftlich.

3 Ordne den Worterklärungen auf dem blauen Zettel die entsprechenden Fremdwörter im Text zu.

4 Im Text findest du noch weitere Fremdwörter. Schreibe sie heraus und kläre ihre Bedeutung aus dem Zusammenhang oder mit dem Wörterbuch.

5 Kläre die Herkunft dieser Fremdwörter mit dem Wörterbuch.

MERKE
Wörter, die aus einer anderen Sprache stammen, bezeichnet man als **Fremdwörter.** Man kann sie oft an bestimmten **Suffixen** erkennen (z. B. *-ion*), an der **abweichenden Aussprache** und/oder **Schreibung.** Als Fachausdrücke sind Fremdwörter oft unentbehrlich für die Kommunikation in Bereichen wie Medizin, Kultur, Wirtschaft und Sport.

Fachbegriffe

Im Kampf gegen Infektionskrankheiten

Robert Koch

Emil von Behring

Edward Jenner (1749–1823). Er führte als erster in der medizinischen Geschichte eine Schutzimpfung mit Erfolg durch. Er hatte entdeckt, dass eine überstandene Infektion mit Kuhpocken eine Immunität des Menschen gegen Pocken bewirkte.

Emil von Behring (1854–1917). Er entdeckte 1893 ein Heilserum gegen die Diphtherie. Menschen, die sich mit dieser Krankheit infiziert hatten und selbst keine Abwehrkörper mehr bilden konnten, spritzte er die fertigen Antikörper. An diese gelangte er, indem er Pferde gegen die Diphtherie aktiv impfte und ihrem Blut die gebildeten Abwehrstoffe entnahm. Für diese Entdeckung erhielt er 1901 als erster den Nobelpreis für Medizin.

Robert Koch (1843–1910). Der deutsche Mediziner gilt als Begründer der modernen Bakteriologie. Auf Nährböden züchtete er gezielt Bakterien und erarbeitete Methoden zu ihrer Bekämpfung. Er entdeckte die Erreger von Cholera, Tuberkulose und Beulenpest. Es gelang ihm auch, sie unschädlich zu machen.

Louis Pasteur (1822–1895). Der französische Chemiker und Biologe befasste sich besonders mit der Erforschung der Kleinstlebewesen als Gärungs-, Fäulnis- und Krankheitserreger. Er entwickelte gezielt Impfstoffe gegen verschiedene Infektionskrankheiten, u. a. auch gegen Tollwut. Darüber hinaus erarbeitete er ein Verfahren, bei dem durch Erhitzen Bakterien abgetötet werden. Diesen Vorgang nennt man nach seinem Erfinder Pasteurisieren.

1 Im PCB-Unterricht habt ihr vielleicht schon einiges über Infektionskrankheiten gelernt. Berichtet.

2 In den Texten kommen einige Fachbegriffe vor. Sucht sie heraus und sammelt sie an der Tafel.

3 Aus welchem Fachbereich stammen die von euch gefundenen Fachbegriffe?

4 Erklärt euch gegenseitig die bereits bekannten Fachbegriffe.

MERKE

Fachbegriffe finden meistens in einem bestimmten Fachbereich Verwendung (z. B. Medizin, Beruf, Sport). Man kann sich mit ihnen treffend und genau ausdrücken.

TIPP!

Ihr könnt die Fachbegriffe auch auf Karteikarten notieren und eine Klassenkartei anlegen. Ergänzt sie im Laufe des Schuljahres.

Ü 1 Schlagt die Fachbegriffe, die ihr nicht kennt, nach und notiert ihre Bedeutung in euer Begriffsheft.

Ü 2 Entwirf für deinen Banknachbarn ein Kreuzworträtsel, in dem mindestens sechs Fachbegriffe aus den Texten oben vorkommen.

Fach- und Modesprachen

Ein wirklich überlegenes Mädchen!

Als die Neue zum ersten Mal in unsere Klasse kam, waren alle Blicke aufgeregt auf sie gerichtet. Das Mädchen sah aber auch wirklich gut aus. Sie war sehr modisch gekleidet. In ihrer Kleidung erschien sie uns fast wie ein vollendet modern angezogenes Model. Vor allem ihre schön frisierten Haare fielen auf. Einige Jungen sahen sie neugierig an. Ich fand das etwas unangemessen, aber sie nahm keine Notiz davon und blickte gleichgültig in die Klasse. Vielleicht dachte sie auch, dass diese Jungs ziemlich unmöglich sind. Sie stand jedenfalls in ihrem farbenfrohen Kleid da und lachte uns an. Und dann fragte sie einfach: „Na, wer von euch will neben mir sitzen?“

Dieser Text entspricht nun wirklich nicht der Sprache, mit der ihr dieses Mädchen beschreiben würdet! Er ist aus der Sicht eines Erwachsenen geschrieben und nicht aus der von Jugendlichen.

1 Schreibt den Text so um, dass er eurer Jugendsprache gerecht wird und so klingt, wie ihr ihn ohne Scheu vor umgangssprachlichen Ausdrücken geschrieben hättet. Einige Wörter, die ihr dabei verwenden könnt, sind hier abgedruckt. Keine Angst! Es geht nicht um guten oder schlechten Ausdruck, sondern um die Echtheit eurer Ausdrucksweise.

absolut bescheuert cool echt egal geil gestylt in klasse kultig out Outfit schrill super toll topaktuell total trendy Typ

Ein ______ Mädchen

Als die Neue zum ersten Mal in die Klasse kam, richteten sich alle Blicke auf sie. Das ...

Viele Wörter der Jugendsprache haben wir aus dem Englischen übernommen. Einige von ihnen sind aber auch Wörter, die in der deutschen Sprache eine lange Geschichte haben. Und einige von ihnen stammen aus anderen Sprachen.

2 Kannst du an äußeren Merkmalen oder an der Aussprache erkennen, welche der Wörter oben englischer oder deutscher Herkunft sind?

Und wie ist es mit diesen Wörtern:

Bluse Fashion Gürtel Hemd Hit Hose Kleid News Rap Sound T-Shirt Trend

Wenn du unsicher bist, schlage in einem Wörterbuch nach!

Fach- und Modesprachen

SCHLANKE FIGUR

Verlockende Lippen

Unwiderstehlicher Charakter

GEKLEMMTE NADELN

Flotte Lotte

GETÖNTE FLAMMEN

Getönte Flammen

Intelligentes Glas

Trinkt *nicht* und raucht *nicht*

Stoff gewordener Traum

1 Wenn man sich diese Werbeslogans anschaut, denkt man zuerst wohl an etwas anderes als an das, was sie meinen. Notiert euch auf einen Zettel, woran ihr denkt, wenn ihr das lest. Zum Beispiel:
Bestechende Stacheln: blühende Rosen, Kakteen, Disteln …

2 Auf der nächsten Seite findet ihr Bilder und kurze Texte, die euch die Bedeutung dieser Werbeslogans verraten. Könnt ihr sie richtig zuordnen?

3 Überlegt, warum sich gerade die Werbung solcher sprachlicher Bilder bedient.

MERKE

Wörter und Wortgruppen, die etwas anderes sagen, als sie eigentlich bedeuten, nennt man **sprachliche Bilder.** Sie werden häufig im Bereich der Werbung verwendet.
Man überträgt die ursprüngliche Bedeutung z. B. des Wortes ***intelligent*** (rasche Auffassungsgabe) auf ein Brillenglas, weil es sich den Lichtverhältnissen entsprechend hell oder dunkel verfärbt.

So kannst du üben

Ü 1 Sucht aus Zeitschriften Werbeslogans heraus (einzelne Wörter oder Wortgruppen), die in übertragener Bedeutung gebraucht sind. Gebt euch gegenseitig zum Raten auf, was mit ihnen gemeint sein könnte, – so wie in den Beispielen oben.

Fach- und Modesprachen

Tradition in der Küche

Dieses Küchengerät, das schon unsere Großeltern kannten, leistet Ihnen beim Durchsieben immer wieder gute Dienste.

Blüten locken Insekten

Stellen Sie sich diese wunderhübschen Lippenblütler auf den Balkon und Sie werden ein Heer von Hummeln beobachten können.

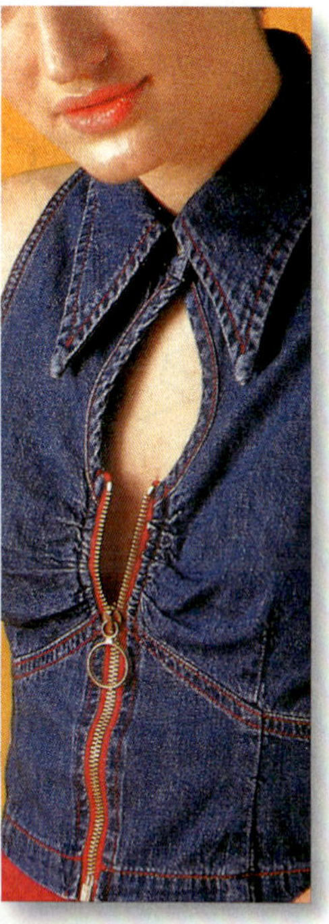

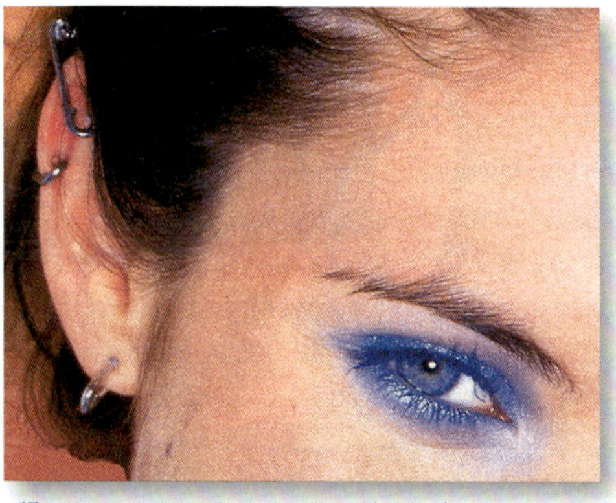

Hippe Bluse

Ohne Ärmel, mit rotem Reißverschluss und kleinem Guckloch im Dekolleté ist diese Jeansbluse ein …

CLIPP DEINE PIERCING-NADEL ANS OHRLÄPPCHEN

Das neue Superauto

Es verbraucht wenig Kraftstoff und gibt ein Minimum von Abgasen an die Umwelt ab.

Fränkische Weine

Der Rote hat einen Charakter, dessen Temperament unwiderstehlich ist.

Brille für

Ihre Gläser passen sich den Lichtverhältnissen intelligent an. Im Schatten erscheinen sie hell, im Licht färben sie sich dunkel ein.

jedes Licht

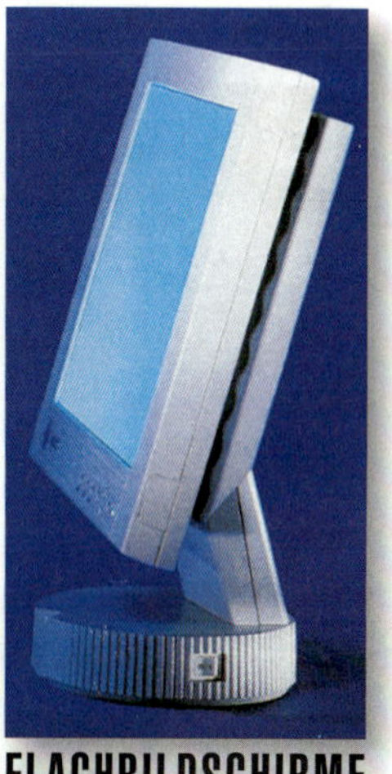

FLACHBILDSCHIRME

S. 248, Aufgabe 3: Ins kalte Wasser springen: etwas ohne Vorbereitung tun; Mächtig Staub aufwirbeln: für viel Aufsehen/Unruhe sorgen; Sich etwas hinter die Ohren schreiben: sich etwas Wichtiges gut einprägen

Redensarten und Sprichwörter

Wasser und Wind

- **a** Bis dahin läuft noch viel Wasser den Rhein hinunter.
- **b** Er hat mir das Wasser abgegraben.
- **c** Sie ist ein stilles Wasser.
- **d** Sie kann kein Wässerchen trüben.
- **e** Es wird überall nur mit Wasser gekocht.
- **f** Er ist mit allen Wassern gewaschen.
- **g** Er hat Wind davon gekriegt.
- **h** Sie macht viel Wind um nichts.
- **e** Ich rede zu euch wie in den Wind.

MERKE

Redensarten und **Sprichwörter** sind sprachliche Bilder, die etwas anderes bedeuten als sie sagen. Wenn jemand sagt ***Das ist ein Sprung ins kalte Wasser,*** dann meint er nicht, dass er ins Wasser springt, sondern dass er etwas riskiert, wovon er nicht genau weiß, wie es ausgehen wird. Man benutzt solche sprachlichen Bilder, weil man sie sich leicht merken kann und weil sie sehr anschaulich sind.

1 Hier stehen die wirklichen Bedeutungen der sprachlichen Bilder oben. Kannst du sie richtig zuordnen?

- **a** Jemandem Schaden zufügen.
- **b** Jemand, der aufschneidet und viel Unsinn redet.
- **c** Jemand, der heimlich von etwas erfahren hat.
- **d** Jemand, der viel in der Welt herumgekommen ist – oder der raffiniert ist.
- **e** Jemand, der seine Gefühle nicht zeigt und immer cool bleibt.
- **f** Es wird noch eine Menge Zeit vergehen, bis etwas passiert.
- **g** Jemand, der niemandem etwas zu Leide tun kann.
- **h** Eine Sache sieht schlimmer aus, als sie in Wirklichkeit ist.
- **i** Jemand, der etwas vergeblich sagt, das niemand hören will.

2 Kennst du noch andere sprachliche Bilder? Auch in der heutigen Jugendsprache gibt es viele davon – und immer wieder entstehen neue: *Abflug, Alter! Schieb die Kohle rüber! Tickst du noch richtig?*

TIPP!
Auf Seite 62 findest du Redewendungen zum Thema „Wald". Suche sie heraus und erkläre ihre übertragene Bedeutung.

3 Was bedeuten wohl die gezeichneten Redensarten? Schreibe sie wörtlich auf und schreibe dazu, was sie in Wirklichkeit ausdrücken wollen. (Die Lösungen stehen auf S. 247.)

Ü 1 Zeichne selbst einmal eine Redensart oder ein Sprichwort in der wörtlichen (nicht in der übertragenen!) Bedeutung auf. Daraus könnt ihr ein Ratespiel machen.

Höflich miteinander umgehen

Manche bezeichnen Höflichkeit als „Öl im Getriebe der Gesellschaft". Manche meinen, in seiner Sprache nett und freundlich zu sein, gehöre einfach zu den normalen Umgangsformen.

Am Telefon

1 Stell dir vor, du möchtest mit Lena telefonieren, die in deine Klasse geht. Am Telefon meldet sich aber ihr Bruder Niklas. Wie würdest du sprachlich reagieren?
Notiere zuerst einmal auf einem Zettel, 1. welchen der Sätze **a** – **d** du selbst auswählen würdest, und 2. welchen du auf keinen Fall sagen würdest:

a Hallo, Niklas! Hier ist … Würdest du mir bitte mal deine Schwester ans Telefon holen!
b Hier ist … Ich möchte gerne mal deine Schwester sprechen.
c Hier … Gib mir mal Lena!
d Hi! Eh du, schaff Lena ran! Ich will sie sprechen.

2 Spielt zu zweit die vier Möglichkeiten durch. Niklas nimmt den Hörer ab und meldet sich – und du redest.

3 Überlegt euch noch weitere Möglichkeiten. Probiert sie aus und sprecht anschließend darüber.

4 Und nun stell dir vor, es meldet sich nicht Niklas, sondern die Mutter von Lena. Schreibe auch jetzt auf einen Zettel, welchen Satz du 1. wählen würdest und welchen du 2. nie und nimmer sagen würdest:

a Guten Tag, Frau Müller! Hier ist ... Ich hätte gern mal Ihre Tochter gesprochen. Würden Sie sie bitte mal ans Telefon holen?
b Hier ist … Ich möchte gern Lena sprechen. Holen Sie sie doch bitte mal!
c Hier … Geben Sie mir mal Lena!
d Hi! Ich wollte eigentlich Lena sprechen. Holen Sie sie mal ans Telefon!

5 Spielt auch diese Szene zu zweit durch und wählt weitere Formulierungen, mit denen ihr die Mutter von Lena ansprechen würdet.

bitte
würdest du
könntest du
Danke
…

6 Vergleicht jetzt miteinander, was ihr auf euren Zetteln notiert habt.

7 Sucht aus den Sätzen oben einzelne Wörter oder Ausdrücke heraus, mit denen der Sprecher Höflichkeit oder Freundlichkeit signalisiert.

8 Diskutiert miteinander über Fragen wie:
- Sollte man zu Erwachsenen höflicher sein als untereinander?
- Braucht man bestimmte Höflichkeitsformeln? Und wozu?
- Braucht man Wörter wie *bitte, mal, doch* usw. Oder genügt es, nur mit der Stimme freundlich zu sein?

Satzglieder: Attribute

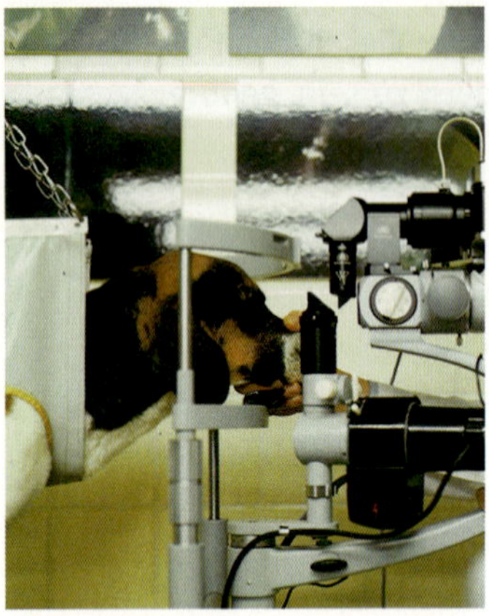

Tierkauf erst mit 16 Jahren

Der Verkauf ① an Jugendliche ② wird verboten. Dies sieht die Änderung ③ vor. Bislang lag die Altersgrenze bei 14 Jahren. Weiter müssen Züchter und Transporteure eine Qualifikation ④ nachweisen. Das bislang auf die Entwicklung ⑤ beschränkte Verbot ⑥ soll EU-weit auf ⑦ Kosmetika ausgedehnt werden. Bei der Einfuhr ⑧ werden die Anforderungen verschärft. Nach Ansicht ⑨ bringt der Entwurf ⑩ Fortschritte. So werde nichts gegen die ⑪ Zustände ⑫ unternommen, erklärte Präsident Wolfgang Apel.

1 Wenn ihr euch diese Zeitungsnachricht gegenseitig vorlest, werdet ihr sicher den Kopf schütteln. Obwohl die Sätze vollständig klingen, sind sie doch unverständlich.

2 Was hier fehlt, sind die folgenden Wörter und Wortgruppen:

① *von Hunden, Katzen und anderen Wirbeltieren*
② *unter 16 Jahren*
③ *des Tierschutzgesetzes*
④ *für das Betäuben und Töten von Tieren*
⑤ *von Make-up*
⑥ *für Tierversuche*
⑦ *sämtliche*
⑧ *von Tieren*
⑨ *des Deutschen Tierschutzverbandes*
⑩ *keinerlei*
⑪ *unhaltbaren*
⑫ *in der Massentierhaltung*

Setze sie beim Lesen in die Lücken im Text ein.

MERKE

Wörter und Wortgruppen wie diese nennt man **Attribute (Beifügungen).** Attribute gehören immer zu Nomen. Sie sagen etwas Genaueres über Nomen aus. Attribute können vor oder nach dem Nomen stehen, zu dem sie gehören.

Attribute können **Adjektive** sein: *unhaltbare Zustände.*

Es können auch Beifügungen im **Genitiv** sein:
die Änderung des Tierschutzgesetzes.

Es können Wortgruppen mit **Präpositionen** sein: *der Verkauf von Hunden.*

Satzglieder: Attributsätze

Tierverkaufsverbot

Mit dem Tierschutzgesetz sollen Jugendliche, die unter 16 Jahre sind, daran gehindert werden, ohne die Erlaubnis, die sie von ihren Eltern erhalten haben, Tiere zu kaufen. Die Verantwortung, die für die Tierhaltung übernommen wird, liegt nämlich bei den Eltern von Kindern, die noch nicht mündig sind. Es wurde festgestellt, dass besonders Tiere, die sehr klein sind, oft von Kindern gekauft wurden und dann nicht mit der Sorgfalt, die ausreichend ist, behandelt werden. Unter einer Versorgung, die mangelhaft ist, leiden vor allem Schildkröten, die von Kindern gekauft wurden, ohne eine Kenntnis, die Eltern davon hatten. Deswegen werden durch das Tierschutzgesetz Händler, die in Tierhandlungen tätig sind, dazu verpflichtet, Tiere nur an Käufer abzugeben, die erwachsen sind.

1 Zu diesem Artikel eines noch etwas unerfahrenen Mitarbeiters meinte die verantwortliche Redakteurin: „Kürzen Sie den Text bitte noch etwas! Die vielen Attributsätze klingen sehr umständlich!" Daraufhin machte sich der Mitarbeiter daran, jeden der unterstrichenen Attributsätze in knappere Attribute umzuformen: *Mit dem Tierschutzgesetz sollen Jugendliche unter 16 Jahren …*

2 Verbessere diesen Leserbrief, indem du die etwas umständlichen Attributsätze in kürzere Attribute umformst. Diesmal sind die Nomen unterstrichen, zu denen die Attribute gehören.

Ich finde es ungerecht, dass wir von dem Taschengeld, das wir gespart haben, nicht mehr selbstständig ein Tier, das unser eigenes ist, kaufen dürfen. Wie sollen wir denn zur Verantwortung, die wir gegenüber einem Tier haben sollen, erzogen werden, wenn wir nicht mehr mit unserem Taschengeld, das unser eigenes ist, entscheiden dürfen, welches Haustier wir kaufen wollen? Damit will man uns doch nur unsere Selbstständigkeit, die eh schon begrenzt ist, noch weiter einschränken. Das ist eine Ungerechtigkeit, die erschreckend ist!

MERKE

Attributsätze sind in der Regel Beifügungen zu einem Nomen:
Ich möchte für ein Tier, das mein Eigen ist, die Verantwortung übernehmen.
Sie erklären das Nomen genauer.

Viele Attributsätze lassen sich in kürzere Attribute umformen, z. B.:
Ich möchte für ein eigenes Tier die Verantwortung übernehmen.

Sprache

Satzglieder: Attributsätze

Aufgepasst!

MERKE

Attributsätze werden durch Kommas vom übrigen Satz abgetrennt:
Ich besitze ein Haustier , das nur mir allein gehört.

Manchmal sind sie in einen Satz eingeschoben. Dann werden sie durch zwei Kommas vom Satz abgegrenzt:
Dieses Tier , das mir gehört , versorge ich selbst.

So kannst du üben

Ü 1 Schreibe den folgenden Text ab. Erweitere die unterstrichenen Nomen durch Attributsätze. Du kannst sie aus den Wortgruppen in den Klammern selbst herstellen. Setze auch die Kommas ein.
Beispiel: … *und ein Hund, der die Ohren spitz aufgestellt hat, kommt …*

Feinde von Joggern und Skatern?

Wer hätte es nicht schon einmal erlebt? Da fährt man, nichts Böses ahnend, auf seinen Inlineskates am Baggersee entlang und ein Hund *(Ohren spitz aufgestellt)* kommt einem entgegen. Sein Frauchen *(von der Leine losgelassen)* spaziert gemütlich hinter ihm her. Man selbst überlegt: Will dieses vor sich hinschnaufende Ungetüm etwas von mir? Am besten ist in einer solchen Situation *(man plötzlich hineingerät)* wenn man sich ruhig verhält. Das Frauchen ruft einem dann in aller Regel zu, dass das Hündchen ein ganz liebes Tier sei und einem absolut nichts tut. Glaubt solchen Frauchen bitte niemals! Ein Hund *(vom Jagdinstinkt angestachelt)* vergisst seine ganze Erziehung. Er rennt allen Lebewesen *(sich bewegen)* hinterher. Deswegen gehören Hunde zu den größten Feinden von Joggern und Skatern *(nur ihren unschuldigen Sport treiben).* Nehmt euch vor ihnen in Acht!

Ü 2 Lies den folgenden Text. Was fällt dir auf?

Satzungetüm mit Attributsätzen

Herr Beinhart dem der Hund gehört der den Jogger gebissen hat der am Baggersee entlanggerannt ist musste auf Anordnung des Gerichts das ihn dazu verpflichtete von nun an seinen Liebling der die Freiheit so sehr liebte auf seinen Spaziergängen die er täglich machte stets an einer Leine führen die sehr kurz ist damit er nie mehr Menschen die am Baggersee joggen beißt.

Dieser Satz lässt sich ohne Kommas wirklich schwer verstehen. Lege eine Folie auf und setze die fehlenden Kommas ein.

Satzglieder: Adverbiale Bestimmungen

1 Aus den vergangenen Schuljahren kennst du bereits die vier adverbialen Bestimmungen. Zähle sie auf.
Wenn du dir nicht mehr sicher bist, dann schlage auf Seite 280 und 281 „Kurz und knapp – Fachbegriffe“ nach.

So kannst du üben

Ü 1 In einer adverbialen Bestimmung können Wörter und Wortgruppen vorkommen, die verschiedenen Wortarten angehören können: Nomen, Adjektive …
Schreibe wie auf dem Zettel auf, zu welchen Wortarten die Wörter in den unterstrichenen adverbialen Bestimmungen gehören.

Sonntag → Nomen
später → …

unter dem Dach → Präposition + Artikel + Nomen
dort → …

lieb → Adjektiv
gern → …

Adverbiale Bestimmung der Zeit:

a Ich komme (wann?) Sonntag.
b Ich komme (wann?) später.
c Ich komme (wann?) morgen.

Adverbiale Bestimmung des Ortes:

a Sie wohnt (wo?) unter dem Dach.
b Sie wohnt (wo?) dort.
c Sie wohnt (wo?) in einem kleinen Zimmer.

Adverbiale Bestimmung der Art und Weise:

a Ich habe dich (wie?) lieb.
b Ich mag dich (wie?) gern.
c Ich liebe dich (wie?) von ganzem Herzen.

Ü 2 In den folgenden Sätzen sind die adverbialen Bestimmungen der Zeit, des Ortes und der Art und Weise unterstrichen:

In der Kiesgrube

a Mein neues Mountainbike ist toll.
b Meine Mutter hat es mir zum Geburtstag geschenkt.
c Am liebsten fahre ich damit in der Kiesgrube.
d Da ist das auch erlaubt.
e Hier halten sich ständig viele Jugendliche auf.
f Allein ist man selten.
g Alle treiben dort irgendeinen Sport.
h Das geht verrückt zu!

In diesen adverbialen Bestimmungen kommen verschiedene Wortarten vor.
Schreibe so auf:

a) Adverbiale Bestimmung der Art und Weise: toll → Adjektiv
b) Adverbiale Bestimmung der Zeit: zum Geburtstag → Präposition + …
c) …

WERKSTATT Sprache

Satzglieder: Adverbialsätze

Neulich im Betriebspraktikum …

a Trotz großer Nervosität fuhr Johannes am ersten Tag erwartungsvoll zu seinem Praktikumsbetrieb.
b Carolin meldete sich vor Arbeitsbeginn im Personalbüro.
c Wegen ihres defekten Mofas fuhr Larissa mit dem Fahrrad zu ihrer Praktikumsstelle.
d Nach dem Auswischen der Regale begann Mehmet mit dem Einräumen der Waren.
e Trotz Halsschmerzen begrüßte Jakob seinen Praktikumsbetreuer freundlich.

1 Bestimme die unterstrichenen adverbialen Bestimmungen.

2 Vergleiche diese beiden Satzkonstruktionen. Welche Unterschiede und Gemeinsamkeiten stellst du fest?

Carolin meldete sich vor Arbeitsbeginn im Personalbüro.
Carolin meldete sich im Personalbüro, bevor sie mit der Arbeit begann.

TIPP!
In Sachtexten verwendet man häufig Adverbialsätze, weil man damit Informationen kurz und knapp vermitteln kann.

MERKE

Nebensätze können als Satzglied die Stelle von adverbialen Bestimmungen einnehmen. Man nennt sie dann **Adverbialsätze.**
Sie werden durch **Kommas** vom übrigen Satz abgetrennt: ***Carolin meldete sich im Personalbüro, bevor sie mit der Arbeit begann.***
Manchmal sind sie auch in einen Satz eingeschoben, dann werden sie durch zwei Kommas vom Satz abgegrenzt: ***Carolin meldete sich, bevor sie mit der Arbeit begann, im Personalbüro.***

3 Ersetze in den Sätzen ganz oben die adverbialen Bestimmungen durch Adverbialsätze. Achte auf die Kommasetzung.

4 Forme die fett gedruckten Adverbiale in Adverbialsätze um.

Sicherheitshinweise einer Bedienungsanleitung

Vor der Speicherung wichtiger Aufnahmen empfehlen wir Ihnen die Anfertigung von einigen Probeaufnahmen. Lesen Sie **vor Verwendung der Kamera** die Sicherheitshinweise. **Bei Auslösen des Blitzes** sollten Sie nicht in unmittelbare Nähe der Augen anderer kommen. Legen Sie die Kamera **bei Rauchauftritt** unverzüglich beiseite. Verwenden Sie die Kamera **nach Beschädigung des Gehäuses** nicht mehr. **Beim Tragen eines Tragegurtes** beachten Sie, dass die Gefahr der Erschütterung besteht. Viel Freude mit Ihrer neuen Kamera!

5 Vergleicht jetzt die beiden Texte. Welchen findet ihr sprachlich gelungener?

Satzglieder: Infinitivgruppen

Du weißt bereits, dass der Infinitiv die Grundform des Verbs ist, von dem sich alle anderen Formen ableiten: *(zu) singen, (zu) gehen.*

1 Vergleiche jeweils den Bau der beiden Sätze.

Wir wanderten durch den Wald, **um uns zu erholen.**
Wir wanderten durch den Wald, damit wir uns erholen konnten.

Noch immer holzt der Mensch den Wald maßlos ab, **ohne die Folgen zu bedenken.**
Noch immer holzt der Mensch den Wald maßlos ab, ohne dass er die Folgen bedenkt.

2 Für die fett gedruckten Teilsätze gibt es einen Fachbegriff. Wenn du ihn nicht kennst, dann lies zunächst den Merkkasten genau durch.

TIPP!
Setze bei erweiterten Infinitivgruppen immer ein Komma. Du bist damit auf der sicheren Seite und der Leser kann deine Sätze durch die kürzeren Sinneinheiten sogar leichter verstehen.

MERKE

Teilsätze wie … ***um uns zu erholen*** oder … ***ohne an die Folgen zu denken*** bezeichnet man als **Infinitivgruppe** oder **Infinitivsätze.** Sie erfüllen die gleiche Funktion wie ein Nebensatz und **müssen** durch ein **Komma** vom übrigen Satz abgetrennt werden: ***Tobias vergaß (,) die Tür zu schließen.*** Das empfiehlt sich aber nur dann, wenn

- sie mit ***um, ohne, statt, außer, als*** eingeleitet sind.
  Beispiel: ***Sie öffnete das Fenster, um frische Luft hereinzulassen.***
- sie von einem Nomen abhängen.
  Beispiel: ***Er fasste den Plan, heimlich abzureisen.***
- ein hinweisendes Wort auf den nachfolgenden Infinitivsatz aufmerksam macht.
  Beispiel: ***Er mag es, im salzigen Meerwasser zu baden.***

So kannst du üben

Ü 1 Unterstreiche in den folgenden Sätzen die Infinitivgruppen (Folie).

a Meine Freundin verließ das Haus ohne ein Wort zu sagen.
b Ich habe vergessen zu bezahlen.
c Meine Mutter bat mich beim Bäcker Brötchen zu kaufen.
d Niemand dachte daran das Licht auszuschalten.
e Wir fahren ins Allgäu um dort zu zelten.
f Wage es nicht dich zu verspäten!
g Die Verkäuferin riet mir den gelben Mantel zu kaufen.

Ü 2 Füge dort, wo es sein **muss,** ein Komma ein. Begründe deine Wahl.

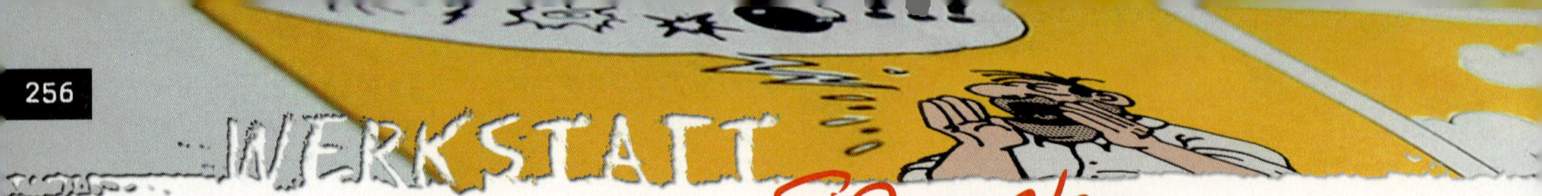

Sprache

Satzglieder: Partizipgruppen

Für Partizipgruppen gilt Ähnliches wie bei Infinitivgruppen. Aber auch hier bleibt für dein Sprachgefühl viel Raum. Die wichtigsten Regeln sind im Merkkasten zusammengefasst. Lies ihn zunächst aufmerksam durch.

MERKE

Partizipgruppen (auch Partizipialsätze genannt) werden vor allem in der gehobenen Sprache verwendet. Im Einzelnen gelten für sie diese Kommaregeln:

1. Bei **einzelnen Partizipien** oder **kurzen Partizipgruppen** steht **kein Komma:** *Seufzend setzte sich die Lehrerin an das Pult.* *Völlig beunruhigt rief der Vater die Polizei an.*
2. Bei aus **mehreren Wörtern** bestehenden **Partizipgruppen kann** ein **Komma** stehen: *Vom plötzlich einsetzenden Nebel(,) war er ohne Orientierung.*
3. **Nach hinweisenden Wörtern und bei nachgestelltem Partizip muss** das Komma stehen: *Sie stand so, laut weinend, auf der Bühne.* *Tamara öffnete uns die Tür, aus vollem Halse lachend.*

So kannst du üben

Ü 1 Unterstreiche die Partizipgruppen. Setze dann ein Komma, wo es nötig ist (Folie).

- **a** Wie vom Blitz getroffen sank er zu Boden.
- **a** Alle Anstrengungen des Aufstiegs vergessend ließen wir uns vor dem Gipfelkreuz nieder.
- **a** Vollkommen mit Dreck bespritzt nahm der Mountainbiker seinen Pokal entgegen.
- **a** Er verabschiedete sich am Bahnhof hemmungslos weinend.

Ü 2 Schreibe den folgenden Text ab und setze – wo notwendig – die Kommas ein.

Ein Scherz?

Nach erledigter Hausarbeit gönnte sich Frau Bluff eine Ruhepause. In ihrem Sessel sitzend hörte sie das Hereinkommen ihres Sohnes. Eine große Vase auf seinem Kopf tragend dachte sie an ein Unglück. „Der Arme ist sicher beim Spielen mit der Vase darin stecken geblieben“, dachte sie. Überaus beunruhigt lief sie ihm entgegen. Ungeachtet der unglücklichen Lage des Kleinen nahm sie einen Hammer. Mehrmals auf die Vase einschlagend zerprang diese in kleine Stücke. Doch was musste sie nach dem Zerplatzen der Vase sehen? Der mittlerweile laut lachende Kleine hatte sie sich oben auf den Kopf gesetzt um seine Mutter zu erschrecken. Vollkommen irritiert dachte sie sich: „Dieses Problem wäre auch ohne das Zertrümmern der Vase lösbar gewesen.“

Zeichensetzung

MERKE

In der deutschen Sprache gibt es viele Wörter, die in Texten immer wieder nebeneinander vorkommen und deswegen allmählich zusammenwachsen. So ist aus ***Montag*** und ***Abend*** der ***Montagabend*** geworden und aus dem ***Kapitän,*** der das ***Dampfschiff*** auf der ***Donau*** leitete, der berühmte ***Donaudampfschiffskapitän.***

Mit Wörtern aus fremden Sprachen, besonders aus dem Englischen, geschieht dasselbe: Sie haben im Englischen zwei Akzente und werden getrennt geschrieben: ***Blue Jeans;*** im Deutschen dagegen tragen viele von ihnen nur einen Akzent und werden deswegen zusammengeschrieben: ***Bluejeans.*** Bei einigen Wörtern ist bei uns die englische oder deutsche Schreibweise möglich, also z. B. ***Hot Dog*** oder ***Hotdog.***

HIPPIE	SCHUHE
KAPUZEN	ROCK
PLATEAU	KLAMOTTEN
RADLER	ROLLI
RIPPEN	WESTE
SATIN	JEANS
LACK	SHIRT
HEMD	BLOUSON
STRETCH	HOSE
STRUMPF	JACKE

1 Schau dir die Wörter auf Seite 231 an: Wie würdest du es beim Schreiben halten? Und wie würdest du es lieber lesen? Entscheide dich für jeweils eine der beiden Schreibweisen.

2 Setze die Nomen auf dem blauen Zettel zusammen, sodass zusammengesetzte Nomen entstehen. In den meisten Fällen wirst du sie in einem einzigen Wort schreiben; aber vielleicht möchtest du das eine oder andere doch mit Bindestrich schreiben.

3 Stelle dir witzige Fantasiewörter zusammen und verpacke sie in einen kleinen Modetext.

4 Wenn man unmittelbar nacheinander zwei zusammengesetzte Nomen verwendet, dann kann man sich manchmal etwas kürzer fassen. Man schreibt dann nicht *Mittagessen und Abendessen,* sondern *Mittag- und Abendessen.* Für den ausgelassenen Teil setzt man einen so genannten **Ergänzungsstrich.**
Schreibe die Wörter auf dem unteren Zettel einmal in kurzen Sätzen in dieser Form auf.

Musikkultur und Popkultur
Tennisfan und Fußballfan
Sportzeitschrift und Modezeitschrift
Sportmode und Freizeitmode
Modetrends und Freizeittrends
Kinderliteratur und Jugendliteratur

Werkstatt Sprache

Zeichensetzung

Freunde

Nur wenige Bundesbürger (rund 15 Prozent) sagen bei Befragungen, sie hätten keinen Freund; die übrigen 85 Prozent nennen drei bis sechs Gefährten. Doch wen meinen sie damit: den Kollegen bei einem Squash-Spiel oder die Freundin aus Kinderzeiten, auch wenn man sie nur einmal im Jahr besucht? Und würden diese als „Freund“ bezeichneten Personen bei einer Befragung nicht vielleicht dazu sagen: „Der ist ja verrückt! Wie kommt der dazu, mich seinen Freund zu nennen?“ Was wirklich ein Freund ist oder vielleicht nur das, was man einen „Kumpel“ oder eine „Gefährtin“ nennt, ist – im Gegensatz zu einem Verwandten – schwer zu bestimmen.

Dennoch gilt: Freundschaften sind für die Entwicklung von Kindern und Jugendlichen von großer Bedeutung. Jungen und Mädchen mit (mehr oder weniger engen) Freunden haben mehr Selbstbewusstsein und sind weniger ängstlich. Wenn sie auf Freundschaftsebene miteinander verhandeln, lernen sie, andere zu respektieren und sich zu behaupten.

In einem alten Schlager heißt es: „Ein Freund, ein guter Freund, das ist das Schönste, was es gibt auf der Welt …“ Das stimmt zwar sicher so allgemein nicht; aber eigenständig Freunde zu gewinnen, ist doch, wie ein Pädagoge schreibt, „die erste und wichtigste soziale Lebensleistung des Kindes“.

1 In diesem Text fallen die vielen verschiedenen Satzzeichen auf, die ihn gliedern und die zum Mitdenken anregen:

- **Punkt, Komma** und das zwischen beiden stehende **Semikolon**,
- **Doppelpunkt**, **Anführungszeichen**,
- **Fragezeichen**, **Ausrufezeichen**,
- **Gedankenstrich**, **Bindestrich**, **Klammer**,
- **Auslassungspunkte**.

Sucht diese Satzzeichen heraus. Beachtet dabei Folgendes:

- Es gibt Unterschiede in der Setzung der Anführungszeichen. Was heben sie hervor?
- Das Ausrufezeichen kann an verschiedenen Stellen stehen. Worauf weist es hin?
- Es besteht ein Unterschied zwischen Binde- und Gedankenstrich.
- Einige Ausdrücke stehen in Klammern. Warum wohl?
- An welchen Stellen ist hier ein Semikolon gesetzt?
- Was bedeuten wohl die Auslassungspunkte?

2 Informiert euch über die verschiedenen Satzzeichen. Nutzt verschiedene Informationsquellen.

Zeichensetzung

1 In dem folgenden Text ist die ganze Fülle von Interpunktionszeichen enthalten: Punkt, Komma, Semikolon, Ausrufezeichen, Fragezeichen, Doppelpunkt, Anführungszeichen, Gedankenstrich, Klammern, Bindestrich, Auslassungspunkte.
Lies den Text durch und achte dabei auf die Setzung dieser Zeichen.

Zivilcourage

Der Begriff „Zivilcourage“ wurde von Otto von Bismarck (im Jahre 1864) geprägt; seitdem ist er aus dem Wortfeld „Mut“ nicht mehr wegzudenken. Eine neue Wortprägung also! Aber was bedeutet das Wort eigentlich? Natürlich gab es Wörter mit ähnlicher Bedeutung schon vorher: Entschlossenheit, Tapferkeit, Courage, Verwegenheit, Übermut, Todesmut … Sie alle sagen etwas darüber aus, dass man das Gefühl der Angst überwindet – und dann etwas tut, also handelt. So sagt man etwa: „Das Kind hatte den Mut, allein in den Keller zu gehen.“ Oder: „Sie sagte ihm mit großer Entschlossenheit, dass sie sich von ihm trennen wolle.“ Oder: „Zum Bungee-Springen gehört kein Mut, sondern Verwegenheit!“

2 Hier sind einige Aussagen zu den Satzzeichen in diesem Textabschnitt. Gebt die Zeilen im Text an, zu denen sie passen.
Achtung: Vier von ihnen treffen auf diesen Text nicht zu! Welche sind es? Sprecht darüber!

1. Die Anführungszeichen heben hier heraus, was andere gesagt haben.
2. Die Anführungszeichen zeigen hier an, dass ein besonderer Begriff herausgehoben wird.
3. Der Doppelpunkt leitet hier eine wörtliche Rede ein.
4. Hier eröffnet der Doppelpunkt eine Aufzählung von Wörtern.
5. Hier schließt der Doppelpunkt einen Satz besonders deutlich ab.
6. Das Semikolon weist darauf hin, dass zwei selbstständige Sätze eng zusammengehören.
7. In Klammern steht ein ergänzender Zusatz, den der Schreiber aber für wichtig hält.
8. In Klammern steht, was für den Schreiber nicht so wichtig ist.
9. Der Gedankenstrich setzt einen Gedanken von dem vorausgehenden Satz besonders ab.
10. Der Gedankenstrich bedeutet: Der Schreiber hat sich hier besonders Gedanken gemacht.
11. Die Auslassungspunkte bedeuten hier so viel wie *und so weiter*.
12. Das Ausrufezeichen zeigt an, dass hier jemand etwas ausruft.
13. Das Ausrufezeichen zeigt hier an, dass ein Befehl ausgeführt werden soll.
14. Das Ausrufezeichen zeigt hier an, dass etwas besonders herausgestellt werden soll.

Zeichensetzung

3 In dem folgenden Textabschnitt fehlen sämtliche Satzzeichen. Lest euch den Textabschnitt gegenseitig vor. Macht eine deutliche Pause, wo ein Satzschlusszeichen (Punkt, Ausrufezeichen, Fragezeichen) steht.

Zivilcourage
(Fortsetzung)

Als Zivilcourage bezeichnete nun Bismarck den Mut den jemand beweist wenn er seine Meinung ohne Furcht vor Folgen in der Öffentlichkeit vertritt dem Wort Courage französisch wurde das Wort civil lateinisch hinzugefügt aber was bedeutet das es heißt so viel wie bürgerlich oder privat Zivilcourage unterschied sich damit damals von dem Mut den jemand beim Militär beweisen musste Bürgermut also und nicht Soldatenmut der Begriff hat sich aber gewandelt heute verwenden wir ihn anders geblieben ist Zivilcourage als eine kommunikative Art von Mut in der Auseinandersetzung mit anderen Menschen der Mut sich mit Worten ehrlich auseinanderzusetzen Bismarck wollte damit sagen sei stets dazu bereit

So kannst du üben

Ü 1 Schreibe den Text ab und setze die Zeichen ein. Du solltest dabei wirklich einmal alle Satzzeichen nutzen, von denen du meinst, dass sie den Text besser lesbar machen. Auf jeden Fall müssen darin enthalten sein: mindestens fünf Punkte, drei Kommas, ein Fragezeichen, ein Ausrufezeichen, zwei Begriffe in Anführungszeichen, mindestens ein Doppelpunkt.
An einigen Stellen kannst du selbst wählen, welche Satzzeichen du einfügen willst: Punkt oder Semikolon oder Ausrufezeichen.

Ü 2 Vergleicht danach eure Ergebnisse, indem ihr euch die aufgeschriebenen Texte zum Lesen gebt.

Ü 3 In den folgenden Sätzen steht immer ein Ausrufezeichen, obwohl es nicht immer notwendig ist.

a „Verlasse sofort den Raum!“, sagte er.
b „Nein! Nein! Und nochmals nein!“, sagte er.
c „Ach, wäre doch nur die Prüfung schon vorbei!“, sagte sie.
d „Wie lange soll ich denn noch warten!“, sagte sie.
e „Schreibe die Sätze in dein Heft!“ Das wird im Sprachbuch Schülerinnen und Schülern gesagt.
f „Reichen Sie mir doch bitte mal das Salz!“, sagte sie.

Ersetze beim Abschreiben das Wort *sagen* durch die Wörter:
vorwurfsvoll fragen, befehlen, bitten, sich wünschen, ohne besonderen Nachdruck auffordern, laut rufen.
Auf diese Weise wird deutlich, wann man ein Ausrufezeichen setzt und an welchen Stellen es nicht unbedingt stehen muss.

Das Lesen und Verstehen von Texten gehört zum Wichtigsten, was du in der Schule lernen musst. Daher ist es notwendig, den Umgang mit Texten regelmäßig zu trainieren. Nur wenn du über Arbeitstechniken verfügst und geeignete Methoden kennst, kannst du Texte richtig verstehen und das Gelesene später beispielsweise in einem Vortrag wiedergeben.

Als erstes lernst du in diesem Kapitel die Technik des **orientierenden (diagonalen) Lesens** kennen. Dann beschäftigst du dich mit der **Fünf-Schritt-Lesemethode,** die dir hilft, auch schwierige Texte zu verstehen und zu entschlüsseln. Mit Hilfe einer **Mindmap** erfährst du, wie du wichtige Informationen übersichtlich und strukturiert darstellen kannst. All diese Methoden und Techniken helfen dir bei der Vorbereitung eines **Vortrags** in deiner Klasse. Damit dir deine Mitschüler dabei besser folgen und sie deine Ausführungen leichter nachvollziehen können, erfährst du außerdem, wie du eine **Gliederung** erstellst und **Plakate** gestaltest. Am Schluss bekommst du noch ein paar Tipps, damit dein Vortrag selbst zum Erfolg wird.

Die Klasse 8M beschäftigt sich in PCB gerade mit dem Thema „Drogen und Genussmittel". Um sich selbst über die Gefahren und Folgen von Drogenkonsum informieren zu können, erhalten die Schüler von ihrer Lehrerin mehrere Texte. Franka und Silas wollen herausfinden, ob die Texte „Alkohol" und „Drogen: Der schnelle Weg zur Sucht" (S. 262 und 263) über mögliche Gefahren und Folgen von Drogenkonsum Auskunft geben. Sie wenden die Technik des orientierenden Lesens an.

1 Lies nach, was man unter dieser Lesetechnik versteht.

Beim **orientierenden Lesen** geht es darum, sich rasch einen Gesamtüberblick über einen Text zu verschaffen. Du versuchst also, wichtige **Schlüsselwörter** eines Textes zu erfassen. Wenn du dabei auf besonders interessante Stellen stößt, liest du diese Zeilen genauer, ehe dein Blick zum nächsten Schlüsselwort fliegt. Anschließend musst du entscheiden, ob der Text brauchbare Informationen zum Thema enthält. Wenn ja, wird er in einem weiteren Lesedurchgang genauer erschlossen. Diese Technik wendest du vor allem an, wenn du für einen Vortrag zu einem bestimmten Thema recherchierst* und die Texte nach bestimmten Informationen untersuchst.

2 Erkläre deinem Nachbarn diese Lesetechnik. Gehe dabei auf folgende Fragen ein:

- Wann kommt diese Technik vor allem zum Einsatz?
- Welche Stellen werden dabei erfasst?
- Was muss man abschließend entscheiden?
- Welches Ziel verfolgt diese Lesetechnik?

Lesetechnik: Orientierendes Lesen

3 Lies nun selbst den Text „Alkohol" und wende dabei die „orientierende Lesetechnik" an. Markiere dabei wichtige Schlüsselwörter mit Folientechnik. Das erste Schlüsselwort ist schon unterstrichen.

Alkohol

Jürgen Bongers

Fast jeder zweite Deutsche trinkt mehrmals in einer Woche oder sogar täglich Alkohol. Alkohol fördert Geselligkeit, hebt die Stimmung, schafft soziale Kontakte und überdeckt Depressionen* und Langeweile. In Maßen getrunken, schadet er der Gesundheit nicht. Doch Alkohol ist das am meisten verbreitete <u>Suchtmittel</u> unserer Gesellschaft und fordert mehr Tote als andere Drogen. Aber Alkohol ist auch ein Teil unserer Kultur – eine legalisierte* Droge, die schon seit Jahrtausenden eine Rolle spielt.

Geringe Alkoholmengen haben eine scheinbar positive Wirkung: sie entspannen und regen an. Nach stärkerem Alkoholkonsum vermindert sich die Konzentrationsfähigkeit erheblich. Es kommt zu Kontrollverlust über Sprache und Bewegung, Hemmungen werden abgebaut und viele Menschen verhalten sich aggressiv.

Regelmäßiger Alkoholkonsum kann zu körperlicher und psychischer Abhängigkeit führen. Die stärksten organischen Schäden entstehen in der Leber, die etwa 90 % des aufgenommenen Alkohols abbaut.

Das Wort Alkohol stammt vom arabischen Wort „Arkul" und bedeutet „das Puder, das Feinste". Alkohol war die erste Droge, die der Mensch entdeckte, denn schon bei der Lagerung von Lebensmitteln traten leicht Gärungen auf.

Auch Tiere nehmen Alkohol zu sich. So fressen Elefanten mit besonderer Vorliebe vergorene Früchte. Anschließend taumeln sie angeheitert umher, machen riesige Sprünge und trompeten laut. Manchmal überfallen Elefanten auf der Suche nach Alkohol sogar Destillerien*. Untersuchungen zeigen, dass der Alkoholkonsum bei sozialem Stress zunimmt (z. B. ansteigende Herdendichte, Verkleinerung des Weidegebietes). Betrunkene Elefanten, aber auch andere unter Drogeneinfluss stehende Tiere wie Rentiere, Elefantenantilopen, Kudus* isolieren sich oft oder werden aus der Gruppe ausgestoßen. Häufig schließen sich die berauschten Tiere zusammen.

4 Überlege anhand der Schlüsselwörter, worum es in dem Text geht. Tausche dich mit deinem Nachbarn aus.

5 Lies nun den Text „Drogen: Der schnelle Weg zur Sucht" ebenfalls mit der „orientierenden Lesetechnik".

Lesetechnik: Orientierendes Lesen

Drogen: Der schnelle Weg zur Sucht

Ein Zug aus der Zigarette, ein Schluck Bier – was kann daran schon schädlich sein? Am Anfang wirken Drogen oft herrlich harmlos. Doch die Suchtmittel arbeiten mit fiesen Tricks. Sie locken mit schönen Gefühlen und verändern das Gehirn – bis die Menschen nicht mehr ohne sie auskommen.

Joint – den Namen hat Julia das erste Mal vor einem Jahr gehört. Damals hatte einer ihrer Freunde Marihuana auf eine Party mitgebracht, getrocknete Cannabis-Pflanzen. Die hatte er in ein Blättchen gerollt wie eine Zigarette, angezündet und den anderen angeboten.

Die 13-Jährige nahm auch ein paar Züge. Sie atmete ein. Aus. Noch mal ein. Der Joint schmeckte nicht toll, war aber ganz entspannend, und so rauchte das Mädchen öfter mit ihrer Clique: nachmittags, wenn es mal wieder megalangweilig war. Oder in der Schulpause.

Dass ihre Noten wie auf einer Treppe nach unten purzelten – zwei, drei, vier, fünf –, bekam Julia gar nicht mit. Okay, das Denken fühlte sich schon ein bisschen neblig an. [...] Aber das war echt egal, fand sie.

Irgendwann waren Julias Eltern wegen der miesen Noten sauer. Richtig entsetzt waren sie dann aber, als sie dahinterkamen, dass ihre Tochter Drogen nahm. Sie brachten sie gleich in das SuchtPräventionsZentrum* in Hamburg, wo Schüler mit Drogenproblemen beraten werden. Und das sind eine ganze Menge: Mehr als 25 Prozent der Jugendlichen in Deutschland haben schon Marihuana oder Haschisch* probiert.

Voll cool, total ungesund – einige Kinder rauchen schon mit sieben Jahren ihre erste Zigarette, weil sie das schick finden. Viele kommen dann nie wieder von den Glimmstängeln los. Bei den 12- bis 15-Jährigen raucht jeder Fünfte regelmäßig Zigaretten. Viele Mädchen und Jungen trinken auf Feten auch noch Bier, Wein, Sekt oder Schnaps dazu, bis sie völlig berauscht sind.

So verschieden die Drogen sind, alle wirken ähnlich: Einige ihrer Bestandteile schwimmen mit dem Blut ins Gehirn (bei Cannabis ist es ein Stoff namens THC). Dort regen sie das Belohnungszentrum an. Sobald es eingeschaltet ist, funkt es die Botschaft: „Du fühlst dich wohl!“ Ja, manchmal sind wir dann sogar richtig glücklich.Weil sich Drogen im Gehirn lieb Kind machen, werden viele Leute danach süchtig: Wenn sie sich erst einmal an Schnaps, Zigaretten, Kokain und andere Dinge gewöhnt haben, wollen sie nicht mehr darauf verzichten.

TIPP!
Im Text begegnen dir viele verschiedene Satzzeichen (z. B. Doppelpunkt, Binde- und Gedankenstrich), die den Text gliedern und zum Mitdenken anregen. Hinweise zur Verwendung von Satzzeichen findest du im Kapitel Werkstatt Sprache auf den Seiten 258 bis 260.

6 Nenne, ohne erneut nachzulesen, Schlüsselwörter, die dir im Text begegnet sind.

7 Entscheide nun, ob sich die beiden Texte dazu eignen, mögliche Gefahren und Folgen des Drogenkonsums herauszuarbeiten. Begründe.

Fünf-Schritt-Lesemethode

In einem Faltblatt mit dem Titel „Rauchen ist eine Sucht" findet Paul folgende Informationen:

Eine *Sucht* mit schweren Folgen

Diese Fakten sprechen für sich: In Deutschland sterben jedes Jahr 110.000 Menschen an den Folgen des Rauchens. Das sind mehr als 300 Personen pro Tag. Sogar 300 Nichtraucher sterben jährlich an den Folgen des Tabakkonsums – durch Passivrauchen.

Obwohl es erwiesen ist, dass jeder Raucher im Durchschnitt 8 Jahre seines Lebens verliert, geben die meisten Raucher ihr Laster nicht auf. Was vielleicht auch auf Sie zutrifft.

Warum ist das so?

Rauchen verursacht ...

→ 40 – 45 % aller Krebstodesfälle,
→ 90 – 95 % aller Lungenkrebsfälle,
→ 75 % aller chronischen Lungenerkrankungen,
→ 35 % aller Herz- und Kreislauf-Erkrankungen.

Jährliche Todesfälle in Deutschland bedingt durch:

→ 110 000 Rauchen
→ 42 000 Alkohol
→ 9 000 Verkehrsunfälle
→ 1 000 illegale Drogen
→ 1 000 Mord und Totschlag
→ 600 Aids

Die *Symptome* der *Sucht*

Was Sie als Raucher im Wesentlichen an die Zigarette fesselt, ist unter anderem das Nikotin. Ungefähr 10 Sekunden braucht Nikotin, bis es von der Lunge über den Blutstrom ins Gehirn kommt und dort ein Gefühl von Befriedigung auslöst. Doch jeder Zug an einer Zigarette verstärkt auch Ihre Abhängigkeit. Im Laufe der Jahre stellt sich Ihr Körper immer mehr auf die Nikotinzufuhr ein. Es ist somit nicht erstaunlich, dass Ihr Organismus nicht von heute auf morgen ohne Nikotin auskommt, wenn Sie versuchen, ohne jede Hilfsmittel mit dem Rauchen aufzuhören.

Der Körper eines werdenden Nichtrauchers reagiert auf einen „kalten" Entzug mit zum Teil drastischen* Symptomen:

- Nervosität, Gereiztheit, schlechte Konzentration, Niedergeschlagenheit,
- Kopfweh, Schwindelgefühl, Verdauungsprobleme,
- Schlafstörungen,
- verstärkter Raucherhusten über kurze Zeit.

Kein Wunder, dass es nur die wenigsten Raucher schaffen, ihre Sucht zu besiegen. Der gute Vorsatz, endlich mit dem Rauchen aufzuhören, fällt meist innerhalb weniger Tage wie ein Kartenhaus in sich zusammen.

Eine effektive Hilfe, *Nicht*raucher zu werden: die *Nikotin*ersatztherapie

Eine anerkannt Erfolg versprechende Methode, gute Vorsätze aufrechtzuerhalten, besteht aus einer Kombination von Nikotinersatzstoffen mit einem typgerechten Plan zu einem ganzheitlichen Ansatz der Raucherentwöhnung. Hiermit wird Ihnen geholfen, die körperlichen Entzugssymptome zu reduzieren und den „Schmacht" nach einer Zigarette zu lindern.

Wenn zum Beispiel ein Nikotinpflaster auf die Haut geklebt ist, gelangt das Nikotin vom Pflaster über die Haut in den Körper. Eine Kontrollmembran reguliert die Nikotinabgabe und stellt so sicher, dass Sie über 24 Stunden ausreichend mit Nikotin versorgt werden. Die schrittweise Reduzierung der Nikotinzufuhr über 3 Wirkstufen senkt langsam den Nikotinspiegel im Blut. So werden Sie im Verlauf von 10 Wochen vollständig entwöhnt.

Eine Überdosierung mit Nikotin ist dabei kaum möglich. Bei den meisten Rauchern ist die Nikotinmenge aus dem Pflaster geringer als die Menge, die über den Zigarettenkonsum aufgenommen wird. Im Gegensatz zur Zigarette enthält das Nikotinpflaster keinen Teer oder andere schädliche Substanzen, die Krebs, Herz-Kreislauf-Krankheiten oder Lungenkrankheiten verursachen können.

Zusätzliche *Hilfe* durch ein zugeschnittenes Programm für jeden Raucher

Um jedoch lanfristige Erfolge zu erzielen, gilt es, die mit dem Rauchen verbundenen Lebensgewohnheiten zu ändern. Denn durch den Tabakkonsum haben sich viele verschiedene Gewohnheiten und Rituale eingeschlichen, die den Griff zur Zigarette fördern:

- Sensibilisierung für mit dem Rauchen verbundene Reize,
- verbessertes Denken durch erhöhte Konzentrationsfähigkeit,
- erhöhtes Wohlbefinden,
- Beschäftigung der Finger,
- erleichterte Kontaktaufnahme zu anderen Menschen.

Es gilt, diese Gewohnheiten durch Alternativen und Hilfestellungen zu überbrücken und zu umschiffen:

- Meiden von verführerischen Situationen,
- Änderungen der bisherigen Frühstücks- und anderen Essgewohnheiten,
- Neugestaltung abendlicher Aktivitäten,
- Rauchutensilien, Zigaretten oder Feuerzeug entfernen,
- Belohnung des Verzichts auf eine Zigarette,
- Änderung des Freizeitverhaltens, z. B. Sport,
- nicht rauchende Freunde besuchen, Kontakte pflegen.

Fünf-Schritt-Lesemethode

Um die Texte aus dem Faltblatt erschließen zu können, wendet Paul die Fünf-Schritt-Lesemethode an, die er bereits in der sechsten Klasse gelernt hat.

Hier kannst du die einzelnen Schritte noch einmal nachlesen und Hinweise erhalten, wie du die Methode anwendest.

1. Überfliegen

Anstatt jeden Satz genau durchzulesen, fliegen deine Augen konzentriert über den Text und suchen dabei ähnlich wie beim orientierenden Lesen, vor allem Nomen und Verben. Im Ausschnitt kannst du die erfassten Informationen an den Ovalen erkennen. So siehst du schnell, ob dir der Text das liefert, was du erhofft hast.

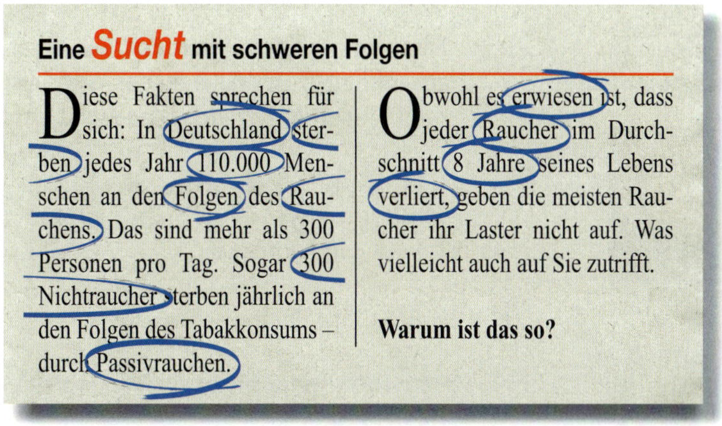

Eine Sucht mit schweren Folgen

Diese Fakten sprechen für sich: In Deutschland sterben jedes Jahr 110.000 Menschen an den Folgen des Rauchens. Das sind mehr als 300 Personen pro Tag. Sogar 300 Nichtraucher sterben jährlich an den Folgen des Tabakkonsums – durch Passivrauchen.

Obwohl es erwiesen ist, dass jeder Raucher im Durchschnitt 8 Jahre seines Lebens verliert, geben die meisten Raucher ihr Laster nicht auf. Was vielleicht auch auf Sie zutrifft.

Warum ist das so?

2. Fragen

Notiere dir nun mögliche Fragen, auf die der Text Antworten geben könnte. Sollte sich später herausstellen, dass du zu einer bestimmten Frage gar nichts im Text erfährst, so ist das nicht tragisch. Es kommt hauptsächlich darauf an, selbst Fragen formulieren zu können.

- *Wie viele Raucher sterben in Deutschland jährlich durch das Rauchen?*
- …

3. Gründlich lesen

Erst jetzt liest du den Text gründlich. Sollte der Text länger und schwieriger sein, legst du beim Lesen mehrere kurze Pausen ein.
Dabei versuchst du, Antworten auf deine Fragen zu erhalten.
Achte bei diesem Schritt auch auf Bilder, Überschriften, Unterstreichungen oder fett gedruckte Stellen. Sie helfen dir, den Text besser zu verstehen.

Unterstreiche (Folie) jeweils mit der gleichen Farbe die wichtigsten zusammengehörigen Aussagen und Informationen.
Markiere aber nicht zu viel, damit du den Überblick nicht verlierst.

Fünf-Schritt-Lesemethode

Schreibe außerdem alle unbekannten Wörter heraus und schlage sie im Wörterbuch nach. Trage sie in dein Begriffsheft ein.

der Konsum
Unter Konsum versteht man „Verbrauch“ oder „Verzehr“.
Konsument
Konsumgesellschaft
konsumieren
konsumfreudig

Diese Fakten sprechen für sich: In Deutschland sterben jedes Jahr 110.000 Menschen an den Folgen des Rauchens. Das sind mehr als 300 Personen pro Tag. Sogar 300 Nichtraucher sterben jährlich an den Folgen des Tabakkonsums – durch Passivrauchen.

Obwohl es erwiesen ist, dass jeder Raucher im Durchschnitt 8 Jahre seines Lebens verliert, geben die meisten Raucher ihr Laster nicht auf. Was vielleicht auch auf Sie zutrifft.

Warum ist das so?

4. Zusammenfassen

Fasse im nächsten Schritt den Text Absatz für Absatz in eigenen Worten zusammen. Dazu hältst du das Wichtigste in Stichworten fest und überlegst dir für jeden Absatz eine passende Überschrift.

Jährlich 110.000 Tote in Deutschland durch Rauchen
+
300 Tote durch Passivrauchen

Überschrift:
Jährlich mehr als 110.000 Tote wegen Tabakkonsum in Deutschland

Diese Fakten sprechen für sich: In Deutschland sterben jedes Jahr 110.000 Menschen an den Folgen des Rauchens. Das sind mehr als 300 Personen pro Tag. Sogar 300 Nichtraucher sterben jährlich an den Folgen des Tabakkonsums – durch Passivrauchen.

5. Wiederholen

Wiederhole nun die wichtigsten Informationen des gesamten Textes, sodass der Textzusammenhang klar wird. Diesen Schritt kannst du gedanklich oder schriftlich ausführen. Berücksichtige dabei deine formulierten Fragen, deine Unterstreichungen sowie deine Notizen. Du musst nicht unbedingt abschnittweise vorgehen. Inhaltliche Wiederholungen vermeidest du, wenn du zusammengehörige Informationen zusammenfasst.

1 Wende nun die Fünf-Schritt-Lesemethode an allen Texten des Faltblattes an.

2 Du kannst jetzt auch weitere Texte mit der Fünf-Schritt-Lesemethode bearbeiten: z. B. Texte
- aus dem Internet
- aus der Zeitung
- in anderen Schulbüchern
- in Broschüren

Eine Mindmap erarbeiten

Shirin und Nadine wollen die Risiken und Langzeitfolgen durch den Konsum von illegalen Drogen an ausgewählten Beispielen aufzeigen. Dazu finden sie in der Broschüre „Drogen" Folgendes:

Cannabis (illegal)

Die weibliche Pflanze des indischen Hanfes (Cannabis) liefert die Grundstoffe für die Drogen Haschisch und Marihuana. Marihuana („Gras") besteht aus getrockneten zerkleinerten Blüten, Stängeln und Blättern, Haschisch („Dope", „Shit") ist zu Platten oder Klumpen gepresstes Harz.

Konsum

meist durch Rauchen in einer Pfeife oder als „Joints" oder „Sticks" vermischt mit Tabak; seltener als Zugabe zu Getränken und Speisen (z.B. in Tees, Keksen oder Kuchen)

Wirkung

Für die psychoaktive Wirkung verantwortlich ist das im Harz der Pflanze enthaltene Delta-9-Tetrahydrocannabinol (abgekürzt: THC). THC verstärkt in erster Linie bereits vorhandene Gefühle und Stimmungen, und zwar sowohl positive als auch negative.
positiv: Entspannung, innere Ausgeglichenheit, Heiterkeit, bessere Kommunikationsfähigkeit, gesteigerte Wahrnehmung;
negativ: Angst, Panik, Orientierungslosigkeit. Gelegentlich treten leicht halluzinogene* Wirkungen ein, die angenehm, aber auch albtraumartig erlebt werden können.
Kurzzeitgedächtnis, Reaktionsgeschwindigkeit und die geistige Leistungsfähigkeit sind herabgesetzt.

Akute Risiken des Missbrauchs

erhöhte Unfallgefahr, allerdings geringer als nach Alkohol

Langzeitfolgen

verminderte körperliche und geistige Leistungsfähigkeit, Antriebs- und Lustlosigkeit, Gleichgültigkeit.
Bei häufigem Missbrauch großer Mengen: Persönlichkeitsabbau, Begünstigung psychotischer* und psychiatrischer* Erkrankungen

Abhängigkeit

sich langsam entwickelnde psychische Abhängigkeit; insgesamt sind die Nebenwirkungen geringer als nach Alkohol

Ecstasy (illegal)

Ecstasy ist eine synthetische Droge, das heißt sie wird aus einfacheren Grundstoffen im Chemielabor „zusammengesetzt". Die chemische Formel lautet: 3,4 Methylen-Dioxy-Methyl-Amphetamin, abgekürzt: MDMA. Erfunden und patentiert*wurde Ecstasy bereits 1914 und zwar als Appetitzügler, jedoch aufgrund seiner Nebenwirkungen nie vermarktet. Seit Mitte der 70er-Jahre verwendeten amerikanische Psychiater Ecstasy als therapeutisches Hilfsmittel, seit Anfang der 80er-Jahre ist es „Jugenddroge". Seit 1986 fällt Ecstasy unter das Betäubungsmittelgesetz.

Konsum

geschluckt in Form bunter Pillen, Tabletten, Kapseln

Wirkung

MDMA wirkt anregend auf Nerven- und Herz-Kreislaufsystem sowie leicht sinnestäuschend und bewusstseinsverändernd;
man fühlt sich offen, ungehemmt und entspannt, ein Gefühl von Wärme und Verliebtheit stellt sich ein, das Erleben wird intensiver*, verbunden mit der Sehnsucht nach zärtlichem Körperkontakt;
körperliche Symptome: Erhöhung von Blutdruck, Körpertemperatur und Puls

Akute Risiken des Missbrauchs

erhöhte Unfallgefahr,
Todesfälle durch Herz-Kreislaufversagen (neben Ecstasy spielten dabei weitere Drogen, Überhitzung und Flüssigkeitsverlust eine Rolle)

Langzeitfolgen

derzeit noch unzureichend erforscht;
durch Gewöhnung Wirkungsverlust und Zunahme unangenehmer Nebenwirkungen (Übelkeit, Verkrampfung der Kiefermuskulatur, Koordinierungsschwierigkeiten*);
möglicherweise bleibende Hirnschäden

Abhängigkeit

psychische Abhängigkeit

Eine Mindmap erarbeiten

Nachdem sie den Text über Cannabis gründlich gelesen haben, erstellen die Schüler mit den wichtigsten Informationen eine Mindmap, eine Art Gedächtnislandkarte.

1 Ihre Mindmap ist noch sehr unvollständig. Zeichne sie ab und ergänze sie. Das kannst du auch in Partnerarbeit tun.

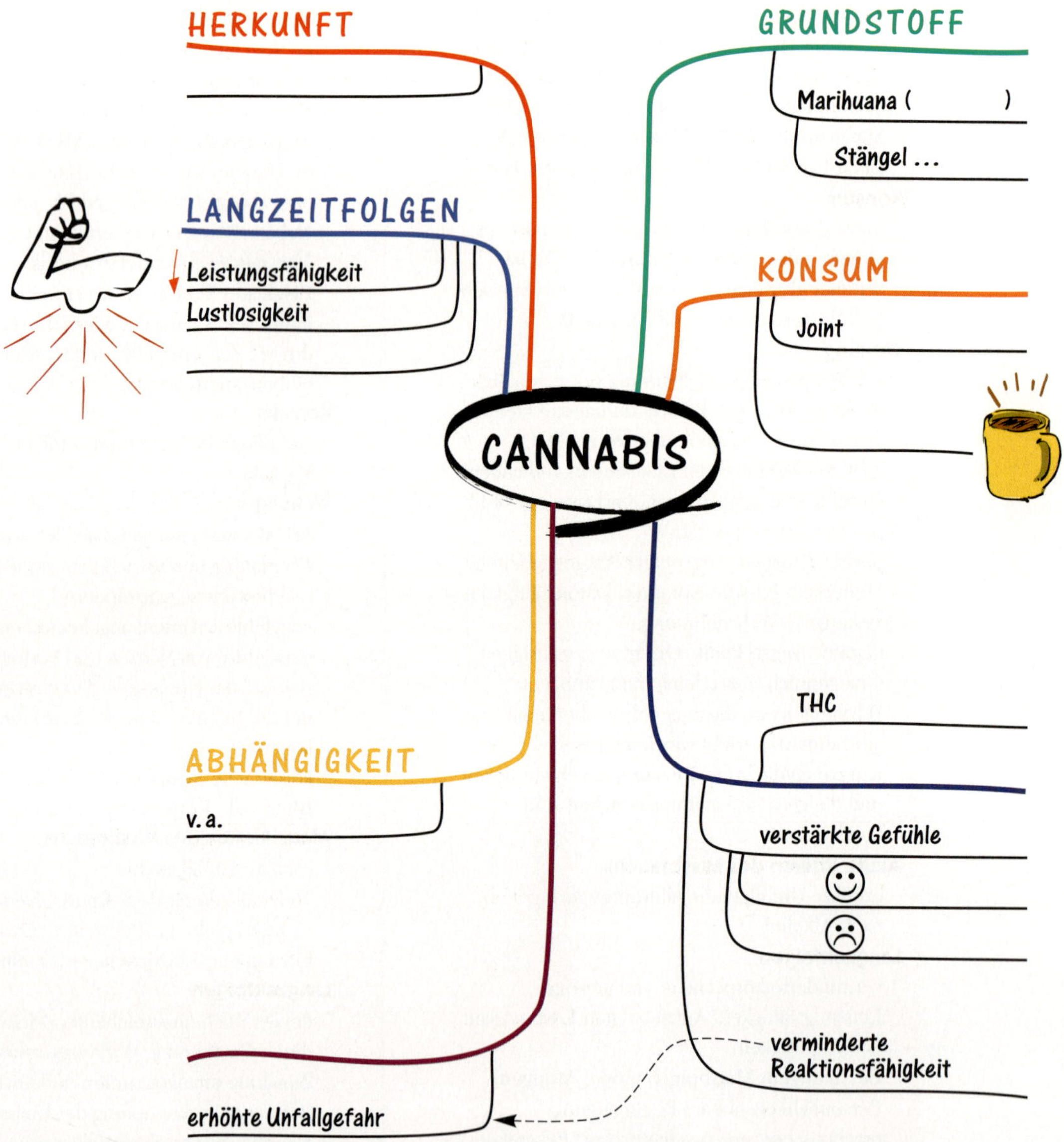

2 Erarbeite nun selbst eine Mindmap zum Ecstasy-Text. Hilfen dazu findest du auf der nächsten Seite.

Eine Mindmap erarbeiten

Eine **Mindmap** stellt Gedanken, die dir zu einem Thema einfallen, übersichtlich dar. Sie kann aber auch Informationen darstellen, die in einem Text enthalten sind.

Die Mindmap hat viele Vorteile:

- Sie gibt etwas bildlich und räumlich wieder, was in deinem Kopf durcheinandergeht oder was in einem Text als Buchstabenwurm von oben nach unten aufgeschrieben ist.
- Auf einen Blick kannst du die wichtigsten Begriffe und Verbindungen eines Themas erkennen.
- Du kannst die Mindmap jederzeit ergänzen oder verändern.

So erarbeitest du eine Mindmap:

- Verwende ein unliniertes DIN-A4-Blatt und lege es vor dich hin.
- Schreibe das Thema in die Mitte des Blattes und kreise es ein.
- Vom Zentrum aus verlaufen – wie vom Stamm eines Baumes – einige Äste. Von jedem Ast gehen ein paar feinere Zweige ab.
- Schreibe an die Äste Schlüsselwörter und an die Zweige Informationen von untergeordneter Bedeutung. Ziehe die Linie so lang wie das Wort.
- Schreibe so, dass du das Blatt nicht drehen musst.
- Farben können zeigen, welche Bereiche zusammengehören.
- Bilder, Kreise, Dreiecke, Pfeile, Klammern und andere Zeichen und Symbole heben Informationen hervor.
- Je übersichtlicher und sorgfältiger du eine Mindmap anfertigst, desto klarer sind deine Gedanken und deine Erinnerung.

3 Fasst die wichtigsten Informationen zu einem Text eurer Wahl ebenfalls in Form einer Mindmap zusammen. Befolgt dabei die Tipps auf dieser Seite, damit eure Gedächtnislandkarte auch übersichtlich wird.

Eine Mindmap erarbeiten

Nicht immer sind Texte so übersichtlich aufgebaut und mit Zwischenüberschriften versehen wie die beiden vorigen Beispiele. Dass man jedoch auch wenig strukturierte* Texte mit Hilfe einer Mindmap zusammenfassen kann, siehst du am folgenden Beispiel.

1 Lies den Text genau durch.

Warum wird jemand abhängig? Bis heute ist es nicht gelungen, diese Frage in einer allgemein gültigen Form zu beantworten. Die Suchtpersönlichkeit, die Suchtfamilie, die Suchtursache – all das gibt es nicht. Immer sind es eine ganze Reihe von Faktoren, die in einem meist mehrere Jahre dauernden Prozess der Abhängigkeitsentwicklung zusammenwirken.

Warum jemand süchtig wurde – das lässt sich nur durch die intensive Auseinandersetzung mit der konkreten Lebensgeschichte der/des Betroffenen begreifen.

Beispielsweise können Menschen, die nicht lernen durften, ihre Gefühle offen auszudrücken, versucht sein, ihre ungeliebten Gefühle durch Suchtmittelmissbrauch zu betäuben. Auch belastende soziale und familiäre Situationen, wie Arbeitslosigkeit, Trennung in der Beziehung, der Tod eines geliebten Menschen oder Eintönigkeit des Alltags, können den Weg zu Missbrauch und Sucht ebnen. Andere Betroffene mussten in ihrer Kindheit traumatische* Erfahrungen wie die des sexuellen Missbrauchs und anderer Gewalt machen, die sie nicht verarbeiten konnten.

Maßgeblicher als belastende äußere Umstände scheint jedoch die Fähigkeit zur Bewältigung von Konflikten und Belastungen zu sein. Menschen, die abhängig werden, leiden oft unter einem geringen Selbstwertgefühl und einem niedrigen Selbstbewusstsein. Sie geben sich häufig selbst die Schuld an ihrer Lage, sind innerlich überzeugt, sie hätten nichts Besseres verdient und rechnen nicht auf die Hilfe von anderen. Ihre Lage empfinden viele als unentrinnbar. Umgekehrt legt dieser – natürlich sehr verkürzt dargestellte – Sachverhalt nahe: Wer längere Zeit unter einer Situation leidet, aus der sie/er keinen Ausweg sieht, sollte diese ggf. mit professioneller* Unterstützung, z.B. durch psychotherapeutische* Beratung, zu lösen versuchen, bevor sich Drogen als scheinbare Hilfe anbieten.

Abhängigkeit bzw. Sucht ist eine Krankheit, die jeden Menschen treffen kann. Einfache Erklärungen oder gar Schuldzuweisungen greifen zu kurz.

Eine Mindmap erarbeiten

2 Schreibe die unvollständige Mindmap von Silas ab. Vergleiche sie mit der Textgrundlage und ergänze sie. Die Fragen und Anmerkungen in den Denkblasen helfen dir.

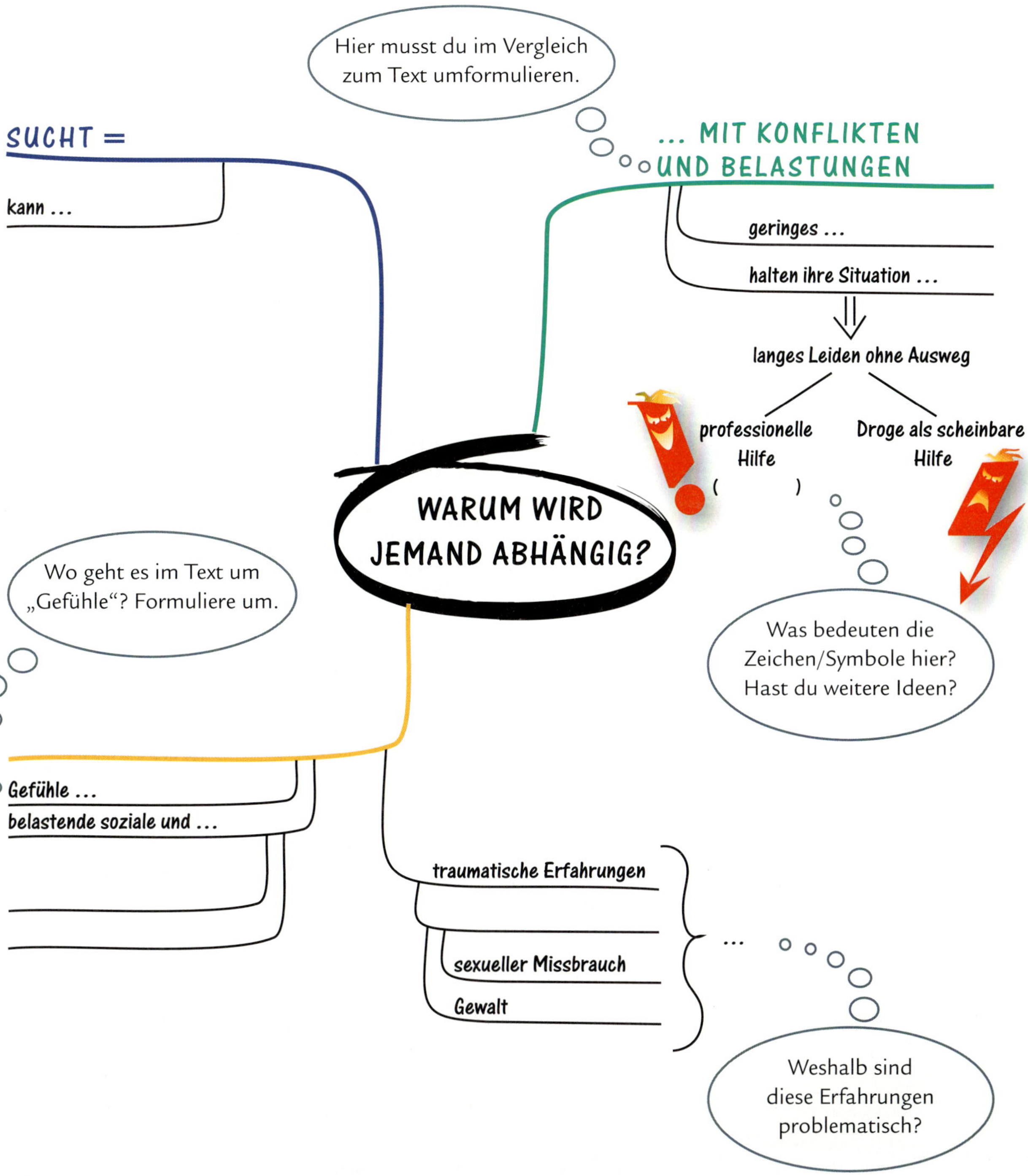

Einen Vortrag vorbereiten

Informationen zusammentragen

Nachdem sich Franka, Silas, Paul, Nadine und Shirin sehr ausgiebig mit dem Thema „Drogen und Genussmittel" beschäftigt haben, wollen sie ihre Mitschüler in einem Vortrag darüber informieren.
Zunächst einmal tragen sie ihre gesammelten Informationen zusammen, um zu sehen, ob ihr Vortrag inhaltlich vollständig ist. Auch hierzu wählen sie die Mindmap-Methode.

1 Betrachtet aufmerksam ihre Mindmap.

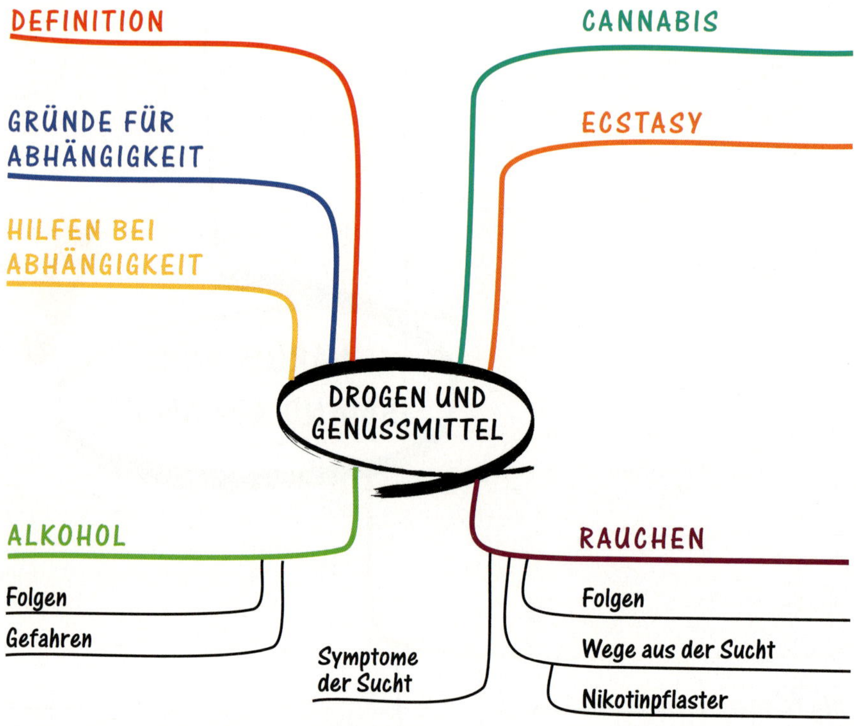

2 Diskutiert nun folgende Fragen:
- Haben die Schüler zu allen Hauptästen der Mindmap genügend Informationen gesammelt?
- Zu welchem Hauptast der Mindmap müsste noch recherchiert* werden?
- Welchen Hauptast würdest du bei einem Vortrag noch ergänzen?

TIPP!
Wie ihr eine E-Mail schreibt, erfahrt ihr im Kapitel Werkstatt Rechtschreiben auf Seite 208.

3 Falls ihr merkt, dass euch zu einem wichtigen Aspekt des Themas Informationen fehlen, schlagt im Lexikon nach oder recherchiert im Internet (z.B. in der Datenbank www.wikipedia.de).
Die Bundeszentrale für gesundheitliche Aufklärung bietet außerdem unter www.bzga.de eine Reihe kostenloser Broschüren zum Thema an. Fordert eine Auswahl daraus per E-Mail an.

Einen Vortrag vorbereiten

Karteikarten erstellen Damit die Schüler ihren Vortrag möglichst frei halten können, legen sie sich zu den einzelnen Hauptästen der Mindmap Karteikarten (DIN A6) an. Diese dienen ihnen als Gedächtnisstütze und gleichzeitig als Wegweiser durch ihr Referat. Zwei ihrer Karten siehst du hier:

Eine brauchbare Karteikarte sollte folgende Kriterien erfüllen:

1 Vergleicht die beiden Karteikarten mit den Kriterien für eine gut gestaltete Karte. Welche Tipps wurden berücksichtigt? Was haben die Schüler vergessen zu beachten? Sprecht darüber.

2 Gestalte selbst eine Karteikarte zu einem Hauptast der Mindmap von Seite 272. Achte dabei darauf, dass du die Gestaltungstipps von oben berücksichtigst.

Einen Vortrag vorbereiten

Eine Reihenfolge festlegen

Ihre Karteikarten ordnen Paul, Nadine, Franka, Silas und Shirin nun so, dass sich eine möglichst sinnvolle Reihenfolge ergibt. Dazu legen sie alle Karten auf einem Tisch aus und schieben sie so lange hin und her, bis alle mit der Reihenfolge einverstanden sind.

Eine Gliederung erstellen

Erst nachdem sich die Schüler auf eine bestimmte Abfolge geeinigt haben, nummerieren sie die Karteikarten am oberen Rand und erstellen daraus eine Gliederung, die sie auf Folie kopieren. Die Zuhörer können so beim Vortrag den Ausführungen der Redner leichter folgen.

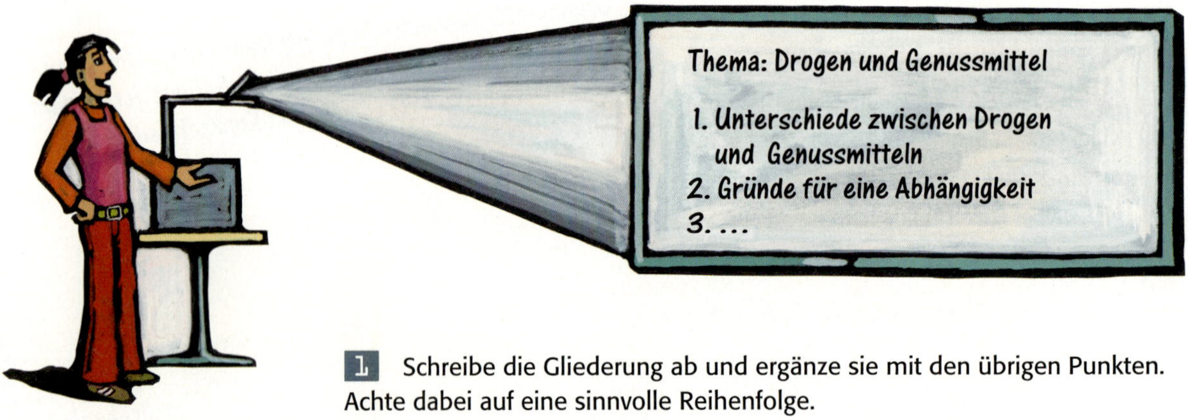

1 Schreibe die Gliederung ab und ergänze sie mit den übrigen Punkten. Achte dabei auf eine sinnvolle Reihenfolge.

2 Vergleicht eure Gliederungen. Diskutiert über Unterschiede.

Stichpunkte in ganzen Sätzen formulieren

Da es langweilig für die Zuhörer ist, wenn du alles nur vom Blatt abliest, solltest du möglichst frei sprechen. Doch das musst du natürlich vorher üben. Keine Angst, nach einer Weile gewinnst du an Sicherheit.

Silas versucht, die Stichpunkte auf seiner Karteikarte von Seite 273 in ganzen Sätzen frei zu formulieren. Dabei achtet er darauf, dass seine Sätze nicht zu lang werden: „Doch wie wird jemand abhängig? Zunächst einmal lässt sich sagen, dass es sich bei einer Sucht um eine Krankheit handelt. Davon ..."

1 Formuliere die Informationen der Karteikarte in ganzen Sätzen. Zum besseren Einprägen wiederholst du die Sätze mehrmals. Die Formulierung muss dabei nicht immer genau gleich sein.

2 Trage nun die Sätze deinem Nachbarn vor. Falls du nicht mehr weiterweißt, ist das nicht schlimm. Mit einem Blick auf deine Karteikarte findest du sicher sofort wieder den Anschluss. Tauscht anschließend die Rollen. Habt ihr als Zuhörer alles verstanden?

Einen Vortrag veranschaulichen

Plakate planen und gestalten

Auf den Karteikarten auf Seite 273 kannst du einige Hinweise finden, wann Franka, Silas, Paul, Nadine und Shirin bestimmte Medien einsetzen wollen. Neben einer Folie, einem Bild oder einem CD-Player kann das auch ein Plakat sein. Es dient dazu, den Inhalt deines Vortrages für deine Zuhörer anschaulicher zu machen.

Zur Gestaltung findest du hier ein paar Tipps:

Wozu erstelle ich Plakate?
- *Plakate dienen dazu, ein* ***Thema im Überblick*** *vorzustellen.*
- *Ein gut gestaltetes Plakat gibt* ***wichtige Inhalte*** *eines Vortrags* ***anschaulich*** *wieder.*

Welche Inhalte wähle ich aus?
- *Du stellst nur die* ***wesentlichsten Informationen*** *eines Themas dar.*
- *Nebeninformationen sowie zusätzliche Details* baust du nur in deinen Vortrag ein.*

Wie groß sollte mein Plakat sein?
- *Dein Plakat sollte* ***mindestens DIN-A2-Größe*** *haben, allerdings ist das Format DIN A1 noch günstiger.*

Wie gestalte ich mein Plakat?
- *Auch in der letzten Reihe soll man dein Plakat noch lesen können. Verwende deshalb eine* ***große Schrift*** *und* ***dicke Filzstifte.***
- *Die* ***Überschrift*** *soll* ***groß*** *sein und am besten* ***in der Mitte*** *stehen, damit sie dem Betrachter sofort ins Auge springt.*
- *Formuliere* ***kurze Textblöcke,*** *indem du zusammengehörige Informationen zusammenfasst. Wähle* ***passende Teilüberschriften*** *aus.*
- *Für* ***Hervorhebungen*** *verwendest du* ***Farbe*** *oder* ***Unterstreichungen.***
- *Um* ***Zusammenhänge*** *zwischen einzelnen Inhalten* ***zu verdeutlichen,*** *kannst du auch* ***Pfeile, Zeichen*** *oder* ***Symbole*** *einsetzen.*
- *Achte auf eine* ***korrekte Rechtschreibung.***
- *Wechsle in der Art der Darstellung zwischen* ***Texten, Diagrammen*** *und* ***Bildern*** *ab. Nicht alle Inhalte sind mit Texten am besten darzustellen.*

Statt einem Plakat kannst du zu deinem Vortrag auch eine Präsentation am Computer erstellen. Frage deinen KtB-Lehrer, ob er dir dabei hilft.

Einen Vortrag halten

Tipps Wie hältst du deinen Vortrag so, dass er bei deinen Zuhörern gut ankommt? Sicher hast du dazu schon früher Tipps bekommen. Nur geraten sie oft in Vergessenheit oder du denkst vor Nervosität einfach nicht daran.
Hier siehst du einige Aussagen von Zuhörern, die sich über einen Referenten und seinen Vortrag unterhalten:

Der hat gequasselt wie ein Buch.

Bei so vielen Fremdwörtern verstand ich meist nur Bahnhof.

Ich hätte mir gewünscht, dass er besonders schwierige Sachverhalte noch einmal kurz zusammenfasst.

Der Redner war richtig konfus. Seine Gedanken waren völlig ungeordnet, sodass man seinen Vortrag nur schwer verstehen und nachvollziehen konnte.

Ich habe mich gar nicht angesprochen gefühlt. Immerzu hat er nur auf sein Blatt geschaut und alles abgelesen!

Als der Redner die Funktionsweise eines Verbrennungsmotors erklärt hat, bin ich ausgestiegen. Nur mit Worten konnte ich das einfach nicht nachvollziehen.

Lerne die ersten zwei, drei Sätze deines Vortrages auswendig. Das gibt dir Sicherheit!

An diesen Kommentaren kannst du erahnen, dass der Vortrag wohl nicht sehr spannend war. Jetzt weißt du sicher auch wieder, worauf es bei einem guten Redner ankommt.

1 Gestalte ein Plakat mit Merktipps für einen guten Vortrag. Schlage auf Seite 275 nach, was beim Gestalten von Plakaten zu beachten ist. Hängt dann eure Plakate gut sichtbar im Klassenzimmer auf. So könnt ihr die Tipps jederzeit nachlesen.

Worterklärungen

In den Lese- und Informationstexten in diesem Buch stehen manchmal Wörter, die selten gebraucht werden oder aus anderen Sprachen stammen (Fremdwörter). Diese Wörter sind in den Texten durch ein Sternchen (*) gekennzeichnet.
Wenn du ihre Bedeutung nicht kennst, kannst du sie hier nachlesen.

akkurat: exakt, genau gleich

Anonymität: Namenlosigkeit, Unbekanntheit

apathisch: teilnahmslos

Archiv: Aufbewahrungsort für z.B. Zeitungsartikel bei der Zeitung oder Bilder in Museen

archivieren: Zeitungsartikel, Bilder o.Ä. in einem Archiv übersichtlich aufbewahren

Beletage-Wohnung: veraltet für Wohnung im ersten Stock

Boulevardpresse: abwertende Bezeichnung für Sensationspresse

Budget: Geld, das man zur Verfügung hat

Bütt: Vortragspult für Faschingsredner

demonstrieren: zeigen

Deportation: Zwangsverschickung, Verschleppung

Depression: seelische Erkrankung, Niedergeschlagenheit

deprimiert: niedergeschlagen

Deserteur: Fahnenflüchtiger, Überläufer; jemand, der sich ohne Erlaubnis von seiner Truppe entfernt, weil er nicht länger aktiv für sie kämpfen will

Destillerie: Firma, die Alkohol herstellt

Detail: Einzelheit

Domizil: Aufenthalts-, Wohnort

drastisch: sehr deutlich, sehr wirkungsvoll

Edinburgh: Großstadt in Schottland

Empore: erhöhter Sitzraum in Kirchen

Experten: Fachleute

Eyecatcher: Mittel, die den Blick auf sich ziehen, die Augen „gefangen nehmen"

Germanien: so wurde das Gebiet des heutigen Deutschlands zur Römerzeit genannt

Gründe: gemeint ist hier der Erdboden, in dem im Winter nichts mehr wächst und der durch das wärmende Laub vor der Kälte geschützt wird

halluzinogen: Sinnestäuschungen hervorrufend

Haschisch: Rauschgift aus der Cannabispflanze

Illustration: veranschaulichende Bilder, Zeichnungen

intensiv: eindringlich, kräftig

Kolumne: Seiten-, Spaltenüberschrift

Kombination: gedankliche Folgerung, Verbindung, Zusammenstellung

Kommunist: Anhänger des Kommunismus, der Lehre, bei der alle Produktionsmittel und Erzeugnisse dem Staat und somit allen Bürgern gleich gehören; soziale Gegensätze sollen aufgehoben werden

Koordinierung: hier: Muskelbewegungen aufeinander abstimmen, kontrollieren

Korrespondent: regelmäßiger Berichterstatter, z.B. in der Zeitung

Kreativität: einfallsreiche Gestaltung, Schöpferkraft

Kudu: afrikanische Antilope

lamentieren: jammern, sich beklagen

Lay-out: Anordnung von Texten und Abbildungen

legalisiert: erlaubt, nicht verboten

Macbeth: Drama des berühmten englischen Dramatikers William Shakespeare (1564–1616)

Odem: Atem

patentieren: eine Berechtigung erwerben, eine Erfindung ausschließlich verwerten zu dürfen

Patrouillenboot: Boot der Küstenwache

Prävention: Vorbeugung

Presseagentur: Büro für Nachrichtenvermittlung

professionell: berufsmäßig, fachmännisch

Protektoren: Schützer an Armen und Beinen

psychiatrische Erkrankungen: Krankheiten, die von einem Facharzt für Nervenerkrankungen behandelt werden

psychotherapeutisch: auf die seelischen Probleme eingehend

psychotisch: geisteskrank

Rabbi: jüdischer Gesetzeslehrer

Rassist: Mensch, der seine Rasse als höherwertig gegenüber anderen Rassen ansieht und diese verachtet

recherchieren: Nachforschungen anstellen

Redaktionskonferenz: Gesprächsrunde zur Beratung, zum Meinungsaustausch aller Mitarbeiter einer Redaktion

redigieren: zum Druck fertig machen

restaurieren: ausbessern

Schmarotzer: jemand, der nichts selber tut und auf Kosten anderer lebt

Senilität: (geistige) Altersschwäche

Slogan: Schlagwort; Ausdruck, der sich besonders gut einprägt, z.B. in der Werbung (Werbeslogan): *Milch macht müde Männer munter*

strukturiert: geordnet, mit einem klaren Aufbau

subtropisch: Klima zwischen den gemäßigten und den tropischen Zonen, z.B. am Mittelmeer

Töff: umgangssprachlicher, etwas veralteter Ausdruck für „Moped"

traumatisch: seelisch stark erschüttert

Trendsetter: jemand, der einen bestimmten Stil, eine bestimmte Richtung vorgibt, der andere dann folgen

volley: einen Ball aus der Luft nehmen

When shall we three meet again?: englisches Zitat aus dem Drama „Macbeth" von William Shakespeare; deutsche Übersetzung: Wann treffen wir drei wieder zusammen?

Zeitungskolumne: Seiten-, Spaltenüberschrift

Zwerchfell: Trennwand zwischen Bauch- und Brusthöhle

Kurz und knapp – Fachbegriffe

Fachbegriff	Erklärung	Beispiele
Adjektiv (Eigenschafts-wort)	Mit **Adjektiven** kann man Lebewesen und Gegenstände genau beschreiben.	das **intelligente** Kind die **knallgrüne** Jacke
Verb (Zeitwort)	**Verben** geben an, was jemand tut oder was geschieht. Das Verb kann in verschiedenen **Zeitformen** gebraucht werden: • Präsens (Gegenwart) • Präteritum (1. Vergangenheit) • Perfekt (2. Vergangenheit) • Plusquamperfekt (Vorvergangenheit) • Futur I (Zukunft) • Futur II (vollendete Zukunft)	schlafen, klettern, blitzen ich lese ich las ich habe gelesen ich hatte gelesen ich werde lesen ich werde gelesen haben
Infinitiv (Grundform des Verbs)	Der **Infinitiv** ist die Grundform des Verbs. Er ist die Form, in der ein Verb im Wörterbuch zu finden ist. In Sätzen dagegen stehen Verben fast immer in der Personalform.	halten, suchen er hält, sie sucht
Imperativ (Befehlsform)	Ausrufe- oder Befehlsform eines Verbs.	**Gib** her! **Geh** weg!
Indikativ (Wirklichkeits-form)	Der **Indikativ** ist die am häufigsten gebrauchte Aussageform des Verbs.	sie **fährt**, er **spricht**
Konjunktiv I (Möglichkeits-form)	Zur indirekten Wiedergabe einer wörtlichen Rede verwendet man oft den **Konjunktiv I.**	Sie sagte, ihr Buch **sei** weg. Er sagte, er **habe** verschlafen.
Konjunktiv II (Wunschform)	Der **Konjunktiv II** dient vor allem dazu, Wünsche und Vorstellungen auszudrücken.	Ich **würde** dich so gerne sehen. Er **wäre** so gerne Millionär.
Partizip (Mittelwort)	Die **Partizipien** sind Mittelwörter, die „zwischen" der Wortart Verb und Adjektiv stehen. Der Wort-stamm besteht aus einem Verb. Partizipien können auch als Adjektive verwendet werden. Man unterscheidet: das **Partizip I**, das mit -end gebildet wird, und das **Partizip II**, das mit ge- und mit –en oder –t gebildet wird.	der **laufende** Meter, die **gelaufene** Zeit lauf**end**, **ge**lauf**en**, **ge**hol**t**

Fachbegriff	Erklärung	Beispiele
Pronomen (Fürwort)	**Pronomen** sind Wörter, die ein Nomen ersetzen können. Man unterscheidet:	
	• **Personalpronomen**	ich, du, er, sie, es, wir, ihr, sie
	• **Possessivpronomen**	mein, dein, sein, ihr, unser, euer
	• **Relativpronomen**	der, die, das, welcher, welche, welches
	• **Demonstrativpronomen**	dieser, diese, dieses, jener, jene, jenes
	• **Indefinitpronomen**	niemand, jemand, sämtliche, kein
Präposition (Verhältniswort)	**Präpositionen** geben an, in welchem Verhältnis Nomen zueinander stehen.	in, an, auf, neben, unter, vor, hinter, über
Konjunktion (Bindewort)	Mit **Konjunktionen** kann man Wörter, Satzteile und Sätze verbinden.	aber, als, bevor, bis, damit, dass, denn, doch, nachdem, falls, während, weil, sowohl … als auch
Satzglieder	Die Teile eines Satzes, die man mit der **Umstellprobe** an verschiedene Stellen verschieben kann, nennt man **Satzglieder.**	[Lena] [geht] [mit ihrer Clique] [gerne] [auf Partys.]
	Man unterscheidet:	
	• **Subjekt**	**Serkan** liest ein Buch.
	• **Prädikat**	Lina **topft** die Kakteen **um.**
	• **Dativ-Objekt**	Er schenkt **ihr** einen Ring.
	• **Akkusativ-Objekt**	Mein Vater verlässt **die Wohnung.**
	• **Adverbiale des Ortes** (lokal)	Sie treffen sich **vor dem Kino.**
	• **Adverbiale der Zeit** (temporal)	**Heute** gehe ich ins Schwimmbad.
	• **Adverbiale des Grundes** (kausal)	**Wegen Umbau** geschlossen.
	• **Adverbiale der Art und Weise** (modal)	Gestern regnete es **in Strömen.**
	• **Adverbialsatz**	**Als es Abend wurde,** machten sie einen Spaziergang.
	• **Attributsatz**	Ich habe einen Hund, **den ich allein versorge.**
	• **Infinitivgruppe**	Herr Müller nimmt sich vor, **mehr Sport zu treiben.**
	• **Partizipgruppe**	**Völlig überrascht** setzte er sich an den Tisch.

Sachregister

Textsortenverzeichnis

Autoren- und Quellenverzeichnis

Boie, Kirsten
(geb. 1950 in Hamburg)
Kahlschnitt S. 42
Aus: K. Boie. Jeden Tag ein Happening. Hamburg: Oetinger 1993. S. 12ff.

Bongers, Jürgen
Alkohol S. 262
Aus: Hagemann Transparent. Biologie: Allgemeine Biologie. Alkohol (172284). Düsseldorf: Hagemann-Lehrmittelverlag. (Mittelteil ergänzt)

Borchert, Wolfgang
(geb. 1921 in Hamburg, gest. 1947 in Basel)
Das Brot S. 157
Die drei dunklen Könige S. 165
Aus: W. Borchert. Das Gesamtwerk. Reinbek: Rowohlt 1959.

Brecht, Bertolt
(geb. 1898 in Augsburg, gest.1956 in Berlin)
Der Spitzel S. 180
Aus: B.Brecht. Furcht und Elend des Dritten Reiches. 24 Szenen. Berlin: Suhrkamp 2005.

Britting, Georg
(geb. 1891 in Regensburg, gest. 1964 in München)
Sommersonntag in der Stadt S. 142
Aus: G. Britting. Gesamtausgabe in Einzelbänden. Hrsg. von Ingeborg Schuldt-Britting. München: List 1957/1967.

Buddha, Siddharta Gautama
(geb. um 560 v. Chr. in Kapilawatthu, gest. um 480 v. Chr. in Kusinara)
Der Wald ist ein besonders Wesen S. 62
Aus: www.onlinekunst.de/baumgedichte/buddha_baum.html

Cesco, Federica de
(geb. 1938 in Porderone/Italien)
Spagetti für zwei S. 46
Aus: F. de Cesco. Freundschaft hat viele Gesichter. Luzern und Stuttgart: Rex 1969. S. 79ff.

Christ, Lena
Eine gefährliche Situation S. 233
Aus: L. Christ. Erinnerungen einer Überflüssigen. München: Piper 1992.

Cumart, Nevfel
zwei welten S. 52
Aus: N. Cumart. Wellen der Zeit. Gedichte. Düsseldorf: Grupello 1998.

Die Prinzen
Millionär S. 77
Text: Krumbiegel, Sebastian. © Moderato Musikproduktion GmbH/George Glueck Musik GmbH, Berlin.

Eichendorff, Joseph von
(geb. 1788 auf Schloss Lubowitz/Oberschlesien, gest. 1857 in Neiße)
Die Blätter fallen S. 137
Aus: J. von Eichendorff. Werke. Hrsg. von G. Baumann. Stuttgart. Cotta'sche Buchhandlung 1953.

Fendl, Josef
Dahojm S. 52
Aus: Auer Lesebuch 9. Hrsg. von Watzke-Oswald. Donauwörth: Auer 1987.

Fenski, Barbara
Rotschopf S. 139
Aus: Workshop Schreiben. Hrsg. von H. Blumensath u. a. Berlin: Pädagogisches Zentrum 1980.

Fontane, Theodor
(geb. 1819 in Neuruppin bei Berlin, gest. 1898 in Berlin)
Mittag S. 63
Aus: Waldgedichte. Hrsg. von der Bayerischen Staatsforstverwaltung. Forstamt Erlangen. Walderlebniszentrum Tennenlohe. S.8.
Die Brück am Tay (28. Dezember 1879) S. 147
Aus: Th. Fontane. Sämtliche Werke. Hrsg. von Walter Keitel. München: 1964.

Fried, Erich
(geb. 1921 in Wien, gest. 1988 in London)
Was es ist S. 133
Aus: E. Fried. Es ist was es ist. Berlin: Wagenbach 1996.

Gerhardt, Paul
(geb. 1607 in Gräfenhainichen/Sachsen, gest. 1676 in Lübben im Spreewald)
Sommergesang S. 142
Aus: Evangelisches Kirchengesangbuch. Hannover: Schlütersche Verlagsanstalt und Buchdruckerei Vandenhoeck und Ruprecht o.J.

Gernhardt, Robert
(geb. 1937 in Reval/Estland)
Was es alles gibt S. 136, 142
Aus: R. Gernhardt. Lichte Gedichte. Frankfurt a. M.: Fischer 1999. S. 151.

Kaum geht man heute vor die Tür ... S. 39
Originalbeitrag.

Klamotten – und was auf die hohe Kante S. 34
Aus: Hannoversche Allgemeine Zeitung vom 8./9.1.2003. Welt im Spiegel.

Kreativität mit dem Hammer S. 85
Aus: Was werden. Das Magazin der Berufsberatung. Heft 1/2003. S. 14.

Nürnberg mau bei Taka-Schau S. 103
Originalbeitrag.

Obdachlose – Obdachlos S. 135
Originalbeitrag.

Passivrauchen – gefährlicher als man denkt S. 27
Aus: Materialien zur Suchtprävention. Hrsg. von der Bundeszentrale für gesundheitliche Aufklärung. 2005. S. 39.

Rauchen ist eine Sucht S. 264
Aus: Faltblatt: Rauchen ist eine Sucht. Hrsg. von der Barmer Ersatzkasse. Wuppertal o. J.

Schädliche Einflüsse S. 67
Aus: Bayerns Wälder – gesund? Hrsg. vom Bayerischen Staatsministerium für Landwirtschaft und Forsten. München 2003. S. 9.

Trendinfos aus dem Web S. 31
Originalbeitrag.

Waldgesetz S. 65
Fassung vom 5. März 2004.

Wann man von einer Kurzgeschichte spricht S. 164
Originalbeitrag.

Warum wird jemand abhängig? S. 270
Aus: Drogen. Hrsg. von der Barmer Ersatzkasse. Wuppertal o. J. S. 9.

Was ist eine Ballade? S. 153
Originalbeitrag.

Was Jugendliche lesen S. 21
Originalbeitrag.

Wie Trends entstehen S. 31
Aus: Menschenskinder Nr. 9/1986. S. 3.

Bildquellenverzeichnis

S. 14, 37, 40, 43, 47, 54, 59, 74, 106, 139, 140, 151, 158, 160, 162, 186, 191, 204, 214, 216, 220, 221, 222, 225, 229, 230, 255, 256, 263, 274: Sabine Lochmann, Frankfurt a.M.; S. 150., 20, 189, 195: Katja Schmiedeskamp, Hannover; S. 15 u.: Susanne Rinno, Marktheidenfeld; S. 170.: BPK, Berlin; S. 17 u., 71, 80, 82, 91, 107, 111, 169, 171, 172, 203: Michael Fabian, Hannover; S. 220., 22 u., 23, 35: Globus Kartendienst, Hamburg; S. 29: Mauritius, Mittenwald; S. 30, 32, 34, 36, 150, 244 u.: akg-images; S. 33, 95, 100, 209, 210, 213, 217, 231, 238, 239, 240, 241, 248 o. und M., 249, 253, 258, 259: Manfred Bofinger, Berlin; S. 38: Minkus, Isernhagen; S. 45: Dieter Rixe, Braunschweig; S. 50: Thomas Körner, Braunschweig; S. 61: dia/mediacolors; S. 62o.: Hans Reinhard/Okapia; S. 62 u.: Michael Fahrig; S. 63, 72, 117, 119, 125, 129, 134, 138, 143, 144, 147, 148, 156, 165, 174, 175, 178, 181, 198, 232, 233, 234, 242, 243, 245, 248 u., 254: Jaroslaw Schwarzstein, Hannover; S. 65: Westend 61/mauritius images; S. 66: ImageState/mauritius images; S. 68: Fragasso/Visum; S. 700.: Fotoagentur AURA; S. 70 M.: Achim Zeilmann; S. 70 u.: Corbis; S. 73: Cartoon von Jutta Bauer. Aus: Christine Nöstlinger und Jutta Bauer. Ein und alles. S. 10. Beltz & Gelberg in der Verlagsgruppe Beltz, Weinheim & Basel; S. 75, 92, 261: Irmgard Ehls, Hofgeismar; S. 76: Druwe & Polstri, Crenlingen; S. 77: action press, Hamburg; S. 78, 167, 168, 170, 208: Ulrike Köcher, Hannover; S. 83, 85: redkon, G. Bayer; S. 94 l.: Lichtblick/Olaf Ziegler; S. 94 r., 250: dpa, Frankfurt a. M.; S. 97: Titelseite der Illertisser Zeitung vom 2.5.2005; S. 98: Nils Böttcher,Dietenheim; S.100: Deutsche Gesellschaft für Luft- und Raumfahrt, Oberpfaffenhofen; S. 102: AP, Frankfurt a. M.; S.115: SV-Bilderdienst/AP; S. 121, 122: Aus: Kacer, Kathy: Die Kinder aus Theresienstadt. Mit Zeichnungen von Helga Weissová. Ravensburger Buchverlag. © 2003 Zeichnungen: Wallstadt Verlag, Göttingen und Helga Weissová. S. 31, 172; S.127: Der Hörverlag GmbH, München. Coverfoto: © Bildarchiv Preussischer Kulturbesitz; S.130 o.: © 1993 Universal Studios and Amblin Entertainment, Inc.; S. 130 M.: Cinetext; S. 130 u.: Kirchgruppe. Foto: Arthaus; S.152: Ernst Barlach Lizenzverwaltung, Ratzeburg; S. 183: © Salvador Dali, Gala-Salvador DaliFaundation/VG Bild-Kunst, Bonn 2006; S. 187: © 2004 Droemersche Verlagsanstalt Th. Knaur Nachf. GmbH & Co. KG, München; S. 244 o.: Agentur Focus; S. 264: Aus: Faltblatt: Rauchen ist eine Sucht. Hrsg. von der Barmer Ersatzkasse. Wuppertal; S. 270: Aus: Drogen. Hrsg. von der Barmer Ersatzkasse. Wuppertal. S. 9.

tark